JN130308

今すぐ試したい！
機械学習・深層学習（ディープラーニング）

画像認識
プログラミングレシピ

株式会社虹賢舎
川島 賢［著］

秀和システム

●注意

(1) 本書は著者が独自に調査した結果を出版したものです。
(2) 本書の内容については万全を期して制作しましたが、万一、ご不審な点や誤り、記入漏れなどお気付きの点がありましたら、出版元まで書面にてご連絡ください。
(3) 本書の内容に関して運用した結果の影響については、上記2項にかかわらず責任を負いかねますのでご了承ください。
(4) 本書の全部あるいは一部について、出版元から文書による許諾を得ずに複製することは、法律で禁じられています。
(5) 本書の内容やプログラムを実行することによって発生する損害などは、著者、および出版元は一切の責任を負いません。あらかじめご了承ください。

●商標等

・Linuxは、Linus Torvaldsの米国及びその他の国における登録商標または商標です。
・Raspberry Piは英国Raspberry Pi財団の登録商標です。
Raspberry Pi is a trademark of Raspberry Pi Foundation.
・その他のプログラム名、システム名、CPU名などは一般に各メーカーの各国における登録商標または商標です。
・本書では、®©の表示を省略していますがご了承ください。
・本書では、登録商標などに一般的に使われている通称を用いている場合がありますがご了承ください。

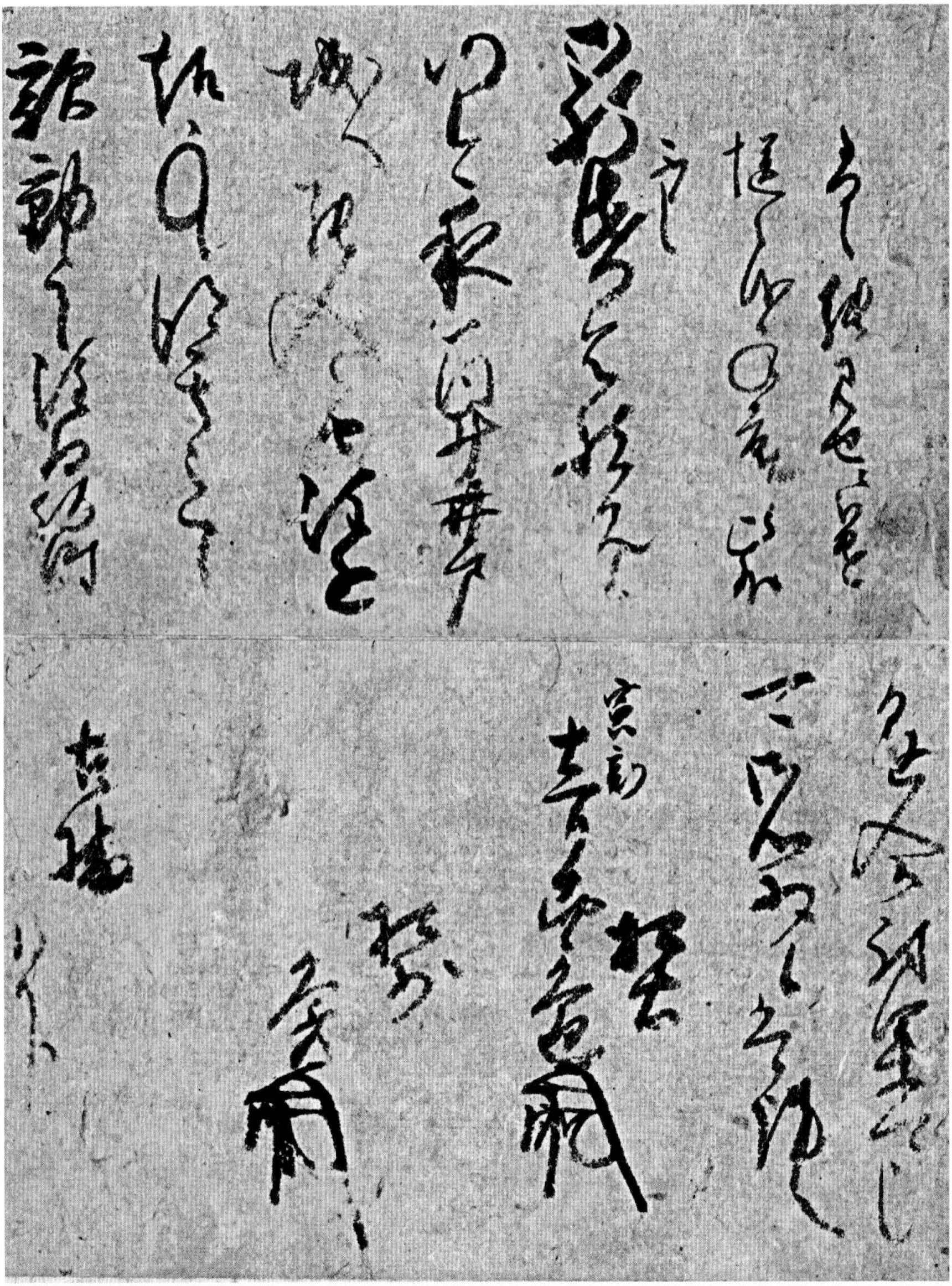

松永久通・久秀連署状（永禄八年十二月十四日付、古播宛／日本学士院蔵）

永禄八年（1565）十一月、松永久秀が失脚し三好氏を追われたことで、筒井順慶は蜂起し、大和において争乱が始まった。久秀とその息子の久通は、敵である筒井氏の軍勢が井戸城（天理市）に入ったことを聞き、討ち果たす意思を伝えた。

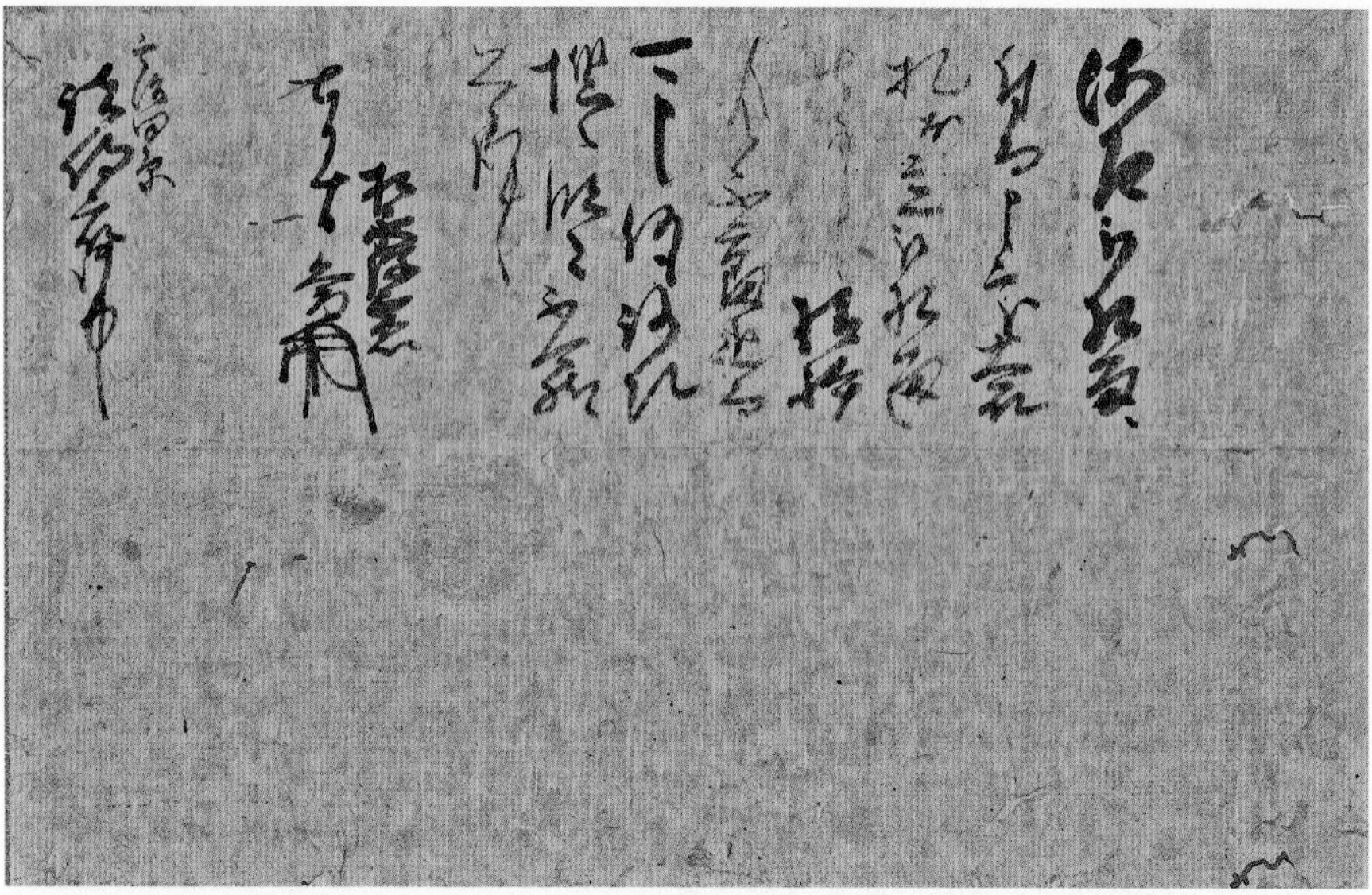

松永久秀書状（年未詳七月十日付、宇治田原諸侍衆中宛／天理大学附属天理図書館蔵）
松永久秀が宇治田原（京都府宇治田原町）の諸侍中に対して、街道の封鎖を命じた。

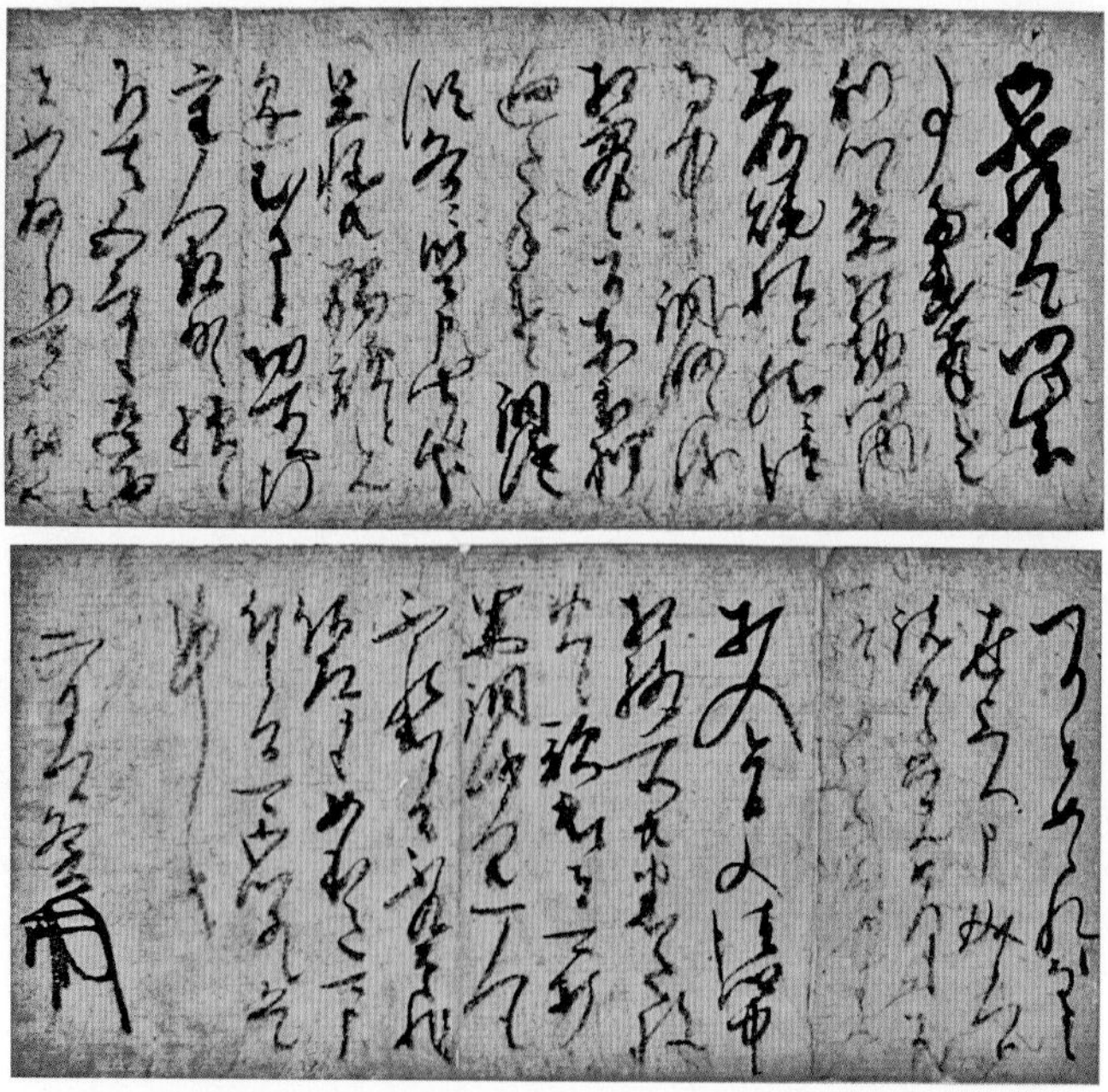

松永久秀書状（永禄六年二月一日付 ／下関市立歴史博物館蔵）
多武峰（とうのみね）の談山神社が背いたため、調略をしかけ、領内を放火するなどして、敵をおびき出そうとした、という内容である。実際は苦戦を強いられていた。

葡萄日月硯（本山寺蔵、高槻市立しろあと歴史館画像提供）
足利義政が愛用し、松永久秀が本山寺（高槻市）に奉納したものと伝わる。

松永久秀和歌短冊「暁山」（個人蔵）

十五番右
暁　山　明ぬるか　嵐もさむし　後せ山　嶺の椎葉　霜はらふこゑ　久秀

重文 **和州平群《へぐり》郡信貴山《しぎさん》城跡之図**

（「大工頭中井家関係資料」、中井正知氏・中井正純氏蔵、大阪市立住まいのミュージアム寄託、京極寛撮影）

図の中央にある「立入殿屋敷」が信貴山城の守りの要と考えられる。ここから南（左）に登った（雄岳）山頂部に「大嶽 本丸」、続いて「二の丸」「三の丸」が確認できる。

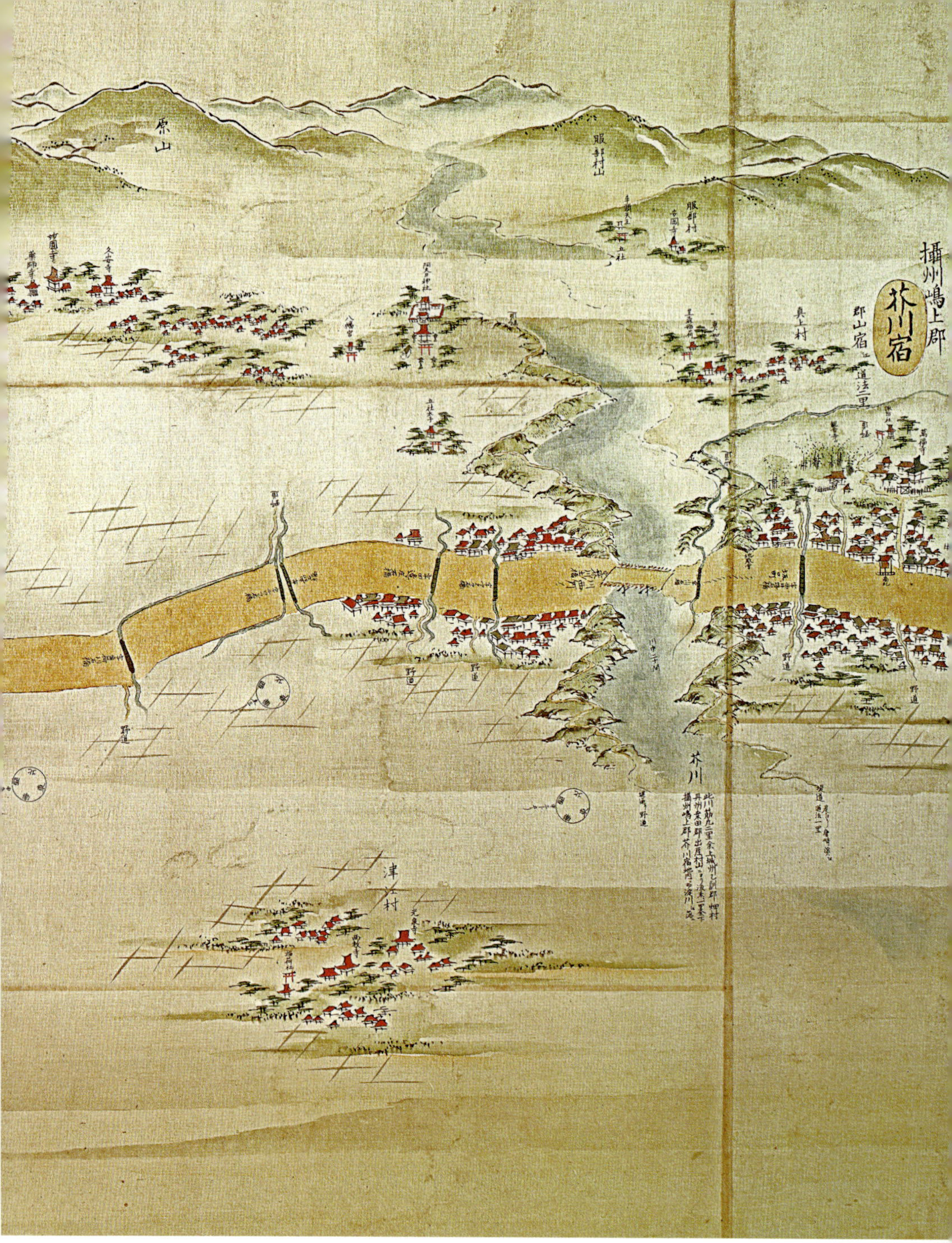

摂州嶋上郡
芥川宿
郡山宿江道法二里
原山
服部村山
服部村
八幡宮
真上村
芥川
津江村
光泉寺
野道

重文 **山崎通分間延絵図**（部分）

（「五海道其外分間延絵図並見取絵図」東京国立博物館蔵、Image TNM Image Archives）

京と西国を結ぶ大動脈であった旧西国街道。山崎（大山崎町、島本町）、芥川（高槻市）から西宮（西宮市）の六宿場までを山崎通と呼んでいた。この絵図では、右端に芥川宿、街道の左下の東五百住村（高槻市）に「松永弾正屋鋪跡」の文字が確認できる。

重文 **薙刀直シ刀　無銘 吉光　号「骨喰藤四郎《ほねばみとうしろう》」**（豊国神社蔵）

足利将軍家から松永久秀を経て、豊臣秀吉・秀頼、徳川将軍家に伝わった名刀。身幅が広く、反りは浅い。刀の表裏に剣形の櫃《ひつ》を設け、表に倶利伽羅龍、裏に不動明王の梵字を彫る。永禄の変（足利義輝の討死）、大坂の陣という歴史的大事件を経た刀として知られる。明暦の大火で焼け、三代越前康継によって再刃された。

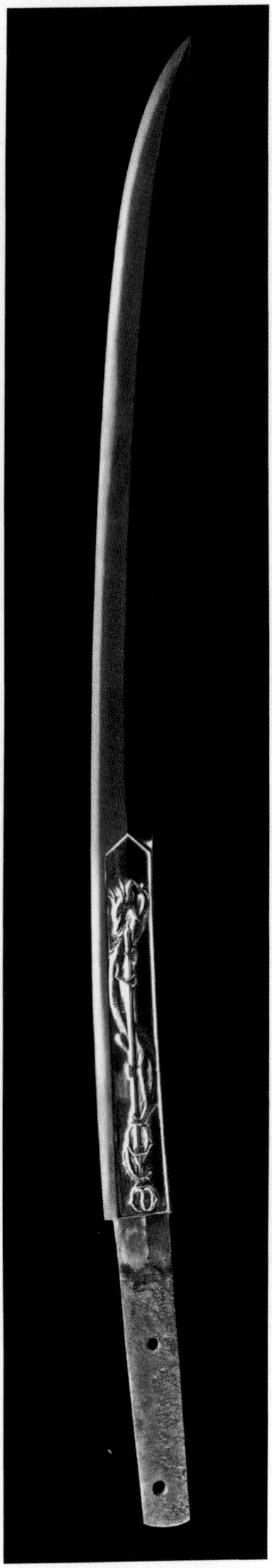

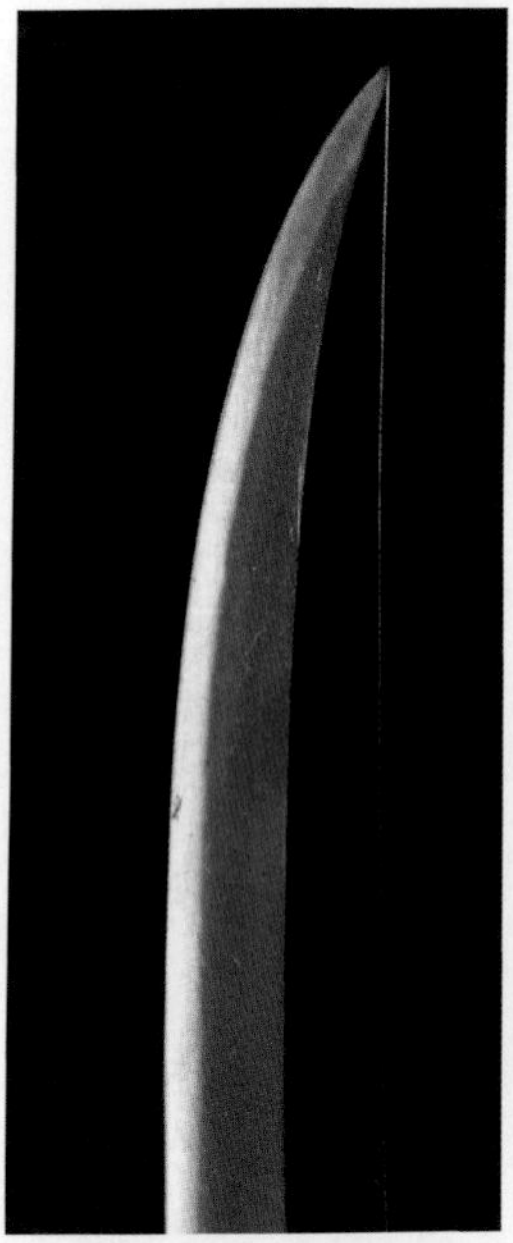

倶利伽羅龍の彫物

松永久秀

歪められた戦国の〝梟雄〟の実像

天野忠幸 編

宮帯出版社

目次

序章　総論

松永久秀の再評価

天野忠幸

はじめに～下剋上の代表者だったのか～

松永久秀は三好長慶《ながよし》と織田信長という二人の畿内の支配者に仕え、その人生は多くの逸話に彩られている。戦国時代の下剋上の風潮を代表する人物であり、すぐに謀反を起こす梟雄《きょうゆう》で、義理人情のかけらも無い人物であったとされる。

宣教師のフロイスは、『日本史』に「当時天下の最高統治権を掌握し、専制的に支配していたのは松永霜台《そうだい》であった。すなわち、彼はその点、偉大にして稀有の天稟の才能の持ち主であった」(第一部三十七章)や、「さして高い身分ではないのですが、その知力と手腕によって、自らは家臣であるにもかかわらず、公方様と三好殿をいわば掌握していました。すなわち彼ははなはだ巧妙、裕福、老獪でもありますので、公方様や三好殿は、彼が欲すること以外になにもなし得ない」(第一部五十九章)などと記している。(1)

このフロイスの人物評以上によく知られているのが、江戸時代中期に岡山藩の儒学者である湯浅常山《じょうざん》が記した逸話集『常山紀談』巻之四の次の文言であろう。(2)

東照宮、信長に御対面の時、松永弾正久秀かたへにあり、信長、この老翁は世の人のなしがたき事三ツなしたる者なり、将軍を弑し奉り、又己が主君の三好を殺し、南都の大仏殿を焚たる松永と申す者なり、と申されしに、松永汗をながして赤面せり、

徳川家康が織田信長に対面した際、信長は傍らにいた久秀について、将軍の足利義輝《よしてる》を殺し、主君の三好長慶の嫡子義興《よしおき》を殺害し、東大寺大仏殿を焼いたと紹介したという。

しかし、これらの逸話は事実なのであろうか。フロイスは同時代の人物であるが、キリスト教の布教をめぐって、法華宗の信者である久秀と対立していた。宣教師が異教徒に厳しい評価をするのは、フロイスがバテレン追放令を出した豊臣秀吉について、「彼は尋常ならぬ野心家であり、その野望が諸悪の根源となって、彼をして、残酷で嫉妬深く、不誠実な人物、また欺瞞者、虚言者、横着者たらしめたのである。彼は日々数々の不義、横暴をほしいままにし、万人を驚愕せしめた。彼は本心を明かさず、偽ることが巧みで、悪知恵に長け、人を欺くことに長じているのを自慢としていた」(第二部九十七章)ことでも明らかである(3)。

また、常山は久秀が死んで百五十年近く後の人物である。現在のように古文書や古記録を確認するなど、裏づけを取ることができたのであろうか。常山の記述は、江戸時代中期に久秀は三つの悪事をなした人物だと思われていたことを証明できても、久秀が実際にそれらのことをしたかどうかは証明できていない。真実の久秀は、戦国時代当時の史料から見つけ出さねばならない。

一、三好長慶・義興親子の忠臣

長慶による登用

松永久秀は永正五年（一五〇八）に生まれた[4]。官途は弾正忠《だんじょうのちゅう》で、永禄三年（一五六〇）に正式に弾正少弼《だんじょうしょうひつ》（唐名は霜台）に任官し、元亀元年（一五七〇）に山城守となる。天正二年（一五七四）に出家し道意《どうい》と号した。

久秀が生まれた頃の畿内は、室町幕府が衰退する発端となった応仁・文明の乱を唯一無事に乗り切った管領細川氏が内紛を起こし、衰退に向かい始めた時期であった。細川氏の家督は、澄元《すみもと》・晴元《はるもと》派と高国《たかくに》・氏綱《うじつな》派が半世紀にわたって争った。三好氏は澄元・晴元派として阿波から畿内に勢力を伸ばし、長慶の時期に晴元派と氏綱派の争いを鎮め、彼らに代わって、近畿から四国にまたがる地域を支配するようになった。

そのような三好氏に久秀はいつから仕えたのか。長慶の父の元長《もとなが》以前には、久秀や松永氏の姿は見えない。久秀の活動が初めて確認できるのは、天文九年（一五四〇）六月十七日に、三好長慶（当時は利長）の意を奉じて、連歌田を西宮（兵庫県西宮市）の諸寺院に寄進した際の書状である[5]。

久秀の出自については、西岡《にしのおか》説（京都府向日《むこう》市・長岡京市など）、阿波説（阿波市）などがあったが、近年注目されているのは、五百住《よすみ》説（大阪府高槻《たかつき》市）である[6]。久秀は法華宗の中でも本国寺（現在の本圀寺）の檀那として知られるが、久秀の一族の松永孫六が八上《やがみ》城（兵庫県篠山《ささやま》市）の城主となった際、本国寺の末寺で五百住にあった妙福寺を「八上山中」に移築したとする。妙福寺の本尊である日蓮聖人坐像には、孫六が施主となった記載があり、松永氏より特別な保護を受けたことは事実であるので、五百住説の信憑性《しんぴょうせい》はかなり高いといえよう。

当時の長慶は、父祖以来の阿波に基盤を持つ家臣を、長弟の実休《じっきゅう》（之相、後に之虎）に付けて四国に残し、自らは居城とした越水城《こしみず》（西宮市）を中心に、久秀や現在の大阪府摂津市を拠点とする鳥養貞長《とりかいさだなが》、兵庫県伊丹《いたみ》市の野間長久など、摂津の中小領主を積極的に家臣に登用していた。

天文九年には、長慶（当時は範長）が兵庫津（神戸市兵庫区）の棰井《たるい》甚左衛門尉に買得地《ばいとくち》を安堵する判物を発給した際、久秀も副状を発給している。(7) まず久秀は長慶の命令を執行する側近として、地位を固めていった。

そうした久秀が、公家や寺社からも長慶の重臣として認められるようになったのは、長慶が父元長の敵である細川晴元や三好宗三《そうさん》を江口《えぐち》（大阪市東淀川区）の戦いで破った天文十八年以降であった。晴元に味方する将軍足利義輝との戦いが激化していく中、天文二十年には久秀と長頼《ながより》の兄弟は長慶より四万の兵の指揮を任せられ、義輝・晴元方を相国寺で破った。また、翌天文二十一年に和睦が成立した際には、三好一族の長老である長逸《ながやす》と共に義輝を出迎えるなど、三好氏の代表者となっていた。

義輝はたびたび長慶の暗殺を企《くわだ》て、幕臣の制止も聴かず和睦を破った。そのため、天文二十二年八月に長慶は義輝を朽木《くつき》（滋賀県高島市）に追放し、戦国時代で初めて足利一族を擁立することなく、首都京都を本格的に支配するようになった。それを見た公家や寺社は、長慶に権益の保護や相論の裁許を求めたが、その訴えのほとんどを長慶へ取り次いだのが、松永久秀と三好長逸であった。

久秀の家族

一躍、三好家の出頭人《しゅっとうにん》となった松永久秀には、長頼という弟がいた。長頼は将軍足利義輝や細川晴元との戦いで多くの武功を挙げると、三好長慶に味方した丹波守護代の内藤国貞《くにさだ》に見込まれ、娘婿となった。天文二十二年（一五五三）、その国貞が戦死すると、その居城の八木城（京都府南丹《なんたん》市）を守った。当初、国貞の娘と長頼の間に生まれた子供が内藤氏の家督を相続する予定であったが、幼児では戦国を生き抜けないため、後見役の長頼自身が内藤宗勝と名乗り、内藤氏を指揮することになった。宗勝は三好氏の同盟者であった内藤氏を三好氏の家臣に組み込み、丹波から丹後や若狭に進出するなど活躍した。

久秀の妻は二人ないし三人が確認できる。その一人が、武家伝奏の広橋国光の妹で、名を保子という。関白一条兼冬に嫁いだが、兼冬と死別すると、一時期、後奈良天皇の後宮の女房となり、その後に久秀と再婚した。(8)のちに大和の支配を任せられた久秀は、保子と共に多聞山城《たもんやまじょう》（奈良市）で過ごした。永禄七年（一五六四）に保子が死去すると、奈良の芸能や作事を停止し喪に服している。そして、長慶が帰依した大林宗套《だいりんそうとう》や、後に長慶の葬儀を執行する笑嶺宗訢《しょうれいそうきん》に、葬儀を取り仕切ってもらい、長慶が創建した南宗寺《なんしゅうじ》（堺市堺区）の境内に、保子を供養するための勝善院《しょうぜんいん》を建立している。久秀には多くの妻妾を抱えた女好きという俗説があるが、保子への対応を見る限り、相当な愛妻家であったことがわかる。

久秀の父は全く不明であるが、母は堺に住んでいた。病床に伏せった際、東寺が薬を贈っている。(9)すでに久秀の母は主君の長慶が贈った薬で快方に向かっていたが、久秀自身が母への気遣いで倒れたため、東寺が持参した薬で治癒したという。母は永禄十一年（一五六八）に死去し、三回忌にあたっては、久秀が堺で千部経を催している。(10)久秀の妻や母への対応からは、家族愛に溢れた人物像が垣間見られる。

三好家の柱石

弘治二年（一五五六）、久秀は主君の長慶と共に後奈良天皇より禁裏の修築を命じられるなど、その地位は多くの人に認められることとなった。この時期、久秀は名儒学者として高名な清原枝賢《しげかた》を頻繁に招き、講義を受けるなど、その地位にふさわしい教養を身に付けていく。

また、同年七月十日には長慶が信頼の証として、久秀の居城である滝山城（神戸市中央区）へ御成《おなり》し、久秀も千句連歌と観世《かんぜ》元忠の能によって厚くもてなした。この場で詠まれたのが、いわゆる滝山千句である。谷宗養など当代一流の連歌師たちをはじめ、摂津国内の有力な神主や僧侶、武士たちが参加し、摂津の名所を織り込んだ歌を詠むことで、それらの地域が長慶の支配下にあることを言祝《ことほ》ぎ、三好氏に忠誠を誓った。

弘治四年（一五五八）二月、正親町《おおぎまち》天皇は五年にわたって在京できない将軍義輝を無視し、三好長慶と結んで「永禄」と改元した。天皇が室町時代の習慣を破り、将軍に相談や連絡をせず改元をおこなう事態に、将軍の権威は失墜することになった。義輝は天皇の命令に背き旧年号を使い続け、長慶と戦ったが、やがて改元に従ったことで和睦が成立し、京都に戻ることになった。

義輝の身柄を押さえた長慶は、翌永禄二年（一五五九）以降、急激な拡大戦争を遂行する。長慶は河内へ、久秀は大和へ、内藤宗勝は若狭へ侵攻した。周辺の大名は動揺し、近江の六角氏は伊賀に緊急事態を伝え、河内から紀伊へ没落した畠山氏と連携する。伊勢の北畠氏は迎撃のため築城を急ぎ、越前の朝倉義景は武田氏救援のため若狭へ出兵した。

そして、永禄三年から四年にかけて、久秀の地位は従来の幕府秩序を破壊するかのように、異常な上昇を遂げる。それまで久秀は勝手に弾正忠を称していたが、正式に弾正少弼に任官した。また、主君長慶の嫡子である義興と共に御供衆に任じられ、「源久秀」として従四位下に叙せられた。また、長慶・義興親子と共に、かつて足利尊氏が後醍醐《ごだいご》天皇より賜わった桐御紋を拝領し、塗輿の使用も許可された。久秀は三好氏の重臣である一方、義輝の直臣としても扱われた(11)。

久秀は、父親の名前すらわからない低い身分から出発し、一代にして主家の三好家や足利将軍家と同等に近い待遇を受けた。いかに実力重視の戦国時代とはいえ、身分や家格は厳然として存在していた。そうした中で、どのような梟雄であっても、久秀ほどの出世を遂げた人物は、豊臣秀吉を除いていないであろう。

そして、久秀は義興と共に六角氏の攻撃を防ぎ、永禄五年の教興寺《きょうこうじ》（大阪府八尾市）の戦いで畠山氏に勝利した。久秀は大和へ戻ると、多聞山城の棟上げを奈良の都市民に見せつけ、大和や南山城を対象に寺社の債権を破棄する徳政令を発布する一方、関白近衛前久《このえさきひさ》を招いて春日社七か夜陪従神楽《ばいじゅうかぐら》を挙行することにより、自らの大和平定を広く知らしめた。

義興の死を悲嘆

久秀は大きな権勢を振るったが、フロイスの評価はやはり過大と言わざるを得ない。久秀の永禄三年（一五六〇）の大和侵攻は単独で成しえず、長慶より松山重治《しげはる》や今村慶応などを与力として派遣されている。永禄五年から六年にかけての大和における戦いも、久秀は常に石成友通《いわなりともみち》や牟岐因幡守《むぎいなばのかみ》らを通じて戦況を長慶に報告しており、長慶からは次弟の安宅冬康《あたぎふゆやす》や松山重治、半竹軒などが援軍として、派遣されていた。(12)

永禄六年末、久秀は京都の貴布祢山《きぶね》をめぐる相論を担当していたが、最終的な裁許は飯盛城（大阪府大東市《だいとう》、四條畷市《しじょうなわて》）の長慶がおこなうと伝えている。(13)あくまでも長慶を最高主権者と位置づけ、久秀が独断専行したり、自分の意見を無理押しして裁許を歪めようとしたりはしていない。フロイスが述べたような越権行為は日本の史料には確認できない。久秀は謀反癖どころか、長慶に背くようなことなど一度もなかったのである。

また同年に幕府に持ち込まれた本国寺と清水寺の山争いでは、将軍義輝は清水寺の勝訴としようとした。しかし、本国寺の檀那であった久秀がこれに反対したため、義輝は怒りながらも、本国寺に山の所有権を認める裁許を下さざるをえなかった。(14)いくら義輝から厚遇されようと、久秀は長慶の家臣の立場を逸脱していない。久秀の権勢は、基本的には長慶や三好氏があってこそのものである点を見逃してはならない。

永禄六年八月、三好義興が二十二歳の若さで死去する。この時、久秀は石成友通から義興の病状を告げられると、その重篤なことを歎き悲しみ、敵が出てきたら真っ先に戦って死んでしまいたいと返信している。[15]永禄年間には、義興と久秀は共に京都方面で対幕府外交や六角氏との戦争を担当しており、荒唐無稽な毒殺説より、こちらの方がより自然な感情であろう。すなわち、『常山紀談』の逸話は、江戸時代の創作であって事実ではない。

義興の死により、長慶の後継者は長慶の末弟十河一存《そごうかずまさ》の長男義継《よしつぐ》（当時は重存《しげまさ》）となった。天皇家に由緒を持つ桐御紋の使用が許された三好氏を継ぐには、前の関白であった九条稙通《たねみち》の養女を母とする義継が、最もふさわしいとされたのであろう。これに合わせて、閏《うるう》十二月一日には、久秀の息子の久通《ひさみち》が従五位下右衛門佐に任官し、十四日には久秀より家督が譲られた。[16]翌永禄七年一月には、義継が三好長逸と松永久通を率いて上洛し、将軍義輝に謁見した。

義興の死で、その補佐役であった久秀の役目も終わった。長慶から義継への家督継承と久秀から久通への家督継承の時期を合わせ、三好氏は義継と久通の新体制に移行することになった。その背景には、久秀は良くも悪くも長慶によって抜擢《ばってき》されたという個人同士の強い人格的な主従関係があった。そうした関係を超えて、松永氏を三好氏の譜代家臣にしていくと共に、義継と久通の間に人格的な主従関係を醸成させようとする狙いがあったのであろう。

二、足利義昭の助命と同盟

義輝を討つ久通

永禄七年（一五六四）七月四日、三好長慶は没した。その死は秘密にされたが、京都では三好氏が寺社に安堵をおこなう際には、少年の三好義継では実効性に不安があったのか、義継の側近や奉行人の連署奉書、三好長逸と三好宗渭《そうい》の連署奉書、松永久通の判物《はんもつ》も発給され(17)、三好氏に異変があったことは明らかであった。

ここで注目したいのは、久秀に代わり久通が文書を発給するようになったことである。すなわち、久通は単なるお飾りではなく、久秀より実権を受け継いでおり、このまま何もなければ、久秀は隠居暮らしを続け、表舞台から消えていったであろう。

しかし、永禄八年五月十九日、三好義継（当時は義重《よししげ》）は三好長逸や松永久通と共に、足利義輝を討ち取った(18)。『常山紀談』だけでなく、現在に至っても概説書に久秀が義輝を殺害したという記述が見受けられるが、そもそも事実ですらない。

十八日より、義継は一万三千もの兵力を率いて上洛し、公家より挨拶《あいさつ》を受けていた。義輝は、京都に敵が迫っているわけでもないのに、この大軍が入京してきたことを警戒しなかった。そして、十九日の午前八時頃より、義継や久通は攻撃を開始し義輝を殺害した。かつて赤松満祐《みつすけ》が宴会を装って六代将軍義教《よしのり》を殺害した嘉《か》吉《きつ》の乱や、のちに明智光秀が織田信長を夜明け前に急襲した本能寺の変とは異なり、義継は白昼堂々と攻撃を開始しており、なんらやましさを感じていなかった。こうした義継の行動を見ると、義輝を「暗殺」したというのは語弊《ごへい》があり、単に「殺害」したに過ぎない。

かつて長慶や久秀は、低い身分から武家の秩序の最高峰に位置した将軍義輝に戦いを挑み、軍事的には圧倒した。しかし、その地位に代わるには、他の武士を心から従わせる論理、すなわち家格（家柄）が必要であった。義継や久通の時期には、足利氏は天皇の信を失う一方、三好氏はすでに将軍並みの高い家格として認知されていた。義継自身も母方が九条家に連なり、武家と公家に君臨する屈指の貴公子であった。義継や久通は軍事力だけでなく意識の面においても、義輝を殺すことに何の問題もやましさも感じていなかった。義継は義輝を殺害すると、すぐに「義重」から「義継」と改名している。足利氏の通字である「義」を「継ぐ」とは、足利氏の跡を継いで将軍になろうという決意の表れであろう。

しかし、長慶と苦労を共にしてきた久秀は、義継や久通の行動に不安を覚えたようだ。毛利元就や上杉謙信、織田信長は義輝と親しく、謙信と対抗する北条氏康ですら古河公方足利氏を擁していた。諸大名に足利氏を倒そうという意識は全くなかった。そこで久秀は、久通が義輝の弟の義昭（当時は一乗院覚慶《いちじょういんかくけい》）を殺害する前に、義昭の身柄を確保した。義昭は久秀が誓紙で自分を害する気はないと伝えてきたことを久通に伝え、身の安全を図っている[19]。久秀と久通の考えは相違していたのである。

そして、翌月になると、畠山秋高の重臣の安見宗房《やすみむねふさ》は、上杉謙信の重臣である河田長親と直江政綱に義輝の弔い合戦を訴え、義輝の伯父の大覚寺義俊《だいかくじぎしゅん》が朝倉義景・武田義統《よしずみ》・織田信長へも参加を促していることを知らせている[20]。義継や久通の構想は、諸大名との間に激しい摩擦を引き起こすことになった。

失脚から義昭との同盟へ

永禄八年（一五六五）七月下旬から八月上旬にかけて、事態は急展開する。朝倉義景と松永久秀の交渉の結果、足利義昭は和田城（滋賀県甲賀市）に脱出してしまった。それに加えて、弟の内藤宗勝が丹波で荻野直正に討ち取られた。義昭は上洛を企図して、武田信玄、上杉謙信、織田信長、島津貴久らに支援を求め、直正は京都近郊へ進出する事態となった。

久秀の大失態というより他ない。助命した切り札の義昭をみすみす手放し、反三好勢力に大義名分を与えた。それに加えて、宗勝の戦死により、拡大路線を突き進んできた三好氏は初めて領国を失った。十二月十六日、三好長逸・三好宗渭《そうい》・石成友通の三好三人衆は、義継に久秀を見放すよう迫った。[21]この事実上のクーデターにより、久秀と共に久通も失脚した。

三好氏から排除されると、若年の久通に代わり、久秀が表舞台に返り咲いた。久秀は畠山秋高と同盟を結び、義継や三好三人衆へ対抗した。永禄九年前半は両者の勢力が拮抗《きっこう》し、義昭が支援を求めた諸大名の援軍が久秀方に加わり始めた。六月八日に落城した久秀方の筒井平城（奈良県大和郡山市）に籠もっていた「尾張国衆」[22]とは、信長からの援軍であろう。七月十八日には伊賀の仁木長頼が義昭の側近の和田惟政《これまさ》に対して、久秀方の勝龍寺城（長岡京市）に加勢する旨を返答している。[23]この時、勝龍寺城にはすでに幕府奉公衆の一色孝秀らが籠城していた。

すなわち、永禄九年の段階で、久秀は義昭や信長と同盟を結んでいたのである。久秀は義輝の殺害に加わっておらず、義昭を助命していることからも同盟に障害はなかった。

しかし、四国から三好実休の子の長治を補佐する篠原長房《ながふさ》が大軍を率いて、三好義継・三好三人衆方の支援にまわったことで、久秀の敗北は決定的となり、義昭の上洛構想は破綻した。

大仏の炎上

永禄十年（一五六七）二月、三好義継は突如、三好三人衆から離反し、久秀陣営に駆け込んだ。前年より義継や三人衆に味方していた篠原長房は、阿波に庇護《ひご》していた足利義栄《よしひで》の擁立を主張しており、義継の考えとは違っていた。しかし、久秀との戦いで決定的な役割を果たした長房の力は大きく、義継の方が追い出される形となった。

久秀は義継を味方に付けたとはいえ、なお劣勢であったが、八月には織田信長が美濃の領主を寝返らせ、三好三人衆と結んでいた斎藤龍興《たつおき》を滅ぼすのは時間の問題となった。この頃、信長が大和の柳生宗厳《むねとし》に足利義昭への忠節を求めたが、その使者となったのは久秀の家臣の結城忠正であり[24]、義昭は再び上洛に向けた運動を始める。

三好三人衆は大和へ攻め込み、東大寺に陣取って、奈良での市街地戦を繰り返しながら、久秀の籠もる多聞山城に迫った。しかし、十月十日、久秀は夜襲でこれを打ち破った。この混戦中の失火により、東大寺の大仏が焼失した。平重衡《しげひら》の南都焼討以来の出来事であった。

大仏が焼失したのは紛れもない事実である。しかし東大寺は永禄二年に三好氏が大和に侵攻した際は、軍勢の乱暴狼藉《ろうぜき》や寺内への寄宿や陣取を禁止する禁制を長慶らから獲得していた[25]。それに対し、永禄十年は、東大寺が三好三人衆や久秀へ、寺内に陣取らないように禁制を獲得する動きは見られなかった。久秀からは、東大寺は中立ではなく、三好三人衆に味方し陣地を提供したとしか見えなかったであろう。久秀と三好三人衆の戦いの最中に大仏が焼失したのは、三好三人衆の陣地があったゆえに戦場となった結果であって、それ以上でも以下でもない。そのため、翌永禄十一年になると、久秀は大仏の再興に向けて尽力している[26]。

義昭・信長の上洛の立役者

永禄十年（一五六七）十二月、美濃を平定した織田信長は、大和から南山城に拠点を置く柳生宗厳、興福寺御在陣衆、岡因幡守、瓶原《みかのはら》七人衆中らに対して、いよいよ上洛するので忠節を尽くすように求め、久秀親子を見捨てないという誓紙を交わした通り、彼らに加勢すると一斉に伝達した。

永禄十一年九月七日、信長は岐阜を出発し、上洛の途についた。久秀もこれに呼応したため、三好三人衆方は三好宗渭や香西《こうざい》元成を木津平城（京都府木津川市）に派遣し、久秀の北上に備えた[27]。三好三人衆や篠原長房は信長と久秀に挟撃されるのを防ぐため、兵力を分散させてしまい、信長の入京を許すことになった。

久秀は信長に名物茶器の九十九髪茄子《つくもなす》の茶入を進上し、娘を人質として差し出した。これをもって、久秀が信長に降伏したと解釈されることが多いが、それは二年にも及ぶ久秀と義昭や信長との同盟関係を無視した理解である。久秀は畿内における義昭や信長の最大の同盟者であった。久秀の娘が信長の元に赴いたのは信長の息子との祝言のためと言われており、義昭や信長も久秀に応えて、久秀に敵対する筒井順慶らの服属を拒否し、追討軍を大和へ派遣した。

また、永禄十二年三月には信長が媒酌人《ばいしゃくにん》を務め、三好義継は義昭の妹を嫁に取った。義昭幕府は信長の力

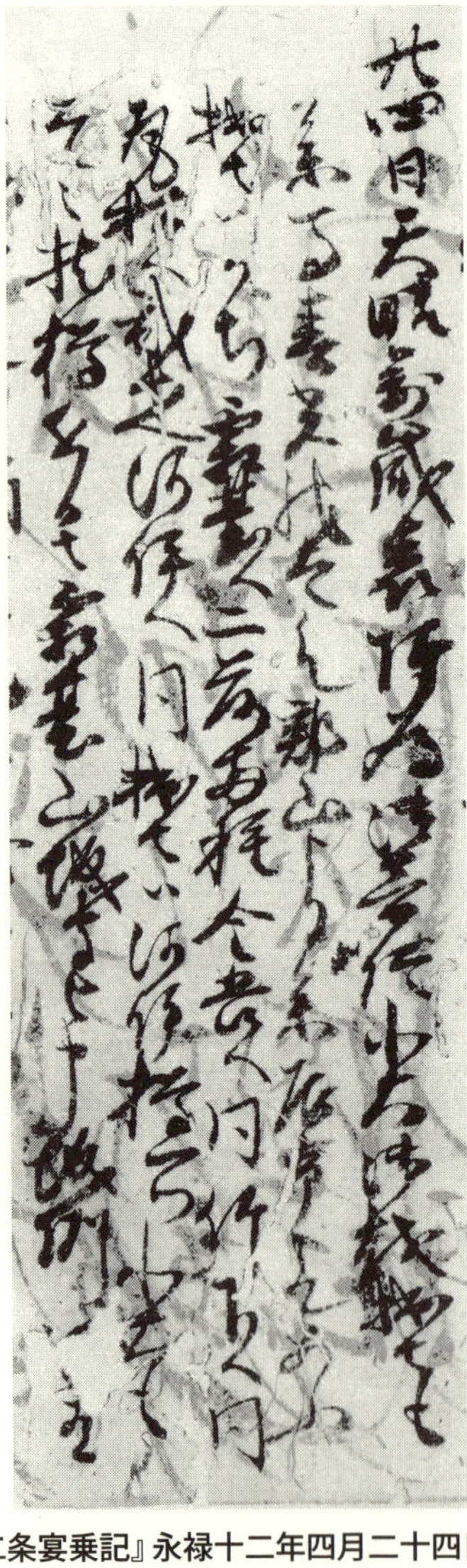

『二条宴乗記』永禄十二年四月二十四日条
（天理大学附属天理図書館蔵）
「近日は霜台、山城守と申、城州口（酒）有」と記されている。松永久秀はこのころ「弾正少弼」から「山城守」に改めたようだ。その背景には、久秀も参加する義昭幕府で「弾正忠」を名乗る織田信長との関係があったと考えられる。

が抜きん出ているものの、決して信長のみに依存するのではなく、上洛の経緯から、義継や久秀を有力な構成員とするものであった。久しぶりの政治的安定を受け、久秀は元亀元年（一五七〇）に大乗院門跡の領地をめぐる相論を裁許し、大規模な知行割と給人の入れ替えを執行するなど、大和支配を進めていった。

義昭の裏切り

四国へ退去した三好三人衆や三好長治、篠原長房は、元亀元年（一五七〇）九月に畿内へ渡海し、本願寺や延暦寺、朝倉氏、浅井氏と結んで、足利義昭や織田信長を追い詰めた。久秀は朽木元綱と交渉し、越前で孤立する信長を無事に京都へ撤退させた。また、篠原長房とも交渉し、十一月二十一日には娘を信長の養女として、三好長治に嫁がせることで和睦を成立させた[28]。久秀の活躍により、義昭と信長は苦境を脱した。

しかし、義昭幕府は、三好三人衆や本願寺など外部からの圧力ではなく、内部から崩壊し始める。久秀は元亀二年五月に義昭幕府の同僚である畠山秋高を攻撃し、反義昭の行動を始めた。その原因と考えられるのが、義昭が九条家の娘を養女として、久秀と敵対する筒井順慶へ嫁がせたことであろう[29]。

従来、久秀はこの頃に武田信玄と同盟して、義昭や信長に背いたと考えられてきた。しかし、無年号文書の年代比定が進み、久秀と信玄の同盟は元亀二年ではなく元亀四年であることが明らかとなった[30]。久秀は、自身の敵である筒井順慶に接近した義昭に反発したに過ぎなかった。すなわち、久秀が義昭を裏切ったのではなく、義昭が久秀を裏切ったのである。

八月四日の辰市《たついち》（奈良市）の戦いで、久秀は順慶に大敗し多くの重臣を失った。大和国内での戦局は厳しくなっていったが、摂津や河内では久秀や、ともに義昭から離れた三好義継、本願寺と結んで義昭や信長と激しく対立していた三好長逸らが優勢であった。元亀三年になると、義継は淡路の安宅監物丞《けんもつのじょう》に援軍を求める

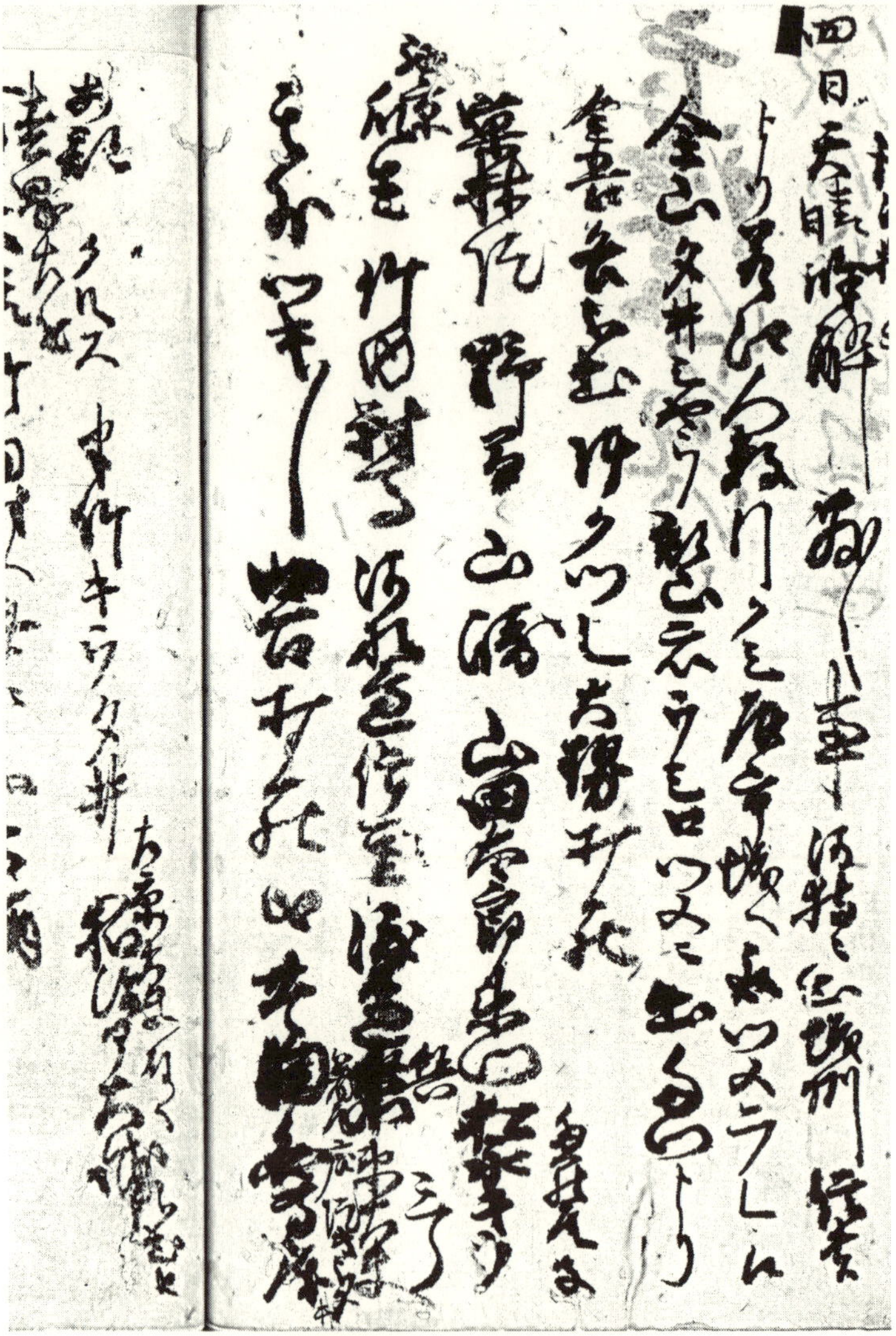

『二条宴乗記』元亀二年八月四日条
（天理大学附属天理図書館蔵）

辰市の戦いについて記されている。信貴山城を出陣した松永久秀は、若江城主の三好義継の援軍や多聞城主の松永久通とともに辰市城を攻めた。しかし、郡山から駆けつけた筒井順慶に大敗を喫した。多羅尾子、菓林院、野間、山崎、山田太郎衛門、松永キウ三郎、西京瓜生、竹内対馬、河那辺伊豆、渡辺兵衛大夫、箸尾唐院キウタヰ、豊田円専房、安部、クルス、半竹キウタヰ、狛治部大輔、春岡左近など、400名が討死したとある。

際に、詳細は長逸と久秀が告げると書状の末尾に記した[31]。三好氏の当主を長逸と久秀が補佐する体制は、最盛期であった長慶段階への回帰でもあった。そして八月には、義継が妙心寺（京都市右京区）に、久秀が大山崎（京都府大山崎町、大阪府島本町）に禁制を発給し、三好・松永氏は京都をうかがうまでに勢力を伸ばした。十月には武田信玄も、反織田方として、信長の同盟相手である徳川家康の遠江や三河へ侵攻を始める。

三、織田信長への服属と離反

多聞山城の開城

元亀四年（天正元年、一五七三）二月、足利義昭は窮地に陥った織田信長を見て、同盟相手として頼むに足りないと判断し、挙兵に踏み切った。三月には松永久秀が上洛し義昭と結んだ。義昭は信長のみに支えられている不安定な状況を憂慮し、むしろ信長を排除して、武田信玄、朝倉義景、浅井長政、松永久秀、三好義継、三好長逸、本願寺顕如を自らの幕府に組み込むことで、強化を図ろうとしていた。畿内の人々も義昭の勝利を確信したが、四月には信長が義昭の挙兵を鎮圧した。

武田氏も久秀家臣の岡国高に宛てた書状を送り、両者は連携を強めたが[32]、久秀が義昭のため積極的に信長と戦った形跡は見られない。義昭は七月に再度挙兵するが信長に敗れ、義弟三好義継の居城である若江城（大阪府東大阪市）に退去した。

このため、十一月に信長は佐久間信盛を派遣して義継を滅ぼし、久秀を降伏させた。久秀の家臣団は分解し、岡国高や楠正虎が信長に服属した。信長は信盛に対して、多聞山城を明け渡すこと、信貴山城《しぎさんじょう》（奈良県平群《へぐり》町）

は安堵すること、久通の子を人質に出すことを条件に、久秀らを赦免すると伝えた。[33]信長が久秀の申し分は「つらにくき子細」であるとしながらも、降伏を受け容れたのは、両者がほとんど戦っていなかったためであろう。なお、信長への服属はこの時が初めてである。

その後、多聞山城には明智光秀や柴田勝家が交替で在城したが、アルメイダが都よりも優れていると称賛した多聞山城の主殿は天正四年に信長の京都屋敷に、四階櫓とも高矢倉とも呼ばれた高層建築物は天正五年に安土城へ移築された。

久秀は天正二年十二月二十四日に出家し「道意」と号すると、[34]その活動はほとんど見られなくなる。天正三年、信長は塙《ばん》直政に大和支配を命じ、筒井順慶には縁者を嫁がせて、大和支配の体制を定めた。久通は順慶と共に直政の旗下に入ったが、直政は翌天正四年に本願寺との戦いで討死した。そのため、信長は順慶に大和の支配を命じたが、久秀については佐久間信盛の与力とした。久秀と順慶の関係を考慮したのであろう。しかし、そもそも久秀が義昭から離反した原因は、順慶の重用であったのに、信長も基本的には義昭と同じ路線を踏襲したため、久秀が信長に不満を募らせる素地は形成されていた。

信貴山城の戦い

天正五年（一五七七）八月十七日、織田信長の家臣の多くが上杉謙信と戦うため北陸に向かったのを見た松永久秀は、佐久間信盛の指揮下で天王寺に定番していたが、突如陣を引き払って信貴山城に籠城した。森氏と海老名《えびな》氏も久秀に味方し、片岡城（奈良県上牧町）に籠もった。謙信の行動は将軍足利義昭や本願寺と連携したものであるから、久秀も彼らと結んでいたのであろう。しかし、謙信は柴田勝家らを破ると、能登に引き返してしまった。

九月二十九日、信長は嫡子の信忠や細川藤孝、明智光秀らを大和へ差し向けた。十月一日に片岡城は落城した。また、裏切った柳本衆により久通が自害するが、信貴山城を攻めた光秀の軍勢には多くの損害が出た。五日には久通の十四歳と十二歳になる息子が洛中を引き回され六条河原で斬られた[35]。久通の息子たちの堂々とした様子を、太田牛一は『信長公記』に「姿・形・心もゆうにやさしき者共」と記し、哀れと思った京都所司代の村井貞勝は助命するために、天皇の御所に逃れさせようと画策した。しかし、二人は貞勝の好意を謝し、世話をしてくれた佐久間与六郎に礼状を書いた後に斬られた。

そして、十月十日、信忠らの総攻撃を受けた久秀は切腹し、信貴山城を自ら焼いて果てた[36]。その首は翌日に安土へ送られている。

すなわち、久秀が信長から離反したのは一回きりで、義昭の失敗を踏まえない信長の人事への反発が根底にあり、将軍義昭陣営の動向を見定めた上での判断であった。

信貴山城の落城に際して、久秀が所有した名物茶器の平蜘蛛《ひらぐも》も失われたという[37]。ただ、多羅尾光信が砕けた平蜘蛛の釜の破片を継ぎ[38]、天正八年五月十三日に八尾で催された茶会で、若江三人衆の一人の多羅尾綱知が使用しているのだが[39]。

この久秀の最期と平蜘蛛の釜の破損という、元々別の二つの話は、江戸時代初期に成立した『老人雑話』ではすでに結び付けられており、久秀は平蜘蛛の釜を信長に渡したくないので微塵に打ち割り、自分の首も鉄砲の火薬で焼いたとされている。享和四年（一八〇四）に、茶席で話題にすると良い数寄雑談を選んで刊行された『茶窓閒話』にも、久秀と平蜘蛛の釜の最期が採用された。戦国を生き抜いてきた武将の最期の心残りが名物茶器であったという印象的な逸話は、茶湯に命を懸けた心意気として賞されたのである。なお、久秀の自害が切腹ではなく、平蜘蛛の釜や信貴山城と共に爆死したというのは、第二次世界大戦後に生まれた俗説である。

おわりに～久秀が遺したもの～

松永久秀の逸話として有名な「三悪」であるが、三好義興も足利義輝も殺しておらず、大仏焼失も敵陣の攻撃以上の意味を持たない。久秀は家柄も所領も持たない自らをその才覚のみで評価し、家臣団の最上位にまで登用してくれた三好長慶に対しては、謀反どころか専横な振舞すらなく、忠義を尽くした。

久秀の出世は、重臣の名跡を継がせる形をとる当時の家臣の登用の仕方や、諸大名同士の家格においても、ありえないことであった。それがフロイスら同時代人を畏怖させたのであろう。そして、家臣の身でありながら、主家と同待遇を受けた久秀は、江戸時代中期には主家を敬うことを重んずる儒学者から、否定的な評価を受けるようになっていた。

久秀の「謀反癖」も事実ではない。久秀は積極的に三好家からの自立を目指したのではなく、失脚して排除されたのである。また、足利義昭や織田信長に敵対し降伏したのではなく、彼らと同盟し、その上洛を二年も支援してきた。それにもかかわらず、義昭は久秀の敵である筒井順慶を許容し、久秀を排除した。久秀は義昭と信長の対立に巻き込まれたが、信長が久秀の服属を容認したのは、久秀が信長と戦っていないためであろう。信長に背いたのは一度だけであるが、天正年間の信長の戦いは、信長が諸大名と全国統一を争った過程ではなく、諸大名が支持する現職の将軍義昭との戦いであった点から評価しなければならない。

また、久秀は多くの才を発揮した。久秀も主君の長慶と同様に多くの人材を求め、奉行人として登用した楠正虎は、信長や秀吉にも右筆《ゆうひつ》として近侍した。柳生宗厳（石舟斎）は結城忠正（進斎）と親交を深め、その太刀使いを新陰流に取り入れた。また、キリシタン武将として有名な高山右近ジュストや内藤ジョアンが、家臣の子弟や松永一族から巣立っていった。名儒清原枝賢や医聖曲直瀬《まなせ》道三とも親交があり、堺の豪商で茶人の若狭屋宗可を大友氏や河野氏などとの大名間の外交に重用し、千利休らが登用される道を開いた。

さらに、久秀は多くの近世城郭に採用された多聞櫓を考案したとされる。それが久秀の個人的な発案かどうかを確認することは難しいが、後世の大名に城作りの名手と認識されたことはおもしろい。

そして何より、長慶と共に、軍事的な側面だけでなく、家格や秩序など精神的な面でも足利将軍と戦い、その権威を絶対的なものから引きずり下ろしたことが特筆される。それ故に、久秀は諸大名の心の中に残る足利将軍の権威の強靭さを知っていた。だからこそ、三好義継や息子久通のように義輝の殺害に与《くみ》することができず、義昭との関係を切れなかったのであろう。

久秀にとって下剋上とは、江戸時代に創作されたような、傲慢な振舞いをしたり、上位者を殺害したりする単純な話ではない。それまでの社会秩序や世界観をしたたかに変えていこうとする運動であったと言えよう。

〈註〉

（1）ルイス・フロイス、松田毅一・川崎桃太監修『完訳フロイス日本史1』（中央公論新社、二〇〇〇）

（2）湯浅常山、森銑三校訂『常山記談』上巻（岩波書店、一九三八）

（3）ルイス・フロイス、松田毅一・川崎桃太監修『完訳フロイス日本史4』（中央公論新社、二〇〇〇）

（4）『多聞院日記』永禄十一年（一五六八）二月十九日条に「当年六十一歳」と記されており、満六十歳であったことがわかる。

（5）『岡本文書』「三好長慶奉行人松永久秀奉書」（天文九年）六月十七日付（天野忠幸編『戦国遺文 三好氏編』第一巻一三六号文書、東京堂出版、二〇一三）。同出典は、天野忠幸編『戦国遺文 三好氏編』第二巻（二〇一四）、天野忠幸編『戦国遺文 三好氏編』第三巻（二〇一五）と共に以下では『戦三』と略し文書番号のみを記す。
（6）中西裕樹「松永久秀の出自と高槻」（『しろあとだより』五、高槻市立しろあと歴史館、二〇一二）、同「松永久秀の出自――摂津国東五百住説から――」（『戦国遺文三好氏編月報』一、二〇一三）
（7）『棰井文書』「三好長慶（範長）書下」天文九年十二月二十七日付（『戦三』一四一号）、『棰井文書』「三好長慶奉行人松永久秀奉書」（天文九年）十二月二十七日付（『戦三』一四二号）
（8）神田裕理「公家の女性が支える天皇の血脈維持」（日本史史料研究会監修、神田裕理編『ここまでわかった戦国時代の天皇と公家衆たち 天皇制度は存亡の危機だったのか？』洋泉社、二〇一五）
（9）『東寺百合文書』「安井宗運書状」年未詳三月五日付（『戦三』参考一〇八号）
（10）『多聞院日記』永禄十三年二月十二日条
（11）田中信司「御供衆としての松永久秀」（『日本歴史』七二九、二〇〇九）
（12）『柳生文書』「松永久秀書状」（永禄六年）正月二十九日付（『戦三』八六九号）、『柳生文書』「松永久秀書状」（永禄六年）二月四日付（『戦三』八七二号）など。
（13）『賀茂別雷神社文書』「松永久秀奉行人赤塚家清奉書」（永禄六年）閏十二月二十日付（『戦三』九六五号）
（14）『後鑑所収広布録』「室町幕府奉行人連署奉書」永禄六年十月二十四日付（『戦三』参考八八号）
（15）『柳生文書』「松永久秀書状」（永禄六年）六月二十三日付（『戦三』八九四号）
（16）『厳助往年記』
（17）『浄福寺文書』「長松軒淳世書状」（永禄八年）三月一日付（『戦三』一一四八号）、『浄福寺文書』「三好義継奉行人某元清・奈良長高連署奉書」永禄八年三月四日付（『戦三』一一四九号）、『浄福寺文書』「三好長逸・同宗渭連署状」（永禄八年）三月七日付（『戦三』一一五〇号）、『浄福寺文書』「松永久通書下」永禄八年四月二十九日付（『戦三』一一五一号）
（18）『言継卿記』
（19）『円満院文書』「足利義昭書状」（永禄八年）五月二十二日付（『戦三』一一五三号）
（20）『長岡市立科学博物館所蔵河田文書』「安見宗房書状」（永禄八年）六月二十四日付（『戦三』参考九三号）
（21）『多聞院日記』

(22)『多聞院日記』
(23)『和田家文書』「仁木長頼書状」(永禄九年)七月十八日付(『戦三』参考一〇一号)
(24)『柳生文書』「織田信長書状」(永禄十年)八月二十一日付(『戦三』一三六二号)
(25)『東大寺文書』「今村慶満禁制」永禄二年六月(『戦三』五六〇号)、『東大寺文書』「三好長慶禁制」永禄三年六月(『戦三』五六二号)
(26)『阿弥陀寺文書』「松永久秀書状」(永禄十一年)四月二日付(『戦三』一三九八号)
(27)『小林凱之氏所蔵狛文書』「三好宗渭書状」(永禄十一年)九月十六日付(『戦三』一四二四号)
(28)『尋憲記』
(29)『多聞院日記』
(30)柴裕之「足利義昭政権と武田信玄――元亀騒乱の展開再考――」(『日本歴史』八一七、二〇一六)など。
(31)『刑部家文書』「三好義継書状」(元亀三年)四月十六日付(『戦三』一六三二号)
(32)『荒尾家文書』「武田信玄書状」(元亀四年)五月十七日付(『戦三』一六六五号)
(33)『堺市博物館寄託文書』「織田信長朱印状」(天正元年)十一月二十九日付(『戦三』参考一二八号)
(34)『多聞院日記』天正三年正月五日条
(35)『兼見卿記』
(36)『多聞院日記』、『兼見卿記』
(37)熊倉功夫校注『山上宗二記　付茶話指月集』(岩波書店、二〇〇六)
(38)『松屋名物集』(『茶道古典全集』第十二巻、淡交社)
(39)『天王寺屋会記他会記』(『茶道古典全集』第七巻、淡交社)

〈参考文献〉

天野忠幸「松永久秀を取り巻く人々と堺の文化」(『堺市博物館研究報告』三一、二〇一二)
天野忠幸『三好長慶　諸人之を仰ぐこと北斗泰山』(ミネルヴァ書房、二〇一四)
天野忠幸『増補版　戦国期三好政権の研究』(清文堂出版、二〇一五。初版は同社より二〇一〇年に刊行)
天野忠幸「三好・松永氏の山城とその機能」(齋藤慎一編『城館と中世史料　機能論の探求』高志書院、二〇一五)

天野忠幸「三好長慶と山城の文化」（仁木宏・中井均・中西裕樹・ＮＰＯ法人摂河泉地域文化研究所編『飯盛山城と三好長慶』戎光祥出版、二〇一五）
天野忠幸『三好一族と織田信長　「天下」をめぐる覇権戦争』（戎光祥出版、二〇一六）
天野忠幸「織田信長の上洛と三好氏の動向」（『日本歴史』八一四、二〇一六）

第一章　久秀を取り巻く人々

松永久秀の出自と末裔

中西裕樹

はじめに

松永久秀の出自については、山城国乙訓《おとくに》郡西岡（京都府向日市・長岡京市付近）の商人説や摂津国島上郡五百住《よすみ》（大阪府高槻市）の百姓説、阿波国の武家説、他にも加賀、丹波、近江出身説がある（須藤二〇〇三）。

このうち、摂津五百住の百姓説には、多くの状況証拠が整っており、過去に検討を加えた結果、久秀は戦国期の東五百住に城館を構えた土豪一族に出自を持つ可能性が高いと論じた（中西二〇一二b、中西二〇一三、中西二〇一五）。

小文では、あらためて久秀の出自を確認しつつ、末裔《まつえい》と称した人々についてもふれてみたい。

一、山城国西岡商人説・阿波国武家説について

本題に入る前に、よく知られた山城国西岡の商人説と阿波国の武家説について紹介する。

山城国西岡の商人説は、三好長慶の研究の画期となった長江正一氏の著作で登場し、広く知られている（長江一九六八）。この説に対し、長江氏は美濃の戦国大名斎藤道三が同じく西岡出身の油売りから立身出世を遂げたという説を意識している。

ただし、よく知られる斎藤道三の事跡は、京都妙心寺の僧侶から美濃の武士となった父・長井新左衛門尉との父子二代にわたるとする説が現在では有力である。したがって、道三をモデルとし、それをストレートに久秀に当てはめて考えることは難しくなった。

阿波国の武家説は、須藤茂樹氏によると、徳島県阿波市市場町に「東西」を冠して呼ばれる二つの松永家のうち、東の松永氏に伝わる由緒書にその記述がある（須藤二〇〇三）。

日開谷村の松永家（東の松永家）は久秀の叔父（久隆）の後裔と伝えられ、江戸時代には徳島藩蜂須賀家の藩有林の山奉行や組頭庄屋を務めた。一方、隣接する犬墓村の松永家（西の松永家）は久秀の孫・久常（久通の子）の子孫とされ、近隣の神社へ代参する徳島藩主の使者が立ち寄る家であったという。

由緒書は、加賀出身の松永氏が鎌倉時代に信濃に移り、のちに阿波に移って三好氏の家臣となったとしている。また、犬墓村には松永城と伝える場所がある。この説によれば松永氏の出自は武家であり、戦国期には阿波で城館を構える国人・土豪であったことになる。後年に両松永家が徳島藩主から優遇されたことを踏まえると、阿波が久秀一族の逃亡先、もしくは子孫を称するにふさわしい松永氏有縁の場であったことは否定できない。

二、松永貞徳・尺五父子の主張

『摂津名所図会』など、江戸時代の多くの地誌や絵図には、松永久秀は五百住出身であるとする説が掲載されている。また、萩藩毛利家の一家である岩国吉川家が関与した中国地方の戦国軍記『陰徳太平記』（一七一七年刊）には「其ノ種姓を尋聞ニ元来摂州嶋上ノ郡五百住ニテ出生シ、豊嶋ニ住シケルアヤシノ村民ニテゾアリケル」とあり、今谷明氏が松永久秀の出自を示唆《しさ》する記述として注目した（今谷一九九三）。ただし、これ以前に活躍した連歌師・松永貞徳（一五七一～一六五四）、朱子学者・松永尺五（昌三。一五九二～一六五七）の父子が松永久秀との関係を意識していた。貞徳が元和六年（一六二〇）に尺五に撰せしめた「家譜」（『尺五堂先生全集』所収）に内容をうかがうことができる。

「家譜」によれば、貞徳の父である松永永種は高槻城主入江氏の一族であった。しかし、祖母妙精の松永姓を名乗るようになり、この妙精が「松永氏久秀之伯祖母也」であったとする。

小高敏郎氏は、この「家譜」を紹介する一方、その内容に基づく詳細な系図を復元している（小高一九八八）。図1は、この小高氏による系図をベースとし、一次史料などで確認される入江氏の情報を加味したものである。

史料で確認できる入江氏については、寛正三年（一四六二）に高槻周辺の武士の崇敬を集めた霊松寺に寄進をした入江信重がいる（「霊松寺文書」。『高槻市史』史料編Ⅰ所収）。天文十七年（一五四八）には、入江左衛門尉成重が奈良二条院へ「天河堤」修築の遅延を詫びていた（三浦一九七七）。

入江氏は名の通字に「重」を用いたことが推測され、「家譜」などに登場する人名とも合致する。「家譜」には一定の信憑性があると考えられ、入江氏を考える上でも有益な材料となる。

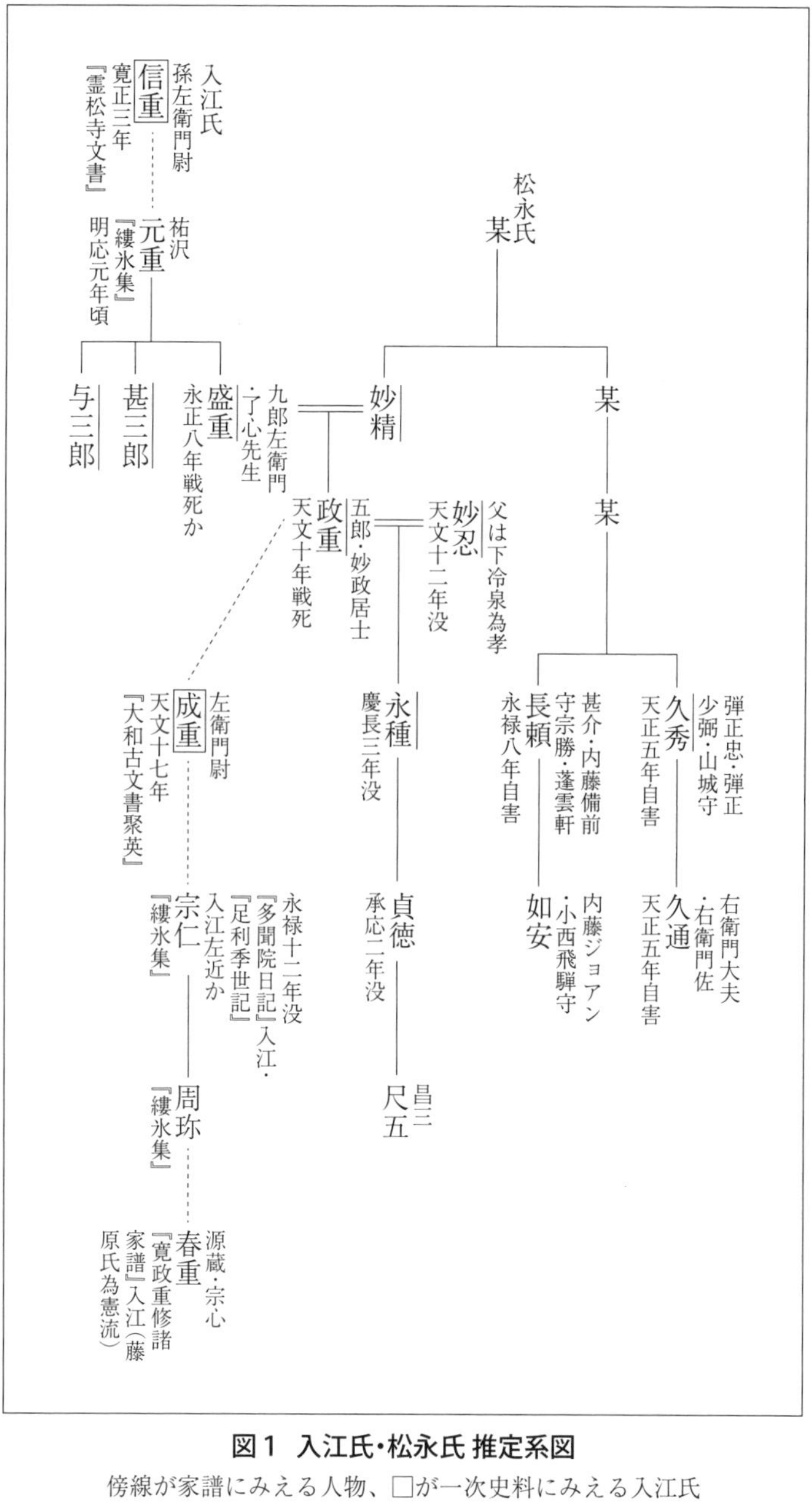

図1 入江氏・松永氏 推定系図
傍線が家譜にみえる人物、□が一次史料にみえる入江氏

再び「家譜」によれば、入江政重は横死し、子の永種が「後嗣若不継武業」ときは「母党松永氏」を氏とせよと遺言した。このため永種は松永姓を名乗ったという。記録上にみえる入江氏は「入江・高槻」（『瓦林政頼記』）、「高槻入江城」（『細川両家記』）、「入江所へ高槻へ」（『私心記』）など「高槻」とセットで表記されることが多く、「高槻南北武士」（『本福寺草案』）との表現もある。

入江氏は「高槻」周辺の武士層の中心に位置し、先述の『陰徳太平記』には近郷の一揆を催したとある。これらは入江氏の宗家が突出した存在ではないことを暗示しており、永種が松永姓となった背景として整合的に理解できるだろう（中西二〇一二a）。

戦国・織豊期に生を受け、武家との関係も有した知識人である松永貞徳・尺五が久秀の縁者であり、高槻城主入江氏との関係を主張したことは注目に値する。

三、丹波八上城主・松永孫六の伝承

写真１　松永孫六が城主となった八上城
（兵庫県篠山市）

松永孫六とは松永久秀の甥《おい》であり、三好氏の軍勢が弘治三年（一五五七）に丹波の国人波多野氏を追った後、八上城（兵庫県篠山市）に入った人物である。三好政権下では久秀の弟である松永長頼が丹波を掌握し、内藤宗勝を名乗って丹波守護代内藤氏を継承していた。しかし永禄八年（一五六五）に長頼が戦死し、翌年には「丹州屋上城に松永弾正忠の甥松永孫六と申人入城候処に、波多野方前々家が城也とて取巻被責」（『細川両家記』）と孫六も波多野氏に八上城を奪還されている。

さて、兵庫県篠山市に所在する妙福寺（日蓮宗）は、天文年中（一五三二～五五）に日助が再興し、松永孫六の望みで五百住から八上城下に移転し、慶長十六年（一六一一）以降に篠山城下の現在地に再移転したと伝える（「宝乗山妙福寺」）。同寺には室町末期の作である木造日蓮上人坐像（篠山市指定文化財）が伝存しており、中台の裏に「永禄五年壬戌七月吉日彩色　施主松永孫六良敬白　開眼導師訪印権大僧都日洞敬白」とある（「篠山市の文化財」）。

戦国期の篠山周辺は、波多野氏の本拠であった。八上城に明智光秀を中心とする織田勢の攻撃を受け、籠城戦の末に天正七年（一五七九）に降伏、滅亡した波多野氏にまつわる伝承が数多い。現在に至る地域史において、波多野氏の存在は無視できない。

一方、松永孫六は篠山周辺の地域史にとって重要とは思えず、むしろ波多野氏を追った側の人物である。また、一般に名が知られた有名な戦国武将でもない。それだけに、この孫六に関連する五百住からの寺院移転伝承には説得力があり、松永氏と五百住との関連を強く示唆する。

四、東五百住の「松永屋敷跡」

五百住は、西と東の集落に分かれており、ここでは東五百住に所在した「松永屋敷跡」を取り上げる。

東五百住は如是川《にょぜがわ》が西と中央を流れる平地の村落で、享保十四年（一七二九）の「郡家村・東五百住村境見分絵図」（郡家財産区蔵。『三好長慶の時代』所収）には「松永屋敷跡畑田」が四方を溝で囲まれた空間として描かれている（図2）。この溝は北と東の幅が広く、「とで」という湧水《ゆうすい》の存在から一定の水量が確保された堀と想定される。

この場所は、小字「城垣内」に該当すると思われ、一部に湧水をともなう田地が残るものの宅地化しており、

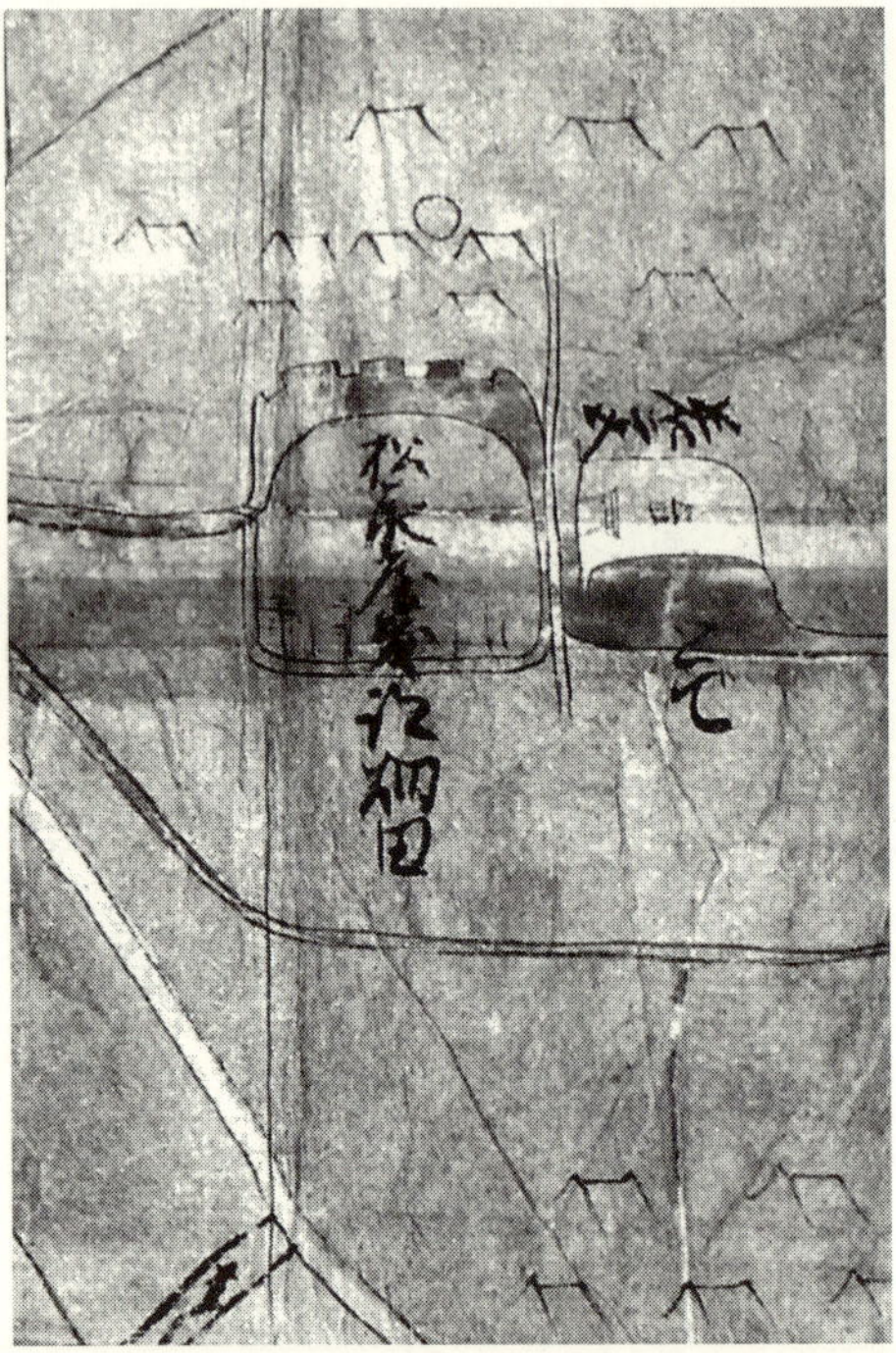

図２「松永屋敷跡 畑田」周辺（「郡家村・東五百住村境見分絵図」部分、高槻市立しろあと歴史館蔵）

構造などの詳細は確認できない。ただし、地形が若干高くなっており、絵図の区画に鑑《かんが》みると規模は半町（五〇メートル）四方程度と思われる。松永屋敷跡は、土豪クラスの中世城館跡であった可能性が高い。

　踏み込んでとらえれば、区画の南縁に描かれた樹木のような表現は土塁跡を示し、西から区画に取り付く橋の付近は虎口の可能性がある。また、東の「若宮」は屋敷跡の溝がクランクする位置にあたり、城館と一体の祭祀施設であったのかもしれない。

　この松永屋敷跡の存在は、近世に広く知られていた。早いものでは先述の軍記物の『陰徳太平記』（一七一七年刊）が関連し、地誌類では一七三五年刊の『摂津志』（『日本輿地通志』畿内部）の「古蹟」に「松永久秀故居在東五百住村」と紹介されている。以降、一七九六～一七九八年刊の『摂津名所図会』の「松永久秀故居」、一八六一年刊の『淀川両岸一覧』の「松永弾正久秀故居」との紹介が続いていく。

　地図では、十八世紀末～十九世紀初頭に幕府が製作した「山崎通分間延絵図」（『五海道其外分間見取延絵図』）において、「東五百住村」近くに「松永弾正屋舗跡」との記入がある。そして、隣接して巨大な土塁で囲まれたような空間がみえるのが興味深い（図３）。また、一八三六年発行の「摂津国名所旧跡細見大絵図」にも「松永久秀故居」との書き込みがある。

図3　五海道其外文間絵図並見取絵図 山崎通分間延絵図 全1巻（部分）**「松永弾正屋舗跡」**
（東京国立博物館蔵、Image TNM Image Archives）

一八八〇年に東五百住村が郡に提出した『東五百住村村誌』（『明治初期村誌集編』所収）では、「松永弾正久秀宅跡」に関して「旧記ノ徴スヘキナク、只古老ノ口碑ニ上ルノミ」と伝え、のちに郡役所から「残礎分明ナルカ、有無取調ヲ要ス」との照会があった際には「残礎、分明ナラス、且書類ノ徴ス可キナケレハ、削リテ可ナリ、然レモ土人ニ口碑ニ、字城垣内ハ則チ松永久秀ノ故宅跡ト言伝ヘ」と回答している。

五、高槻に残る松永久秀伝説

五百住が所在する現在の高槻市域には、松永久秀にまつわる伝承が多い。『摂津名所図会』には、近世に毘沙門信仰を集めた山岳寺院の本山寺（高槻市大字原）の什宝《じゅうほう》として、天文年間（一五三二～五五）に久秀が奉納した「葡萄硯《ぶどうすずり》」「向雁石《こうがんせき》」があげられる。これは「東五百住に在城」する久秀が本山寺の毘沙門天に帰依し、その霊夢で武門の名誉を取ったために荘園とあわせて寄進したものという。なお、天坊幸彦氏は『三島郡の史蹟と名勝』の本山寺の項目において「天文年中松永久秀祈願を起して立身し良田数頃を其郷里五百住村に於て寄附したり」と記している（天坊一九六一）。

この葡萄硯は伝存して室町幕府将軍足利義政の所持と伝わり、朝鮮半島北部産の渭原石《いげんせき》を用いた、国内では希少な十五～十六世紀の朝鮮王朝の硯とされている（千田二〇〇九）。また、一九二二年刊の『大阪府全志』では、本山寺との関係が深い神峯山寺（高槻市大字原）にも久秀奉納の「牛の玉」があったとされる。

東五百住村から北西に約一・五キロ離れ、高槻城下町に接した上田部村には久秀の「鼓塚」が存在した。一八七九年の『上田部村村誌』（『明治初期村誌集編』所収）には「封土、高三尺・周囲二間四尺、本村居住地ヨリ東ニアリ、由緒不詳ニシテ、口碑アリ、松永久秀鼓ヲ此所ニ埋ムト云フ」とある。

鼓塚付近は小字「堤塚」であり、一八四〇年の年紀を持つ「高槻城絵図」では小丘が描かれて『大阪府全志』にも記述がある。周辺は市街地となって痕跡をとどめていないが、付近には高槻市が「まちかど遺産」という小さな案内板を設置している。

東五百住村から北に約一キロ離れた郡家村では、村内の今城塚古墳に関し、一八七九年の『郡家村村誌』（『明治初期村誌集編』所収）において「永禄年間松永久秀城ク所ニシテ、三好長慶原山支城ナリト、或曰ク細川六郎ノ拠ル所ナリト」と伝える。

また、郡家村の北東に位置する旧服部村には「服部砦」が存在したという。現在は不詳であるが、一七〇一年刊の『摂陽群談』の「城郭の部」に「服部古城　松永弾正少弼築之。古跡今にあり」とみえる。

おわりに

散漫になったが、これまで述べてきたことをまとめたい。

近世初頭に縁者を自認した松永貞徳・尺五によれば、久秀は高槻城主入江氏と姻戚関係にあり、篠山に残る松永孫六の伝承などを踏まえると、この松永氏は摂津国の五百住に拠点を持っていた。東五百住には巷間《こうかん》にも知られた松永氏の屋敷跡があり、これは戦国期の土豪層の城館跡であった可能性が高い。以上の点から、松永久秀の出自は東五百住の土豪層周辺に求められるように思う。

また、久秀の末裔に関し、松永貞徳は久秀の一世代後の縁者であり、血縁も遠い。この一方で、東五百住には松永氏の末裔と伝わる人々がいたようだ。

郷土史家の古藤幸雄氏のご教示によれば、東五百住の松井氏は先祖を久秀としていたという。しかし、久秀のイメージが良くなかったため、江戸時代の初期に松永から松井へと名字を変えたとする家伝を持っていた（古藤二〇一六）。

この真偽に関する検証は難しいが、近世以降に「悪人」として喧伝された久秀について、高槻周辺では伝承が語り継がれた点は考慮すべきである。これは「下剋上」「悪人」のレッテルを貼られた三好長慶も同様である。

戦国期の高槻周辺は、長慶が天文二十二年（一五五三）に入城し、以降の拠点とした芥川城（芥川山城跡。高槻市大字原）が所在した地域であった。郡家村は、永禄二年（一五五九）に長慶の裁定を受けて隣村との水論に勝利し、これを根拠に近世を通じて水論を有利に導いている。やがて人々は城跡に「三好大権現」を祀るようになり、現在でも新暦の三好長慶の命日前後に感謝をもって詣でている。

久秀は三好政権中枢の人物として芥川城内に居住し、政権運営に関わった。久秀の出自は東五百住の土豪層周辺に想定され、近世以降の地域社会が三好・松永を語り続けたことに鑑みると、この東五百住に存在した久秀末裔伝承は一蹴《いっしゅう》すべきものではないように感じる。

〈参考文献〉

今谷 明「松永久秀の虚像と実像」（同『天皇と天下人』新人物往来社、一九九三、初出一九八二）
小高敏郎『新訂 松永貞徳の研究』（臨川書店、一九八八、初出一九五三）
古藤幸雄『芥川上流城における水論の史的研究』（一粒書房、二〇一六）
須藤茂樹「ミステリアスな山峡「犬墓」に残る戦国の梟雄松永久秀出生説」（『別冊歴史読本五八 日本史謎解き探訪 誰も知らないミステリー史跡』新人物往来社、二〇〇三）
千田康治「葡萄日月硯（伝松永久秀奉納）」（『北摂の戦国時代 高山右近』高槻市立しろあと歴史館、二〇〇九）
天坊幸彦『三島郡の史蹟と名勝』（私家版、一九六一）
長江正一『三好長慶』（吉川弘文館、一九六八）
中西裕樹「戦国期の高槻と入江氏」（『しろあとだより』四、高槻市立しろあと歴史館、二〇一一a）
中西裕樹「松永久秀の出自と高槻」（『しろあとだより』五、高槻市立しろあと歴史館、二〇一一b）
中西裕樹「松永久秀の出自――摂津国東五百住説から――」（天野忠幸編『戦国遺文』三好氏編一、東京堂出版、二〇一三）
中西裕樹「松永屋敷跡」（同『大阪府中世城館事典』戎光祥出版、二〇一五）
三浦圭一「細川晴元政権下の高槻地方」（『高槻市史』本編Ⅰ、高槻市、一九七七）
『三好長慶の時代』（高槻市立しろあと歴史館、二〇〇七）
『高槻市史』史料編Ⅰ（高槻市、一九七三）
『明治初期村誌集編』（高槻市、一九七二）
『大阪府全志』（大阪府全志発行所、一九二二）
「宝乗山妙福寺」（『丹波ささやま五十三次ガイド』篠山観光協会、一九九一。篠山市ホームページに掲載）
「篠山市の文化財」（篠山市ホームページ）

松永長頼（内藤宗勝）と丹波

高橋成計

はじめに

松永長頼は松永久秀の弟であるが（『多聞院日記』）、知名度が低く、その動向も不明な部分が多い。管見の限り松永長頼に関する最初の先行研究は、長江正一氏の『三好長慶』で、文献に基づいて長頼の動向をあげている。今谷明氏の『守護領国支配機構の研究』は、松永長頼の発給した文書一覧と動向についての記述がある。また、今谷氏は『戦国三好一族』の中で、長頼と兄久秀を比較して、「久秀は、長慶の下級事務官として何年か従っていたが、まだ名前を表わすまでに至っておらず、武将としては弟の甚助（長頼）の方が当時（天文十八年頃）ははるかに有名であった。久秀が後年抬頭するに至った功の半ばは、実はこの長頼の軍事的才幹に負うところが大である」と長頼を評している。

このように兄久秀の出世は長頼の功績であるといい、また「松永兄弟では兄の久秀が余りに有名になって、この長頼のことはまるで一般に知られていないが、軍略、人物とも弟の方が兄を凌いでいたのである」と同書は評している。確かに長頼は兄久秀の陰に隠れて歴史的評価が低く、知名度も低い。この原因には、史料の乏しさと活躍場所が丹波を中心とした地域であることによる、研究の遅れがある。今回、長頼が内藤宗勝と称した時期を中心に、長頼の軍事行動と、その歴史環境を検証したい。

一、長頼の出現

三好長慶は天文十七年(一五四八)、一族の三好政長(宗三)を排除しようと考えた。三好一族中の有力者として細川晴元の信頼が厚く、長慶からみると、一族の統制を乱す輩《やから》であった(長江一九六八)。また、父元長を敗死に追い込んだ張本人でもある。天文十八年(一五四九)六月二十四日、摂津江口の合戦(大阪市東淀川区)で政長を討ち取り、元長の仇討ちを完了した。晴元は政長の戦死を知るや、前将軍の足利義晴らとともに近江坂本へ逃亡した。これによって、大永七年(一五二七)以来二十二年間続いた晴元政権は瓦解し、三好政権が誕生することになる(今谷一九八五b)。これにより三好軍は京都に入り横暴を尽くした。天文十八年(一五四九)十月、松永甚助長頼(以下長頼と表現する)は、細川氏綱から賜ったと称して、将軍家領の山科《やましな》七郷の収入を押領《おうりょう》した(『厳助往年記』)。また、同年に天龍寺領西岡長井荘下司職に就任したことや(「天龍寺文書」『新修亀岡市史』資料編第一巻)、石田・小栗栖《おぐるす》の進士分を長頼と今村源介の両人が押領したことが知られている。

天文十九年(一五五〇)十一月十九日、長慶によって京都を追われていた将軍足利義輝と細川晴元が、中尾城(京都市左京区)から鴨川畔へ出撃してきたためこれを防ぎ、同月二十日長頼が大津(滋賀県)まで進攻し放火した(『言継卿記』)。天文二十年(一五五一)正月将軍の政所《まんどころ》執事である伊勢貞孝らが、義輝の京都帰還を企て失敗して近江より逃げ帰った。これと同時に再度長頼ら三好軍が大津へ攻め込んだ(『厳助往年記』)。同年

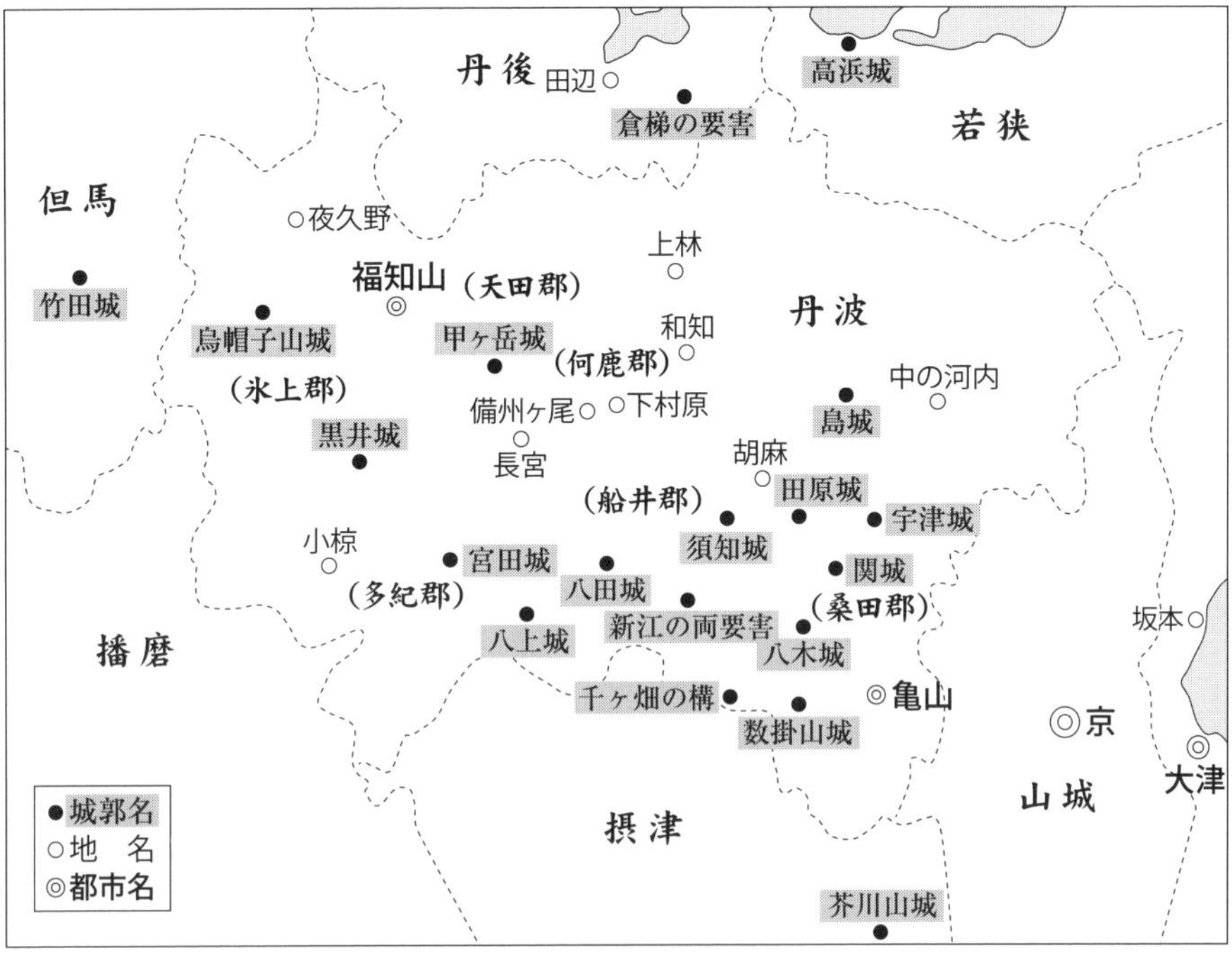

松永長頼 関係地図

七月、晴元の部将たち三千余が相国寺に拠ったため、松永兄弟が攻め敗走させた(『厳助往年記』)。この時期、長頼の軍事活動には、山城国山科・近江国大津方面での活躍が多い。

天文二十二年(一五五三)三月、長慶と足利将軍義輝の和睦は反故《ほご》となった。霊山《りょうぜん》城(京都市東山区)の義輝と晴元が手を結び、洛中洛外へ軍事行動を行ったが長慶に攻められ、義輝は朽木谷《くつきだに》(高島市朽木地区)へ落去し、晴元は宇津(京都市左京区京北)へ引き上げた。晴元の軍事活動に協力しているのが波多野氏と宇津氏であった。波多野秀親は天文二十二年八月中旬、八上物領家の波多野元秀に取り上げられていた所領の返還を受け、晴元方として数掛山《かずかけやま》城(亀岡市本梅町)を拠点とした。そのため、九月三日長慶は松永兄弟を大将として数掛山城を攻めたが、十八日晴元方の香西元成・三好政勝らが八木城を攻撃し、内藤国貞・池田氏・堀内氏が討死し落城した(『細川両家記』)。だが長頼は残兵を集め、即奪還に成功した。しかし、数掛山城を落とすことができず、その後長慶自身が桑田郡に出陣する結果となり、八上城攻撃が一年遅れた。

二、丹波守護代の後継者として

天文二十二年九月十八日には八木城主の内藤国貞が討死し、守護代内藤氏の実質的な後継者として、長頼が出現した。長頼は内藤国貞の娘婿であり(『細川両家記』)、生前国貞は長頼と、孫の千勝に八木城主を継承させるという契約を結んでいたことが、次の史料により判明する。

[史料1]「野間建明家文書」細川氏綱奉行人奉書(『和知町誌』史料集一)

内藤家督事、国貞(内藤)契約筋目依在之、松永甚介(長頼)息被定置千勝(松永)上者、如先々可被致馳走由候也、仍執達如件、

天文廿二

十一月十五日　長隆(茨木)(花押)

出野日向守殿

片山左(右)近丞(康隆)殿

細川氏綱が丹波の在地国人片山氏に出した書状で、国貞と長頼の間に跡目を譲る契約があり、内藤家の後継者は国貞の孫である千勝と決定したので、前々のごとく忠節を尽くすようにという内容である。同じ内容

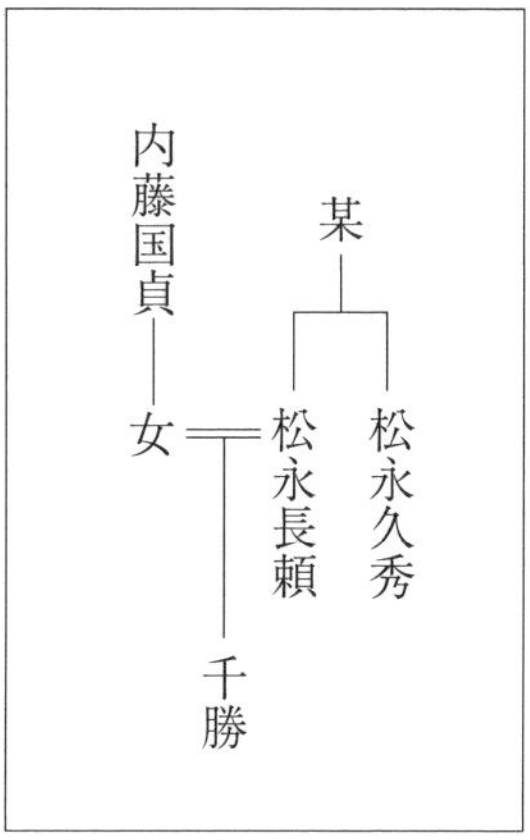

内藤氏略系図

の文書が、船井郡（南丹市）の湯浅家と天田郡（福知山市）の桐村家にも残っている。

「龍源軒紹堅書状」には（「片山家文書」『和知町誌』史料集一）、「既国貞契約之以筋目、甚介在城候　同名年寄共　各無別令馳走候条、向後之儀前々ニ不相替、御馳走肝要ニ存候」とある。これは長頼が千勝の後見役として在城し、実質的な権限は長頼が握っており、内藤氏の重臣もこれを認めているので、理解して協力してくれとの内容である。実質的に長頼は管領細川氏体制を利用し、丹波における三好氏の体制づくりを狙ったのである。

三、八木城について

亀岡平野の北西部に位置する八木城は、北の南丹市と南の亀岡市の境界にある標高三三〇メートルの城山にあり、城下集落は北の八木町本郷にある。北東に桂川が流れ、三方を山で囲まれた地形で、南の拝田峠を越える街道が本郷に通じている。しかし、時代によっては城下集落が南の宮前町神前にあったことも考えられ、曲輪《くるわ》群《ぐん》が南の谷間にも展開する。

城郭遺構は主郭部Ⅰを中心に、北尾根に延びる北曲輪群Ⅱと、主郭の南に位置する曲輪群Ⅲ（内藤土佐守曲輪）、西の標高三五〇メートルにある烏嶽《からすだけ》の曲輪群Ⅳがある。この烏嶽の曲輪群と主郭部の間にも曲輪群Ⅴがあり、烏嶽曲輪群への繋ぎの遺構と考える。主郭部と北の本郷にある山麓《さんろく》の曲輪群の間に通称「対面所」

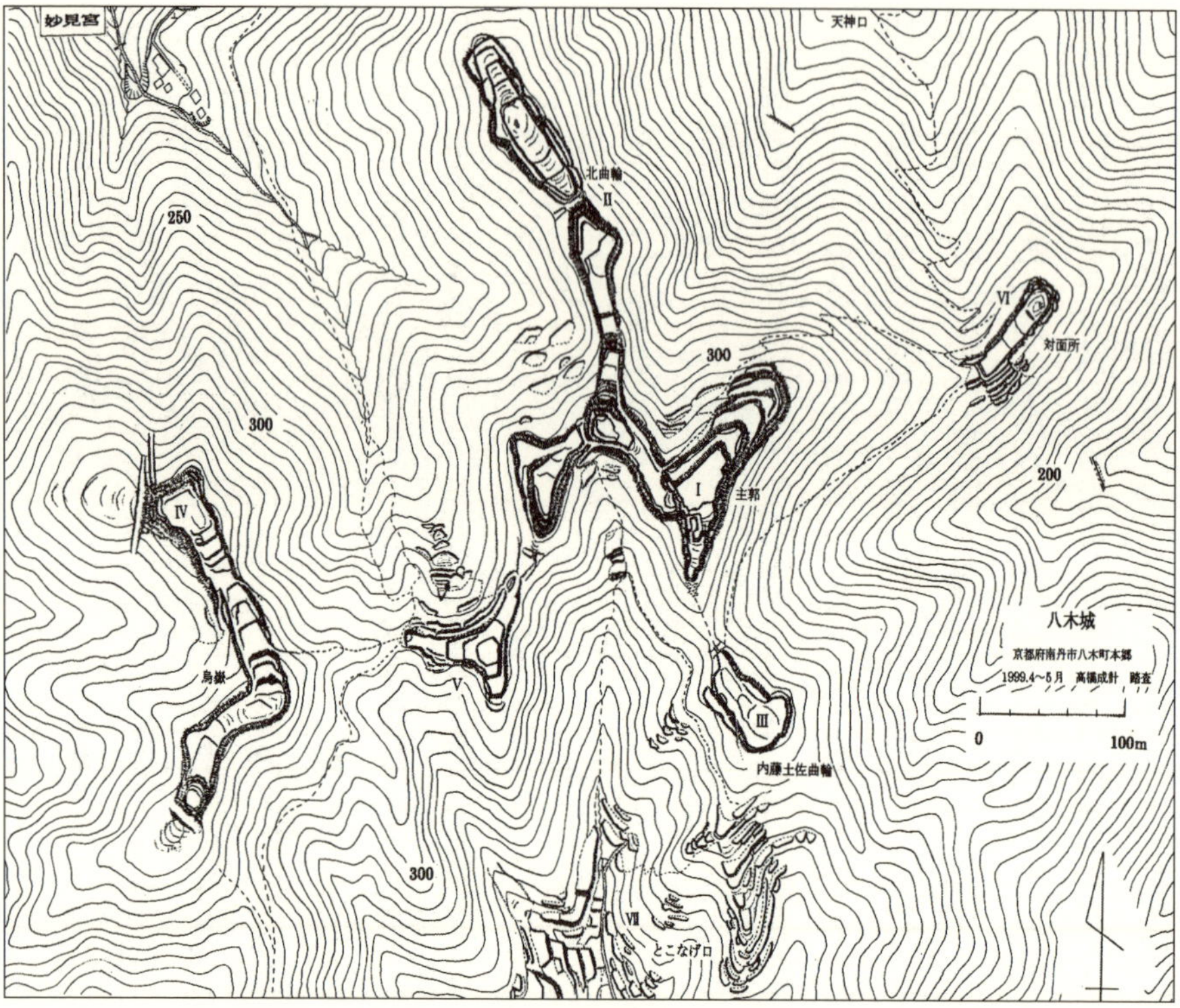

八木城縄張図

という曲輪群Ⅵがあり、本郷の城下集落(天神口)への見張所的位置にある。主郭部の南の谷間にも多数の曲輪群Ⅶがあり、宮前町神前の城下集落への出口(とこなげ口)への繋ぎの曲輪群である。これは南の摂津や西の多紀郡、氷上郡方面への街道に通じる城下集落で、時代に応じて南と北に大手口が機能したものと考える。

史料に見える八木城としては、永正年間(一五〇四～二一)のものと思われる細川高国感状に(「内藤万敬文書」『図説丹波八木の歴史』第二巻)、「八木山」の記述が見られ、八木城を指すものと考えられる。その後内藤国貞が多紀郡の波多野氏と覇権を争うようになると、「内藤城」、「ヤキ城責衆」という記述が見られる(『親俊日記』)。

四、軍事活動と丹波の支配形態

波多野氏に対する軍事活動

弘治元年（一五五五）九月二十七日に三好長逸が、生瀬口（西宮市）より丹波八上城（篠山市八上上）を攻撃するが、敗れて帰陣した（『細川両家記』）。同三年（一五五七）九月二十七日、波多野元秀の被官酒井三郎四郎が、宮田城（篠山市上板井）に入城して体制固めをしていた時（『多紀郡明細記』）、長慶も出陣の準備をして、十月十六日八上城を攻め、支城の龍蔵寺城（篠山市真南条上）を落城させ帰陣した（『細川両家記』）。しかし、決定的なダメージを与えられず、永禄二年（一五五九）松永長頼が、八上城西の法光寺山に向城を構え（篠山市西八上）、攻撃したことが内藤宗勝感状写で判明する。

［史料2］「波多野家文書」内藤宗勝感状写（『戦国・織豊期城郭論』）

八上法光寺山於相城敵夜討之時、無比類御動付而、為勲功酒井内初田分事進之候、被全領知弥御忠節肝要候、恐々謹言、

永禄弐　　　　　松永《追筆》　蓬雲軒

十二月十一日　　　宗勝《内藤》（花押）

波多野次郎殿

進之候

領地を宛行《あてが》われた波多野次郎は秀親の子息で、天文二十二年九月の数掛山城の合戦後まもなく、秀親・次

郎ともに惣領家に敵対して三好方となっている。波多野元秀はこの合戦に敗れて没落したらしく、領地を三好方の波多野次郎に分配されている。

宇津氏に対する軍事活動

弘治二年(一五五六)五月、禁裏御料所山国荘を押領した宇津氏を説得するために、権中納言久我《こが》通興の家臣が入部するので、勅命により長頼が警護に随行した(『厳助往年記』)。しかし、永禄四年(一五六一)二月二十四日、山国荘は押領されており、その回復命令を三好氏にくだそうと相談がなされたが、三好氏が合戦中のため実現しなかった(『御湯殿上日記』)。このように宇津氏の本拠に対する三好氏の攻撃はなく、徹底した対処を欠いていた。

丹波の支配形態

次に三好氏の丹波支配についてみてみよう。永禄三年六月、幕府御料所桐野河内村(南丹市園部町北部)の支配権は、伊勢貞孝が握っていた。伊勢貞孝・内藤宗勝契約状案(「蜷川《になかわ》家文書」『大日本古文書』)によると、桐野河内の幡根寺要害における城籠りや、得分についての契約を実施し、互いに不信感の発生しないように策をとっている。

永禄二年六月の畠山氏との合戦において、丹波衆への出陣要請として、管領から奉行人奉書を発給させ(「夜久文書」『福知山市史』史料編一)、三好氏独自の動員方法をとらなかった。これは幕府との和議が調《ととの》ったことによる、幕府体制を重んじる行動である。長頼はこの合戦に丹波衆二千を率いて山崎に着陣し、長慶の淀川渡河を助け、その後合戦にも参加した(今谷一九八五a)。

内藤宗勝書状によると、長頼は、永禄三年四月氷上郡の久下氏に対して、本地分の所領を安堵したり、同年十二月八上城攻めに活躍した波多野秀親に対し、八上惣領家より給地されていた領地を安堵したりと（「波多野家文書」『戦国・織豊期城郭論』）、長頼自身の裁定で領地を安堵する形式をとっている。

［史料3］「久下文書」内藤宗勝書状（『兵庫県史』史料編中世三）

以上

御本地分之儀、中沢治部大夫雖令契約候、御帰参之上、別而可有御忠節之由承候間、彼方へ出替地置候、
如先々可被全領知事肝要候、恐々謹言、

永禄三

卯月十八日　　蓬雲軒

宗勝（花押）

久下左近助殿

また同年十二月には、船井郡和知（京丹波町）の片山康隆に対し、和知下庄の領地を保障する形式として、守護代↓小守護代↓郡代という打渡形式をとっている。その例が史料4・5・6である。

［史料4］「片山家文書」内藤宗勝遵行状（『和知町誌』史料集一）

片山右近丞（康隆）申丹波船井郡和知下庄、除出野分・沢田分・才原分等事、任永正弐年御奉書並貞正（内藤）遵行旨、
為守護使不入之地、可沙汰付彼代者也、仍状如件、

永禄三

十二月朔日　　宗勝（内藤）（花押）

並河越中（常尚）守殿

［史料5］「片山家文書」並河常尚打渡状（『和知町誌』史料集一）

片山右近丞（康隆）申、丹波船井郡和知下庄除出野分・沢田分・才原分事、去朔日為守護不入、任御遵行旨、可
被渡引彼代者也、仍状如件、

永禄三

十二月三日　　常尚（並河）（花押）

並河駿河（宗秀）守殿

［史料6］「片山家文書」並河宗秀打渡状（『和知町誌』史料集一）

丹波船井郡和知下庄内、除出野分・沢田分・才原分等之事、去三日任打渡之旨、可被全領知者也、仍如件、

永禄三

十二月六日　　並河駿河守

宗秀（花押）

片山右近丞（康隆）殿

また、氷上郡氷上町（兵庫県丹波市）の「小森文書」によると（『兵庫県史』史料編中世三）、小森与助の活躍に対して、細川氏綱が感状を発給し、長頼が副状を発給している。管領・守護代コンビの発給形式である。このように、在地領主に対する領地安堵や保障の文書形式は一定化せず、その状況によって異なる。

長頼の掲げた禁制は、弘治三年二月の安国寺（綾部市）に対するものや（「安国寺文書」『綾部市史』資料編）、同年九月の丹後金剛心院（宮津市）に対するものがある（「丹後金剛心院文書」『両丹地方の禁制』）。この禁制は、若狭武田氏の争乱に対し、丹後勢が軍事行動を起こした時に、長頼が進軍してきて掲げたものと考えられる（高橋二〇〇〇）。また、近江六角氏との抗争の最中、京都清凉寺に掲げた禁制がある（『京都浄土宗寺院文書』）。長頼の禁制はこの三点が残っている。

周辺で戦いが発生すると、寺社や荘園管理者などは、財産を確保し生命の保障を得る手段として、軍事力を行使する勢力に一定の金銭を支払い、禁制を受けた。三好家中でも、禁制の発行ができる者は限られており、一族中を除けば松永兄弟以外には考えられない（今谷一九八五c）。

丹波国経営に関しては、長頼独自の軍事体制を編成したことが考えられる。永禄三年頃には「天田郡馬廻衆」なる独自の親衛隊を発足させ、三好軍の一翼を担っていた。戦国末期の儒学者であった清原宣賢が長頼に与えた『貞永式目』が現在陽明文庫に残っているが、その奥書には宣賢の筆で「茲に丹州太守蓬雲宗勝予にこれを索める」と記され、長頼が丹波の太守であると称している（佐藤一九四二）。

若狭国逸見氏の反乱への介入

若狭国武田家では、永禄元年（一五五八）七月より当主信豊と嫡子彦次郎元栄（義統）の対立が激化した。「羽賀寺年中行事」の記録によると（『小浜市史』社寺文書編）、同月二十二日の明け方、義統が家臣の山県・上原氏を従えて、西方の逸見《へんみ》氏を頼った。三日後には、信豊が、永元寺・慈済寺・宇野三郎・畑田大炊《おおい》父子・笠間らの供衆を引き連れて小浜を出立し、近江衆の力を借りて、若狭へ攻め込むという事態になった。しかし六角承禎《じょうてい》(義賢)が調停し、両軍の衝突は免れた。そして八月晦日《みそか》に高浜から小浜へ義統が帰り決着した。しかし一方では、三方郡の被官人たちが、小浜に出仕しないという事態になった。

永禄三年、河内高屋城主畠山高政が、以前長慶の力を借りて排斥した安見宗房を守護代に任じた。このことについて相談のないことに怒り、長慶は河内に兵を進めた。これと同時に若狭に潜伏していた丹波の牢人衆が若狭勢を誘い、丹波の野々村(南丹市美山町)に侵入した。これについて「夜久文書」には「仍口郡牢人等、若州衆相副、至野々村罷出候」と記されている(『福知山市史』史料編一)。

同文書によると、この事態を受けて長頼は「一円不甲斐々敷躰候」と嘆いている。また、「彼表衆可引相与之計儀、調略を頼ニ出候処ニ、川勝を始而、対拙者、無ニ依堅固之覚悟、則取結候条、仰天仕合候」と、内藤氏に忠誠を誓っている川勝氏が調略をもって解決すると期待していたが、簡単に降伏したため、長頼は仰天した。「彼近辺不残取人質、相固候」と、侵入した牢人たちは野々村近辺で人質をとり、戦闘態勢をとったので、長頼は討伐のため若狭へ出陣することを決め、山内(綾部市睦寄町山内)へ着陣する旨を、天田郡馬廻衆中に告げた(「内藤宗勝書状」)。

「大成寺文書」(『福井県史』資料編九)によると、「たんは内藤当国より入国候て、御人数御立申候、こなたよりも、右馬・筑人数そへ候て、分たてとうりう候ハヽ、さもしなとも二はん之内にて□□□□」と、長頼は田辺(舞鶴市)より若狭に入国し、逸見氏に加勢を要求して、逸見右馬・筑後が出陣し、筑後らは棚村内(南丹市美山町北部)に陣を張り、逸見経貴も二班で出陣した。

丹波の牢人衆とは、口郡(丹波国南部)の牢人といわれ、三好氏に敵対する丹波衆である。永禄二年十二月に八上支城の法光寺城が長頼の手に落ちたことや、同三年十月山城国宇治周辺で、香西越後や波多野右衛門兄弟らが、三好氏と戦ったことなどから推察して(『長享年後畿内兵乱記』)、八上城は落城し、波多野氏は牢人となっていた可能性が考えられる。また、野々村に侵入した若州衆とは、守護武田義統に敵対する勢力が考えられる。

「大成寺文書」によると、若狭では永禄三年に「丹波内藤連々当国を被頼候ニ付而、去六月八日ニ御人数被相添、丹波野々村之内中の河内と申在所に山取二ヶ所、其外つたいの山にて一被仰付候、其内両度合戦候へ共何も当国被得勝利候」と、長頼が再度逸見氏に出陣を要請したため、同氏は、六月八日に人数を添えて、丹波の野々村の中の河内という在所に二カ所陣取り、その他続きの山にも一カ所の陣を取り、そのうち両度の合戦に勝利した。牢人衆に味方した川勝氏のことも、いろいろと子細はあったが、思いのように片付きめでたいことであると書いている(『福井県史』資料編九)。

三好氏は、七月三日河内の玉串で、畠山高政軍を破った。この戦いに長頼も従軍していたと思われ、丹後田辺表(舞鶴市)へ出陣する旨を、逸見氏側に伝えているが、なかなかその通りに至らず、逸見氏側から不満の声が出ている(「大成寺文書」)。また、若狭側では、大和と河内の状況を知りたいと、京都にいる伎首座《きしゅそ》に手紙を書いている(「大成寺文書」)。

丹波野々村の陣以来、逸見家中に、逸見右馬の進退を口にする者が現れた。逸見河内守・豊・筑後守に若者五人が同心し、逸見右馬方へ使いを立てて、逸見軍の撤退を進言し、これに対して、反武田方である粟屋勝久が相談に来て、反武田連合について会話したことが考えられる(「大成寺文書」)。また和田入道(粟屋氏カ)も相談に来た。これらの内容を、守護の武田氏や逸見昌経に報告しなかった責任をとり、右馬は三松の大谷寺で出家した。しかし武田氏の家臣である武藤光家や山県秀政その他の馬連衆が来て、昌経に意見(抗議)した。これにより、九月八日に逸見河内守・豊・筑後守その他若者五人が出頭して納得し、また右馬が与力衆である浜衆を説得し、九月十七日に帰参させた。これで家中の一大事も一応決着したが、それ以後逸見氏は武田家中で孤立し、松永長頼の言うことにも、同心しなくなった。このように孤立した逸見氏は、反武田派の粟屋勝久に同心し、永禄三年、守護武田氏に対して反乱を起こすのである。

逸見氏は若狭国守護武田氏の被官として、入国以来高浜周辺を支配していた(『高浜町誌』)。しかし室町時代後期の永正の反乱をはじめ、天文七年、永禄三年、そして永禄九年と五十年間に四度の反乱を企てている。

反乱の原因は、過酷な軍務負担である。この頃高浜は干ばつの被害がひどく、田圃《たんぼ》にヒビ割れが入り、飲み水にも困る状態であった。そのような中、武田氏からの出陣命令が度重なった。武田氏の命令で、小浜の陣(小浜市)・倉梯《くらはし》の要害(舞鶴市)へ、そして内藤氏の要請により、丹波野々村の陣へとかり出され、一日も暇のない日々が続いており、誠に迷惑千万であると逸見氏は嘆いている(「大成寺文書」『福井県史』資料編九)。永禄元年以来武田父子の争いで若狭は二分され、義統が被官である逸見氏の力を頼ったことが、逸見氏には大きな負担となった。

『厳助往年記』によると、逸見方に粟屋・丹波内藤氏が加担し、武田方には越前の朝倉氏が合力した。合戦は永禄三年の冬から始まり、翌年の六月まで続いた。「白井家文書」によると、永禄四年正月晦日高浜の和田で合戦があり、白井一族の活躍を武田義統が賞している(『小浜市史』諸家文書編四)。

合戦の状況は、朝倉・武田の軍勢一万一千余が高浜に攻め入り(『厳助往年記』)、六月に小浜湾の曽伊表で、武田水軍と逸見水軍の戦いが展開され、逸見河内守は武田水軍の桑村九郎右衛門・竹長源八兵衛と戦い敗れた(「桑村文書」『越前若狭古文書四』)。逸見氏は大島半島の小浜湾側に水軍の拠点を置き、武田水軍の要として、小浜湾の警備を任されていた。

六月二十二日付の朝倉景紀書状によると、篠尾（高浜町）の要害十念嶽城・高浜城・同城下・青郷（高浜町）までことごとく焼き尽くされた。山城は落城しなかったが、逸見昌経は一時行方知れずとなった（『福井県史』資料編九）。

五、丹波国人の離反

永禄四年（一五六一）六月、若狭国逸見氏の反乱に介入し、合戦に敗れた長頼の動向は一時不明となる。七月になると近江国の六角氏が、反三好勢力に檄《げき》をとばして京都へ侵入し、三好氏と一年間の戦いを展開した。丹波では反三好方の赤井時家が、氷上郡・天田郡・何鹿《いかるが》郡の領有拡大に向けて、進攻中であった。永禄六年二月、反三好方の宇津氏らの勢力が長坂・杉坂方面（京都市北部）から洛中へ出没するようになり（『厳助往年記』）、三月にも柳本氏が洛中に進出し、三好軍が対応した（『言継卿記』）。細川晴元の死亡した三月以後も、反三好方の軍事活動は活発であり、三好氏は対応に苦慮した。

これから丹波の状況を、「日吉町田原小林家文書」で見ていこう（『丹波国船井郡小林家文書調査報告書』）。「小林家文書」は、長頼が、内藤氏に仕え胡麻《ごま》（南丹市日吉町）を領した小林氏に宛てた書状で、永禄六年のものと思われる。

宇津氏は京都北部への進出と同時に、三月には丹波へも進出し、京都府船井郡日吉町東部に、五日から六日まで陣取りして逗留した。これに対応したのが在地領主の、小林日向守や持明院、佐々又五であった。「周り候処ニ付而、手あらく御さはきニ付而、戌ノ刻ニ不取相引退、手負死人数多之由、誠ニ無比類御働共ニ候、殊持明院能矢を極候事、弥重候」。これにより宇津方に死人および負傷者が発生した様子で、長頼は特に持明院の弓による功績を評価している。

「何鹿之儀、先度之合戦以後無心許候」とあり、「先度之合戦」とは、若狭逸見氏の反乱に介入した「高浜の合戦」を指していると思われる。現在のところ史料で考えられる原因はこれ以外にはない。また、「多紀郡衆氷上へ為合力立候」とは、反三好氏勢力の波多野氏が赤井氏に合力したことを指し、「赤井ハ相進候」とある。これに対して「摂州衆至多紀郡、可被立之由候間」「然ハ早速可相済候、可御心安候」と、多紀郡へ摂津衆（池田・伊丹ヵ）を出陣させるので、すぐに片付くから安心してくれとあり、「黒井堅固候」と述べている。当時黒井が内藤方に服していたか、あるいは赤井氏が一時的に黒井を放棄していたかである。

「胡麻へ小泉加勢之由承候、余仁可然候、宇修人質在之儀ニ候、先度之事六ヶ敷様躰ニ候間申事候」。胡麻へ小泉氏（京都市右京区西院乾町の国人）が加勢するとのことを聞いた。他の者ならよいのだが、宇修（宇野修理ヵ）の人質があり、難しき様態であるとあるが、詳しいことは不明である。「但馬衆も可有合力由ニ候」とあり、この頃但馬衆が三好方として協力する状態にあったことが分かる。

五月二日の書状には、「今日須智へ相働、十勢・志和賀・返□・市守迄悉焼払候、三戸・八田儀も可申付候間、驄而其へ方見廻候可申候」、五月二日に須智（京丹波町）へ進攻し、実勢、志和賀、市森（京丹波町）をことごとく焼き払った。水戸、八田（京丹波町）も焼き払うように命令しており、やがて見廻りに行く予定である。「今度者胡麻其方、堅固殊廿八日、廿九日御働、無比類儀候、其方参候而、可申候」、此度は胡麻の警備が堅固で、殊に二十八日、二十九日の働きは見事であった。その方へ参り礼を申し上げると書いており、長頼自身が船井郡内で、赤井勢力に対応している様子が感じられる。

八月十八日の書状には、「山内辺之様体承候、何も於心中無疎略候、手よわき覚悟之衆ニ候条、敵味方へ働可為見合次第候」、山内辺りの様子についても聞いた。いずれもいい加減にしないでほしい。覚悟の弱い者なので、敵味方への働きかけは様子を見てほしい。また、「宇津への行火急ニ候間可有、其意得候」、宇津への軍事行動が火急なので、そのことを意識しておいてほしいとある。

十一月十三日の書状では、「自宇津も様々懇望候、御身上なとの儀聊御機遣候間敷候、千ニ一も懇望同心申候者、各之儀、本のもく阿ミニ成申候てハ勝候ても、不入事ニ候、居分別候条可御心安候」、宇津よりいろいろ懇望《こんぼう》してくるだろうが、自身のことにはいささかも気遣いのないように。万が一、宇津方の懇望に同心すれば、いろいろなことが元の木阿弥になるので、勝っても宇津の地には入らないように。分別をもっていれば安心であると、宇津氏の調略に注意するように諭している。

「池田・伊丹之儀内輪申事之双方共ニ敵心之儀者、御機遣候間敷候、努々不可在之候、軈而可相済候」、池田、伊丹の内輪争いは、双方ともに敵心のことは気遣いないので、やがて済むだろう。池田氏と伊丹氏の争いがあり、多紀郡への攻撃に支障が発生したようである。この争いは、翌年の永禄七年（一五六四）三月まで続いたようで、「湯浅家文書」によると、「池・伊之儀、大略相済候、互ニ欲徳之事候条、□□を惜、一□□□相延候へモ、中をとり令異見究寄候」とあり（『新修亀岡市史』資料編第一巻）、三好氏が仲裁して決着がついた様子である。

十一月十七日の書状によると、「御留守ニ宇野六郎左衛門尉・同中間被討取之由候、同泉折紙令披見祝着此事ニ候、誠各無比類義候、自是似感状可申候」、留守の間に宇野六郎左衛門と中間《ちゅうげん》を討ち取ったとのこと、小林和泉守の手紙で知り、喜ばしいことである。各自殊に比類のない活躍であり、感状を遣わすとあり、宇津氏との争いが続いている。

［史料7］「日吉町田原小林家文書」内藤宗勝書状（『丹波国船井郡小林家文書調査報告書』）

追而申候此小泉乍、御造作野々村へ被送候て可被下候、

昨日廿五日ニ宇津自身相働候処、被及一戦鑓下ニ而村山弥七を小畠鎰助被討捕候由、誠ニ於数度無比類仕合忠節之儀候、以一札申候、将又ひよう村迄被追入、人見彦左衛門尉初而数人手負無残所御高名ニ候、軈而舞ニ人を進之候、具事心得申候、恐々謹言

（永禄六年カ）
十一月廿六日　　　　宗勝（花押）

（小林日向守）
小向

進之候　　　　　備

宇津氏の軍事活動は、十一月十七日付書状にある通り、宇野氏とその中間を討ち取ったことに対する報復であろう。

南丹市の「湯浅家文書」には、次のようにある（『新修亀岡市史』資料編第一巻）。多紀郡の大芋・小原・藤坂衆は（篠山市北部）、人質を出して帰参し、慎重に警備している。荒木民部大夫の儀は全く正体が不明である。新江の両要害（南丹市）と千ヶ畑の構（亀岡市）は、十一月三十日に落城させた。八田（京丹波町）の儀も早く降参するように思って攻撃しているので、そのうちうまくいくであろう。多紀郡中の儀はいろいろと訳があるが、手間はかからない。湯浅・佐々木・宇野・内藤の合力分のため、宇津の言い分を捨て置くことはできない。宇津が手を引かなくとも同心しないでほしい。気にせず先に済ませるには特に問題はない。もって押し込むのが一番良い。成敗の時、宇津五郷で詫び言を申しても同心するな。宇津以外は別に問題ないと聞いている。

いずれも解決していると聞いており、そのように理解している。よって後からの手紙で指示する。これによると、長頼は、多紀郡や船井郡の南西部から、摂津境の桑田郡千ヶ畑まで、勢力を回復しつつあった。

しかし、氷上郡の赤井氏や荻野《おぎの》氏の勢力が復活しつつあり、永禄七年の「赤井時家・荻野直正連署書状」によると（『兵庫県史』史料編中世三）、波多野氏の支配地域（多紀郡）である味間氏に対し、赤井時家父子が所領の保護を約束し、忠節を求めている。このように、三好氏の支配力が低下する一方、波多野氏の支配力も完全ではなく、赤井氏が旧波多野氏領での支配地拡大を狙っている。

九月五日付（永禄七年ヵ）の内藤宗勝の書状（福島二〇一四）で長頼は、宮田城（篠山市上板井の板井城）の敵を攻撃するため向かいの山に陣取りをしたが、敵が一人も出てこないと語っている。また先に伝えたように河合善三郎が味方し、去る二日に兵を置き、味方が来たため「後要害」へ入れ置いたとある。河合善三郎なる人物や後要害は不明である。昨日四日に長宮（福知山市三和町）へ番替で敵が兵を百余り入れ置こうとしたところ、味方の須知・山内・大槻衆が相談して追いかけて追い崩し、敵兵を生け捕りにしてことごとく焼き払い大勝利を得たとある。須知氏と山内氏は船井郡（京丹波町）の国人で、大槻氏は何鹿郡（綾部市）から天田郡（福知山市）の一部を領する国人である。しかし長頼は何鹿郡よりいかほどの軍勢が寄せ来るかと心配しており、同四年の高浜の戦い以後、何鹿の国人は内藤氏から離れていたことが分かる。

六、長頼の戦死

永禄四年六月に若狭国逸見氏の反乱に介入して敗戦したことにより、丹波における三好氏の支配力は低下を続け、逆に、丹波西部の赤井氏は支配地域を拡大しつつあった。永禄七年の文書と思われる九月十九日付内藤宗勝書状には、次のようにある。

［史料8］「夜久文書」内藤宗勝書状（『福知山市史』史料編一）

国紀へ御注進令披見候、豊富至立烏帽子、敵山取候段、国中計明幸之時分候条、根切ニ可打果者珍重候、即相論候間、人数寄次第可及行候条、御同名中被相談、可為堅固事肝要候、猶国紀可被申候、恐々謹言、

備前守

宗勝（花押）

（永禄七年カ）九月十九日

夜久主計（宗悦）入道殿

赤井氏と思われる軍勢が豊富（福知山市）と烏帽子山《えぼしやま》（丹波市青垣町と福知山市の境界にある山）に陣取っており、この計略を契機に根切りに打ち果たせれば、うれしいことである。即相談し人数が集まり次第攻撃に及ぶので、夜久一族で相談し、警備を固めよと指示している。このように赤井氏が氷上郡から天田郡へ軍事行動を開始したのである。

あくる年の永禄八年（一五六五）正月七日の内藤宗勝書状で（『福知山市史』史料編一）、「仍漸雪消候間、為可相動、寄諸勢候、今明ニ着陣候、将又芦越至長福寺、為一両日逗留、可出由申来候、早々長福寺へ被打寄、自然敵於働者、被取結可令注進候、幸之儀ニ候而者、即時ニ懸合可打寄候、石原・国松一両日之内ニ可差越候、定雪消候、□□押寄可相□□者、久儀有間敷候」、残雪の消えている間に軍を移動させ、今明着陣せよ。また芦田越前守時家は長福寺（福知山市下夜久野）に一両日逗留したら出て行くと申している。早々に長福寺

に軍を進め、なりゆきによって敵が手向かえば戦うように。幸いに手向かいがなくとも、即時に進軍して攻撃態勢をとれ。石原・国松氏を一両日のうちに差し向かわせる。もし雪が消えなければ押し寄せるのを停止せよと、長頼は夜久一族に命令を下している。

永禄八年の赤井時家折紙写によると、赤井氏は十倉氏に何鹿郡内の代官職と領地を安堵しており、同郡に勢力を伸ばしていた。

［史料9］「阪根家文書」赤井時家折紙写（『綾部市史』資料編）

上林庄下村内未包番武吉番上坂田分等事、対父遠江守忠家、以御折紙被申付置候事、不可有相違候、代官職等儀無異義候条、公用分被取立全可有領知者也、仍状如件、

永禄八

卯月廿八日　　時家《(赤井)》（花押）

十倉九郎左衛門入道殿

このように赤井氏の天田郡・何鹿郡への侵入に対し、三好氏も進軍し合戦となった。合戦場所は下原村の備州ヶ尾（綾部市下原町）といわれる。大覚寺門跡義俊副状には（「上杉家文書」『新潟県史』資料編三中世一）、「将又、丹州儀モ、去二日之合戦奥郡荻野惣《(悪)》右衛門尉《(直正)》於手前、内藤備前守其外七百余人討捕候」とあり、安見宗房書状には（「尊経閣文庫所蔵文書」『新修亀岡市史』資料編一）、「仍丹州表之儀、去二日之合戦ニ内藤備前守令討死、其外数百人相果由候」とある。また、『言継卿記』の記述には、「丹州内藤備前守昨日巳刻討死云々、以上二百六十人討死云々」とある。このように永禄八年（一五六五）八月二日に松永長頼は討死するが、その場所

は確定されていない。

長頼討死後の永禄八年十一月と考えられる松永久秀・久通連署状がある(「小林家文書」)。小林日向守に対して変わらない忠誠を賞し、これからも今の忠誠を続けるように促したものであり、長頼の死後も丹波における松永氏の対応があったことが分かる。長頼の戦死により、八上城にいた松永孫六は、永禄九年二月波多野秀親に攻められ城を離れた(『足利季世記』)。その後、三好義継は細見左近将監《しょうげん》の拠る草山城(篠山市本郷)を攻め(「大阪城天守閣蔵文書」)、丹波での三好氏の勢力奪回を図ったが、長頼の死により丹波における三好氏の支配は終焉《しゅうえん》を迎える。そして、赤井氏は永禄十三年に織田信長から、氷上郡・天田郡・何鹿郡の支配を任されるのである(『織田信長文書の研究』上巻二二〇)。

おわりに

天文十八年三好氏が入京すると、長頼は山城方面軍の司令官に任じられ、京都占領に要する軍事費の調達のために、旧権門の所領を押領した。その後も細川晴元・足利義輝と山城国東部や近江国の大津方面で合戦し、三好氏の京都における基盤づくりに貢献した。

長頼は丹波侵攻時、落城していた八木城を即奪還し、丹波守護代内藤氏の後継者となって、蓬雲軒宗勝と僧名を名乗り、丹波の経営に着手した。丹波侵攻以前は、波多野氏・内藤氏・赤井氏・宇津氏らの国人が割拠し、細川氏の内紛を助長していた。

若狭から宇津に本拠を移した晴元は、香西元成・三好政勝らと洛北や亀岡平野で軍事行動を行うようになった。また、波多野元秀との連携で一族から離れていた秀親を味方につけ、丹波国・山城国北部における反三好戦線が成立した。これを打破するため、三好長慶の最初の丹波侵入は、天文二十一年四月で、細川晴元と丹波国人・土豪の分離を図り、三好氏の京都支配を安定させる目的であった。これを成功させるために、三好被官随一の軍事官僚である長頼が選ばれた。長頼が丹波守護代内藤家を継承した背景に、守護代という立場を利用し、丹波国人・土豪を掌握するという狙いがあったことは否定できない。

三好長慶は丹波の経営を長頼に任せた。晴元軍と丹波国人・土豪の連絡ラインを断ち切り、三好氏の丹波支配を確立するのが目的であった。長頼も天田郡の国人・土豪で構成した「天田郡馬廻衆」という親衛隊を創設し、軍事行動を実施した。このため一時は「丹波の国主」と呼ばれた。

弘治二年には細川晴元方の本拠であった宇津の宇津氏を調略し、永禄二年には波多野元秀を八上城で降伏させ、丹波国・山城国における晴元方の軍事行動にブレーキをかけた。波多野氏の没落は、弘治二年十月というのが通説であったが、長頼が永禄二年八上城の合戦で、元秀を降伏させたことで、氷上郡を除く丹波は、三好氏の支配下に置かれた。

しかし永禄四年、若狭国逸見氏の反乱への介入で、若狭武田・越前朝倉連合軍一万余騎に敗戦し、三好軍の軍事官僚として、軍全体の信用を失墜《しっつい》させることになった。これに追い討ちをかけるように、六角・畠山氏を中心とした勢力が三好氏に迫り、反三好包囲網が結成され、三好氏は窮地に追い込まれた。

これにより、丹波の支配体制は崩れ、天文二十二年以前の体制に逆戻りした。これを回復させることが課題として残ったが、氷上郡の赤井氏の勢力が強大になり、天田郡に進出する状況となった。長頼はこれを阻止するために出陣したが、何鹿郡周辺で戦死した。これにより丹波における三好氏の支配は終焉を迎え、赤井氏が氷上郡・天田郡・何鹿郡の三郡を支配下に置いた。

三好氏の支配体制の崩壊原因は、領地支配体制の確立と国人・土豪の被官化が十分でなかったことがあげられる。例えば、和知の片山氏に対する領地保障であるが、永正二年に内藤貞正が遵行した領地をそのまま保障したのみであり、長頼(三好氏)自身が新しく確保した領地を与えたのではなかった。久下氏や波多野次郎に安堵した領地も同じである。

また、国人・土豪の被官化においても、崩壊しかけた丹波守護代を継承し、実力のない形式だけの管領奉書(細川氏綱発給)をもって、忠節を促す方法では、長期にわたって信頼できる被官として服従させることは不可能であった。現在もこの時発給した文書が、片山氏・桐村氏・湯浅氏に残っており、当時は丹波の国人・土豪すべてに発給された可能性がある。

その後、長頼は丹波再生に努力するが、甲斐なく永禄八年八月赤井氏と戦い戦死するのである。今谷氏は、「この敗北が、三好政権転落の引き金となり」と述べ(今谷一九八五a)、長頼の軍事官僚としての実力を高く評価している。

〈参考文献〉

今谷　明『戦国三好一族』(新人物往来社、一九八五a)
今谷　明『室町幕府解体過程の研究』(岩波書店、一九八五b)
今谷　明「三好・松永政権小考」(前掲『室町幕府解体過程の研究』、一九八五c)
今谷　明『守護領国支配機構の研究』(法政大学出版局、一九八六)
奥野高廣『織田信長文書の研究』上巻(吉川弘文館、一九八八)
衣川栄一『丹波夜久郷　夜久氏関係文書集』(一九九六)
佐藤進一『鎌倉幕府訴訟制度の研究』(畝傍書房、一九四二)
高橋成計「三好氏の丹波進攻と波多野与兵衛尉について」(『丹波』創刊号、丹波史談会、一九九九)

高橋成計「若狭逸見氏の叛乱と内藤宗勝の動向について」（『丹波』第二号、丹波史談会、二〇〇〇）
長江正一『三好長慶』（吉川弘文館、一九六八）
仲村研「在地領主制と村落」（『荘園支配構造の研究』吉川弘文館、一九七八）
福島克彦「新出の『内藤宗勝書状』について」（『丹波』第十六号、丹波史談会、二〇一四）
八上城研究会『戦国・織豊期城郭論――丹波八上城遺跡群に関する総合研究――』（和泉書院、二〇〇〇）
『兵庫県史』史料編中世三（兵庫県、一九八八）
『福井県史』資料編九（福井県、一九九〇）
『新潟県史』資料編三中世一（新潟県、一九八二）
『新修亀岡市史』資料編第一巻（亀岡市、二〇〇〇）
『綾部市史』資料編（綾部市、一九七七）
『福知山市史』史料編一（福知山市、一九七八）
『小浜市史』諸家文書編四（小浜市、一九八七）
『小浜市史』社寺文書編（小浜市、一九七六）
『和知町誌』史料集一（和知町、一九八八）
『高浜町誌』（高浜町、一九八五）
『図説丹波八木の歴史』第二巻（南丹市、二〇一三）
『両丹地方の禁制』（京都府立丹後郷土資料館、一九七六）
『丹波国船井郡小林家文書調査報告書』（南丹市日吉町郷土資料館、二〇〇六）
『織田信長文書の研究』上巻（吉川弘文館、一九六九）
『京都浄土宗寺院文書』（同朋舎出版、一九八〇）

久秀の義兄・武家伝奏広橋国光と朝廷

神田裕理

はじめに

戦国の世に権勢をふるった松永久秀には、東大寺大仏殿の焼き討ちや度重なる主君（三好長慶・織田信長）への謀反といったエピソードから、「老獪《ろうかい》・残忍・粗野」なイメージがつきまとっている。もっとも最近の研究の進展によって、これらのイメージは事実の誤認から生まれたものであることが明らかになりつつある。しかし、そもそも「事実の誤認」が生じるほど、久秀の実像はいまだベールに包まれている部分も多いのであろう。

久秀の家族についても、同様である。久秀は生涯に三人の妻を娶《めと》ったというが、彼女たちの実像もほとんど知られていない。三人の妻のうち、一人は公家《くげ》（天皇の居所である清涼殿《せいりょうでん》への昇殿《しょうでん》を許された五位以上の廷臣《ていしん》）広橋家の娘、保子《やすこ》であった。

本稿ではまず、これまで明らかにされてこなかった久秀の妻広橋保子の実像に迫りつつ、彼女を通して結ばれた広橋家と久秀の関係はいかなるものであったか、検討したい。さらに、広橋家という公家は当時、どのような活動をしていたのか、その活動状況に着目することによって、戦国時代の公家と武家との関わり、公家社会や朝廷のありようについても明らかにしていきたい。

一、広橋家――朝廷と室町幕府との架け橋となった公家――

保子の実家である広橋家とは、藤原氏北家《ほっけ》の流れをくむ堂上公家《とうしょうくげ》である。鎌倉時代の初めに、日野兼光《かねみつ》の五男頼資《よりすけ》（一一八二～一二三六年）が独立して一家を起こしたのが、広橋家のはじまりである（広橋家略系図1参照）。広橋家の家格は名家《めいか》という中流公家レベルに相当し、文筆をもって朝廷に奉仕する、いわば実務官僚といった家柄である。

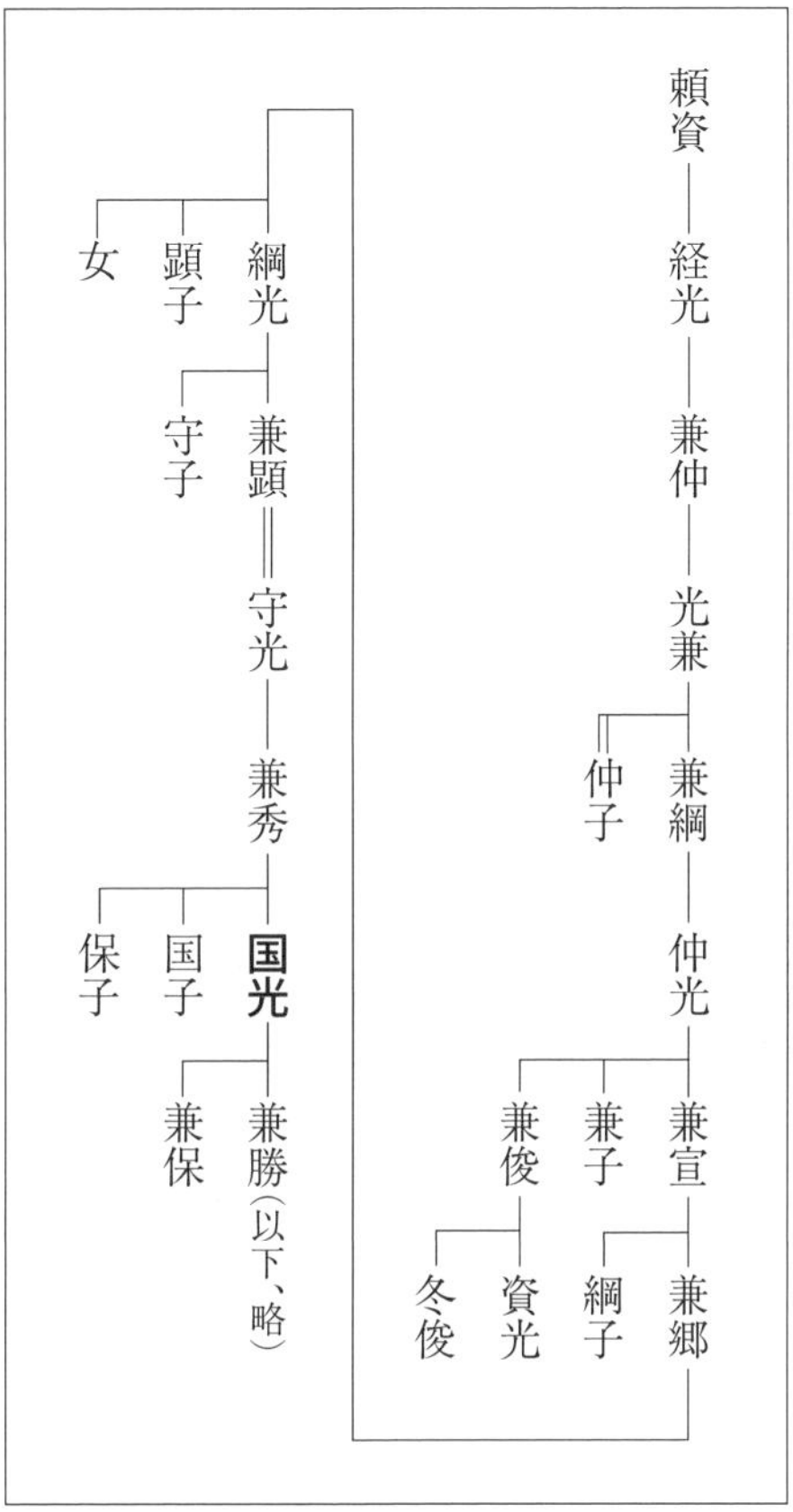

広橋家略系図1

系図中の二重線は、養子および養女関係を示す。『広橋家譜』（東京大学史料編纂所架蔵写本、請求番号4175―509号）、および『尊卑分脈』（第2篇）より作成。一部略。

広橋家は、とくに中世を通じて天皇と関係の深い「家」であった。まず、役職面から見ていこう。同家は、五代目の兼《かね》綱《つな》（一三一六～八一年）から十三代目の国光《くにみつ》（一五二七～六八年）にいたるまで代々、天皇に意見を申し述べる役割の敷奏《ふそう》という役職に任命されている。一五〇〇年代初頭の公家社会では、中流公家レベルの広橋家が敷奏に任命されることは、希有《けう》な名誉と考えられていた（『実隆《さねたか》公記』明応六年〈一四九七〉正月九日条）。そして、代々の敷奏を出す広橋家は、「於禁中専司諸事之家也《きんちゅうにおいてもっぱらしょじをつかさどるのいえなり》」（『蔭涼軒日録《いんりょうけんにちろく》』明応二年六月五日条）と、当時、朝廷内部で行われる儀礼・行事や、政務（改元、官位叙任、暦の制定、裁判・調停、諸権利の保障など）の諸事に関する実務を担う「家」と見なされていた。実際、永正六年（一五〇九）四月に敷奏に任じられた十一代当主の守光《もりみつ》（一四一七～一五二六年。国光の祖父）は、領地の相続権および所有権をめぐる花山院政長《かざんいんまさなが》（公家）と円満院《えんまんいん》（寺院）との争いにあたっては裁判手続きを経たのち、後柏原《ごかしわばら》天皇の意を受けて政長に和解を勧告している（『守光《もりみつ》公記』永正十四年十一月十一日条）。

また、血縁上でも広橋家は天皇家と結びついている。五代目の兼綱の娘（養女、実父は石清水《いわしみず》八幡宮の社僧紀通清《きのつうせい》）仲子《なかこ》は、後光厳《ごこうごん》天皇（在位一三五二～七一年）に大典侍《おおすけ》（後宮女房のトップ、朝廷の奥向きの総取り締まり役）として仕え、天皇との間に第二皇子の緒仁《おひと》親王（のちの後円融《ごえんゆう》天皇、在位一三七一～八二年）を儲けている。

さらに、七代目兼宣《かねのぶ》（一三六六～一四二九年）の娘綱子《つなこ》は、称光《しょうこう》天皇（在位一四一二～二八年）の大典侍として出仕《しゅっし》したのち、次代の後花園《ごはなぞの》天皇（在位一四二八～六四年）の乳母《めのと》となった。一般には、乳母イコール母親に代わって新生児に母乳を与える者というイメージが強い。しかし、この時代では乳母とは必ずしも授乳者を指す言葉ではなく、「乳父《めのと》」と呼ばれる者（男性）も見られるように、それは後見役、重要な側近という立場を指すものであった。綱子もまた、後花園天皇の教育係というべき役割を担っていたのである。

つづく八代目兼郷《かねさと》（一四〇一～四六年）の娘顕子《あきこ》（綱子の父系《ふけい》の姪《めい》）も大典侍として出仕し、後土御門《ごつちみかど》天皇（在位一四六四～一五〇〇年）の乳母となるほか、九代目綱光《つなみつ》（一四三一～七七年）の娘守子《もりこ》（顕子の父系の姪）も、後柏原天皇（在位一五〇〇～二六年）・後奈良天皇（在位一五二六～五七年）のもとへ大典侍として仕えている。

そして、十二代目兼秀《かねひで》（一五〇六～六七年）の娘の一人である国子《くにこ》（国光の妹）は七歳の時、守子の跡を継ぐかたちで後奈良天皇のもとへ目々典侍《めめすけ》（のちに大典侍へ昇進）として出仕した（『二水記《にすいき》』享禄三年〈一五三〇〉正月二十日条・『実隆公記』正月十九・二十日条・『お湯殿《ゆどの》の上《うえ》の日記《にっき》』正月二十日条）。

そもそも朝廷の女性職（後宮女房）の継承は、十四世紀以降、特定の「家」の出身者が特定の女房職に任命されるという相伝性が表れるようになった。この女房職の相伝性は、広橋家にもあてはまる。先に見たように、広橋家の女性たちは四代にわたり朝廷の女性職（後宮女房）である大典侍の職を父系の伯《お》（叔）母《ば》ー姪という血縁関係に基づき、継承しているのである。

一方、広橋家は武家（室町幕府）とも密接な関係を構築していた。室町時代から戦国時代にかけては公家衆の中に、廷臣として天皇に奉仕《ほうし》しつつ、同時に室町将軍にも近侍《きんじ》する将軍側近公家衆も現れた。彼ら昵近衆《じっきんしゅう》と呼ばれる公家集団は、室町六代将軍足利義教の頃の十五世紀前半頃から形成され、この時期まで代々、続いていた。中でも広橋家は、「根本直近也《こんぽんじっきんなり》」（『年中恒例記《ねんじゅうこうれいき》』）、「致譜代令祗候家《ふだいといたししこうせしむるいえ》」（「永禄四年三月二十八日付高倉永相《たかくらながすけ》書状」）と表現されているように、代々続く古参《こさん》の昵近衆と見なされていた。昵近衆の役割は、将軍御所での儀礼に参加するほか、将軍の参内時や外出時につき従ったり、将軍と朝廷との交渉時にはパイプ役を務めるといったものもあった。

同時に、昵近衆の中には、朝廷と幕府間の意思疎通をはかり、その交渉を担う役目の武家伝奏《ぶけてんそう》に任じられる者も見られる。広橋家は九代目の綱光以降、十三代目の国光まで、代々の将軍の昵近衆であり、かつ武家伝奏も務めていた。たとえば、永正十二年（一五一五）に持ち上がった、禁裏大工（朝廷の工事を担当する大工）と幕府系大工（幕府の工事を担当する大工）との間の禁裏大工惣官職《そうかんしき》（禁裏大工の総括ポスト）就任をめぐる裁判時、守光（広橋家十一代目当主）は武家伝奏としての活躍を見せている。朝廷、幕府でそれぞれ異なる判決が出たため、守光は朝廷―幕府間を往復し、その調整にあたり、終結に尽力しているのである（『守光公記』閏二月四日条・四月九日条・六月三日条・同六日条）。

このように、広橋家は公武双方に関わりの深い「家」であった。のち、同家と「武家」の関係は、室町幕府（将軍）のみにとどまらず、次第に広がっていく。この広がりから、松永久秀との関係も生まれるのである。

二、広橋国光と「武家」

第一節でも述べたように、広橋家十三代目当主国光もまた、武家伝奏に任じられている。国光の武家伝奏としての活動は、天文十七年（一五四八）九月に始まる（『お湯殿の上の日記』九月三十日条）。その後しばらくの間は父兼秀の代理を務めていたが、天文二十年には国光自身が主として務めるようになった（『お湯殿の上の日記』十月九日条）。

武家伝奏の役割は、前述のように、朝廷―幕府間の意思伝達・交渉を担うものである。これに加え、儀礼の場面でも両者をつなぐ使者としての役割もあった（『言継卿記《ときつぐきょうき》』天文十九年五月二十六日条）。国光も、これらの役割を担っている。

たとえば、公家の山科《やましな》言継《ときつぐ》は管轄下の禁裏御料所《きんりごりょうしょ》

広橋国光像（東京大学史料編纂所所蔵模写）

内蔵寮率分関《くらりょうりつ（そつ）ぶんせき》（物品運送の関所）からの権益（通行税）を得ていた。しかし、幕府（十三代将軍足利義輝）は鳥羽左兵衛なる者に対し、この率分関の一つ東口関《ひがしくちのせき》の通行税徴収権を認めてしまったのである。直ちに言継は、徴収権の返還を求めて、その交渉を行うよう朝廷に願い出ている。朝廷（後奈良天皇）もこれを容れ、武家伝奏広橋国光を通して、幕府（将軍義輝）へ徴収権撤回の命令を下すよう、働きかけている（『言継卿記』天文二十二年五月十二日条）。

儀礼の面では、五節句など年中行事に際して朝廷―幕府間でそれらにちなむ物の贈答がなされることが慣習となっている。たとえば十月の玄猪《げんちょ》とは、亥の日に天皇が餅を食し、廷臣にも与えて除病《じょびょう》や子孫繁栄を祈る年中行事であり、天皇―室町将軍間でも餅の贈答が行われる。このような折、国光も武家伝奏として贈答の使者を務めているのである（『お湯殿の上の日記』天文十八年十月十五日条・同二十年十月九日条）。

正親町天皇像（御寺泉涌寺蔵）

さらに国光は、十三代将軍義輝の昵近衆としての顔を見せている。永禄四年（一五六一）三月、義輝は将軍を中心とする政治秩序を幕府内外に示すため、当時の三好家の当主義長《よしなが》（後の義興《よしおき》）亭への御成《おなり》を実施した。国光は義輝に随行し、ともに饗応《きょうおう》を受けているのである（『三好亭御成記』）。この時、義輝と同じ部屋で饗宴に臨むことが許されたのは上格《じょうかく》の武家など限られた面々だったが、国光は将軍昵懇《じっこん》の公家であるがゆえ、そこへの参加が認められたのであろう。

他方、国光が対応したのは将軍義輝のみではなかった。永禄三年（一五六〇）七月二日、正親町天皇は越後守護代の長尾景虎（後の上杉謙信）に対し、景虎が禁裏修理費用を献金した返礼として金襴《きんらん》や和紙を下賜《かし》した。この折、天皇は国光に命じて、下賜品を託した国光の雑掌《ざっしょう》（家来の一種）速水右近大夫武益《はやみうこんだいふたけます》を越後国（現新潟県）春日山城へ下向させている（「広橋国光女房奉書副状《ほうしょそえじょう》」『上杉家文書之二』四七七号）。天皇が景虎への対応を国光に持ちかけたのは、国光が武家伝奏という役職柄、武家との交渉に比較的慣れていたことを見込んだためであろう。

また、国光を含めた朝廷・公家社会と三好長慶および被官《ひかん》（配下の者・家臣）の松永久秀との接触は、三好氏権力すなわち長慶が京都での支配的地位を固めた天文十八年頃より、次第に見られるようになる。当初、公家衆は三好氏権力に対し、権益の確定や家領《けりょう》をめぐる係争の裁定を求めていた（『言継卿記』天文二十二年十月八日条・同二十三日条等）。

ただし、このような動きは、公家衆の京都支配者に対するある意味、一般的な期待に過ぎない。同様な期待は、のちに織田信長に対してもかけられているのである。永禄十一年九月、「天下御再興」を主張する足利義昭を奉じて信長が上洛した（『言継卿記』九月二十六日条）。信長が義昭とともに京都支配に携わるようになると、公家衆は信長のもとへ、土地所有の権利の保障、特権の確認、係争の調停などの依頼を持ち込んでいるのである（『言継卿記』永禄十二年四月十三日条等）。

朝廷・公家社会と久秀との関係がより深まったのは、永禄年間以降である。永禄元年十一月に、近江六角氏（六角義賢《よしかた》）の仲介により、対立していた将軍義輝と三好長慶との間の和平が成立し、義輝は五年ぶりに京都に戻った。以後の京都支配には、幕府の政治体制と三好氏の政治体制が並立することとなった。永禄三年には、朝廷から長慶は修理大夫《しゅりのだいぶ》、久秀は弾正少弼《だんじょうのしょうひつ》の官途に任官された。また同年、将軍義輝はそれぞれ長慶を相伴衆《しょうばんしゅう》（将軍の相伴に伺候する者・有力守護大名家の人々で構成）に、久秀を御供衆《おともしゅう》（常時将軍に近侍する者。幕府創業の功臣の一族子弟で構成）にと、それぞれ加えている。朝廷・幕府からのあいつぐ栄典授与は、長慶そして久秀の政治的地位の高まりを示すものといえよう。

このような状況下、久秀と朝廷・公家との交渉も増加した。たとえば、禁裏御料所（朝廷の所領）への年貢徴収の働きかけ（『お湯殿の上の日記』永禄四年八月二十二日条）、禁裏六丁町の堀（防禦設備《ぼうぎょ》）の掘削《くっさく》（『お湯殿の上の日記』同四年八月十九日条）、朝廷儀礼の差配《さはい》・費用調達（『お湯殿の上の日記』同三年正月二十九日条）など、朝廷は久秀に交渉して事を進めているケースが散見されるようになった。そして、これらの朝廷―久秀間の交渉には、国光が窓口となっている。この時期、久秀と国光との関係もまた深まったのであるが、この背景については第三節で検討したい。

三、広橋保子と松永久秀

広橋国光が、朝廷―久秀間の交渉の窓口となった理由は、もとより国光の武家伝奏という役職ゆえのことである。ただしこればかりではなく、ほかの理由も考えられる。三好氏権力が京都での支配的地位を固めた頃、すなわち天文末年以降の時期、久秀は国光の妹保子を妻に迎えているのである（広橋家略系図2参照）。

これまでは略系図2に記したように、保子は一条兼冬《いちじょうかねふゆ》（後円明寺関白《ごえんみょうじかんぱく》）に嫁いだものの、天文二十三年（一五五四）二月に兼冬が二十六歳の若さで死去したのち、側室として久秀に再嫁《さいか》したと考えられていた。当時の公家の日記にも、「大納言（広橋国光）妹松永少弼（久秀）妾」とあるように（『言継卿記』永禄七年三月六日条）、保子は久秀の「妾」（側室）と見なされている。保子は久秀とともに摂津《せっつ》（現大阪府高槻市）の芥川山城《あくたがわやまじょう》に住み、久秀との間に娘を儲け、永禄七年（一五六四）五月一日に死去した。

しかし、保子は兼冬と死別後ほどなくして久秀に再嫁したわけではなかった。兼冬の早世《そうせい》から約二年を経たのち、保子は後宮女房として朝廷に出仕していたのである。後宮女房の執務日記である『お湯殿の上の日記』弘治二年（一五五六）十一月二十日条には、「（前略）ひろはし《（広橋）》そく女《（息女）》。御人なきにつきて。わりなくおほせ《（仰）》られて。こよひ《（今宵）》御いままいり《（今参）》あり。めてたし〳〵。いく久しく御ほうこう《（奉公）》あるへし。（下略）」と記されている。この「ひろはし《（広橋）》そく女《（息女）》」が略系図2の国光の妹保子にあたり、保子は弘治二年十一月に、時の天皇後奈良天皇の後宮女房となったことが分かる。当時、後宮には保子の姉国子も出仕していた。第一節で述べたように、国子が出仕したのは、享禄三年（一五三〇）正月のことである（『二水記《にすいき》』正月二十日条等）。国子も大典侍という立場であったものの、天文二十一年（一五五二）八月、後奈良天皇との間に皇女（曇華院宮聖秀《どんげいんのみやしょうしゅう》）を儲けている（広橋家略系図2参照）。

保子が出仕した理由は、先の『お湯殿の上の日記』に「御人なきにつきて」とあるように、後宮女房の人員不足の解消を目してのことである。加えて、女房職の相伝もあげられる。第一節で見たように、当時、大典侍の職は広橋家出身の女性たちによって相伝されてきた。国子、保子の姉妹で、相伝の体系を維持する必要があったのであろう。ただし、保子は後奈良天皇の死去（弘治三年九月没）直前に出仕したので、後宮女房としての生活は二年に満たない。保子は後奈良天皇の死去後、次代天皇として践祚《せんそ》（天皇位の継承）した正親町天皇に仕えずに後宮女房の職を辞し、久秀の側室となったのである。当時、後宮女房が職を辞した後、嫁ぐ例はままある。時期はやや下るが、誠仁《さねひと》親王（正親町天皇第一皇子）の典侍冷泉氏（上冷泉為益《かみれいぜいためます》の娘、為子《ためこ》）は、親王との間に王女（安禅寺宮《あんぜんじのみや》）を儲けたものの、天正十年（一五八二）八月、親王のもとを去り、本願寺顕如光佐《けんにょこうさ》の次男興正寺顕尊佐超《けんそんさちょう》に嫁いでいる（『言経卿記《ときつねきょうき》』八月二日条）。

久秀に嫁いだのち、保子もまた朝廷（正親町天皇）―将軍義輝―久秀の間の交渉に携わるようになった。た

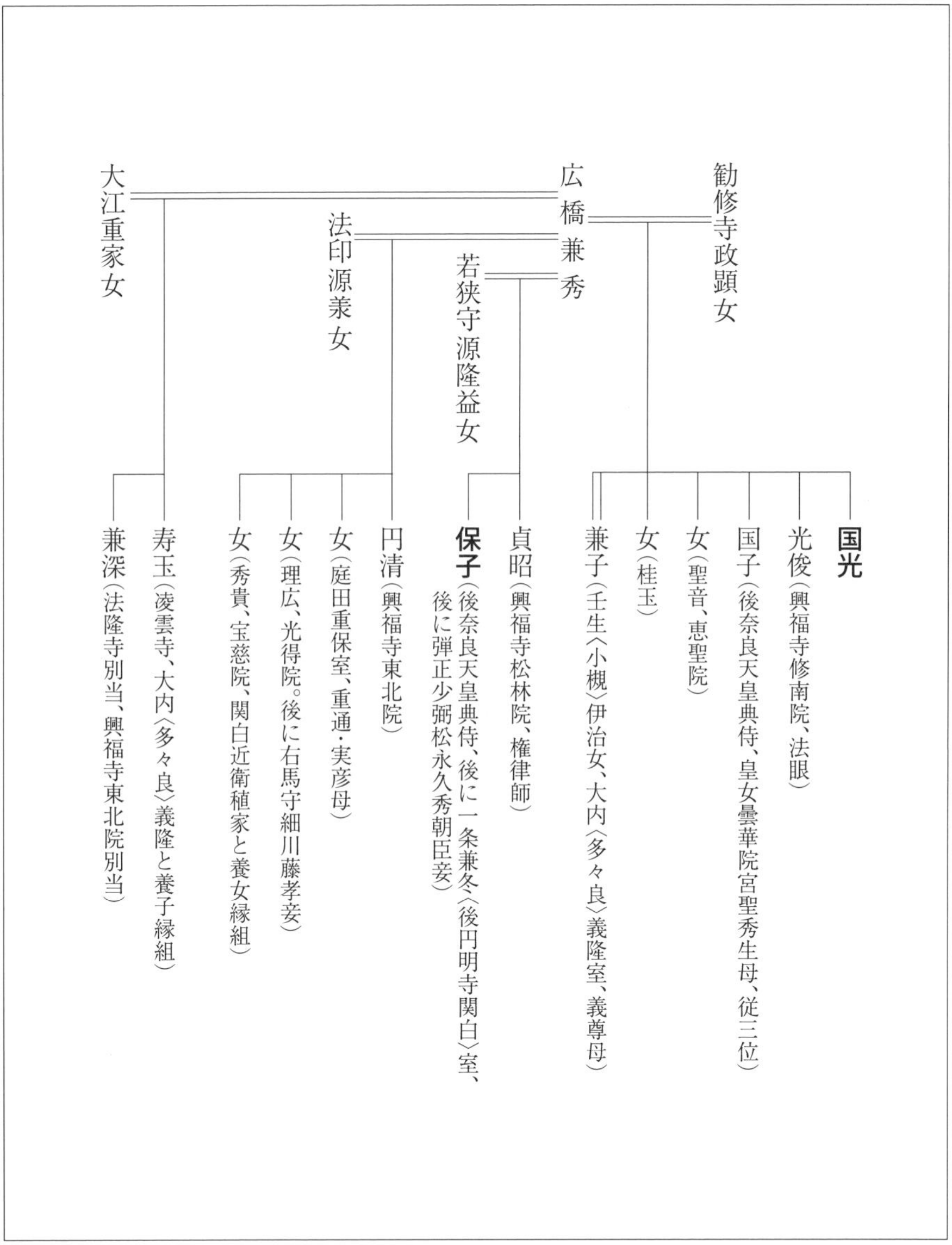

広橋家略系図２

系図中の二重線は、養女関係を示す。

『広橋家譜』（東京大学史料編纂所架蔵写本、請求番号 4175－509号）、および『尊卑分脉』（第２篇）より作成。一部略。

とえば、禁裏内の内侍所《ないしどころ》で臨時神楽を行うにあたっては、「武家《（将軍義輝）》よりしつそう《（執奏）》とて松長女房《（保子）》御神楽申つくる。（下略）」（『お湯殿の上の日記』永禄三年二月四日条）と、義輝は正親町天皇に対し保子にその差配を行わせることを提案している。対して、天皇も「御心え《（心得）》のよし《（由）》あり」（同日条）と、義輝の意向を受け容れた。ほかにも、「松永弾正室（保子）申沙汰《もうしざた》」とあるように、保子が臨時神楽の費用を提供し、挙行《きょこう》に導いた例もある（『言継卿記』同年正月二十九日条）。以上の保子の働きは、三者間をとり結ぶ単なるメッセンジャーではなく、より実質的なものといえる。おそらく保子は、後宮女房として出仕していた時に、臨時神楽に関する知見《ちけん》を得たのであろう。義輝や正親町天皇もまたそれを見込んで、保子に采配《さいはい》を任せたと思われる。

保子を通して、久秀―国光の結びつきもいっそう深まった。永禄七年頃より、畿内および周辺諸国まで政治的影響力を及ぼしていた三好長慶は、自身を足利将軍家（室町将軍）と同等ないし優越するという自意識を持ちはじめていた。その自意識の表れは、朝廷にも向けられた。同年三月、長慶は改元（元号の変更）を画策する。この改元要請は、久秀から国光を通じて朝廷に伝達された（『お湯殿の上の日記』三月十六日条）。

この時代、改元は天皇と室町将軍の合意に基づいて行われるというものであり、両者の思惑が合致してはじめて実現に至る。また、改元には朝廷が武家権力者の正当性（誰が武家権力のトップたりうるか）を認定する意義があった。実際、永禄改元（弘治四年二月に実施）時、正親町天皇は慣例を無視して、近江逃亡中の将軍義輝に知らせないまま実施に踏み切ったため（『惟房《これふさ》公記』永禄元年五月二十六日条）、義輝は抗議の意味を込めて、その後約半年間にわたって旧年号の弘治号を使い続けている。つまり、天皇は義輝を現職の将軍ではあっても、近江逃亡中という不安定な状況を見てとり、義輝を武家権力のトップとは認めないことを表明しているのである。

このように当時、正親町天皇は改元に関して政治的な判断を行ったうえで、実現させていることが読みとれる。一方、永禄七年三月の、長慶・久秀による改元要請は「かいけん《（改元）》事よりまつなか《（松永久秀）》・ひろはし《（広橋国光）》して申。いまた御返事なし」（『お湯殿の上の日記』三月十六日条）と、却下されてしまった。当時、義輝と三好氏権力は和睦しており、畿内の状況は比較的安定していた。ここで長慶・久秀らの改元要請を容れた場合、朝廷が三好氏の権力掌握を公認したことになり、義輝―三好氏との関係は再び悪化する可能性が生じる。正親町天皇は、長慶・久秀の改元要請を拒否することによって、武家権力の分裂しうる状況を回避したのである。

改元は実現しなかったものの、国光は久秀の要請を朝廷に伝達するという役割を果たしている。もっともこれは、武家伝奏という国光の職掌ゆえの働きとも捉えられる。しかし、武家伝奏の役を負っているのは国光一人ではなく、勧修寺尹豊《かじゅうじただとよ》もいる。久秀の要請の伝達を国光が請け負ったのは、やはり姻戚《いんせき》という両者の密接な関係に基づくところが大きいといえよう。

四、その後の広橋国光

永禄八年（一五六五）五月十九日、三好義継《よしつぐ》（三好本宗家《ほんそうけ》、三好氏当主）と松永久通《ひさみち》（久秀の息子）、三好三人衆らは、京都二条御所を襲撃し、将軍義輝を暗殺した（『言継卿記』同日条等）。後継者として三好義継らは義栄《よしひで》（阿波平島公方足利義維《よしつな》の長男）を立てたものの、同じく後継者として義昭（義輝の同母弟）が幕臣の三淵藤英《みつぶちふじひで》・細川藤孝《ほそかわふじたか》らに推戴《すいたい》された。十四代将軍の座をめぐる義栄・義昭の争いは、周囲の公家たち（昵近衆や武家伝奏）も巻き込んでいった。

公家衆のうち、義栄を次期将軍に擁立する者は、勧修寺晴右《はれみぎ》・高倉永相・山科言継・水無瀬親氏《みなせちかうじ》らであった。

義栄は同十一年二月八日に十四代室町将軍に任官したが(『言継卿記』同日条)、その勢力は弱く、かつ自身の病気もありほとんど政務運営は行えないまま、同年九月頃に死亡した。一方、義昭も同年九月二十六日、信長とともに上洛し、十月十八日、十五代室町将軍に任官した(『言継卿記』九月二十六日条・十月十八日条)。

義昭の将軍任官に前後して、晴右・永相らは「違武命《ぶめいにたがう》」(『公卿補任《くぎょうぶにん》』)と、義昭から蟄居《ちっきょ》(謹慎)処分を受けるほか、親氏は阿波国(現徳島県)に逃れている。晴右は当時、武家伝奏として義栄の将軍宣下《せんげ》に積極的に関わっていたが、これが仇《あだ》となり、義昭の怒りを買ったのである。

他方、もう一人の武家伝奏である国光は、ほとんど義栄と交流していない。久秀が次第に義栄を擁立する三好三人衆と対立するようになったこともあり、久秀の支配下である大和に在国《ざいこく》していたのである。その後、国光は永禄十一年十一月十二日、大和でその生涯を閉じた。享年四十二歳。

おわりに

室町～戦国時代を通して、広橋家は天皇家との姻戚関係を結んでおり、朝廷の中でも特に天皇に近い存在の公家であった。同時に、代々の室町将軍の昵近公家集団に組み込まれていることからも明らかなように、武家(室町幕府、将軍)とも密接な関係を構築していた。公武双方に関わりの深い公家として、広橋家は朝廷の政務運営や公武交渉において中心的な役割を担っていたのである。

この公武双方に通ずるという広橋家の特質は、京都の政局の一端を担う松永久秀にとっても重要なファクターになりえたのではないだろうか。久秀は保子を妻とすることで、広橋家と連携し、朝廷に対してもより強い影響を及ぼそうとしたのであろう。

一方で朝廷は、必ずしも久秀をはじめ三好氏権力の意のままに動かされていたわけではなかった。久秀の改元要請を受け容れなかったように、朝廷は情勢を見極め、武家の抗争を回避しようとする政治的判断を行っていたことが分かる。ここから、当時の朝廷・天皇が果たしていた役割――政治・秩序の保障者としての役割――を見出すことができよう。

〈参考文献〉

天野忠幸「松永久秀を取り巻く人々と堺の文化」（『堺市博物館研究報告』三一号、二〇一二）
天野忠幸『三好長慶　諸人之を仰ぐこと北斗泰山』（ミネルヴァ書房、二〇一四）
神田裕理『戦国・織豊期の朝廷と公家社会』（校倉書房、二〇一一）
斎藤（瀬戸）薫「足利義栄の将軍宣下をめぐって」（『国史学』一〇四号、一九七八）
瀬戸薫「室町期武家伝奏の補任について」（『日本歴史』五四三号、一九九三）
田中信司「松永久秀と京都政局」（『青山史学』二六号、二〇〇八）

松永久秀と将軍足利義輝

田中信司

はじめに

「都の統治は、この頃、次の三人に依存していた。第一は公方様で、内裏に次ぐ全日本の絶対君主である。(中略)第二は三好殿で、河内国の国主であり、公方様の家臣である。第三は松永霜台《そうだい》で、大和国の領主であるとともにまた三好殿の家臣にあたり、知識、賢明さ、統治能力において秀でた人物で、法華宗の宗徒である。彼は老人で、経験にも富んでいたので、天下すなわち「都の君主国」においては、彼が絶対命令を下す以外何事も行われぬ有様であった」(『フロイス日本史』)。

宣教師フロイスは、永禄七年(一五六四)ごろの京都政局をこう記した。時の室町幕府将軍足利義輝からして、家臣の家臣にあたる松永久秀(霜台は久秀の官途《かんと》、弾正少弼の唐名《とうみょう》)が、上位者をないがしろにする、まさに下剋上の体現者であったことをよく表しているようである。確かに、フロイスの目には、当時の権力のありかたがこう映ったのであろう。しかし、そればかりを鵜呑みにして「下剋上の久秀」像を認めてしまうことは、歴史を見る姿勢として果たして妥当といえるのだろうか。

そこで本章では、いくつかの同時代史料を紹介しながら、久秀と将軍義輝の関係に注目していきたい。

一、京都に帰る義輝

その信憑性はさて置き、冒頭フロイスの記述にあるような体制が京都に誕生したのは、永禄元年（一五五八）末のことである。すなわち、将軍足利義輝は、その直臣（御供衆、後に相伴衆）に任じた三好長慶との対立の過程で京都を出奔したり帰還したりを繰り返し、その力を損ねていった。その一方で、争いを有利に進めた長慶は、京都（および畿内）を支配する強力な権力を築き上げ（三好政権）、松永久秀はその重臣のひとりとして政権の中枢に与《あずか》っていた（天野二〇一〇）。三好政権が義輝勢力を京都から締め出した状態は天文二十二年（一五五三）から五年ほど続いたが、永禄元年十一月、近江の大名六角義賢の仲介で義輝と長慶の和睦が成り、義輝は京都に帰還したのである。

義輝の京都帰還は、それまでの三好政権単独による京都支配の状況を変化させた。それをよく物語る、いくつかの史料をあげよう。

足利義輝像（国立歴史民俗博物館 蔵）

［史料1］（「離宮八幡宮文書」）

大山崎徳政事、為　八幡宮神人勤諸神役之条、神物之間、堅被停止訖、向後不可有改動之上者、早当郷中存知之、弥可令専神用之由、所被仰下也、仍下知如件、

永禄四年十一月十日

信濃守神宿弥（花押）

伊勢守平朝臣（花押）

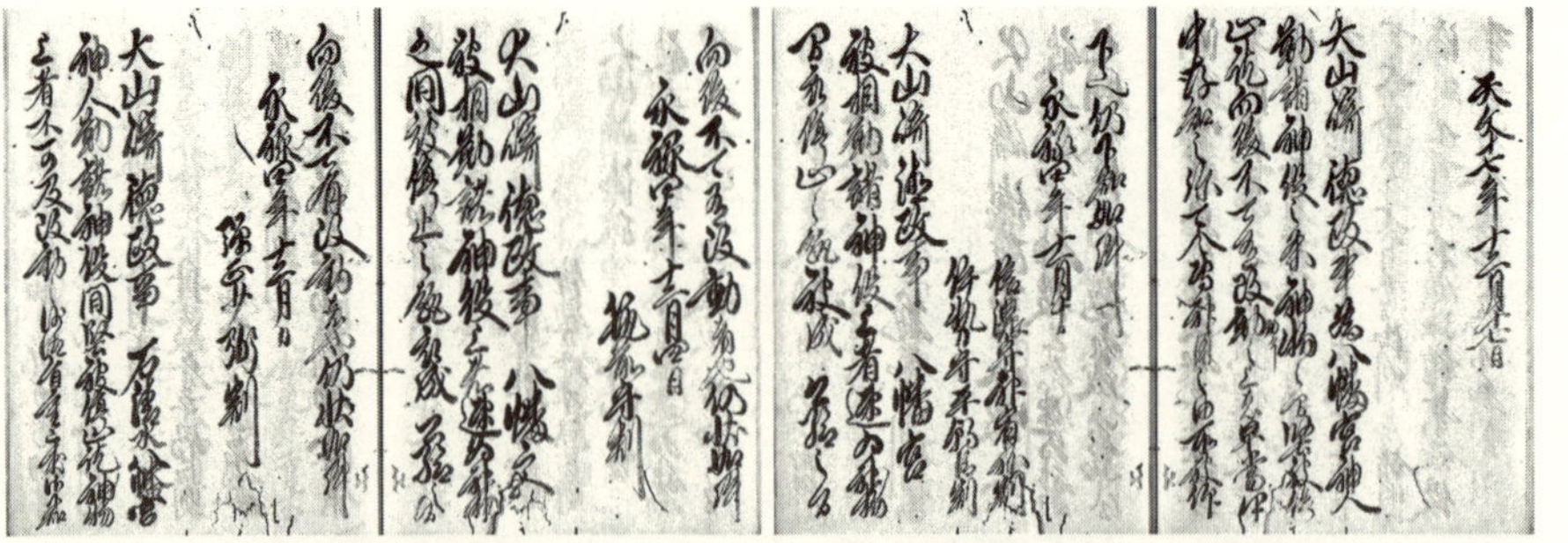

「離宮八幡宮文書」の写し（史料1・2・3）（東京大学史料編纂所 所蔵模写）

史料1の文書形式は、幕府奉行人連署奉書と呼ばれる。もちろん幕府から発給されたものである。内容は、幕府が山城大山崎離宮八幡宮に徳政免除を認可したものである。特に、ここにあるような金銭貸借にまつわる案件を政所《まんどころ》沙汰《ざた》と称し、代々幕府政所執事をつとめた伊勢氏（永禄期の当主は伊勢貞《さだ》孝《たか》、史料の差出者のひとり「伊勢守」は貞孝のこと）を中心に裁許が行われていた。

ただし、この案件には、史料1の他にも次のような史料が存在する。

［史料2］（「離宮八幡宮文書」）

大山崎徳政事、八幡宮被相勤諸神役上者、悉為神物間、被停止之趣、被成公験之旨、向後不可有改動者也、仍状如件、

永禄四年十二月四日　筑前守（花押）

［史料3］（「離宮八幡宮文書」）

大山崎徳政事、八幡宮被相勤諸神役上者、悉為神物之間、被停止之趣、被成公験之旨、向後不可有改動者也、仍状如件、

永禄四年十二月　日　弾正少弼（花押）

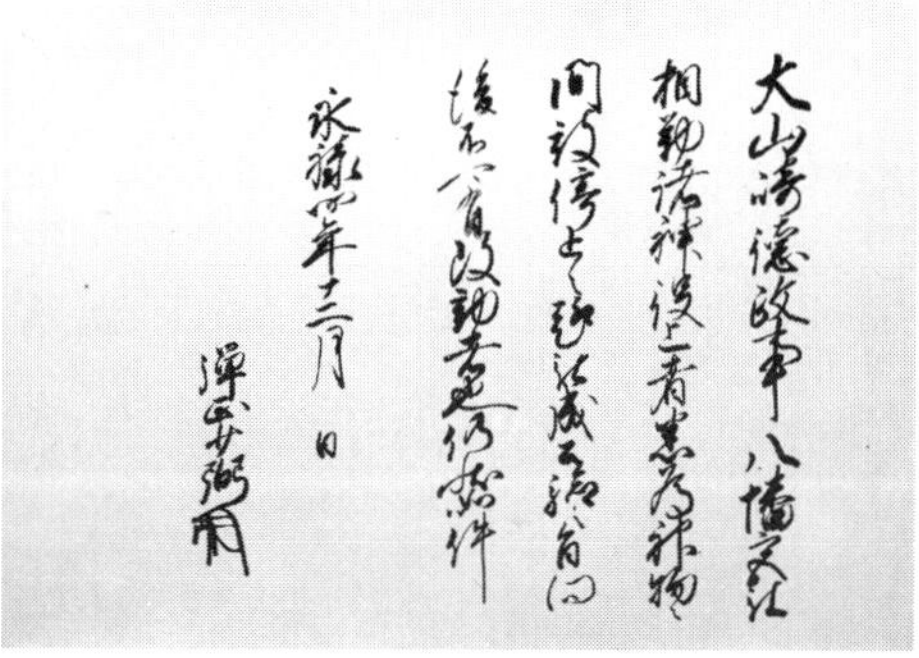

松永久秀　徳政免除状
（重要文化財「離宮八幡宮文書」より。離宮八幡宮蔵、大山崎町歴史資料館寄託）

史料2の発給者である筑前守《ちくぜんのかみ》は、三好長慶の嫡男、義興《よしおき》。史料3の発給者は、当然、久秀である。両方とも「公験《くげん》」、つまり、幕府の裁許（史料1）の順守を命じている。

これら三通の史料と、これまでの三好政権による京都支配の実績を合わせて考えてみると、義輝京都帰還以降の政治運営の形が見えてくる。すなわち、京都の政治は、幕府（将軍義輝）を頂点に置き、幕府が裁許状を発給することも増えてくるが、その裁断は、幕府独自で成されたものではなかった。言い換えれば、三好政権は、幕府による裁許状発給そのものを抑え付けなかったが、それを監督し、事実上の裁断者としてあったのである。

この体制は、義輝の京都帰還後しばらくは円滑に展開したと思われる。なぜなら、幕府の政所沙汰を管掌する伊勢貞孝は、幕府内の親三好派の代表格であり（今谷一九八五など）、伊勢氏と三好氏が連携しての政治運営には大きな障害がなかったといえるからである。そして、この体制は京都の世間一般からも歓迎ムードで捉えられていたようで、宮中の女官のひとりは義輝の京都帰還を「天下おさまりめでたし」（『お湯殿の上の日記』）と評している。幕府と三好政権の統合により、京都には安定が訪れたのである。

ところで、久秀に注目して史料2・3を見てみると、一点、気付かされることがある。それは、久秀が、三好義興とほぼ同時に、ほぼ同一形式の文書を発給していることに他ならない。史料2・3の発給年は永禄四年（一五六一）だが、この時の義興は、父長慶から形式上ではあれ三好家の家督を譲渡されていた。つまり、久秀は三好家の家臣でありながら、三好家の当主と肩を並べているのである。

二、出世する久秀

このような久秀の特異さを理解するカギは、義輝の京都帰還以後頻繁に行われた、幕府による三好家とその家臣久秀への各種栄典の授与にあると考えられる。栄典授与が、義輝の意向から発したものか、三好方からの要請（強制）によるものかはさて置き、久秀はこれによって家格を大きく飛躍させているのである。実例をあげてみよう。

①永禄三年（一五六〇）二月一日：三好義興とおそらく同時に任幕府御供衆（『雑々聞撿書丁巳歳』）
②永禄三年二月四日：任弾正少弼（『お湯殿の上の日記』）
③永禄四年（一五六一）一月二十八日：三好義興とともに叙従四位下（『雑々聞撿書丁巳歳』）
④永禄四年二月一日：三好義興とともに桐紋拝領（『雑々聞撿書丁巳歳』『重編応仁記』）
⑤永禄四年二月十日：塗輿《ぬりごし》免許（『雑々聞撿書丁巳歳』）

久秀は、御供衆や塗輿など、室町幕府の有力守護クラス――将軍の家臣――に与えられる栄典を次々と獲得している。また、①・③・④にあるように、三好家家督である義興と同時に、かつ同待遇で、義輝から引き立てられてもいた。つまり、久秀は三好家の家臣でありつつ、幕臣としては主君の三好家と同等の地位にあったのである。このことが史料2・3の発給につながるのは言うまでもない。

では、久秀がこのような立場を得た理由はどこにあるのだろうか。「下剋上の久秀」のイメージで語るなら、久秀の権勢に押された義輝がやむなく久秀に栄典を与えた、との結論に至るのかもしれないが、きっとそれは正しくない。なぜなら、久秀は御供衆就任を皮切りに、義興と共に定期的な義輝のもとへの出仕(『雑々聞撿書丁巳歳』)、永禄四年(一五六一)三月に催された義輝の三好義興亭御成《おなり》に際しての御供衆としての参向(田中二〇〇九・二〇一三)、義輝の命令を受けての禁裏《きんり》御料山城山国荘をめぐる案件処理(『お湯殿の上の日記』)など、その幕臣としての活動実態が、相応にあったことを理解できるからである。また、義輝としても、久秀を重用していたことをうかがわせる事例がある。たとえば、永禄六年(一五六三)四月、久秀が大和多武峰《とうのみね》談山《たんざん》神社の衆徒と戦い劣勢に陥った際、義輝は両者和睦のための勅使派遣を朝廷に依頼している。そして、勅使は派遣されたが、この和睦要請を多武峰方は拒絶し、この結果に義輝は不満の色を露わにしているのである(『お湯殿の上の日記』)。この出来事からは、苦境にあった久秀に肩入れする義輝の姿勢が看取される。また、久秀びいきの和睦であったからこそ、多武峰方はそれを拒んだとの見方もできよう(田中二〇〇八)。要するに、久秀は、義輝の京都帰還後に形成された幕府と三好政権の統合下で、双方の関係を取り結ぶ存在として、双方から重用されていたと考えられ、ゆえに、義輝により幕臣として引き立てられていったのである。

　このような抜擢を受けた背景には、そもそも久秀が三好政権の中枢にあったことが大きく作用していたはずであるが、さらに久秀は、代々武家伝奏として朝廷と幕府の意思疎通を担ってきた公家、広橋国光の妹保子を室に迎え(『尊卑分脈』)、また、摂関家に次ぐ公家の名門である久我《こが》家の諸大夫《しょだいぶ》を務める竹内季治《すえはる》と親密で、その弟である竹内秀勝を自身の家臣に加えるなど、一部公家勢力との強いパイプもあった。また、久秀は朝廷にしばしば献金を行い(『お湯殿の上の日記』)、永禄三年(一五六〇)二月には、久秀の室(広橋氏保子か)の「申沙汰《もうしざた》」で、内侍所臨時神楽が催されている(『言継卿記』『お湯殿の上の日記』)。「申沙汰」という言葉は「酒宴などをひらく」ことを表す際に用いられることがあるが、それら行事の金銭面を負担するニュアンスを含

む と考えられている。つまり、久秀は非常に富裕であった可能性が高く、このような人脈や資力の面も、久秀の出世に影響していたことを付け加えておきたい。

三、義輝に意見する久秀

では、三好家の家臣でありながら、主家と同格に幕臣として扱われた久秀の活動の一端をうかがわせる事例を紹介しよう。あげる史料は「蜷川家文書」に収められている「左衛門督局奉書案」と呼ばれる文書で、永禄五年（一五六二）ごろのものと考えられている。そこには、加賀国富墓《とみつか》荘をめぐる竹内門跡曼殊院と北野天満宮院家《いんげ》松梅院《しょうばいいん》との相論への幕府の対応ぶりが、実に詳細に記されている。史料を見ると、この案件は政所沙汰として伊勢貞孝が処理したが、義輝は、将軍の直裁事項でない、これへの介入を企てたことが分かる。この義輝の動きに対する久秀の意見を史料から抜き出してみる（なお、ほぼ全文がかな文字で書かれた史料を漢字表記し、送り仮名を付した）。

［史料4―A］（「蜷川家文書」）

竹内門跡と松梅院との公事の事、政所にて一度相果て申し候所に、又公方様きこしめし候はんと御入り候事は、しかるべからす候、勿体なく存じ候、伊勢守面目失ひ申し候事にて候

ここでの久秀は、従来あるべき政所沙汰の手続きを踏み越えて、伊勢守（伊勢貞孝）の裁決に介入しようと

する義輝の行動を諌めていると理解するのが、最も整合的といえる。そもそも、正規の手順を逸脱しているのは義輝であることを見過ごしてはなるまい。

この久秀の発言に対し義輝は「御気色以ての外」と大いに不快感を示し、義輝の近習である上野信孝や進士晴舎《しんじはるいえ》は、久秀を「遠慮なき少弼申されよう」「しかるべからず候」と強く非難した。これに対して久秀はこう述べている。

［史料4－B］（「蜷川家文書」）

政所にて相果てたる事を、又御公事を改められ候はんするやうに分別致し候まま、しかるべからざる由申し入れたる御事にて候、只今の趣は、今度果口きこしめし、伊勢守相届かず候はば、御不審成され候はんずるとの御事は、尤も余儀なく候

ここでの久秀の発言を解釈するなら、「わたしは、義輝様が一度政所にて裁決されたことを、また裁判をあらたにやり直すものと理解したため、それは不適切だと申し入れました。ただし、今回の趣旨は、このたびの政所沙汰の結果を調べるということであり、その結果、伊勢貞孝に不手際があったならば、義輝様が貞孝に疑義を呈するのは、まったく異議がありません」となる。つまり、久秀は、裁判を一方的にひっくり返すことに難色を示しているが、義輝が政所沙汰の経緯を調べること、および、場合によって貞孝を問いただすことに対しては、それを力ずくで抑止するような意図を持ってはいないのである。そして、実際、この久秀の発言の後の記述は、「公方様もきこしめし候はんずる」と続き、義輝は政所沙汰の経緯の調査を始めようとしている。

この事例から理解すべきは、久秀の意図が本来的な幕府の裁許システムの維持、ひいては、義輝の京都帰還で形成された幕府と三好政権の連携維持にあった、ということであろう。久秀は、自身の地位上昇を利用して幕府や三好政権を壟断《ろうだん》しようとしていたわけでは、決してなかったのである。

さらに、永禄六年（一五六三）の清水寺塔頭成就院《じょうじゅいん》と本国寺《ほんこくじ》（現在の本圀寺）の相論において、久秀は義輝に意見しているが、その内容は、成就院側の中間狼藉（訴訟当事者が係争中に係争物件に干渉する不法行為）を非難するものであった（「清水寺文書」）。一方では久秀による幕府訴訟への干渉とも受け取れるが、その根底には体制や秩序を維持する志向性があったとするのが穏当であろう。

ところで、政所沙汰への介入というイレギュラーな振る舞いを見せた義輝であったが、これに加担して久秀を難じた義輝近習、上野信孝や進士晴舎にも注目したい。たとえば、上野は、天文二十二年（一五五三）にひとたび義輝と三好長慶の和睦が成った（直後に決裂）際、反三好の強硬派として三好方から警戒され、人質を三好方に差し出していた経緯がある（『厳助大僧正記』『言継卿記』）。また、進士晴舎の一族の進士賢光《かたみつ》は、天文二十年（一五五一）に三好長慶暗殺を決行して失敗、自害している（『言継卿記』）。これらの者たちが、事実上三好政権が実権を握るような状況に不満を抱えて幕府内に反三好派を形成し、幕府と三好政権の連携解除を義輝に働きかけていたと仮定することは許されよう。実際、永禄五年前後の義輝方と三好・松永方の関係が、微妙なものを孕《はら》んでいたことを想像させる事例がある。すなわち、永禄六年（一五六三）三月に「総持寺殿《そうじじどの》」と称せられる義輝の子が、久秀のもとへ「人質」として送られているのである（『言継卿記』）。この人質が、久秀個人に送られたものか、三好政権を代表して久秀が受け取ったものか。あるいは、義輝方と三好方の関係強化の象徴として両者の親密さを物語るものとするか、両者の連携を乱す義輝に対する三好方の制裁と位置付けるか。人質のこの後が知れないため断定できないが、両者の関係に何かが生じていたことは確かであろう。

おわりに

将軍足利義輝帰還後の京都政局は、室町幕府と三好政権が、三好政権による事実上の主導下で、連携し併存する様相を呈した。松永久秀は、この両者を取り結ぶ役割を三好義興とともに担い、三好家の家臣でありながら、幕臣としては主家と匹敵するほどの地位を得た。しかし、これを幕府や三好政権への下剋上と見なすことは、到底できない。久秀は、三好政権の一員として対幕府交渉を忠実につとめていたのであり、義輝へのいくつかの働きかけも、義輝を操作するような類のものではなく、幕臣として幕府と三好政権の間の秩序維持を意図したものであった。

ただ、将軍義輝にとって陪臣《ばいしん》に当たる久秀が、将軍に直接意見を述べる有様は確かに異様である。たとえば、久秀以前にも、播磨守護赤松氏の家臣浦上則宗《うらかみのりむね》や、近江守護京極氏の家臣多賀高忠《たがたかただ》など、その主家を超えて直接的に時の将軍と関係を結んでいた者は存在する。しかし、彼らは、本来的には彼らの主君が果たすべき将軍への勤仕を、諸事情によりそれができなくなった主君の代行として担っている点で共通し（渡辺二〇〇三）、久秀のように、主君と同格の位置で、主君とともに将軍に対していたわけではなかった。また、久秀以後にも、豊臣秀吉政権のもとで、陪臣でありながら秀吉から豊臣姓や相応の官位を授けられた者も数多く存在する。しかし、豊臣政権が新しく創出した官途秩序は、従来のそれと隔絶したものと評価されている（木下二〇一一など）ことを踏まえれば、豊臣政権の中から久秀と類似の痕跡を残した者を見出すことは容易でない。

久秀の活動を他の何者かになぞらえることは、おそらくできない。そして、久秀の異様さは、久秀の属していた三好政権の特殊性をも表しているといえる。むしろ、そのような三好政権の京都支配の形が、久秀の前提としてあると考えるべきなのかもしれない。

フロイスは、義輝・三好家・久秀の関係を的確に把握することができなかった。ただ、そのことが、かえって当時の京都に錯綜する権力の姿を、雄弁に語っているように思われてならない。

〈参考文献〉

天野忠幸『戦国期三好政権の研究』（清文堂出版、二〇一〇）
今谷明『室町幕府解体過程の研究』（岩波書店、一九八五）
木下聡『中世武家官位の研究』（吉川弘文館、二〇一一）
田中信司「松永久秀と京都政局」（『青山史学』二六、二〇〇八）
田中信司「御供衆としての松永久秀」（『日本歴史』七二九、二〇〇九）
田中信司「三好長慶と松永久秀・長頼」（『三好長慶』宮帯出版社、二〇一三）
渡辺真守「室町後期守護被官層の研究」（『室町・戦国期畠山家・赤松家発給文書の帰納的研究』新潟大学人文学部、二〇〇三）

松永久秀と興福寺官符衆徒沙汰衆 中坊氏

田中慶治

はじめに

松永氏については、天野忠幸氏による数多くの貴重で堅実な諸研究によって、次々にその実態が明らかにされていっている(1)。

天野氏は、松永久秀の権力を構成した家臣団の研究の必要性を説かれ、誰が松永氏の家臣であるのかを確定していくという重要な研究をなされた(2)。天野氏のこの研究により、松永氏の権力を支えた家臣団の様相がかなり明らかになった。

しかしながら天野氏の研究のうち、松永久秀の多聞山城主時代、つまり大和国における家臣団については、再考の余地が残されている部分があるものと思われる。

そこで本稿では、松永氏の大和国における家臣団についての再検討を行う。具体的には、松永久秀の家臣と比定された中坊《なかのぼう》氏(3)を中心に取り上げる。中坊氏についての理解を深めるため、久秀期以前の中坊氏、久秀期の中坊氏の双方を取り上げ、検討を行う。

一、官符衆徒沙汰衆中坊氏

天野忠幸氏が松永久秀の家臣と比定された中坊氏は、興福寺の衆徒でもあった。本節では、中坊氏の興福寺衆徒としての姿を検討してみたい。

中坊氏は、基本的に興福寺官符衆徒沙汰衆《かんぶしゅとさたしゅう》を世襲する家である。興福寺大乗院門跡尋尊によると、官符衆徒とは、以下のようになる。寺務（別当）・権別当・三綱という宣下職を官符と号する。その官符の被官であるから「官符衆徒」と号する。そしてその職務としては、寺務領の奉行、興福寺七郷及び寺社の諸検断、神事・法会の奉行があげられている。[4] 沙汰衆とは、その執行機関である。[5]

ではこの中坊氏とは、どのような氏族であり、興福寺権力のなかでいかなる働きをしていたのかを、以下に見ていく。

まず中坊氏が、基本的に興福寺官符衆徒沙汰衆を世襲する家であったことを確認しておく。

『経覚私要鈔』に出てくる中坊氏関係の記事についての検討を行う。嘉吉四年（一四四四）一月二十日条によると、「衆徒沙汰衆懐尊《かいそん》来」と記されている。享徳二年（一四五三）二月二十五日条には、「中坊長賢上二京都一了、」と記されている。康正二年（一四五六）三月十四日条には、「衆徒沙汰衆懐尊長賢、来」とある。

中坊長賢房懐尊 ―― 中坊良縁房懐尊 ―― 中坊長円房懐尊 ―― 中坊長賢房
┆
中坊駿河 ―― 中坊飛騨公英祐 ―― 中坊飛騨守秀政

中坊氏系図

系図は推測も含む。中坊長賢房と中坊駿河の間には、数代程度の空白が想定される。

この『経覚私要鈔』に登場する人物は、複数の人物のように見えるが、実はすべて同一人物である。「衆徒沙汰衆懐尊長賢」は「衆徒沙汰衆懐尊長賢」と記され、実名（法名）が「懐尊」であり、仮名が「長賢」であることが分かる。さらに「長賢」は、「中坊長賢」と、「中坊」という名字を名乗っていることが分かる。これらの名前と肩書をすべて繋ぎ合わせれば、「（官符）衆徒沙汰衆中坊長賢（房）懐尊」というひとりの人物が登場するのである。

この中坊懐尊は、康正二年（一四五六）五月八日に、病のため没した(6)。

文明年間になると、中坊氏のなかで動きがあらわれる。『大乗院寺社雑事記』文明三年（一四七一）十一月一日条では、「吉田父子来、衆中沙汰衆事、中坊次郎望申、自二筒井一披露歟」と記されている。この記事から吉田氏、筒井氏という二人の官符衆徒の働きを借りて、中坊次郎という人物が、衆中沙汰衆（官符衆徒沙汰衆）の地位を望んでいることが分かる。

引き続き、この件について見ていく。『大乗院寺社雑事記』文明三年十一月二十三日条に、大変興味深い内容が記されている。全文を掲げてみる。

一中坊次郎出家、法名懐尊、長円房、加二沙汰衆一之由云々、為レ礼来、参申（衍カ）、見参了、於レ于レ今者三代沙汰衆也、

懐尊長賢房 中﨟沙汰衆也　、、良縁房 沙汰衆 ―― 懐尊長円房 沙汰衆

長賢以来、以二東小田原院主米一二石宛給レ之畢、沙汰衆三人也、竹坊、水坊、中坊也、神戸ハ隠居了、

先日官符衆徒沙汰衆の地位を望んでいた中坊次郎は、出家をし、中坊長円房懐尊となり、念願どおり官符

衆徒沙汰衆に加えられた。より興味深い点は、中坊氏にとっては、長円房懐尊は、少なくとも三代目の世襲の沙汰衆であったことである。

なお康正二年（一四五六）五月に没した懐尊以来、中坊氏は三代にわたって実名（法名）を「懐尊」と名乗り続けたことも分かる。(7)

またこの記事から、中坊氏の他、竹坊氏、水坊氏、神戸氏などの沙汰衆を世襲する家が存在したことが推測される。

興福寺七郷及び寺社の諸検断は、官符衆徒の最も重要な職務のひとつであった。そこで中坊氏が、官符衆徒沙汰衆として、検断に関わった事例について検討を加えてみる。

『多聞院日記』天文十二年（一五四三）九月十日条を掲げる。

一先日城戸後（ママ）次郎中坊ヨリ搦レ之誅了、子細者、去年トヤラン我女房有力ニテ事成リシヲ（脱アルカ）、取タメニ、田舎へ同道ノヤラ（トカ）ニテ大安寺トヤランノ東ニテコロシ、ツラノ皮ヲムキ了、誰カ所行共シレス、然処ニ種々当年マテ親子共才覚ノ処ニ、同類ノ者告二知之一了、依レ之カラメラル、（後略）

この記事は、大変興味深い記事である。この記事からまず中坊氏が、次郎という人物を捕えて処刑したことが分かる。次に次郎が、女房を殺害し、そのうえ女房の身元を隠すために、面の皮を剥いたことが記されている。さらに捜査の結果、次郎の犯行を告知した者がおり、次郎が捕えられたことも記されている。

この記事から、中坊氏が、殺人事件の捜査から犯人の逮捕、さらに処刑まで行ったことが分かる。中坊氏は尋尊が記すように、検断権を行使していたのである。

中坊氏は、興福寺の大乗院、一乗院両門跡が確執を起こしたときなどにも、確執の解決のために奔走していた。大乗院門跡尋尊が興福寺別当（長官）に就任した際、前別当の一乗院門跡教玄が、別当辞任を拒否し、幕府を巻き込んだ騒動となった。この一件の折の中坊氏の行動を検討してみる。

事件は康正二年（一四五六）二月に起こった。康正二年二月十日、尋尊は興福寺別当に補任された。これに対し、当時別当であった一乗院教玄は、別当辞任を拒否した。未だ年若い尋尊のために、前大乗院門跡経覚が、事の解決に乗り出した。その手先として奔走したのが、官符衆徒沙汰衆であった中坊懐尊であった。

懐尊は康正二年二月二十四日、経覚の下を訪ね、事件を解決するために経覚が作成した事書の案文を受け取っている(8)。

三月十四日には、再び経覚を訪ね、官符衆徒らが、両門跡の確執が続けば、国中が乱れ、両畠山氏の争いに敗れた畠山政長ら没落人が復活すると、幕府重臣の畠山義就に申し入れたことを報告している(9)。

二日後の三月十六日には、懐尊は三度、経覚を訪ねている。そこで懐尊は、畠山義就が官符衆徒の申し入れを受け入れ、幕府奉行人飯尾為数に官符衆徒の申し入れの将軍への披露を命じたことや、懐尊自身が南都伝奏万里小路時房《までのこうじときふさ》を訪ね、両門跡が無為に治まるように演説したことなどを、経覚に報告している(10)。

その後も懐尊は、事件の解決に奔走したことが、『経覚私要鈔』の記事から分かる。懐尊は自らの持てる人脈を最大限に活用し、大乗院・一乗院両門跡の確執という興福寺における危機を解決しようとしていた。この一件から、官符衆徒沙汰衆中坊懐尊の興福寺被官としての忠実な姿が垣間見えよう。またその一方、前大乗院門跡、あるいは幕府要人や、南都伝奏といった公家衆との幅広い人脈を中坊懐尊が有していたこともうかがうことができる。

中坊氏は、このように幅広い人脈を有していた。当然、この幅広い人脈は、中坊氏に高い情報収集力を与

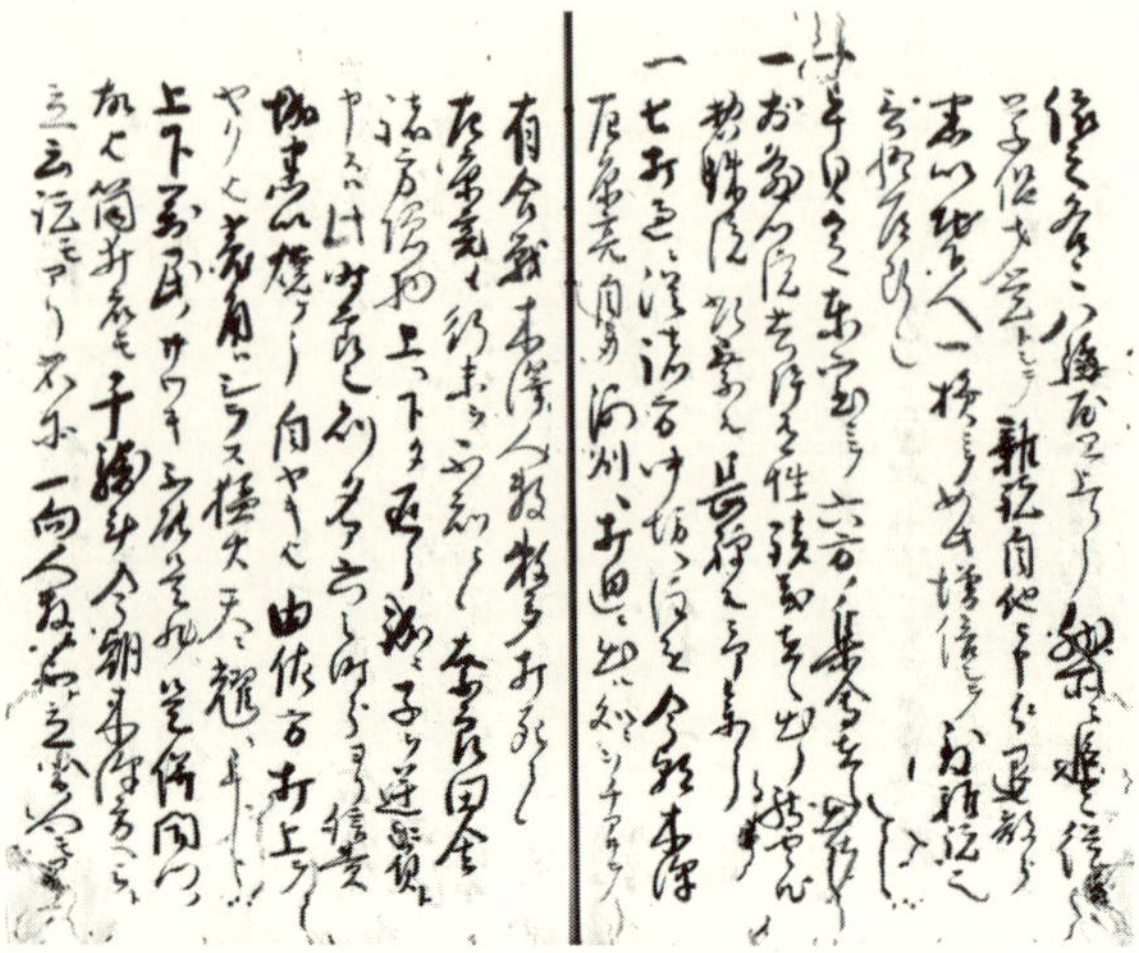
『多聞院日記』天文11年3月17日条（奈良文化財研究所 提供）

えることとなった。一例のみを掲げておく。

天文五年（一五三六）に信貴山城を築城し、一時は大和国に勢力を伸ばしていた木沢長政は、天文十一年（一五四二）三月十七日に、河内太平寺で合戦に敗れ、戦死した。この長政敗戦の第一報を、入手したのが中坊氏であった。『多聞院日記』には、「七打過ニ従二諸方一中坊へ注進、今朝木沢左京亮（長政）自身河州へ打廻ニ出ル処ニ、ヲチアヰテ有（ニ脱カ）二合戦一、木沢人数多打死云々、左京亮も行末不レ知云々」[11]と記されている。この記事からも分かるように、例えば長政敗戦というような、南都にとっても重要な情報は、中坊氏のもとに集積されるようになっていたのである。

中坊氏とは、官符衆徒沙汰衆を世襲する氏族であった。官符衆徒沙汰衆中坊氏は、その重要な職務である検断権を興福寺被官として、忠実に執行していた。また中坊氏は、大乗院・一乗院両門跡が確執を起こすという興福寺にとっての危機に際しては、自らの持てる人脈を最大限に活用し、事件を解決しようとしていた。なお南都の情勢に大きな影響を与えるような情報も、中坊氏のもとには集まっていた。これらの事実から、官符衆徒沙汰衆という職務を世襲する中坊氏は、重要かつ忠実な興福寺被官であったことが分かる。

二、法体の大和武士中坊氏

忠実な興福寺被官であった中坊氏は、もうひとつの顔を有していた。その顔は大和武士としての顔である。しかも中坊氏は僧侶であるので、その姿は「法体の武士」ともいえるものであろう。本節では、「法体の武士」中坊氏の姿を見ていく。

中坊氏と同じく、法体の大和武士である古市胤仙《ふるいちいんせん》は、興福寺の有力衆徒（国人）であった。胤仙は嘉吉年間、同じく有力衆徒（国人）筒井氏と、官符衆徒棟梁の地位を争っていた。この争いは激しいものであり、合戦などの武力行使をも含むものであった。両者の争いは、両畠山氏の抗争に影響されるなど、激しくなったり、小康状態を保ったりしながらも、長く続くものとなった。

大乗院庭園（鬼薗山城跡）（奈良市観光協会 提供）

このような有力衆徒同士の抗争のなかで、両者以外の衆徒も中立となることはなく、おおむね、どちらかの陣営に属していた。このことは中坊氏にとっても例外ではなかった。嘉吉四年（一四四四）六月、古市方は大乗院（禅定院）のすぐ上の鬼薗山《きおん》に城郭を構えた。その鬼薗山城のなかに、「沙汰衆中坊懐尊一宇」[12]と中坊懐尊の陣屋が建立されていた。このことから中坊懐尊は、古市方として、筒井氏と戦っていたことが分かる。

古市胤仙は、一時的には筒井順永を南都から追い落とし、官符衆徒棟梁の地位を手に入れた。しかしながらそれは長く続かず、文安二年（一四四七）二月、胤仙は逆に筒井順永との合戦に敗れ、南都から追い落とされてしまった。[13]このときには中坊氏はどのように行動していたのであろうか。中坊氏は相変わらず古市方であったものと推測される。

『経覚私要鈔』文安四年（一四四九）七月十日条を掲げる。

> 一伝説云、今度馬借蜂起事、予并古市以下張行不レ可レ然、欲レ滅二亡南都一造意欤、御造替前悪行至也トテ、衆中令二蜂起一、予・胤仙加二衆勘一云々、事実者先代未聞所行無二比類一者哉、以レ次沙汰衆懐尊父子同罪科云々、

官符衆徒棟梁の地位を筒井順永に奪われ、前大乗院門跡経覚とともに南都を追われた古市胤仙は、経覚とともに古市氏の本拠地古市において、復活の機会を窺《うかが》っていた。そんな折、右の記事のような事件が起こったのである。

文安四年（一四四七）七月、大和をはじめ近江・河内・山城等で馬借《ばしゃく》一揆が蜂起した。その馬借一揆は、経覚と古市胤仙が南都を滅亡させようと、馬借を煽動《せんどう》して一揆を起こさせたものであるとして、衆中（官符衆徒中）が経覚と胤仙に衆勘を加えたのである。そして沙汰衆懐尊父子も経覚らと同罪に処せられている。この当時の官符衆徒棟梁は胤仙を南都から追い落とした筒井順永であった。つまり衆中のメンバーは筒井方によって独占されていたものと思われる。懐尊父子が胤仙らと同罪に処せられているということは、懐尊父子が古市方であった証左であるといえる。古市方であったと思われる懐尊が沙汰衆と記されているのは、何らかの理由で胤仙の南都没落後も、沙汰衆としての地位を守っていたからかもしれない。しかし、経覚や胤仙の衆勘に合わせて、古市方の懐尊父子も、これを好機と判断した筒井氏の手により罪科に処せられたのであろう。

康正元年（一四五五）八月十九日、筒井氏一派は両畠山氏の争いに巻き込まれ、南都から没落した。この一件により古市氏は官符衆徒棟梁に復帰した。この時期中坊氏は、官符衆徒沙汰衆として鬼薗山城に住していたことから、[14]また先述のとおり、大乗院・一乗院両門跡の確執を解決するため、古市に居住していた経覚を度々訪ねていることからも、古市方に属していたことが分かる。

文明五年（一四七三）七月十七日には、古市氏が尋尊を訪ね、風流を演じた。中坊懐尊も尋尊とともに風流を見物している。[15]このことから少なくとも、文明五年七月段階までは、中坊氏が古市方に属していたことが分かる。

ところが文明九年（一四七七）十二月に、事態は大きく動いた。『大乗院寺社雑事記』文明九年十二月二十二日条は、次のように記している。

一同夜自二佐（狭）川之没落人方一押二寄下高畠一而、在家四五間焼レ之、吉田坊門戸焼レ之、越智之手者共高畠并薬師院辻子等ニ陣取在レ之間及二合戦一、寄手散々事也、五六人被二打殺一了、馬以下取レ之、中坊長円房之馬也云々、（中略）筒井・成身院以下佐（狭）川ヲ相憑隠居、彼面々沙汰也、（後略）

東山内の狭川に没落中であった筒井氏一派が、古市氏の一族である吉田氏を攻撃した。古市氏の盟友である越智氏が軍勢を出し、合戦の末、筒井氏一派を打ち破った。このとき越智氏は敵方の馬を取った。そしてその馬は、中坊長円房（懐尊）の馬であったというのである。この記事から、中坊氏がそれまでの古市方から寝返り、筒井方となっていることが分かる。

合戦に負けた中坊氏は、「中坊先夜負レ手而笠置ニ在レ之云々[16]」と山城の笠置へ没落していった。この中坊氏の笠置没落という事実から、中坊氏がそれまでは古市方として南都にいたことが推測される。中坊氏はおそらく、狭川に没落中の筒井氏と内通しており、筒井氏の出陣に合わせて、自らも出陣したのであろう。

朝倉弘氏は、『寛政重修諸家譜』の柳生氏の記事から、中坊氏は、柳生永珍の弟が笠置寺の衆徒となり中坊を称したに始まるとされる。[17]中坊氏自身は、『寛政重修諸家譜』では、大和吉野郡の出自であるとする。いずれも伝承の域を出ず、記事の信憑性は低いといわざるを得ないが、中坊氏が今回の合戦の結果、笠置に没落したことから、笠置に何らかの拠点は有していたものと思われる。

それはともかく、この合戦から二十日あまり後の文明十年（一四七八）一月十六日に「衆徒蜂起始」が行われた。尋尊はこの集会の出仕者を記している。沙汰衆としては、竹坊、玄性房、水坊の三名が記されている。[18]前述の『大乗院寺社雑事記』文明三年（一四七一）十一月二十三日条では、沙汰衆として竹坊、水坊、中坊の三名が記されていた。つまり中坊氏の没落により、沙汰衆には新たに玄性房が加わり、中坊氏は沙汰衆を罷免《ひめん》されてしまったのである。ここから中坊氏は、長い雌伏《しふく》のときを迎えることとなり、中坊氏の没落生活は、明応六年（一四九七）十一月までの二十年間に及ぶこととなった。

ではなぜ中坊氏は、古市方から筒井方へと寝返ったのであろうか。文明七年（一四七五）五月に興味深い事件が発生している。興福寺学侶・六方衆が、越智氏が私反米を懸けたことを理由に、越智氏とその一派を興福寺において、呪詛《じゅそ》することとなった。[19]興福寺による呪詛ほど、大和の国人たちにとって恐ろしいものはなかった。[20]

当然のことながら越智氏は、この呪詛の実行を阻止するため、嘆願等を興福寺に対して行った。しかし越智氏の嘆願は聞き入れられなかった。あまつさえ興福寺僧だけでなく、菩提山正暦寺の僧侶も、この呪詛に加わることとなった。

越智氏の盟友であった古市氏とその一派は、正暦寺僧の南都上洛を阻止しようとした。ところが正暦寺僧は、「衆徒沙汰衆中坊以下率二人勢一迎取」と、六方衆の命令を受けた中坊氏とその軍勢に護衛され、南都上洛を果たした。この結果、「越智方引汲衆腹立無二是非一者」であった。当然のことであろう。

中坊氏にとっては、官符衆徒沙汰衆としての当然の職務として、正暦寺僧の護衛を行ったのである。ところがその結果として、越智氏や古市氏という、それまで中坊氏とともに戦ってきた国人たちを「腹立無二是非一」というほど、激怒させてしまったのである。

興福寺被官としては当然の職務を果たしたにすぎない中坊氏と、国人としての論理を優先させようとした古市氏・越智氏との関係は、その後、ぎくしゃくとしたものとなっていったことは、想像に難くない。その結果が、先述した文明九年（一四七七）十二月の筒井氏一派と古市氏一派の合戦の際における、中坊氏の裏切りとなって表出したのではなかろうか。

さて、中坊氏が長期間に渡る没落から復活を果たしたのは、先述したとおり明応六年（一四九七）十一月のことであった。没落からは二十年以上の歳月が流れていた。

明応六年八月頃より、没落中であった筒井方に復活の動きがでてくる。十月一日から十一月半ばにかけて古市方と筒井方は合戦を行う。その結果、古市方は筒井方に惨敗を喫し、古市氏の有力一族の山村氏をはじめ、鹿野薗氏・山本氏といった有力家臣を次々と討死させ、一族・家臣もろとも笠置寺まで落ちた[21]。

この合戦の結果、中坊氏も復活を果たした。古市方との合戦がいまだ続いていた十一月三日の『大乗院寺社雑事記』には、「中坊新沙汰衆也、今日出家云々、参申、（中略）名長賢房、」と記されている。中坊氏は二十年ぶりに官符衆徒沙汰衆に復帰したのである。しかもその仮名は、中坊氏にとって伝統と由緒のある「長賢房」であった。

明応六年の復活以降、中坊氏は松永久秀の登場まで、一貫して筒井方として行動することとなった。

官符衆徒沙汰衆中坊氏は、法体の大和武士としての顔も有していた。大和武士として行動をする限りにおいては、古市氏と筒井氏による大和国内での覇権を握るための争いのなかで、中立を保つことは不可能であった。

大和武士中坊氏は、嘉吉年間から文明年間の途中までは、一貫して古市方であった。ところが、文明九年（一四七七）十二月に、中坊氏は突然、古市方から筒井方への寝返りを行った。この寝返りは、中坊氏が官符衆徒沙汰衆としての当然の職務を果たしたことによって起こったものであった。中坊氏は、官符衆徒沙汰衆としての立場と、大和武士の立場との間で、板ばさみにあっていたのである。中坊氏は筒井方に寝返ったことにより、二十年間にも及ぶ南都没落という雌伏の時期を迎えることとなった。

三、松永久秀と中坊氏

本節では、松永久秀の多聞山城主期の久秀と中坊氏の関係を中心に、検討を進めることとしたい。

まず中坊氏についての検討に入る前に、天野氏が『多聞院日記』の記事から、多聞院英俊《たもんいんえいしゅん》が八朔や正月の度に礼を行ったことを理由に、松永氏権力の中枢部に位置する家臣と比定された幾人かの人物についての検討から行うことにする。

天野氏は永禄八年（一五六五）の八朔で英俊から礼を受けたことを理由に、秦楽寺氏を松永氏の家臣と比定されている。しかしながら秦楽寺氏を松永氏の家臣と比定することには、再検討を要するものと思われる。

秦楽寺氏は『多聞院日記』に、度々登場する人物である。『多聞院日記』元亀二年（一五七一）六月二十四日条では、次のように記されている。

一秦楽寺息へ米一石可レ遣レ之由、意斎ヨリ以二神人藤三郎一被二申上一之間則持二遣之一、（中略）預リ米コレニテ済了

英俊は秦楽寺意斎からの依頼により、意斎の子息に米一石を遣わしている。そしてその米は、意斎から預かった米であったことも記されている。この時期、秦楽寺氏の子息は、多聞山城で松永氏の人質になっていた。その子息の多聞山城で生活するために必要な経費や飯米を、英俊は意斎から預かり、依頼があるたびに、多聞山城に届けていたのである。[22]

秦楽寺氏はほぼ毎年、米の収穫期である九月か十月に、英俊に米二石を「上」せていた。「上」と記されていることから、この米は秦楽寺氏の本拠地である十市郡秦楽寺から、多聞院まで運ばれていたものと思われる。またこの米は、往々にして「沙弥飯米[23]」と記されていることから、多聞院に英俊の弟子として入室していたと推測される、秦楽寺氏の子息のためのものであろう。

逆に英俊からは草履が秦楽寺氏に贈られることもあった。[24]こうした米や品物のやり取りのほかにも、秦楽寺氏の一族が亡くなったときには、英俊は秦楽寺氏に弔いの品を贈っていた。[25]

前述したように秦楽寺氏の本拠地は、十市郡秦楽寺であった。この十市郡秦楽寺は、英俊の実家である有力国人十市氏の支配地である十市郷に属していた。[26]おそらく秦楽寺氏は十市氏配下の国人であったものと思われる。

秦楽寺氏が、英俊から八朔の礼を受けていたことは、松永氏の家臣であったからというよりは、英俊と秦楽寺氏との間の人的、地縁的関係によるものであったと思われる。

続いて天正四年(一五七六)正月の礼を英俊から受けた玄清と森久について、検討を加える。玄清と森久もまた『多聞院日記』に、度々登場する人物である。

『多聞院日記』天正四年三月十四日条には、玄清と森久がそろって登場する。「十後迎ニ玄清・森久なと上」と記されており、この二名が多聞院に滞在していた十市遠勝後室を迎えに来ている。翌日後室は、十市に帰っていることから、この二名は十市から南都に上洛してきたことも分かる。このうち森久は、「森本久右衛門」とも記されているため[27]、森久は森本久右衛門の略称であったことが分かる。

森久は「従二十市一森久又米持来[28]」と記されているように、しばしば英俊のもとに、米や銭を十市から届けている。

また十市氏が筒井定次に従って、伊賀に移った後にも森久は、「伊賀ヨリ森久来テ、預リ米ノ支配在レ之[29]」と、伊賀から英俊のもとを訪れていた。

このように十市氏のため働いている玄清と森久は、松永氏の家臣ではなく、十市氏の家臣であったものと思われる。英俊は、日頃から世話になっている実家の家臣に、正月の礼を贈っていたのであろう[30]。

以上検討の結果、天野氏が松永氏権力の中枢部に位置する家臣と比定された人物のうちの幾人かは、松永氏の家臣ではなかったことが分かった。

さて続いて、天野氏が松永氏の家臣と比定され、詳細に検討を加えられた中坊氏について、考察を加えてみたい。

天野氏は「永禄五年、松永久秀が大和一国の本格的な支配を始めた中、興福寺の衆中は、会所目代の二条尭乗、公文目代の多聞院盛舜、通目代の福智院尊舜が前年より色代を未進しているため、「従二霜台一御使被レ出候様」にと中坊藤松に申し入れた。興福寺は久秀の大和支配が始まった早い段階から、久秀を裁定者と認め、寺院内部の問題を処理しようとしていたのである。これに対して、衆中の取次になったのが中坊藤松で」あったとされた。[31]

天野氏のこの説には、再検討の余地が残されているのではないかと思われる。天野氏が検討された文書を掲げる。[32]

条々

一寺門并奈良中為レ掟旨、任二替札一三ヶ年一度十月廿日、寺中四門仁札打置候、為二其色代一、従二四目代一衆中江十貫五百文、為二進官一、目代役被二相出一事、

一修理目代　弐貫文　成身院(宗慶)　皆済

一会所目代　参貫五百文　二条方(尭乗)　未進

一公文目代　参貫文　多聞院(盛舜)　未進

一通目代　弐貫文　福智院(尊舜)　未進

一去年十月廿日、任二替札一打置、其年中仁有二皆済一処、至レ于レ今無沙汰之条、目代方へ種々雖二催促候一、無二其実一間、目代知行候、進官成目可二押置一由、庄屋雖二申付候一、目代方へ納所候、庄屋陵(聊)爾候間、加二譴責一候処、令二勿緒(納所)一候、前代未聞曲事候、然者、従二霜台一御使被レ出候様、御入魂肝要候、前々茂此外無沙汰之時者、目代成敗不レ珍事候間、以二御分別一被二申調一候者、可レ為二衆悦一候、

衆中
沙汰衆等

（永禄五年）
八月十二日

中坊藤松殿

この文書の全体としては、天野氏の説かれるように、興福寺の衆中沙汰衆（官符衆徒中沙汰衆）が、寺院内部の問題の裁定を松永久秀に依頼し、中坊藤松がその取次を行っている。

天野氏が松永久秀の取次とされた中坊藤松についてみてみたい。『多聞院日記』永禄八年（一五六五）十二月二十一日条には、「中坊藤松殿陣始在レ之、十五才」と記されている。とするならば永禄五年段階では、藤松はわずか十二歳ということになり、取次のような重要な職務を果たすには幼すぎるものと思われる。

次にこの文書を作成した衆中沙汰衆（官符衆徒中沙汰衆）について、検討を行う。第一節でも述べてきたように、中坊氏自身が代々、衆中（官符衆徒中）の構成員であった。しかも中坊氏は、官符衆徒のなかでも執行部といえる沙汰衆であった。つまりこの文書を作成した人物こそが、中坊氏である可能性が高いものと思われる。おそらくこの文書を作成したのは、藤松の父か、あるいはそれに近い近親者と思われる「中坊駿河」であったのではなかろうか。つまりこの文書は、中坊氏の父子によって取り交わされた文書であったと推測できるのではないか。

ではなぜ、中坊駿河から中坊藤松に宛てて文書が発給されたのであろうか。松永久秀は多くの大和武士から人質を取っていた。本節でも検討したように、十市郡の国人秦楽寺氏なども、久秀に子息を人質として出していた。久秀に人質を出すことは、松永方の武士だけではなく、筒井方の武士も同様であった。例えば、一貫して筒井方であり、筒井順慶が久秀の手により居城筒井城から追われたとき、自らの居城布施城に順慶を迎え入れた葛下郡の国人布施氏なども、久秀に人質を出していた(33)。

このように考えると、中坊藤松もまた、人質として多聞山城に在城していたのではないか。この文書の宛先は、中坊藤松となっているものの、実際には多聞山城での藤松の守役を勤めていた中坊氏の家臣に宛てられた文書だったのではなかろうか。

興福寺が寺院内部で解決できない事件が発生したとき、中坊氏が寺外の勢力との間で奔走することは、第一節でも述べてきたように、通常のことであった。この永禄五年の一件における中坊氏の立場も、久秀の取次というよりは、興福寺側の官符衆徒沙汰衆の一人、あるいは代表としての立場であったというほうが自然ではなかろうか。

天野氏は、「興福寺は久秀の大和支配が始まった早い段階から、久秀を裁定者と認め、寺院内部の問題を処理しようとしていたのである」とされる。このことについても検討を加えておく。興福寺が寺院内部で解決できない問題が発生したときには、室町幕府に問題の解決をゆだねていたということは、第一節でも述べた大乗院・一乗院両門跡による確執の際の事例からも分かるように、通常の解決方法であった。

松永久秀は今回の永禄五年（一五六二）の一件が発生する前年の永禄四年に、室町将軍足利義輝の相伴衆に列せられ、幕府重臣となっていた。興福寺からすれば、久秀は身近に存在する幕府重臣であり、問題の解決をゆだねる相手としては、かっこうの存在であったといえよう。室町幕府―守護体制のなかに位置付けられる興福寺にとっては、松永久秀の存在は、当然のものとして受け入れられたのである。なお中坊氏が幕府重臣との折衝《せっしょう》役を勤めることは、第一節でも検討したとおり、官符衆徒沙汰衆としての当然の職務でもあった。

しかもこの時期の中坊氏は、『多聞院日記』永禄八年十二月十九日条に、「筒井ヨリ中坊スルカ大将ニ千計ニテ井戸へ入、河州・山城口へ人数ニ千計ニテ出テ、相楽ニ陣取ト云々」と記されるとおり、松永方ではなく筒井方に属していた。しかも二千もの軍勢を率いる筒井軍の大将を任されるほどの重要な地位にいたのである。ちなみに先述した『多聞院日記』永禄八年（一五六五）十二月二十一日条の、「中坊藤松殿陣始在レ之、十五才」という記事は、この出陣のおり、藤松が中坊駿河に従って初陣を果たした時の記事である。

ここまでの検討の結果、永禄五年段階で、中坊氏が松永久秀の家臣であり、衆中の取次を勤めていたという天野氏の説は、首肯しがたいものと思われる。

次に中坊氏が松永久秀の「秀」の字を授与され、中坊秀祐と名乗ったと天野氏が指摘された点について検討を行う。

『多聞院日記』永禄十二年（一五六九）十一月二十四日条に、「中坊藤松殿於二龍雲院一得度在レ之、英祐飛騨公、」と記されている。中坊藤松はこの日、得度を受け僧侶となり飛騨公英祐となったのである。そして翌年正月には、官符衆徒として、衆徒蜂起始に初出仕している。(34) この場合の得度とは、俗人でいうならば元服に相当するものであろう。

この英祐という実名（法名）は、俗人ならばヒデスケと読める。天野氏が久秀の偏諱を受けた実名とされる秀祐もヒデスケと読める。これならば同じ音であるので、多聞院英俊が秀祐を英祐と誤記した可能性も指摘できよう。ところが中坊英祐は得度を受け、僧侶となったのであるから、その実名（法名）の読みはエイユウとなろう。秀祐ならばシュウユウとなる。まったく別の音となり、英俊が誤記した可能性は低くなる。

管見のかぎり中坊氏の実名を「秀祐」と記している同時代史料はない。同時代史料である『多聞院日記』に記された「英祐」のほうが、中坊氏の実名である信憑性は高いものと思われる。とするならば中坊氏は久秀から「秀」の字の偏諱を受けていないこととなる。

松永久秀は、多様な出身地、出自から構成される家臣団を、統一的に編成しようとする試みとして、久秀の偏諱を授与したと天野氏は指摘しておられる。これまでの検討の結果、中坊氏は久秀の偏諱の授与の対象とはなっておらず、松永氏権力の中枢部に位置していた可能性は低いのではなかろうか。中坊氏は根本的には、忠実な興福寺被官である官符衆徒沙汰衆として行動していたのではないか。

中坊氏が官符衆徒沙汰衆としての立場を重視し、国人としての論理を優先させようとした古市・越智氏と対立したことは、前節でも述べたとおりである。中坊氏は常に興福寺被官としての立場を重視していたのであろう。

多聞院英俊が、度々中坊氏に礼を行っているのは、松永氏の家臣としての中坊氏に対してというよりは、官符衆徒沙汰衆としての中坊氏に礼を行っていたのではないか。中坊氏は、興福寺と松永久秀をつなぐ重要な役割を担っていたものと思われる。また先述のとおり、英俊は松永氏家臣団を構成しない人物にも礼を行っていた。中坊氏もそのうちの一人であったものと思われる。

天野氏は松永久秀が大和国人を登用し、家臣や与力に編成したと評価をなされた。この評価は重要なことと思われる。久秀は、大和国人を家臣や与力に編成しようと試みていたはずである。特に中坊氏のような有能な人材は、久秀にとっては掌中に収めたい人物であったことと思われる。

事実久秀は、中坊氏にかなり接近していたといえる(35)。また中坊英祐が幼少期に、多聞山城に在城していたのならば、身近にいた久秀には親近感を抱いていた可能性もあろう。このような理由から中坊氏は一時期、松永久秀に従っていたのではなかろうか。ところが中坊氏は、元亀二年(一五七一)六月に、筒井方に帰参する。その直後の八月に久秀は辰市合戦のおり、筒井順慶に敗北を喫し、大和の権力者としては再起不能といっても過言ではない状況にまで陥ったのである。

本節で検討した結果を見る限りにおいては、久秀の手による大和国人の家臣団化は、順調に進んでいたといい難い。

天野氏が、松永氏権力の中枢部に位置する家臣と比定された人物のうち、少なくとも秦楽寺氏、玄清、森久の三名は松永氏の家臣ではなかった。玄清、森久は十市氏の家臣であった。

松永氏の家臣であり、取次という重要な職務を果したとされる中坊氏もまた、松永氏の家臣と比定するには、再検討を要する人物であった。中坊氏は、興福寺の官符衆徒沙汰衆を勤めていた。また松永久秀の偏諱も受けていなかった。このように考えると、中坊氏は松永氏の家臣というよりは、忠実な興福寺被官であったというべきであろう。また大和武士としては、少なくとも永禄八年（一五六五）の末までは、松永氏の宿敵である筒井氏に属していた。

松永久秀の大和武士の家臣団化は、天野氏が想定されたほどは、進んでいなかったものと思われる。そうであるならば、大和における松永氏の権力は、地に足のつかない不安定な権力であった可能性も指摘できよう。

四、松永久秀と興福寺

松永久秀の多聞山城主期に至っても、いまだ興福寺権力は絶大な力を誇っていた。本節では、興福寺と松永久秀の関係についての考察を行うこととする。

永禄十年（一五六七）二月、興福寺にとって最も重要ともいえる三ヶ大犯[36]を犯す犯罪がなされた。この一件における興福寺とその被官である衆徒・国民の対応に注目したい。

『多聞院日記』永禄十年二月五日条を掲げる。

一今度三ヶ大犯ノ間、下﨟分ノ可レ為二沙汰一之処、去年ヨリ一円六方ノ敗（成脱カ）也、背二先規一之旨有二其沙汰一、但当時下﨟分之衆一向若輩之間、可レ難レ調之処、六方各々依二取沙汰一、其儀式調了、惣ハ無二下向一、

（中略）

一各々帯二武具一、乗馬以下一段きらひやか、近来ノ見事結構之式驚目、数度松久（松永久秀）出陣、筒井（順慶）上洛之剋モ如レ此そろひハセす、主従尽レ美消レ肝了、以上人数二千余、

（後略）

興福寺遠望（奈良市観光協会提供）

国人の豊田氏が興福寺僧を殺害した。寺僧（講衆）殺害は、興福寺の三ヶ大犯に当たるので、興福寺は豊田に発向することとなった。その軍勢は、人数二千余りであり、驚くほど見事な軍勢であったことが記されている。またその軍勢の見事さは、松永久秀や筒井順慶のいずれの軍勢も及びもしないほどのものであったとも記されている。

興福寺の衆徒・国民といった大和国人は、興福寺の寺僧が殺害されるという、興福寺の根幹に関わるような事件が発生したときには、これを興福寺の危機であると判断して、軍勢を興福寺に集結させるのであった。

興福寺の危機に際しては、日頃は松永方と筒井方に分かれて戦ってい

る衆徒・国民たちは、その抗争を直ちに止め、興福寺のために集結し、一丸となって興福寺のために戦うのである。まさに大和最強の軍団の出現であった。興福寺権力は、いまだに絶大なものであったといえよう。興福寺を敵に廻すということは、衆徒・国民といった大和武士すべてを敵に廻すということと同じ意味をもっていたのである。いかに強大な権力であろうとも、このような事態は、避けなければならなかったことは自明のことであったといえよう。

もちろん松永久秀もこのことは、十分に理解していたものと思われる。永禄十年（一五六七）十月十日に、多聞院英俊をして「釈迦像モ湯ニナラセ給了」と歎かせた東大寺の大仏炎上からさほど月日のたっていない十一月二十四日のことである。『多聞院日記』には、「山内多聞方制札事申遣了」と記されている。大変短い文言であるので、意味の取りづらい部分もあるが、ここでは「山内（興福寺）」に対する制札を出すことを「多聞方（松永久秀）」に「申遣（命令をした）」と読んでおくこととする。ここでは久秀に対する興福寺の高圧的な姿勢が読み取れるといえよう。しかもそれを記しているのは、門跡クラスの貴種の僧ではなく、国人出身の僧である多聞院英俊であった。

これに対し三好義継と松永久秀から、十一月二十六日に興福寺に宛てて制札が出された。『多聞院日記』では次のように記す。

制札之写

禁制

一春日社山内諸屋敷乱妨強盗事

一於二山内一甲乙人剥取事付自二寺内一至二社領并野田高畠一出入違乱事

一神鹿殺害山木材(伐)用事
右条々令㆓停止㆒訖、若有㆓違犯之輩㆒者、速可㆑処㆓厳科㆒者也、仍下知如㆑件、
　永禄十年十一月日　　　　　　　　　左京太夫（三好義継）在判
　　　　　　　　　　　　　　　　　　右衛門佐（松永久通）判
　　　　　　　　　　　　　　　　　　弾正少弼（松永久秀）判
　以上一枚、
又文言同上、
　以上一枚
社頭防禦別段敬神儀以札銭不㆑被㆑取㆑之、雖㆑然諸方へ樽代少々遣㆑之、（中略）
廿疋大夫殿　　廿疋松少　　廿疋金吾
廿疋金山《大夫ノ使》スルカ　　五十疋竹下《惣ノトヒノエ也、》　　廿疋瓦左《霜台出使》
（中略）
　合三貫百文入了、

多聞院英俊は制札の文言を記した後に、興味深いことを記している。まず三好義継も松永父子も、制札の「札銭」を取らなかったことを記す。足利義昭を伴って上洛したばかりの織田信長は、このときからちょうど一年後の永禄十一年十月に、奈良中防禦の制札のための札銭を千貫文要求した。これに対して義継と久秀はわずか三貫百文の樽代を受け取ったのみである。義継と久秀が、興福寺に対していかに配慮した態度を取っていたのかということが分かる。

大仏殿を炎上させてしまった久秀としては、これ以上、興福寺を怒らせ敵に廻すことなどは、なんとして

も避けたいことであったものと思われる。そのような久秀にしてみれば、興福寺から札銭を取ることなど及びもつかないことであったのであろう。

今回の一件で、久秀が興福寺から受け取ったのは、わずかな樽代のみであった。英俊は興福寺が松永方の誰にいくらの樽代を支払ったのかを記している。また、この英俊の記述では、三好義継は、「大夫殿」と敬称付きで記されている。しかしながら松永久秀は「松少」、松永久通は「金吾」と呼び捨てで記されている。このことからも、興福寺からみた松永久秀に対する扱いの低さが見てとれよう。松永久秀権力の強さは興福寺も十分に認識していたものと思われる。しかしながら興福寺の権威の前では、久秀権力の強大さは通用しなかったのである。

おわりに

天野忠幸氏が松永久秀の家臣と比定された中坊氏は、興福寺の官符衆徒沙汰衆を世襲する氏族でもあった。官符衆徒沙汰衆中坊氏は、その重要な職務である検断権を興福寺被官として、忠実に執行していた。中坊氏は、興福寺にとっての危機に際しては、自らの持てる人脈を最大限に活用し、事件を解決しようとしていた。また南都の情勢に大きな影響を与えるような情報も中坊氏のもとには集まっていた。これらの事実から、官符衆徒沙汰衆という職務を世襲する中坊氏は、重要かつ忠実な興福寺被官であったことが分かる。

中坊氏は、法体の大和武士としての顔も有していた。大和武士として行動する限りにおいては、古市氏と筒井氏による大和国内での覇権を握るための争いのなかで、中立を保つことは不可能であった。大和武士中坊氏は、文明年間の途中までは、一貫して古市方であった。ところが、文明九年（一四七七）十二月に、中坊氏は突然、古市方から筒井方への寝返りを行った。この寝返りは、中坊氏が官符衆徒沙汰衆としての当然の職務を果たしたことによって起こったものであった。

天野氏が、松永氏権力の中枢部に位置する家臣と比定された人物のうち、少なくとも秦楽寺氏、玄清、森久の三名は松永氏の家臣ではなかった。

松永氏の家臣であり、取次という重要な職務を果たしたとされる中坊氏もまた、松永氏の家臣と比定するには、再検討を要する人物であった。中坊氏は、興福寺の官符衆徒沙汰衆を勤めていた。なお中坊氏は松永久秀の偏諱も受けていなかった。このように考えると、中坊氏は松永氏の家臣というよりは、興福寺被官であったというべきであろう。また大和武士としては、少なくとも永禄八年の末までは、松永氏の宿敵である筒井氏に属していた。

松永久秀の大和武士の家臣団化は、天野氏が想定されたほどは、進んでいなかったものと思われる。そうであるならば、大和における松永氏の権力は、地に足のつかない不安定な権力であった可能性も指摘できよう。

興福寺の危機に際しては、日頃は松永方と筒井方に分かれて戦っている衆徒・国民たちは、その抗争を直ちに止め、興福寺のために集結し、一丸となって興福寺のために戦うのである。まさに大和最強の軍団の出現であった。興福寺権力は、いまだに絶大なものであったといえよう。興福寺を敵に廻すということは、衆徒・国民といった大和武士すべてを敵に廻すということと同じ意味をもっていたのである。また興福寺の持つ権威の前では、強大な久秀権力といえども、通用しなかったのである。

久秀ののち、筒井順慶は織田信長や豊臣秀吉より大和の支配を任された。そうすると興福寺は順慶を官符衆徒棟梁と認識し、興福寺の権威のもと、興福寺の支配も復活するのである。[37]

中坊氏は江戸時代に入り、英祐の子息中坊秀政が初代の奈良奉行となり、秀政子息の時祐がその職を世襲した。[38] 奈良奉行としての中坊氏の評価はいろいろと分かれている。しかしながら中坊氏が興福寺官符衆徒沙汰衆の家柄にあることにより、奈良奉行に登用されたことは、否定できない。

強大な権力を誇る江戸幕府をもってしても、興福寺を否定することは叶わなかったのである。まして や松永久秀の段階においては、それはとうてい不可能なことであった。松永久秀に代わり、その宿敵である興福寺衆徒筒井順慶が織田信長に登用されたという事実が、そのことを明瞭に物語っているものと思われる。

〈註〉

（1）天野忠幸「松永久秀と滝山城」（『歴史と神戸』二八九、二〇一一）、同「松永久秀を取り巻く人々と堺の文化」（『堺市博物館研究報告』三一、二〇一二）等

（2）天野忠幸「松永久秀家臣団の形成」（『戦国・織豊期の西国社会』二〇一二）

（3）天野忠幸前掲註（2）論文

（4）『大乗院寺社雑事記』文明十年五月十五日条

（5）永島福太郎『奈良文化の伝流』（一九四四）

（6）『大乗院寺社雑事記』康正二年五月八日条

（7）幡鎌一弘氏は「十六世紀における『興福寺衆中引付』の整理と検討」（『奈良歴史研究』五六、二〇〇一）において、官符衆徒沙汰衆水坊氏が代々賢信房という仮名を襲名していることを指摘されておられる。中坊氏のように、実名（法名）を世襲する事例も見られ、興味深い。

（8）『経覚私要鈔』康正二年二月二十四日条

（9）『経覚私要鈔』康正二年三月十四日条

（10）『経覚私要鈔』康正二年三月二十六日条

(11)『多聞院日記』天文十一年三月二十七（十七）日条
(12)『大乗院日記目録』嘉吉四年六月五日条。ちなみに鬼薗山城の位置は、現在の奈良ホテルの場所にあたる。
(13)田中慶治『中世後期畿内近国の権力構造』（二〇一三）第二部第一章「中世後期畿内国人層の動向と家臣団編成」（初出一九九六）
(14)『大乗院寺社雑事記』康正二年五月八日条
(15)『大乗院寺社雑事記』文明五年七月十七日条
(16)『大乗院寺社雑事記』文明九年十二月二十四日条
(17)朝倉弘『奈良県史一一　大和武士』（一九九三）
(18)『大乗院寺社雑事記』文明十年一月十六日条
(19)『大乗院寺社雑事記』文明七年五月一日条
(20)田中慶治『中世後期畿内近国の権力構造』（二〇一三）第一部第三章「大和国中山寺支配をめぐる門跡と国人」（初出二〇一〇）
(21)田中慶治前掲註（13）論文
(22)『多聞院日記』永禄九年九月一日条では、「多聞山おなへへ白米十合、一斗粥用ト申間遣レ之、同日コ子リ廿遣レ之、秦子へコ子リ・ナシ廿遣レ之」と記されていることからも、秦楽寺氏の子息である「秦子」が、松永久秀の人質であったことがわかる。このような記事は、『多聞院日記』にはたびたび記されている。
(23)『多聞院日記』天正七年九月十九日条、天正十年十月十一日条等
(24)『多聞院日記』天正十二年十二月二十日条
(25)『多聞院日記』天正六年十一月二十九日条
(26)村田修三「大和の『山ノ城』」（『日本政治社会史研究』下、一九八五）
(27)『多聞院日記』天正四年二月八日条
(28)『多聞院日記』文禄二年二月二十四日条
(29)『多聞院日記』文禄二年十二月二十二日条
(30)秦楽寺氏と森久については、史料の所在も含め、中村昌泰氏にご教示いただいた。記して謝意を表する。
(31)天野忠幸前掲註（2）論文

（32）『一乗院文書』。この史料については、その所在をはじめ、種々天野忠幸氏にご教示いただいた。記して謝意を表する。
（33）『多聞院日記』永禄八年十二月二日条に、「布施ノ人質クシニ指、浅猿ゝゝ」と記されており、布施城に筒井順慶を迎え入れた結果、布施氏の人質が久秀の手により、処刑されていることがわかる。
（34）『多聞院日記』永禄十三年一月十六日条
（35）『多聞院日記』永禄十一年十二月五日条によると、中坊藤松は久秀重臣の竹内秀勝女と祝言をあげている。この一件などは久秀権力が、中坊氏にかなり接近していた証左といえよう。
（36）鈴木止一氏は「興福寺講衆について」（『史淵』三〇・三一、一九四四）において、興福寺における三ヶ大犯とは児童、神鹿、講衆に対する犯罪であるとされる。
（37）安国陽子「戦国期大和国の権力と在地構造」（『日本史研究』三四一、一九九一）
（38）杣田善雄「幕藩成立期の奈良奉行」（『日本史研究』二一二、一九八〇）、大宮守友「近世前期の奈良奉行」（『奈良奉行所記録』一九九五）等

第二章　久秀の城と町

大和多聞城研究の成果と課題

福島克彦

はじめに

大和多聞城は、南都奈良の北にある佐保丘陵上の城郭遺構である。永禄四年（一五六一）頃に松永久秀が築城したことでその名が知られている。天正二年（一五七四）からは織田権力の管轄下に入り、同七年には破却された。ところで、城の評価としては戦前から中近世移行期の遺構を考える上で重要な存在として認識されてきた。すなわち、ルイス・アルメイダの書簡によって、壮麗な城郭像が紹介され、近世城郭の先駆として強調されたためである。ところが、当遺構は十六世紀後半に城わりを受け、従来から残存度が低かった。さらに戦後は学校施設となり、明確な縄張り図が作成されなかった。そのため、文献上と遺構の城郭像に大きな齟齬《そご》が生じ、その城郭史上の位置づけは充分にされてこなかった。一九八〇年代後半以降の縄張り研究も、織豊系城郭研究の進展が中心とされ、多聞城が対象外に置かれている。

しかし、一九九〇年代後半から、畿内・近国では山科本願寺のような織豊系以前の防御施設の発達が積極的に見直され、十六世紀前半から中葉の城郭が問われるようになった。また、近年の戦国期畿内・近国の政治史研究の進展によって、多聞城も含めた三好・松永権力の城郭に対する関心が高まりつつある。さらに、

多聞城跡 航空写真（奈良市埋蔵文化財調査センター提供）
中央の丘陵部分に奈良市立若草中学校の校舎が建つ。1970年代末ごろの写真。北側から見る。

多聞城跡では数度にわたり発掘調査が進められ、おもに出土遺物の検討から一定の成果が出ている。本稿では、今までの先学を学びつつ、多聞城の研究史をまとめ、その成果と課題について考えてみたい。

一、アルメイダ書簡と多聞城

前述したように、多聞城に対する注目は、すでに戦前から始まっていた。建築史学の城戸久氏は、永禄八年（一五六五）に当城を訪問した宣教師ルイス・アルメイダの書簡に着目していた[1]。やや長くなるが、この書簡の該当箇所を引用したい。

この殿（松永久秀：筆者注）は、自分が十分富に恵まれ、家臣や所領において強力となり、人々から畏敬されていることを知ると、日本人がふつうよく行なうとおり、この奈良の市の近くに城を築くことを決意しました。そのために、彼は一つの山を選び、そこの石が軟らかかったので、その山を適当に切り崩させ、山間に幾多の塔や堡塁を造り、中央にはゴア市の広さの三分の一ほどの大きい平地を空けさせました。彼はそこに多数の井戸を掘らせたところ、三ブラサの深さのところに水を得ました。ついで彼は、もっとも富み、身分の高い大身たちや、もっとも信頼している家臣らを呼び集め、彼ら一同がこの城郭内に家屋を建てるようにと誘いかけ、彼らの間に敷地を分割しました。これに着手してから五年が経ったでしょうか、一同は競って、考え得る限り豪華で高価な家屋を建てましたが、それには我らヨーロッパ風に多くの上階とか、立派な蔵が伴っていました。城壁と堡塁は、壁のところは、私がかつてキリスト教国で見たことがないほど、いとも白く明るく輝いていました。というのは、彼らは石灰に砂を混じえず、わざわざそのために作る非常に白い紙とだけ混ぜるからであります。すべての家屋と堡塁は、それまで私が見たうち、もっとも美しく快い瓦で掩われ、瓦は黒色で、指二本の厚さがあり、一度葺けば四、五百年は保ちます。この都市［そう称してもよいであろう］に入り、街路を進むと、人々は地上の楽園に踏み入ったと思うほど、市街はいとも清らかで白く、道路と家屋はその当日できあがったかのような印象を受けるのです。

私はその宮殿を見学するため中に入りましたが、そのすべてではなく、ただ一部だけを記すためにも多くの時間を要することは確かでしょう。それほどこの建築はすばらしく完璧で、すべて杉材で造られていることはともかく、その芳香だけでも見学に入って来た人々を喜ばせるに足りる有様です。

幅七ペースの廊下は、ただ一枚の板がはられているだけであります。壁は、日本とシナの古い歴史物語を描いたもので飾られ、それらの絵を除外するとその他の空白部はすべて金でできています。柱頭と柱礎のある柱は、上下、約一パルモの太さで、真鍮製で、同様に塗金され、半ば浮彫りされた彫刻が施され、金製と見違えるばかりであり、柱の中央には同じ種類の非常に大きい薔薇（ローザ）の彫刻がありました。

部屋の天井板（フォロ）は、ごく近づいても接ぎ目が認められず、ただ一枚の板でできているように思われました。そのほかにも幾多の装飾がありますが、私はそれらをどのように描いてよいか判りませぬので割愛します。

私がこの宮殿で見た多くのものの中には、四ブラサ半平方の一室がありましたが、それは、私が想像し得る限りもっとも美しく快い波紋（木目）がついた黄色の材木でできており、非常に光沢があり、巧妙に造られていて、澄みきった鏡のように思われました。

この宮殿内の庭園と樹木に見られる技巧については、この点ではこれ以上優雅なものはあり得まいと私には思えました。なぜならば、私は都（ミヤコ）において、眼を楽しませてくれる、はなはだ美しく珍

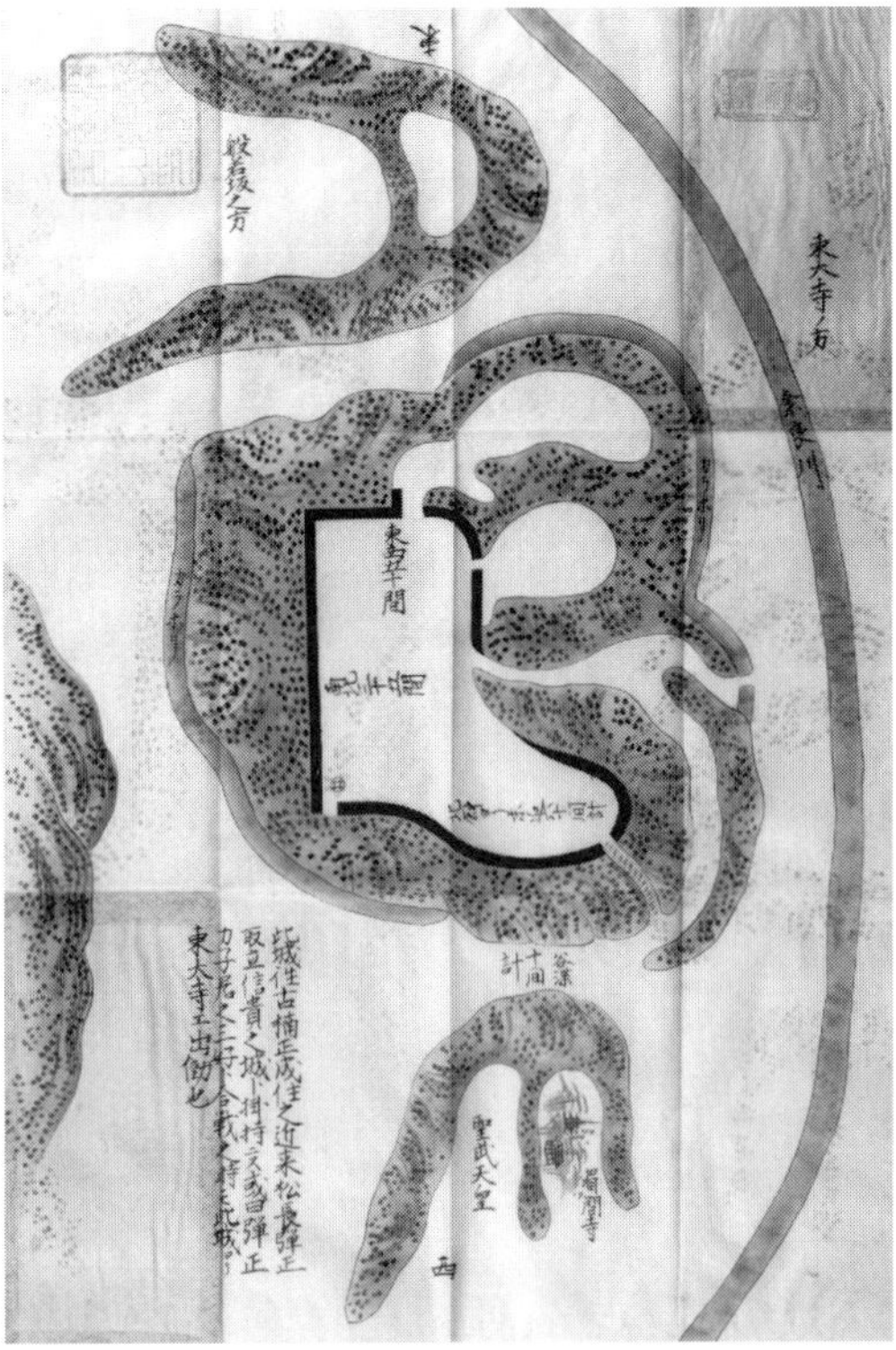

図１ 諸国古城之図 大和多聞城
（浅野文庫蔵、広島市立中央図書館提供）

多聞城跡 東空堀（北から見る）

しい事物に接しましたが、これに比べれば、すべては劣っているからなのです。それがために、日本中から多数の殿たちがこれを見物に参ります。彼らはその際、同時にすばらしい奈良の城構えや僧院の諸建築を見るのですが、それについては私は自分が奈良の市中で見た幾つかの寺院のことだけに言及いたしましょう。

翌日、私たちがキリシタンたちに対して行う習わしの説教が終わった後、彼らは私に、日本人たちがいとも遠方から、並々ならぬ苦労をして見物にやってくる諸建築を観覧するように願いました。(2)

この記述から多聞城には、「幾多の塔や堡塁」「宮殿」「庭園」「城壁」、白壁の塀、瓦葺建物、城内における重臣屋敷などの建築物があり、中枢の宮殿内には、日本と中国の古い物語の絵（襖絵）、鍍金《めっき》された柱などの存在がわかる。特に瓦に関する記述は詳細で、城内の案内人が造瓦を強く意識していたことがわかる。昭和十五年（一九四〇）、城戸氏はこの内容を吟味し「多門（聞）城殿舎の結構壮麗をきわめたことは事実として十分認めねばならない」とし、多聞城が「桃山時代豪華絢爛たる書院造の完成される先駆的な建築物」と積極的な評価を下した。

昭和十一年（一九三六）、大類伸氏・鳥羽正雄氏は『日本城郭史』を著し、日本における城郭史をまとめている。その際、天正五年（一五七七）に本格的な天守を築いたとされる織田信長の安土城が「近世的城郭の鼻祖」であると記していた。(3) ところが、アルメイダ書簡では、永禄八年（一五六五）段階の多聞城において、明確な高層建築、恒久的大型建物が描写されており、多聞城は安土城の前史的存在として注目されるようになった。

その後、後述するように、多聞城跡は数度の発掘調査が進められ、一定の成果が得られた。しかし、平面構造については、充分に位置づけられたわけではないため、城郭史研究からの専論はなく、関心は低調であった。そうしたなか、多聞城とアルメイダ書簡の内容に、改めて注目したのが西ヶ谷恭弘氏である。平成十二年（二〇〇〇）、氏は織田信長の安土城を考証するにあたり、多聞城の特徴が継承されたと推定する。すなわち、アルメイダ書簡で登場する多聞城の「日本とシナの古い歴史物語を描いた」絵画（障壁画）の存在、あるいは「真鍮製で、同様に塗金され、半ば浮彫りされた彫刻が施され」た柱などの装飾部材に着目している。前者については信長の岐阜城の「麓の宮殿」、あるいは安土城天守の障壁画と同様のモチーフであるとし、こうした文化的側面は、久秀の思考や行動が信長に影響を与えたものと断じている(4)。

それまで、城郭建物における屋内装飾については、織豊系城郭のみが語られ、戦国期城郭では充分検討されていなかった。そのため、西ヶ谷氏の指摘は、安土城以前の城郭建築における装飾性について、改めて問題提起するものであった。ただ、西ヶ谷氏の関心が、安土城の前史的存在としての多聞城に留まったため、戦国期畿内・近国における位置づけ、あるいは松永久秀そのものへの視野は深められなかった。

二、発掘調査成果とその位置

一方、多聞城跡は、戦後から数度発掘調査が行われている。調査と、それに基づく研究について、次に検討してみたい。

戦後、当城跡は若草中学校建設のため、総合的な調査が実施された。発掘調査を担当した伊達宗泰氏は、中枢部において土塁基礎・暗渠《あんきょ》などを検出した。その際、多くの転用石材が揃えられた状態で確認され、土留め目的の遺構と推定されている。また、石塔の検出事例を集積し「応永廿一年」（一四一四）から「天文廿年」

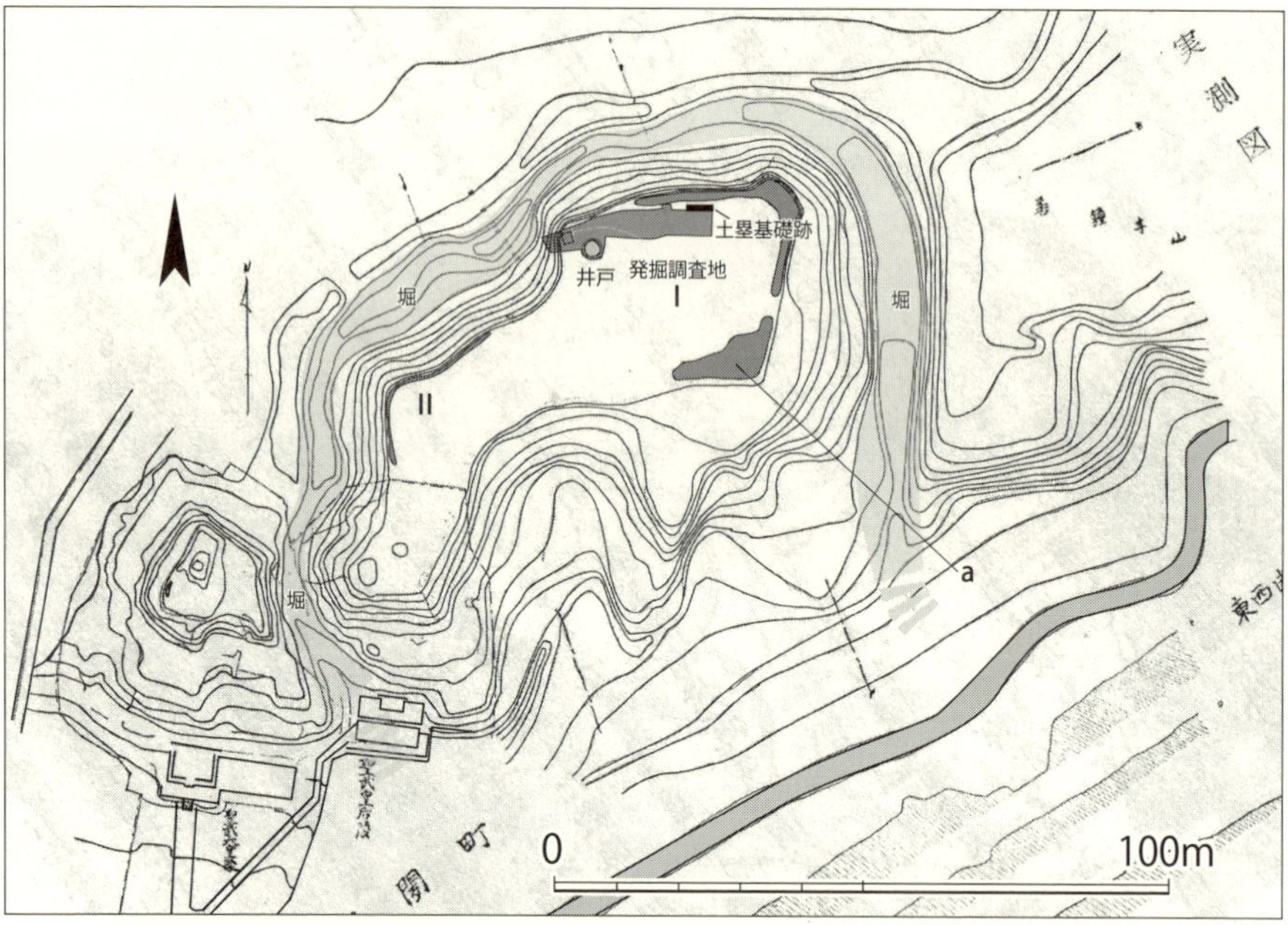

図2　多聞城実測図（伊達宗泰氏作成、奈良市教育委員会提供、一部加筆）

（一五五一）銘までの年代幅が報告されている。さらに瓦についても「東大寺」刻銘平瓦、および「東」銘の軒平瓦（東大寺の略記か）などが検出され、奈良の権門との関わりが推定された[5]。

さて、伊達氏の成果で重要なことは、破壊前の城域の実測図が作成された点であろう。この実測図（以下、「伊達図」と略記。図2）は、後述するように問題点も指摘されているが、後にも先にも、これに勝る破壊前の全体図は皆無である。そのため、多聞城の全容を知る場合、これを批判的に継承していく必要がある。村田修三氏は『日本城郭大系』の「多聞城」をまとめる際、伊達図を参考にされ、城域の東・北・西に広がる横堀を復元的に考察されている[6]。

さらに昭和五十四年（一九七九）、城跡で若草中学校校舎立替工事があり、奈良市教育委員会による発掘調査が進められた。市教委による組織的な調査であったため、遺物の量的把握、形状的な成果が整理された。遺構としては、石造物や平瓦を

発掘調査で出土した瓦（奈良市埋蔵文化財調査センター提供）

並行に重ねた水抜き痕、幅五メートル強の円形井戸、さらに五輪塔の火・地輪、笠部などの石造物を並行して築いた溝状遺構などが確認された。ちなみに石材の年紀刻銘については、おおむね伊達氏の成果の範囲で収まるという。また、礎石建物と大量の瓦が検出されているが、丸瓦については同一規格の形態が指摘され、同一成形台による造瓦が推定されている。[7] 多聞城跡は、改めて遺物による検証が行い得る段階に入ったといえよう。

これらの発掘調査に注目したのが中井均氏である。中井氏は織豊系城郭の三点セット論（瓦・石垣・礎石建物）を集約していくにあたり、非織豊系の事例として多聞城を扱っている。すなわち、興福寺同笵瓦、東大寺瓦が出土したことから、寺院瓦から転用した側面を重視した。[8] それまで、縄張り研究は、私も含めて、多聞城を避ける傾向があったが、中井氏は発掘成果を積極的に研究対象に入れて多聞城と織豊系の相違点をあぶりだそうとしている。さらに、平成十二年（二〇〇〇）三月に行われたシンポジウム『多聞院英俊の時代』では、発掘成果とアルメイダの記述を総合し、「多聞城は安土城に一六年も先行して」三点セットを併せ持っていた可能性を指摘する。

ただし、一方で「破城の結果現在の城跡には石垣も認められず、瓦も散布していないことから城郭史上における多聞城の評価は安土城に比べると低く、決して近世城郭の始祖というものではなかった」と位置づけている。すなわち礎石建物・瓦葺・高石垣という織豊系の三点セットが次第に表面化する「一六世紀後半のうねり」の中から多聞城が登場してきたとまとめている。[9] 氏が述べる「一六世紀後半のうねり」をどのように捉えるかは難しいが、安土城と多聞城が同時代のうねりから成立してきたとすれば、技術的基盤としての畿内・近国の意味が重視されることになる。

次に多聞城出土瓦の形状を比較検討した田中幸夫氏は、京都「二条殿」と別称された押小路殿跡出土瓦と多聞城軒平瓦四種、軒丸瓦二種が同文瓦である点に着目し、その類似性について考察した。実際、天正五年に多聞城「家屋」が破却された際、その建物が信長によって誠仁親王のために築いた二条御新造に使用されており(『当代記』)、この説を裏付けている。これは、多聞城と後続の織田氏時代の建物との連続性を充分うかがわせるものになった[10]。

さらに、瓦の形状について画期的な指摘をされたのが山川均氏である。氏は多聞城の発掘調査と文献史料を集約した上で、多聞城瓦が同じ成形台によって作製された点を重視し、その瓦の大半が転用ではなく、城郭専用に造られたと推定した。さらに、大和の西ノ京(奈良市)、斑鳩《いかるが》(奈良県斑鳩町)における瓦製作職人の橘氏の系譜が、十六世紀に途絶えることに着目し、松永氏が旧来の寺社権門支配下の造瓦技術者(大和系瓦工)を自らの配下へ組み込んだことが要因と推定した。氏は中井均氏の三点セット論を根拠にしつつ、多聞城が礎石建物、瓦葺き、高石垣をすでに具備していたと積極的に評価した[11]。常に移動の可能性を想定しなければならない同笵瓦、同文瓦の議論に対して、同一成形による創製瓦の論点を加えた山川氏の研究意義は大きい。さらに、松永氏の画期性だけでなく、大和における瓦職人の再編成へ視野を広げた点も重要である。

このように、発掘調査によって、遺物、遺構で多聞城を評価する段階に入ったことは特筆される。とりわけ同一成形瓦の分析は重要であり、大和の瓦職人の消長と多聞築城の関連など、地域史との接続も提起され、改めて発掘調査の意義と可能性を再認識させている。

ところで、それまでの研究では、多聞城は松永氏段階の遺構であることが前提であった。そのため、後続の天正二年（一五七四）以降の織田系部将の在城段階は、ほとんど意識されなかった。したがって、創製瓦の問題も、後述するような松永か、織田かという微妙な年代観については対処しきれていなかったと思う。[12]土師器《はじき》なども含めた生活遺物による多聞城の年代観の検証は、今後も課題として残っている。

三、松永権力と多聞城

このようになると、改めて多聞城の通史的検討が求められるようになる。それをおさえた上で、松永氏と多聞城の関わりを改めて位置づける必要がある。折しも、安国陽子氏は、戦国期大和の興福寺権力と地域社会との関係を通覧するなかで、興福寺の上位権力の登場という視点で松永権力を位置づけようとされた。その際権門寺社が久秀の多聞城へ「登城」する様相を重視し、支配装置としての多聞城の特徴を抽出されている。[13]これは、多聞城の政治的機能を具体的に検討する契機となった。

実際、十六世紀後半の奈良では『多聞院日記』『尋憲記』『二条宴乗記』など、興福寺側の記録類が豊富であり、「多聞」そのものに関する記事は頻出する。ある意味、全国の戦国期城郭でもっとも記録史料が充実していると言っても過言でない。今まで、多聞城といえば、前述してきたアルメイダ報告をどう解釈するかに終始してきたが、これを日本側史料のなかで位置づける視点が欠落していた。

筆者は、この点に着目し、ラフながらも多聞城の文献史料を集約し、その変遷と城の機能の変化について考察した。多聞城の歴史には、松永氏段階、織田期松永氏段階、織田部将在城期、破却期があり、その後豊臣期において多聞再構築計画などが見られた。つまり、松永氏が退城した後も、後続の織豊権力に注視されていた城、城跡であった。

その上で、松永段階において注目されるのが『享禄天文之記』の永禄五年（一五六二）八月における上棟式の記事である。この上棟式が「奈良中見物」のなかで敢行された点を想起すれば、やはり松永段階から恒久的な大型建物が存在した可能性があり、アルメイダ報告との関連で考えられるようになった。同月には久秀は大和一国徳政令を施行し、多聞城棟上は、久秀の政治的画期と関わっていたと考えられる。(14)

建築物としては、前述のアルメイダ書簡以外のものに限定すれば「本丸」「四階ヤクラ」「高矢倉」「主殿」「惣座敷」、茶会に使用された「六畳敷」、「ロウ」（牢屋）などが見られた。そのため、拠点的城郭としてきわめて充実していた建物群が見られる。さらに重要なことは、これらの一部が織田権力によって移築されている点であり、織田権力が多聞城の構築物にきわめて強い関心を持っていたことが推定できる。

建築物の充実は、拠点的城郭における人質の恒常的な収容を可能にさせた。多聞城内には大和の衆徒・国民の人質が多数収容されていた。こうした人質には、衆徒出身の興福寺関係者の近親者だった場合があり、人質への差し入れ等が常態化していた。この御礼にあたる物資搬入が城内生活を支えていた側面も注目される。(15)

次に遺構の議論だが、改めて伊達図を検討した。そして、一見単郭に見える主要部も方形区画部分Ⅰと西へ突き出た部分Ⅱに分けられるとし、Ⅰにおける南東隅に櫓台の存在を推定した（図2a）。さらに、先学者が重視してきた横堀の存在を重視しつつも、その範囲があまりに狭いことと、前述してきた文献史料による建築物の充実ぶりとのギャップを問題点として取り上げた。その際、横堀の外縁部（たとえば、東隣する善鐘寺山）も遺構的検討の必要があるとした。

筆者の作業目的は、通史的な検証による情報の共有化であり、考察の深化はさほど進められていない。ただ、これらを通じて、当時の拠点的城郭の機能、あるいは生活的側面が抽出できたように思う。同時代史料が限定される中世城館跡のなかで、多聞城はきわめて稀有な存在と言えるだろう。もっとも、筆者の作業は刊本の記録類を中心としており、悉皆《しっかい》的な史料蒐集《しゅうしゅう》としてはほど遠い段階に留まった。また、筆者は織田権力の塙《ばん》(原田)直政段階になって、瓦の搬入はあったものの、基本的に松永期の構築物は継承されていたと考えていた。が、後述するように、遺構における先進的な部分については、織田権力接収段階で変化したのではないかとする意見も登場する。したがって、通史的検討は行いながらも、遺構・遺物の年代観との関連付けについては充分考察しきれていなかった点に限界を残した。

四、『織豊系城郭の成立と大和』の到達点

こうしたなか、奈良県における城館研究の到達点を見出すシンポジウムが実施された。平成十七年(二〇〇五)三月、大和中世考古学研究会・織豊期城郭研究会が開催したシンポジウム『織豊系城郭の成立と大和』[16]は、まさに多聞城を位置づける格好の場となった。戦国・織豊期大和における他城館の発掘事例も披露され、地域を絞った当該期の研究報告として意義ある報告会となった。多聞城跡は一九五〇年代、七〇年代の発掘事例であったが、その重要性が改めて顧みられた。

まず、多聞城についても種々発言をされてきた中井均氏は、改めて視野を拡大し「天正元年より五年に至る五年間は織田政権下の大和の拠点的城郭として機能し」ていたことを強調した。そして「その構造をすべて松永久秀のものとするのは早計である」と断じ、「四階ヤクラ」の史料は織田段階の記述であり「松永段階の

建物とは断定できない」と述べている。[17]前述したように、この時期、信長の部将塙直政が大和守護として多聞城を使用しており、その普請も続けている(『多聞院日記』天正三年六月二十四日条)。これは今までの研究とは相違して、織豊系城郭の中で多聞城を位置づける必要性を指摘したものである。

木戸雅寿氏も同様に塙直政による多聞城改修を重視したが、氏はさらに踏み込んで天正五年以降の多聞城破却と安土築城を連動して捉えている。すなわち「この時期が二条城(二条御新造:筆者注)、安土城普請のまっただ中であったことを考えると、この(多聞城の:筆者注)改修と破却(移築)は天主成立への重要な意味を持つ」と、直政の多聞入城と織田権力による西ノ京の瓦工人の掌握を結びつけ、安土築城の技術的基盤を形成させたと推定している。[18]この意見は、大和の造瓦業が、松永氏を経由するのではなく、織田氏の範囲のなかで継承され、安土城へもたらされたと認識するものであり、前述した山川氏の創製瓦の年代観を下げる可能性を示した。中井、木戸氏とも織田段階の文献史料を素材に瓦の時期を位置づけている。

これに対して、下高大輔氏は、多聞城を松永氏段階として捉え、第一次発掘(伊達氏)から第二次、第三次などの発掘調査事例を集約し、瓦・礎石建物と石垣を分けて検討している。下高氏の方法で重要な点は、城域における発掘調査区域の位置を落とし込んだことである。これによって瓦葺き建物が土塁際に存在した形跡を指摘し、複数棟による密集状況を重視している。また山川氏が述べた城館専用瓦の礎石建物が「他の城館と一線を画するもの」であったと評価し、当城の作事面における画期性を強調した。逆に、石垣・石積みについては、発掘状況から、少なくとも勾配のある高石垣の可能性は低いと指摘している。下高氏は近畿地方における織豊系以前の石垣使用の城を表としてまとめ、これらと比較して「重要な箇所に石を張るという程度のもの」と位置づけ、総石垣の安土城との差異を強調した。総合的には多聞城を「安土城出現前夜の城館」としつつも、「中世城館の最到達点である多聞城と、織豊系城郭の先駆として位置づけられる安土城」との差異を重視している[19]。

一方、縄張りの視点からは、高田徹氏が総合的に検討している。高田氏は、どちらかといえば遺構的残存度の低いとされた多聞城を、種々の図面や実測図を批判的に継承して検討し、復元的考察を進めた。特に高田氏の最大の成果は、伊達図について批判的に考察された点である。前述したように、筆者は伊達図について無批判に扱っていたが、高田氏は縮尺の考察から一四〇％拡大する必要があると喝破された。伊達図から「櫓台の厳密な位置を確定させることは不可能」と慎重な態度を示しつつも、復元的考察では伊達図を用いて「西端・北東端・南東端には櫓台が存在した」と、三つの櫓台の可能性という大胆な仮説を提示した。特に「南東端の櫓台は幅一二ｍあり、近世城郭の天守台に拮抗する規模」という重要な指摘をしている。これは筆者が伊達図を使って強調した奈良・京街道を威嚇できる南東隅の櫓台（図２ａ）のことを指しており、やはり南東の権門都市奈良を意識した城郭であるといえるだろう。言うまでもなく、幅一二メートルなどの算出も、一四〇％拡大するべきという検証から可能になったものである[20]。

遺構については「堀の完結性から城域は堀に囲まれた部分に収まる」「（周囲の尾根を）積極的に城域に取り込むことができない」としつつ、外部に「城郭に関連する施設・空間が広がっていた可能性までは否定しない」とも書かれており、城域の評価も、大枠は筆者と変わらない。ただし、筆者が方形区画の評価からⅠとⅡと分けた点については、基本的に堀や土塁で区切られておらず、一個で完結した「巨大な単郭城郭」と評価する。高田氏も下高氏と同様に遺構を松永氏段階と捉え、こうした機能分化されていない平面構造から、立地も含めて「戦国期畿内の城郭中、突出したものであったと評価するのは困難である」とし、「周辺諸勢力と協調・妥協する中で進められ、その枠組みに規制される形で存在」したと評価した。

さらに、高田氏は下高氏が評価した作事面の充実ぶりについては抑制的な評価を下している。したがって、アルメイダの描写を「宣教師の報告にしばしば見られる誇張表現」と一蹴し、多聞城の作事面については「これまで語られてきたイメージをいったんリセット」すべきとする。

　このように、本シンポジウムでは、多聞城の遺構評価について、織田段階の視点を重視した中井氏、木戸氏、石垣面は抑制しつつも、松永氏の作事面の到達点を高く評価した下高氏、さらに戦国期城郭においても、突出した評価はできないとする高田氏と、各々相違する位置づけとなっている。残念ながら、これらの視点がどのように議論されたかはわからないが、各々重要な視点を提示されており、多聞城に対する研究の切り口が豊富であることが改めて再認識できる。また、各自が安土城と比較して後進性を認識するが、下高氏が織豊系以前の石垣の城、あるいは高田氏が松永氏段階と考えられる信貴山城（奈良県平群町）、鹿背山城（京都府木津川市）、さらに筒井氏の椿尾城（奈良市）と比較されており、明らかに考察対象は広がった。

　ただし、多聞城の織田段階も意識すべきという中井氏の提言を聞くならば、本来下高氏は織田段階の石垣を持つ山城も、積極的に比較材料に入れるべきだったように思われる。最初から、織豊系城郭（少なくとも織田段階）を比較対象として入れないと、モノ資料の考察でありながら、文献上の織豊系と戦国期の峻別が前提にあるかのような印象を受ける。実際、木戸氏は織田期多聞城が安土城に影響を与えたとしており、多聞城は織豊系城郭の範疇《はんちゅう》に入ることになる。

　筆者の意見としては、織田氏段階の山城は、安土城のような総石垣の城は、案外少なく、下高氏が述べていた「重要な箇所に石を張るという程度のもの」という特徴は、安土城以外の織田段階の山城に、その傾向が看取される。[21] したがって、多聞城が、織豊系の範疇に入る、入らないは別としても、同系城郭と充分比較できる素材と捉えるべきだろう。

五、変化する近世化の指標

近年、戦国期史料の網羅的蒐集が進むなか、平成二十六年（二〇一四）、『戦国遺文』三好氏編[22]が編纂された。戦国期畿内、近国の研究は、史料を悉皆的に扱う新しい段階に到達したといえるだろう。そうしたなか、多聞城についても新出史料が取り上げられるようになった。その考察を深めたのが、中川貴皓氏である。氏は「奈良に隣接して恒常的な拠点的城郭を構えるという、従来誰も成しえなかったことを果たした久秀の権力の大きさは確かに評価すべき」としつつも、「興福寺や東大寺との折り合いのなかで多聞城が築かれたという側面を見逃してはならない」としている。

筆者も含めて今までの研究者は、権門都市奈良に初めて武家の拠点的城郭が築かれたと語り、これが画期的として評価していた。一方、中川氏は十五世紀中葉に興福寺近隣に築かれた大和国衆（衆徒・国民）による西方院山城、鬼薗山城の築城と比較して、多聞城の立地が決して優位な選地とは言えず、「限界」と評する。また、久秀の陣城構築も権門寺社によって制約を受ける場合があり、多聞城構築も同様のやりとりのなかで築かれたものであろうとする。

一方で、『柳生文書』の永禄五年と推定される十月二十八日付久秀書状を取り上げ、「詰丸」「西丸」などの曲輪名、「会所」「しゆてん《（主殿）》」「くり《（庫裏）》の座敷」などの建物を明らかにした。注目すべきことは、それに関わる多様な調度品が見られる点で、なかには後の安土城造営に関わった金匠太阿弥、絵師狩野氏（松栄、あるいは永徳か）との関わりまでも記されている。特に久秀本人の書状で指示されている点は重要で、彼自身の嗜好性とともに、職人や絵師など、幅広い人脈がうかがえる。中川氏は「ちかいたな」などの内装、庭園の存在にも着目し、「久秀邸宅は将軍御所プランに則った伝統的な様式」という新しい視点を取り上げている[23]。そして、こうした視点を遺構論にも当てはめ、筆者が簡単に触れたⅠの方形プランを重視し、これを「本丸」（「詰丸」）、Ⅱを「西丸」と推定されている[24]。

中川氏の成果は多岐にわたるが、もっとも重要な指摘は「将軍御所プラン」との比較という論点を提示したことである。今まで、多聞城の研究は、安土城との比較に終始し、近世城郭の始祖か、否かという論点で議論されてきた。ところが、城郭史の大家鳥羽正雄氏は、戦後、近世城郭の画期を安土城から遡及させて、永禄十二年に信長の後援を得て築かれた足利義昭御所に見出している[25]。その理由は、同御所における高層建築物（天守）の存在、城と政庁の合体などを指標にしたためである。さらに近年、建築史の高橋康夫氏は、義昭御所と同一区域にあった永禄八年の足利義輝御所まで、近世化の画期を遡及させた[26]。一般に、十五世紀～十六世紀前半までの室町将軍御所は、武家の棟梁の館でありながら、土塁や堀といった防御施設を備えていなかった。すなわち、主殿と会所、庭園という基本構成を、築地塀《いじょう》が囲繞する空間になっていたと考えられ、一定の身分的秩序を保持することで、この「花の御所」を維持していた[27]。

近年、地方の居館発掘も前記の建物構成や威信財、京都系土師皿などの検出が考察の指標となっている[28]。こうした様相が十六世紀中葉の義輝段階において、積極的に防御施設を保持するようになった点が着目される。つまり、永禄十一年九月の信長の上洛以前から、公儀権力による近世城郭化の契機が研究者によって模索されている。これらは、まさに多聞築城の時期と重なり、中川氏の新視点は、こうした研究動向に照応したものであった。多聞城における建物構成の材料が充実してきた以上、足利将軍御所との比較も重要な視点となった。

さて、そうした場合、中川氏が示した権門興福寺による多聞城への立地的制約という論点も、同じ権門都市京都と比較できると考えられる。すなわち、権門による築城の制約は、やはり京都においても指摘されており、たとえ将軍や武家であっても京都近辺では自由に築城はできなかったと考えられる。(29) こうした比較検討を通じて、松永久秀の多聞築城が強権性によるか、あるいは妥協の産物かという論点も明確になっていくのではないだろうか。共通の権門都市である京都と奈良において、武家に対する制約度は、どこで共通し、相違するのかという視点が今後課題として見出せると思われる。

六、問題点の整理

以上、冗長ながら多聞城に関する研究史を扱ってきた。改めて通覧すると、多聞城の考察は文献史学、考古学、縄張り論など、多様な方法論による検討が可能であり、各々の長所、短所を認識しつつ、学際的検討を意識しておく必要がある。以下、到達点を整理して、筆者なりに課題を導き出してみたい。

第一に、アルメイダ書簡における多聞城観が、『享禄天文之記』、あるいは『柳生文書』所載、十月二日付松永久秀書状の検討によって充分補強できるようになった点である。今まで、アルメイダ書簡は内容的に突出していたため、やや荒唐無稽な史料として評する向きもあった。しかし、近年日本側史料によっても充分作事面の充実ぶりが確認し得るようになってきており、松永氏段階（天正二年以前）の作事面の発達は否定できなくなってきた。もちろん、アルメイダ本人の主観や描写は、充分史料批判されなければならないが、少なくとも松永氏段階の考察材料として排除するべきではない。これは、多聞城を織豊系城郭と見なす論者も、認めている点であろう。こうした作事面の史料は、同時代の城のなかでも、多聞城はもっとも豊富であり、文化・生活面という観点から城郭史研究のなかで積極的に活用していくべきである。

第二に、自明なことであるが、多聞城の評価を、改めて戦国期、織豊期の城郭史のなかで位置づける必要がある。多聞城は「近世城郭の始祖」という命題が課せられたため、安土城の前身という視点でのみ検討されてきた。実際、安土城の前史的関心から、関心・興味が誘発されたことは事実である。特に山川均氏が「創製瓦」と評価された意義は大きく、礎石建物とのセットで考えた場合、下高氏をして作事面で多聞城が「他の城館と一線を画する存在だった」と言わしめている。

ただ、城郭構造上の比較となると、途端に安土城との対比で、その未熟性、後進性が指摘されることになる。言うまでもなく、永禄五年（一五六二）の松永久秀の多聞城を、後続の天正五年（一五七七）の織田信長の安土城と比較して、その未発達のみを強調することは、あまり生産的ではない。多聞城は「山ヲクッス」（『多聞院日記』天正七年八月一日条）ような徹底した破城を受けており、遺構残存度の相違は顕著である。むしろ、永禄五年段階の三好権力との比較を進めるなかで、その類似性と特異性を峻別する必要があると思われる。

他の三好・松永権力との比較としては、山城と平山城という立地的相違はあるにせよ、規模の相違は顕著である。三好長慶の芥川山城（高槻市）、飯盛城（大東市、四条畷市）、久秀の滝山城（神戸市）、信貴山城などと比較すると、やはり拠点的城郭としての多聞城の小規模さは否めない。しかし、作事面における充実ぶりを想起すれば、それは縮小化というよりも、集約化・稠密《ちゅうみつ》化されている点を強調すべきである。また、小規模ながらも佐保丘陵に三方を一貫した横堀で廻らせ、外部との隔絶性を強化している点は、他の三好氏の拠点的城郭でも例を見ない。戦国期大和国における横堀の発達を分析した多田暢久氏は、城域の画定で一貫している多聞城の横堀を戦国期の最高段階と位置づけている[30]。さらに中枢部を方形区画化し、南東隅に櫓台を設けていたとすれば、台地状の城を克服しようとしていた様子がうかがえる。遺構の残存度から虎口の発達は看取できないものの、改めて、他の三好氏の城との比較検討が求められる次第である。

ちなみに、中井氏・木戸氏が指摘したように現遺構を織田段階の部将塙直政の城として位置づける考え方がある。そうであるならば、多聞城は織豊系城郭の一つとなり、安土城以外の他の織田系部将の城との比較検討が進められるべきだろう。織田時代の織豊系城郭は、総石垣の城が決して多くなく、安土城のみが突出した存在である。その点を想起すれば、下高氏が述べた「重要な箇所に石を張る」という特徴は、むしろ織田氏段階の織豊系城郭との比較において有効であろう。さらに転用石材の活用も、やはり織田段階の織豊系城郭において顕著であり、こうした類似性のなかで考察すべきである。今後、縄張りの見直しも含めて、改めて塙直政時代の大和、奈良のなかで多聞城の構造を見ていく必要がある[31]。

第三に、第二点とも関わるが、松永氏段階と織田氏段階（塙氏）の継承と峻別にどこまで迫れるかという点である。これは、前述した山川氏の創製瓦をどこに位置づけるかという点でも重要な論点といえよう。中井氏、木戸氏が注目するように「四階ヤクラ」という表現は、破却直前の天正五年六月五日（『多聞院日記』）に初めて登場する。これは同年六月一日に信長が「此方」（安土城）へ移築させようとした「高矢倉」（六月一日付織田信長朱印状『岐阜市歴史博物館所蔵文書』）のことであろう。確かに織田段階において初めて見られる史料であるが、この「四階ヤクラ」が織田段階で構築されたという史料もまた残っていない。したがって、現状では永禄八年の久秀が築いた「塔」の延長で考える可能性も残っている。天正二年三月二十一日において、多聞院英俊は「城ハ京へ可引通云々、珍重々々」と述べており、久秀退城後、多聞城の縮小化が前提条件となっていた。大和守護たる塙直政も多聞城普請を進めた事実（『多聞院日記』天正三年六月二十四日条など）はあるが、織田権力が久秀の「塔」を取り壊し、「四階ヤクラ」を新調するならば、興福寺などの強い反発も招いたはずである。また、永禄十一年の信長の上洛以降、織田権力の城において大小関係なく「天主」表現が多用されるが、なぜか多聞城では一切使用されない[32]。高層建築が限られた当時では「四階ヤクラ」「高矢倉」も「天守」相当の建築物だったはずである。これは、あくまでも松永氏段階の建築物と区別するという認識が根底にあったからではないだろうか。

さらに高田氏による多聞城の縄張りの考察においても、織豊系はおろか、戦国期の城としても評価が抑制的である。一般に織豊系城郭は曲輪間の機能分化が進展していく傾向にあるが、高田氏のいう「巨大な単郭城郭」という視点に立てば、織豊系の方向性と距離をあけている。前述したように多聞城は城破りを受けており、虎口が不明確という問題は差し引く必要があるが、現時点では、縄張りの評価から積極的な織豊系の要素は見出しにくい。織豊系の指標たる三点セットの観点に立てば、瓦・礎石建物の到達点が評価できるが、いわゆる縄張り論の織豊系の特徴は見出しにくいことになる。

ここで注目されることは、松永段階と織田段階に共通する施設として、文献史料から二つの建築物が推定できる点である。一つは「ロウ」の存在である。松永段階の「ロウ」では人質が入れられていた（『多聞院日記』永禄十三年二月二十二日条）。一方、大和守護となった塙直政が大坂本願寺攻めにおいて戦死すると、一族の二介は責任を取らされ「多聞山ノロウ」へ入れられた（『多聞院日記』天正四年五月十七日条）。つまり、松永・織田に共通して、城内に牢屋があり、存続していた可能性が高い。

もう一つは、永禄八年のアルメイダ書簡に記された、宮殿における「日本とシナの古い歴史物語」の障壁画である。織田氏が接収した後の天正三年六月五日、島津家久は多聞城を訪問し「楊貴妃の間」を見ている（『中書家久御上京日記』）。これは、ともに中国古典を意識した部屋であり、松永氏のものが織田段階でも継続的に使用されたものと考えられる。

以上のことから、松永段階の建築物が織田段階においても継承されている事実が見出せる。そのため、多聞城の到達点をすべて織田段階と評する意見については賛同できない。ともに十六世紀第３四半期に属する松永・織田の峻別を、考古遺物の年代観から、どう研鑽して考察するか、問われていると言えよう。

第四に、改めて権門都市における武家城館の位置づけという視点が登場してきた点である。中川貴皓氏は、いたずらに久秀の強権性、および多聞城の発展ぶりを評価することに慎重であり、松永権力と興福寺との「共存関係」という視点を打ち出している。実際、氏が指摘するように、権門による築城の制約や、多聞築城時の眉間寺の移動、再建立など、久秀が権門に譲歩、配慮した側面も見られる。ただ、権門による制約のなかで、なぜ久秀は奈良近辺に築城が可能であったか、換言すれば、興福寺は、なぜ多聞築城を許したか、という点を問う必要がある。多聞城は守護所として機能し、「多聞」に対する「御入魂専一」が謳われるなど、公的城郭の側面が見られた。これは、久秀の恣意性よりも「多聞」の公的側面を上位に置く発想であり、城が地域的な秩序によって規定されていたことが推定し得る[33]。

また、過去に大和は戦国期の外部勢力（赤沢宗益、長経、柳本賢治、木沢長政など）によって蹂躙《じゅうりん》されてきた歴史を持つが[34]、彼らは奈良に拠点的城郭を構えることはなかった。あるいは後続の豊臣権力でも多聞築城が計画されながら、実現には至らなかった[35]。また、天文元年（一五三二）七月、奈良において真宗門徒が蜂起するが、結果的に興福寺勢力はこれらを排撃している。つまり、奈良における興福寺の排他性は、戦国期を通じて指摘し得る。これらを勘案すれば、やはり松永権力による多聞築城は、特筆すべきと評価せざるを得ない。重要なことは、これを久秀の強権性だけで解釈するのではなく、興福寺が受け入れざるを得なかった側面をどう説明するかという点になるだろう。永禄十二年には国中南部の葛上郡で「御所一向宗道場付、籠名之処、今度従松少（松永久秀）破候」（『多聞院日記』永禄十二年閏五月十八日条）とあり、真宗道場開設の際、興福寺がこれを呪詛し、松永権力が実力行使で道場を破却している。興福寺もまた松永権力と利害が一致することで、大和における宗教的、支配的基盤を維持しようとする側面もあったのではないだろうか。

同じ権門都市京都の場合、城郭の立地についての制約は見られた。しかし、京都では将軍が上京にいることがふさわしいと認識され、後に防御施設を伴いつつも義輝・義昭御所などが築かれている。これに対して、奈良では天正七年に多聞破城が進行した際、多聞院英俊は「大慶」と悦んでいる（『多聞院日記』同年八月一日条）。松永久秀や塙直政が公権力として、どの程度受け入れられたかを見る上でも、興福寺との関係は、今後政治史の中で追求する必要がある。

第五に多聞城の立地に関する問題である。高田氏は、佐保丘陵という立地から、周辺の山から敵に見下ろされる可能性があるとして、軍事的な立地としての弱さを指摘した。一方、中川氏は十五世紀中葉に衆徒・国民が築いた鬼薗山城などと比較し、多聞城は決して奈良に近接しているとは言えず、一定の距離があけられる点に着目している。実際、多聞城と興福寺の間には、佐保川の谷地形が東西に走り、別個の都市空間と考えても差し支えない。筆者は、立地の問題については二者択一の問題ではないと思うので、複合的な要因が作用していると考えている。ただし、重要なことは、そうした制約を認識した上で、なぜこの丘陵に築城したかという視点である。想像の域を出ないが、眺望という観点で見た場合、奈良東部の権門寺社を見下ろす山々（春日山、若草山など）に恒久的な築城をすれば軍事的要地になったはずである。ただし、中川氏の視点でいえば、東大寺、興福寺、春日社といった権門領域の制約上、築城は困難であると言わざるを得ない。そうなれば、久秀は限られた選択の中で、築城の立地を考えたものと思われる。[36]見下ろされる欠点があったとしても、あるいは眉間寺の寺域代替地を保証してまでも、[37]久秀は佐保丘陵を確保したかったと考えたい。特に同丘陵の東への延長は般若坂に続き、京街道の峠道とつながっている。すなわち、多聞城は奈良の北側を押さえることで、京街道の通行を意識していたものと考えている。実際、久秀は北にある京都を強く意識しており、永禄八年の混乱期には軍勢を派遣している。

さらに忘れてはならないことは、永禄十二年十月二十九日、久秀が南西麓の「法蓮郷」に、十一月四日には「北里」において、市立を実施している点である（『多聞院日記』）。この多聞市の史料も、孤立した存在として認識されていたが、木咲利枝子氏は『二条宴乗記』に頻出する「新市」は多聞市として推定されている。[38]その上で「新市」の購入記録などを整理し、川魚が食生活の基本である奈良と相違して、「新市」では海魚・海産物も積極的に取り扱っていたと評価する。独自の流通ルートを持っていたものと考えられ、実際二条宴乗ら坊官衆も積極的に当市場を活用している。そうであるならば、奈良市街とは別個に、多聞城独自の城下集落が設定、形成されつつあったとも考えられる。「法蓮郷」は佐保川沿いにあたり、佐保丘陵と奈良との間にあたる。奈良と一定の距離をあけていた問題を、久秀なりに克服しようとしていたことになる。

おわりに

一般に言われるように、城郭研究は、文献史学、考古学、縄張り論など、多様な方法論による検討が可能である。換言すれば、城郭研究は、学際的検討を常に意識して考察することが宿命づけられた分野といえる。特に、本稿の多聞城跡のように、遺構的な残存度が限定的な城の場合、文献史料や考古遺物による分析は、大きな位置を占めると考える。また、鳥羽正雄氏が城郭と政庁の合体という点に城の近世化を見ようとされていることを勘案すれば、私たちは軍事だけでなく、城内における文書発給、建築、装飾、生活、文化など、別な側面も比較対象として考察していく必要がある。また、松永権力と興福寺との関係についても、多聞城を素材に改めて時系列的に見ていく必要があろう。残された課題は多いが、中近世移行期を考える重要な城跡であることを、改めて指摘し、本稿を終えたい。

〈註〉

(1)城戸久「多聞城に関する一知見」(『大和志』七－三、一九四〇)、同「多門城殿舎の建築」(『大和志』七－一一、同年)
(2)松田毅一・川崎桃太『完訳フロイス日本史』1(中公文庫、二〇〇〇)
(3)大類伸・鳥羽正雄『日本城郭史』(雄山閣、一九三六)
(4)西ヶ谷恭弘「織田信長の築城」(『城郭史研究』二〇、二〇〇〇)、同「織田信長に影響を与えた多聞山城」(『戦国史研究』四〇、二〇〇〇)
(5)伊達宗泰「多聞城跡」(『奈良県史蹟名勝天然記念物調査抄報』奈良県教育委員会、一九五八)
(6)村田修三「多聞城」(『日本城郭大系』一〇、新人物往来社、一九八〇)
(7)中井公『多聞廃城跡発掘調査概要報告』(奈良市教育委員会、一九七九)
(8)中井均「織豊系城郭の画期」(村田修三編『中世城郭研究論集』新人物往来社、一九九〇)
(9)中井均「多聞院英俊が見聞した城郭」(『多聞院英俊の時代』シンポジウム『多聞院英俊の時代』実行委員会、二〇〇一)
(10)田中幸夫「中世から近世にかけての京都近隣の瓦」(『京都考古』七〇、一九九三)
(11)山川均「城郭瓦の創製とその展開に関する覚書」(『織豊城郭』三、一九九六)
(12)山川氏も、後に創製瓦の成立を松永段階か、織田段階か、保留されている(これについては直接うかがった)。
(13)安国陽子「戦国期大和の権力と在地構造」(『日本史研究』三四一、一九九一)
(14)拙稿「大和多聞城と松永・織豊権力」(『城郭研究室年報』一一、二〇〇二)、松永英也「永禄五年の徳政令にみる松永久秀の大和国支配」(『戦国史研究』五四、二〇〇七)
(15)拙稿「松永久秀と多聞城」(『筒井城総合調査報告書』大和郡山市教育委員会・城郭談話会、二〇〇四)
(16)『織豊系城郭の成立と大和』(大和中世考古学研究会・織豊期城郭研究会、二〇〇六)
(17)中井均「織豊系城郭研究の現状と問題提起」(前掲、註16)
(18)木戸雅寿「織田信長と大和」(前掲、註16)
(19)下高大輔「多聞城に関する基礎的整理」(前掲、註16)

（20）高田徹「松永久秀の居城」（前掲、註16）
（21）拙稿「織豊系城郭の地域的展開」（村田修三編『中世城郭研究論集』新人物往来社、一九九〇）、同「織豊系城郭と地域史研究」（『城館史料学』三、二〇〇五）
（22）天野忠幸編『戦国遺文 三好氏編』第一巻（東京堂出版、二〇一四）。後述する『柳生文書』の十月二十八日付久秀書状も収録されている。
（23）中川貴皓「多聞山普請について」（『戦国遺文』月報二、二〇一四）
（24）中川貴皓「多聞城」（中井均編『近畿の城郭』城郭談話会、二〇一五）、同「多聞城」（仁木宏他編『近畿の名城を歩く』滋賀・京都・奈良編、吉川弘文館、二〇一五）
（25）鳥羽正雄『近世城郭史の研究』（雄山閣、一九五七）
（26）高橋康夫「織田信長と京の城」（『豊臣秀吉と京都』文理閣、二〇〇一）
（27）小島道裕「室町時代の小京都」（『あうろーら』一二、一九九八）
（28）小野正敏『戦国城下町の考古学』（講談社、一九九七）
（29）山下正男「京都市内およびその近郊の中世城郭」（『京都大学人文科学研究所研究報告』三五、一九八六）、拙稿「洛中洛外の城館と集落」（『中世都市研究』一二、二〇〇六）
（30）多田暢久「織豊系城郭以前」（『奈良史学』一三、一九九五）
（31）これについては、片山正彦「原田直政の大和国支配」（『真宗文化』一九、京都光華女子大学真宗文化研究所、二〇一二）がまとめている。
（32）前掲、拙稿（14）
（33）拙稿「戦国期畿内近国の都市と守護所」（内堀信雄・鈴木正貴・仁木宏・三宅唯美編『守護所と戦国城下町』高志書院、二〇〇六）
（34）朝倉弘『奈良県史』一一　大和武士（名著出版、一九九一）
（35）前掲、拙稿（14）
（36）ちなみに、後続の織田権力の拠点的城郭も、見下ろされるリスクを冒しつつも、要所の築城にこだわった。明智光秀は、比高差のある宇佐山城から、比叡山の眼下となるが、港を押さえられる坂本城へ移っている（ともに大津市）。細川藤孝の宮津城（京都府宮津市）、津田信澄の大溝城（滋賀県高島市）、そして信長の安土城も同様のリスクを孕む立地であった。拠点的城郭は、街道や港湾など交通体系を軍事的に重視し、地形の高低差を相対化する場合があったと考える。それを可能にさせた要因や条件については、今後の課題である。

(37) この問題も松永権力の限界ととるのではなく、築城する武家権力側と移転を強いられる寺院側との新しい関係が形成されたという点を積極的に捉える必要がある。天正十九年（一五九一）に豊臣秀吉が京都御土居を構築した際、土地を喪失した寺社・公家領の代替地を宛がっていることは、よく知られている（小野晃嗣『近世城下町の研究』増補版、法政大学出版局、一九九三）。

(38) 木咲利枝子「戦国時代における僧侶の食生活の一様相」（『奈良歴史通信』二四、一九八五）

松永久秀と楽市

長澤伸樹

はじめに

永禄二年（一五五九）八月、三好長慶の命をうけて大和国へ侵攻した松永久秀は、信貴山城《しぎさんじょう》（現、奈良県生駒郡平群町）を拠点に、筒井氏・十市《とおち》氏ら反三好を掲げる国人と戦いを繰り広げ、まもなく「南都眉間寺」の許へ、新たに多聞山城（現、奈良市）を築いた。当所は中世都市・奈良をはじめ、東大寺・興福寺などの有力寺院を眼下に置く、郊外北部の独立丘陵上に位置している。以降、同城はのちに大和一国を領する久秀にとっての重要な、政治的かつ軍事的拠点としての機能を果たしていく（福島二〇〇二〈以下福島A論文〉、同二〇〇四〈以下福島B論文〉、木戸二〇〇六、髙田二〇〇六）。

このとき、城下では新たにいくつかの市場が開かれ、のち元亀二年（一五七一）、久秀はここに「楽市令」を発したといわれている。だがもとより、久秀の流通支配をめぐっては関連する史料が乏しいという問題点があり、豊富な研究蓄積を有する多聞山城と比べ、城下町経営のあり方については具体的に論じられてこなかった（髙田二〇〇六）。

同法令についても、他の戦国大名による楽市令と同じく、都市興隆策という漠然とした評価が与えられているのみで、これまで詳細な検討はほとんどなされていない。そのため、研究史的位置づけはおろか、多聞山城下における「楽市」の実態についても、明らかでないというのが現状である。

一部の研究では、こうした久秀の流通・都市政策を、織田信長の動向と結びつけて、その先進的な側面を捉えようとする向きもあるが（安国一九九一、福島A論文）、この点についても、久秀自身の発給文書や、大和国内の政治情勢という視点に絞って再検討する必要があろう。

楽市令をめぐる研究に限れば、中世的権威の否定・破壊をめざす、信長ら統一政権による〈革命的法令〉や、近世城下町成立に連なる〈新都市建設法〉といった戦前以来の評価は、地域社会論の視点から見直しが進んでいる。すなわち現在では、なぜ「楽市令」が出され、また「楽市」という空間が、地域経済にどう影響したか、その意義を、個々の地理環境や時代背景に即して、同時代かつ同一地域の文書や、隣接する都市・市場との相関関係から解く段階にある（長澤二〇一四）。

松永久秀については近年、在地相論の裁許取次や幕府・朝廷との関わりなど、政治的役割が具体的に解明されつつあるが（村井二〇〇六、田中二〇〇八）、経済的側面からみた動向、すなわち本稿で問題とする楽市令が、多聞山城下はおろか、久秀の領国経営にいかなる影響をもたらしたかを、改めて考えてみる価値は十分にあると言えよう。

それはまた、戦国期の奈良における市場経済の様相を明らかにするのみならず、久秀による流通・都市政策の意義を問い直す作業にもつながるものと考える。本稿では限られた史料をもとに、久秀による流通支配の実態をはじめ、多聞山城下における楽市のあり方について迫ってみたい。

一、久秀の流通支配と市場

（一）奈良における市場の様相

永禄十年四月、河内国方面を押さえる信貴山城から、多聞山城へ移った久秀は、対立する三好三人衆を大和国内から退けると、翌年十月、足利義昭を奉じて上洛した織田信長のもとを訪れ、ここで改めて「和州一国ハ久秀可為進退」（『多聞院日記』永禄十一年十月五日条。以下、同史料からの引用は、永禄十一・十・五のように年月日のみ略記）として、大和一国の支配を委ねられた。

久秀が政務を執った拠点・多聞山城については、構造（縄張り）や歴史的位置づけなど、文献と考古の両分野で研究が進展し、その立地条件や棟上げの時期から、京都へ続く幹線道路の確保を目的として築かれたことが明らかにされている。また同城は、旧勢力の興福寺に代わる上位権力を志向する久秀の象徴的存在ともいわれている（安国前掲論文・福島A論文。研究史については、下高大輔「多聞城に関する基礎的整理」〈大和中世考古学研究会・織豊期城郭研究会編『織豊系城郭の成立と大和』所収、二〇〇六〉に詳しい）。一方で、その城下に開かれたとする市場については、興福寺側の記録にみえる次の記事が、その実態をつかむ上で唯一の史料となっている。

［史料1］

法蓮郷ニ多聞山ヨリ市ヲ可立之由沙汰在之　（永禄十二・十・二十九）

［史料2］

近日北里ニ多聞山ヨリ市ヲ可立之通也ト云々　（永禄十二・十一・四）

［史料3］

多聞之うら新市をうら方より来ヤキ畢、十五けんはかりヤキヌ　（『尋憲記』元亀元年九月十八日条）

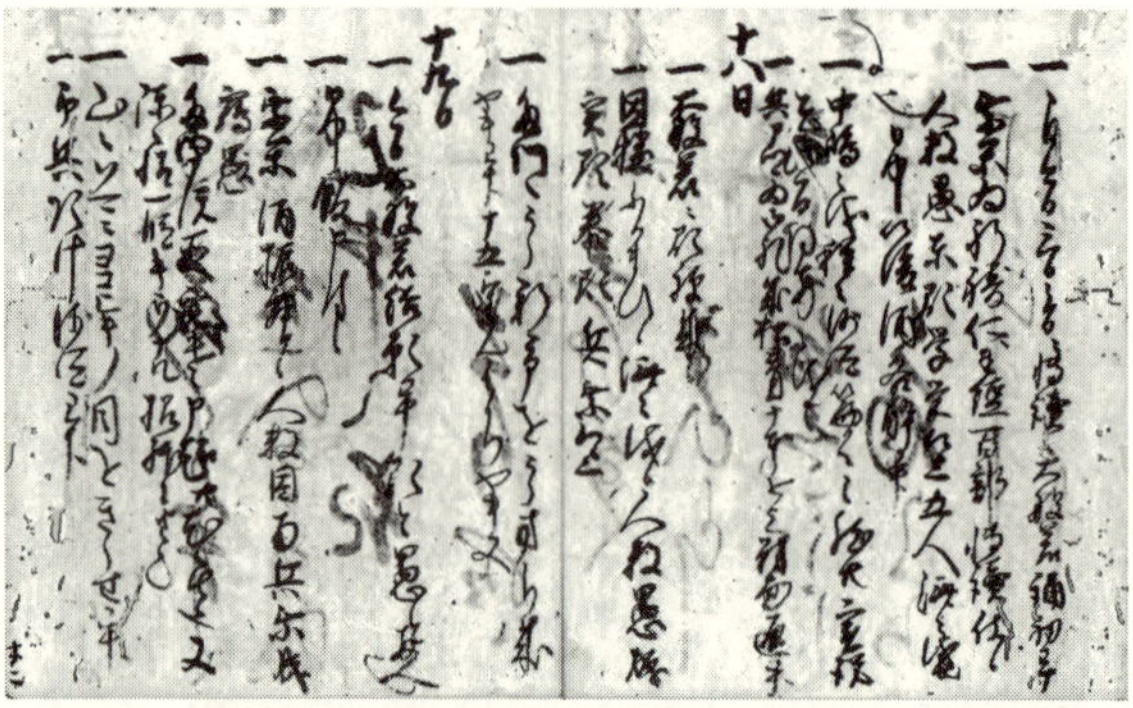

史料3『尋憲記』元亀元年9月18日条（国立公文書館蔵）

久秀以前の大和国における市場については、早く都市としての奈良の変遷を体系的に論じた、永島福太郎氏による一連の研究がある（永島一九五二、同一九五六、同一九六三〈以下永島A書〉）。それによると、中世の奈良では①北市（弘安三年・一二八〇。現、北市町）、②南市（正応三年・一二九〇。現、紀寺町）、③中市（応永二十一年・一四一四。現、南中町）の三つの定期市が鼎立《ていりつ》し、それぞれ市日を一日ずらす形で、連日の賑わいを見せた。だが、これらはいずれも時代の変遷と興福寺の衰退にともない、十六世紀初頭までに一旦消滅している。

その後、戦国期に入り、興福寺六方衆《ろっぽうしゅう》が④南市（天文元年・一五三二。現、南市町）を、興福寺学侶《がくりょ》が春日社神供料《しんくりょう》の調達を名目とする⑤高天市《たかまいち》（同二年・一五三三。現、高天市町）をそれぞれ新たに開くが、永島氏によれば、両市場はまもなく常設店舗化し、町場を構えたという。⑤については、商売区域の設定や平和条項など、市開設の際に掲げられたとおぼしき掟書が残されている（『春日大社文書』三四六号）。また、同じ頃に国人筒井氏も「奈良地下置諸課役等不可申懸」として、この新市を保護する旨の文書（市場法）を発給している（『春日大社文書』五六・五八号）。このほか、戦国期の奈良には「今在家店屋」（永禄十・十一・二十三）、「今在家市」（永

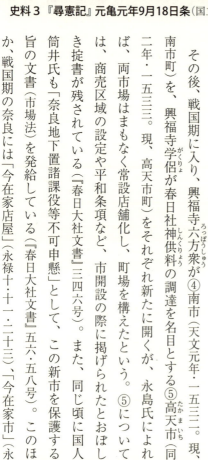

禄十・十二・六）なども記録上にみえる。史料1以下の市場は、これらと併存する形で開かれたのだろう。また、新市の立地をめぐって、史料1が法蓮町（奈良市）に比定される一方、残る二つの市については、なお具体的な地名を明らかにし得ない。

史料2について、興福寺方の主催する高天市が「於北里」（三条通の北側）に開かれていたことを踏まえれば（前掲拙書。福島A論文・永島A書）、「北里」新市もこれに隣接していたと考えられる。史料3「多聞之うら新市」は、多聞山城下の郊外に開かれた市、あるいは法蓮や北里の市を表した別称の可能性もあるが、関連史料を欠くため、詳細は分からない。いずれにせよ、東大寺や興福寺周辺にあった従来の定期市と比較し、新たに開かれた市場は、いずれも多聞山城の麓に密集するように展開していたと考えられる。

(二)久秀の都市・流通支配と市場

そこで問題となるのが、そうした新市が多聞山城下に相次いで開かれた意味と、それを受けた久秀による城下町経営の実態である。

近年の研究によると、畿内近国ではそもそも領主権力が都市支配に消極的であったという。たとえば、三好氏は自らの意思で城下町をもたず、大阪湾の物流に求心力をもつ法華宗寺院や、その檀那である有力商人の保護を通じて、既存の港湾都市や流通・交通網を掌握し、これらを経済基盤とした（天野二〇一〇）。

一方、久秀による都市・流通支配には、織田信長の政治動向が大きく影響を与えたと考えられている。三好長慶が拠点とした河内・飯盛城（現、四条畷市・大東市）や摂津・芥川山城（現、高槻市）、あるいは久秀が当初配された摂津・滝山城（現、神戸市中央区）や信貴山城などでは、明確な城下集落の形成や市立てが行われていない（福島一九九八、天野二〇一一、須藤二〇一三）。

これに対し、信長の入洛後になると、既存の町場包摂から、新たに積極的な市立てによる独自の城下町建設が指向されるようになることから、多聞山城下は主家である三好氏を凌ぐ、久秀の自立性を初めて体現したものといわれる（福島A論文、金松二〇〇六）。

だが、従来のように、久秀による都市形成の画期や、多聞山城下の展開を、織田権力との関係のみで説明するのはいささか無理があろう。天野忠幸氏は、久秀の大和支配の目的が三好氏による畿内支配の拡大、とりわけ町を基盤とする公権力としての確立をめざす点にあるとし、久秀は大和国内における領主編成や所領給付、相論裁許の文書発給を通じて、自立性を獲得していったとする（天野二〇〇六〈以下天野A論文〉）。

市立てのねらいについては、城下繁栄を目的とする先行研究の理解におおむね従う（永島A書、『奈良市史』）。その際、多聞山入城から二年もの歳月を要した背景が明らかでないが、より具体的には奈良市中における既存の市場とあわせて、さらなる地域経済の振興を意図したものと考えられる。

また、多聞山城では、国人から集めた人質の生活を賄《まかな》うための食糧や、籠城に備えた燃料材などの搬入（永禄九・九・二十四など）が、早く史料1以前から頻繁に行われており（福島B論文）、これらの多くは城下の市場で購入したものと考えられる。

だとすれば、城下に開かれたこれらの市場は経済発展の要であり、かつ久秀自身の大和一国支配の拠点を維持する上でも不可欠なものだったろう。そんな久秀の流通支配に対する姿勢を、彼の発給文書を通してさらに探ってみたい。

(三) 久秀発給文書からみた流通支配

久秀の発給文書をめぐっては、早く今谷明氏による研究がある（今谷一九七五・一九八五）。その後、金松誠・

天野忠幸両氏の調査研究を受けて、これまでに三好氏被官としては最大の発給数である、計二一二通が確認されている（金松二〇〇六、天野二〇一三・二〇一四・二〇一五）。内訳は、金松氏の「一三七通」と、天野氏が新たに採録した「七五通」である）。

それによると、京都の寺社宛て文書や、摂津・山城国内で裁許取次を行った相論関係の文書が大多数である。これらは大和支配を担った後も継続的に発給がみられ、三好一族の長老・三好長逸とともに、早くから三好権力の中枢として政務全般を主導した傍証となる。

一方、大和国内に関する文書は六〇通ほどで、その大半は興福寺・法隆寺・春日社といった有力寺院や、柳生氏・鷹山氏ら国人など限られた相手へ宛てたもので、発給範囲も奈良周辺に集中する。

このうち、流通支配に関する文書のみを抽出すると「六通」（「天文九年十二月二十七日付奉書」、『梗井文書』。「天文二十年卯月二十八日付書状」、『塚本文書』。「天文二十一年十二月十五日付書状写」、『狩野亨吉氏蒐集文書』。「永禄四年十二月日付書下」、『離宮八幡宮文書』。「永禄五年八月日付定書写」、『享禄天文之記』。「年未詳七月十日付書状」、『天理大学附属天理図書館所蔵文書』）で、市場法とよべる史料は実質一通もみられない。ただし、それはあくまで史料の残存状況によるもので、久秀が流通支配に全く関心をもたなかったとか、市場法を発給しなかったという訳ではないだろう。

たとえば史料1で、記主である多聞院英俊は、法蓮郷における市立てについての「沙汰」が多聞山城から「在之」と述べている。伝聞記事という点も否めないが、ここに開かれた新市で、のちに市日や治安維持などを定めた文書が、久秀方から発給された可能性が考えられる。それは史料2の北里新市の場合も同様であったろう。

市場法以外では、奈良市中と寺社における「乱妨停止」を命ずる戦時禁制が多聞山城から出され、住民は「先代未聞ノ事、右往左往之処各々安堵」したとする記録がある（永禄十一・九・二十六）。永禄五年八月には「和州惣国并木津狛加茂瓶原和束」へ大規模な徳政令を出している（『享禄天文之記』）。これは、興福寺ら有力寺社との貸借関係を破棄したもので、政治的・軍事的象徴である多聞山築城とならび、大和における領主権力の交代と、久秀による支配の正当性を決定づけたという（松永二〇〇七）。また、奈良と京都を結ぶ幹線道路をめぐって、在地住民による路次の妨害を停止させるなど（天野Ａ論文）、大和支配を進める久秀は広く国内外にわたって、流通・交通の掌握とその管理維持に意欲的であったと考えられる。史料的制約からこの問題はなお後考を期す必要があるが、従来のように、大和国における久秀の支配が不安定かつ限定的であった、と評価することには慎重でありたい。

二、「タモンイチラクノトキ」をめぐって

(一) 史料の内容

さて、本稿で問題とする、久秀の楽市令は具体的にいかなるものか。改めて史料を紹介しておく。

［史料４］

（端裏書）「片原山預リ状　　坂衆　　元亀二辛未十月廿八日」

アツカリ（預）申カタワラヤマ（片原山）ノコト

　合壱所者、ヒカシハ、ニシ、ミナミハタヲカキル、キタハヒラノ、ミチヲカキル、

右クタン（件）御ヤマ（山）ワ、トウタ（東大寺領）ヰシリヤウタクノ御ヤマニテ、ムカシ（昔）ヨリ、一エン（円）ノ御チキヤウ（知行）ニテ、サラ（更）

ニヨノ（世）カマイ（構）ナシ、センヒヤクシヤウ（先百姓）ステ（捨）イ（ママ）ニヨツテ、コノハウ（方）ヘアツカリ申候、御チシ（地子）ハタウ子ン（当年）ワ
十合八斗、ライ子ン（来年）申ノトシ（年）ヨリハ、十合壱石ツヽ、サタ（沙汰）可申候、モシタモンイチ（多聞市）ラク（楽）ノトキ（時）ハ、マエ（前）ノ
コトク壱貫六百文、十月卅日ニサタ申へク候、コレハヤマノフン（分）ノ御チシニテ候、モシマタコノヤマノ
ウチ（内）ニ、チシノナルタカキナント候ハヽ、ソレハヘチ（別）ニ御チシサタ可申候、タ（他）ナントヒラキ（開）候トモ、ソ
レモサウタウ（相当）ノ御チシ、キヨヰ（御意）ヲエ（得）、サタ可申候、コノテウ（状）モシサウヰ（相違）ノキ候ハヽ、ナントキ（何時）ナリトモ
メシアケ（召上）ラルヘク候、ソノトキマシノ申コトアルヘカラス候、仍セウモンクタンコトシ（請文如件）、

元亀二年辛未十月廿八日

サカシュウ

タウニン（花押）　ツク（花押）　五郎（花押）

四郎三郎（花押）　スケ二郎（略押）　二郎二郎（略押）

又四郎（略押）　（花押）シン二郎　十郎（略押）

フチイシ（略押）　太郎（略押）

（「樫尾文書」、『大日本史料』第十篇之七）

楽市令は早く戦前より、信長や豊臣秀吉らによる事例を中心に、近世社会移行の原動力となる、その革新的なあり方を評価する視点で研究が進められてきた。その中で、楽市令の網羅的収集に基づき、はじめて史料4を取り上げた豊田武氏は、同法令を多聞山市の楽市化と商人の招致にともなう、城下町建設策と解釈した（豊田一九五二。なお、熊田二〇〇二によれば、一九四七年の東京大学における近世商業史の講義で、豊田氏が史料を紹介したのが最初であるという）。

ただし、氏の研究はあくまで楽市令の全体像を捉える上で、史料を部分的に取り上げたものであった。そして、以降の研究は、豊田氏の評価を踏襲するか、多聞山城下の市場が「楽市楽座」であった、という事実関係を指摘しているにすぎない（小島一九八四、朝倉一九九三、福島A論文）。

また、端裏書《はしうらがき》などからも分かるように、そもそも右の史料は久秀の発給文書ではなく、掟書の形式をもった市場法でもない。厳密には、土地の管理を委任された者（「タウニン」以下十一名）が、その旨を後日の請文（「セウモン」）として、所有者（東大寺）へ提出した「預状《あずかりじょう》」に分類される。にもかかわらず、従来は「タモンイチラクノトキ」という一文のみから、久秀が多聞山城下に楽市令を出したものと理解されてきたのである。

ここから、本史料をめぐる問題は次の二点に集約される。一つは、楽市（令）のあり方についてである。史料上に「モシ」と付されていることから、そもそも「タモンイチラクノトキ」が、楽市化したことを指すと直ちに捉えてよいかは疑問が残る。また、先行研究の多くは、楽市令の施行先（宛所）を史料1の法蓮郷に比定するが、その根拠までは明示していない。同時期の奈良では、先述した「北里」や「多聞之うら新市」、あるいは高天市や南市などの存在も無視し得ないはずである。この問題については、楽市令が実際に出されたかという点も含めて再検討すべきといえよう。

もう一つは、多聞山城下における市場経済との関連である。史料では「タモンイチ」が「ラク」となった場合、地子納入を米から「マエノコトク」銭で行うとある。すなわちこの一文は、楽市令が地域経済に及ぼす具体的影響を示した、数少ない史料としても注目される。だが、これまでは楽市化の背景を、大和支配の基盤確立をめざす久秀方の都合として解釈し、在地の視点は省みられていない。それが従来指摘されるように、久秀が信貴山城へ退くまでの時限的な政策だったとしても、当該期の市場や商品流通の動向に即して、その意味をもう一度考えねばなるまい。

(二)奈良における取引手段の変化

この点について、十六世紀末の奈良における貨幣流通の実態を分析した、浦長瀬隆氏の研究に注目したい(浦長瀬二〇〇一。以下、浦長瀬氏の理解はいずれも同書による)。それによると、奈良ではおよそ永禄十二年から、市場での商品売買や不動産取引が、従来の「銭」から新たに「米」で為されるようになったという。かかる変化は、年貢公事納入(銭納→米納)や貸借関係(銭による債務を米で返済)にも及び、京都や河内国、近江国菅浦《すがうら》(現、滋賀県長浜市)でも同様の変化がみられた。たとえば、

[史料5]

(端裏書)
「癸酉引頭銭并威儀供銭定置状」

引頭銭同威儀供銭定置事、

右、雖為壱貫文宛、近年者、料足世上於都鄙一円遣取無之候之間、向後者、八木寺升六斗宛可上置者也、仍為集儀定置之処如件、追而申候、自然時分ニ依テ料足被遣候者、又料足可被上置候者也、

元亀四年癸酉七月二日

山本坊

年預

東之坊

(『大日本古文書　観心寺文書』五三六号)

河内国観心寺《かんしんじ》（現、河内長野市）における「引頭銭同威儀供銭」納入について、従来は例年「壱貫文宛」で寺へ納められたが、近年は市中における銭使用がなくなったため、今後は「八木寺升」で納めるとある。ここから市場経済における米使用への移行は、いわば当該期の畿内近国に共通した社会的動向と捉えられ（能登国でも「一切万物米ニ売買」され、こうした状態は「天下此「　」」であったという〈石川県立図書館加能史料編纂室一九八六〉）、浦長瀬氏はその背景に、悪銭通用を強制した撰銭令《えりぜにれい》の発布をみる。

奈良では、早く永禄八年に「近般以之外精銭之間、制札分、卅之定之」として（永禄八・十二・二十五）、同十年にも「銭定在之、札打之」とする撰銭令が出ている（同十・正・十二）。また同十二年三月には、米による売買禁止と銭（悪銭）取引を命じる「精銭追加条々」が、京都や八《や》幡《わた》捴郷《そうごう》（京都府八幡市）へ出されている（『京都上京文書』『石清水文書』）。これを受け、同様の「織田弾正忠銭定ノ制札」が奈良市中にも掲げられたが（同十二・三・二十四）、いずれも「惣別ノ売買一向不成」（同八・十二・二十五）・「諸商売事悉皆以米被遣之（中略）此一儀不限此津、近国此通」（「学侶引付之写」元亀元年十一月二十二日条）という状況であった。

つまり、領主権力の意に反して、市場では悪銭使用を忌避する傾向は変わらず、古代以来の公納物であり、かつ商品としての価値ももつ「米」の使用が促されていったことが分かる。

かかる状況を踏まえれば、同じころに開かれた多聞山城下の新市でも、米による売買が主流となっていたことは想像に難くない。興福寺一乗院坊官の日記によれば、

［史料6］『二条宴乗記』

新市へ参、蛤をかい　（永禄十三年三月二十三日条）

新市にて鮒共、八木三升ニとらせ　（元亀二年三月十一日条）

昨日新市にて、夕ぬき一疋、八木一斗七升五合ニカハセ申候　（元亀二年十二月晦日条）

などとあり、同市場における米使用や商品流通の実態を知る手がかりとしても興味深い。

（三）史料の解釈

以上を踏まえ、史料4について傍線部を中心に読み解いていこう。それによると、片原山は昔より東大寺の一円知行地で、このたび同寺より山地を預かった「タウニン」らは、ここから徴収した地子について、当年は「十合八斗」、来年以降は「十合壱石」ずつの米で納めるが（傍線部）、もし「タモンイチラクノトキ」を迎えれば、これらは「マエノコトク」銭納で行うとする（波線部）。

まず、「タモンイチ」については多聞山（城下）の市場、というニュアンスで、先行研究がいうような特定の市場を指すものではないだろう。そして「マエノコトク」という表現から、多聞山城下における市場経済が本来、銭取引を基本としており、地子納入も銭で行われていたと分かる。これが悪銭流通の増加と撰銭令の発布を背景として、およそ永禄十二年ごろを境に、米による現物納へと切り替わっていったとみられる。そこで現れる「ラクノトキ」という状態については、あくまで仮定（「モシ」）であり、少なくとも史料4発給段階までにおいて、「タモンイチ」の「ラク」は実現していないと考えられる。

その上で、波線部は次のように解釈できる。すなわち「ラクノトキ」を迎えれば、「タモンイチ」では、それまでの中心的な取引手段である米を売ることでも、以前と同じ地子納入方法に見合うだけの銭を得られる状況が生じる。「ラク」（楽）はそうした米取引を凌ぐほど、市場経済に不足する銭（精銭）の使用や流通量の増加、商人の市場参入を促すあり方と考えられる。換言すればそうでない限り、「タウニン」たちは、銭の獲得はおろか商売もままならず、従来通り米納を選択せざるを得ない、ということになるだろう。ところがこの後、興福寺や法隆寺でも悪銭による取引を忌避し、年貢公事を現物の米で確保する動きがみられるなど（脇田一九七七）、市場経済では米の使用がさらに加速していく。

（四）「ラクノトキ」とは何か

それでは「ラクノトキ」に至る歴史的背景をどう理解すべきか。また、久秀による楽市令は施行されなかったのか。最後にこの問題を在地の視点、および他地域における楽市令との関連から明らかにしたい。

久秀の入部以降、多聞山周辺では、対立する三好三人衆らとの攻防や東大寺大仏殿の炎上、さらには「多聞山足軽衆」による殺害・荷物の剥取も頻発するなど、市中は否応なく緊張状態に置かれていた（永禄九・二・二十一。同十一・五・一。同十一・六・十二）。加えて、久秀が多聞山へ拠点を移した永禄十年の奈良では旱魃《かんばつ》が起こり、同十二年には一年を通して大風雨の被害にも見舞われている（藤木二〇〇七）。

かかる状況は、多聞山城下にも影響したことは想像に難くなく、一国支配を担う久秀にとっても、眼下に広がる市中の混乱は無視し得なかったはずである。史料１以下にみる新市の開設は、そうした地域の復興にも寄与したと考えられよう。

同じ「楽市」についていえば、史料４の前後に、美濃加納《かのう》（永禄十一年。現、岐阜県岐阜市）、遠江小山《こやま》（元亀元年。現、静岡県榛原郡吉田町）、近江金森《かねがもり》（元亀三年。現、滋賀県守山市）で法令が確認される。だが、その内容はいずれも、市場の保護や特定商品の流通統制などに特化したローカルなもので、これらが久秀の政策にまで直接影響を与えたとは考え難い。だとすれば、そこで「ラクノトキ」が引き合いに出された要因は、より身近な大和国内の社会情勢に他ならない。

それこそが元亀二年八月、国人・筒井順慶との辰市《たついち》（現、奈良市）合戦による、久秀方の敗北であろう。当時の記録では「当国初而是程討取事無之」と表現されたように（元亀二・八・四）、同合戦は、奈良市中をさらなる不安と混乱に陥れたと考えられる。久秀自身も筒井氏の攻撃に備え、多聞山城に籠って「奈良中人夫」役を賦課するなど、軍需物資調達に奔走した（『二条宴乗記』元亀二年八月八日条）。

また、浦長瀬氏によると、奈良では元亀二年のみ一時的ながら、銭による取引が米取引を上回る現象が見られるという。この背景には「ラク」による経済効果（銭使用・流通の促進）が想起されるが、同氏によれば右の現象は史料4以前、同年六月にのみ見られる傾向であり、「ラク」との直接的な因果関係はない。だとすれば、むしろ「近年不覚洪水」（元亀二・六・十三）・「三十年此方之大雨」（『尋憲記』元亀二年六月十三日条）による「当年作毛遅々」「方々米無之」状態（元亀二・八・二十）のため、銭を使用せざるを得なくなったというのが実情だろう。

結果的にこうした社会情勢が後押しする形で、平和秩序の確立はもちろん、市場経済では特に、従来のような銭（精銭）による商品取引と、流通拡大を促す環境への転換が求められるようになった。史料4にみる「ラクノトキ」はかかる状況を受けたものと考えられよう。このとき地子納入を請け負う「タウニン」らにすれば、米ではなく銭での支払いこそが、最も合理的かつ望ましい方法だったともいえる。

では、そうした市場における「ラクノトキ」を取り決めるのは誰か。勝俣鎮夫氏によれば、「楽市」は中世において自生的かつ普遍的な地方市場ほんらいのあり方で、数ある楽市令は、そうした市場のもつ特性を、権力が安堵包摂するためのものであったという（勝俣一九七七）。

しかし、駿河・富士大宮（現、静岡県富士宮市）や遠江・小山のように、権力の文書発給を通じて初めて「楽市」として成立した市場もあるように、ひとくちに「楽市」といっても、それは全てが普遍的かつ恒久的なものではなく、同じ市場でも「ラクノトキ」とそうでない時が存在したと考えられる（長澤二〇一六）。すなわちそこでは、各地域を取り巻く社会情勢に応じて、必要な時にのみ「ラク」というあり方が特定の市場に当てはめられて「楽市」が成立する、という姿が想定されるのである。

本稿でみる「タモンイチ」の場合、それが最終的に「ラク」として設定され、あるいは法令が実際に施行されるかは、領主権力である久秀自身の判断に委ねられていたのではないか。ただし、史料を欠くためこれ以上確かなことは分からない。先述のように、奈良市中ではこれ以降、米が取引手段としての比重をいっそう高めていくことから、「ラク」はこの時を限りとして、あるいは実現し得ぬまま終わった可能性もあるが、いずれにせよ推論の域を出ない。

周知のように、このあと久秀は信長から離反するが、天正元年（一五七三）十二月、信長に降ると同時に、自身は信貴山城へと退いていく。多聞山城は信長方に接収され、明智光秀・柴田勝家らが城番として入るが、これ以後の新市を含む城下の展開については明らかでない。推測を逞《たくま》しくすれば、おそらく久秀が多聞山を離れ、まもなく城が破却されるのと軌を一にするように、次第に衰退していったのではなかろうか。

おわりに

以上、本稿では、多聞山城下における市立てと楽市政策の実態について検討を加えた。推測に頼る部分も多いが、久秀による城下町経営の一端は明らかにし得たと考える。

すなわち、多聞山城下における新市開設は、さらなる地域経済の活性化を担うものと位置づけられ、それは久秀自身の領国支配をも支える物流拠点として機能していった。ところがその後、奈良市中では相次ぐ天災から、中心的な取引手段である米が慢性的に不足する状況に陥り、市場経済は悪銭による支払いを余儀なくされた。不運にもこうした状況を受け、「タモンイチ」を活動基盤とする商人たちの間では、旧態への復帰、すなわち従来のような銭による取引や流通量の増加が期待され、これを実現させる市場経済のあり方こそが、本稿でみた「ラクノトキ」であったと結論づけられる。

久秀の流通支配がもつ意義については、「楽市」の問題に留まらず、より広く大和国内に展開する地域市場や交通網との関連から、改めて考察していかねばならない。その上で、流通・外交の中枢機能を、既存の自治都市である堺に担わせた三好長慶との政策的差異をなお明らかにする必要があるが、いずれも今後の課題である。

〈参考文献〉

朝倉弘『奈良県史』第十一巻（名著出版、一九九三）

天野忠幸「三好氏の畿内支配とその構造」（『ヒストリア』一九八、二〇〇六〈天野A論文〉）

天野忠幸『戦国期三好政権の研究』（清文堂出版、二〇一〇）

天野忠幸「松永久秀と滝山城」（『歴史と神戸』二八九、二〇一一）

天野忠幸編『戦国遺文 三好氏編』第一巻・第二巻・第三巻（東京堂出版、二〇一三・二〇一四・二〇一五）

石川県立図書館加能史料編纂室「永光寺年代記について」（『加能史料研究』二所収、一九八六）

今谷明「室町幕府最末期の京都支配──文書発給を通じてみた三好政権──」（『史林』五八─三、一九七五、のち「三好・松永政権小考」同『室町幕府解体過程の研究』所収、岩波書店、一九八五）

浦長瀬隆『中近世日本貨幣流通史──取引手段の変化と要因──』（勁草書房、二〇〇一）

勝俣鎮夫「楽市場と楽市令」（『論集 中世の窓』吉川弘文館、一九七七）

金松誠「松永久秀について」（大和中世考古学研究会・織豊期城郭研究会編『織豊系城郭の成立と大和』所収、二〇〇六）

木戸雅寿「織田信長と大和」（大和中世考古学研究会・織豊期城郭研究会編『織豊系城郭の成立と大和』所収、二〇〇六）
熊田亨『楽市楽座の誕生』（岩波出版サービスセンター、二〇〇二）
小島道裕「戦国期城下町の構造」（『日本史研究』二五七、一九八四）
下高大輔「多聞城に関する基礎的整理」（大和中世考古学研究会・織豊期城郭研究会編『織豊系城郭の成立と大和』所収、二〇〇六）
須藤茂樹「飯盛山城と三好長慶の支配体制」（今谷明・天野忠幸監修『三好長慶』所収、宮帯出版社、二〇一三）
髙田徹「松永久秀の居城」（大和中世考古学研究会・織豊期城郭研究会編『織豊系城郭の成立と大和』所収、二〇〇六）
田中信司「松永久秀と京都政局」（『青山史学』二六、二〇〇八）
豊田武『増訂中世日本商業史の研究』（岩波書店、一九五二）
長澤伸樹「楽市楽座令研究の軌跡と課題」（『都市文化研究』一六、二〇一四）
長澤伸樹「富士大宮楽市令の再検討」（『年報中世史研究』四一、二〇一六）
長澤伸樹「小山楽市令をめぐって」（『六軒丁中世史研究』一七、二〇一七（予定））
永島福太郎「中世奈良の三市」（『ヒストリア』三、一九五二）
永島福太郎「中世奈良の市場（沿革編）（上）」（『日本歴史』一〇一、一九五六）
永島福太郎「中世奈良の市場（沿革編）（下）」（『日本歴史』一〇二、一九五六）
『奈良市史』通史二（吉川弘文館、一九九四）
永島福太郎『奈良』（吉川弘文館、一九六三〈永島A書〉）
福島克彦「城郭研究からみた山科寺内町」（山科本願寺・寺内町研究会編『戦国の寺・城・まち』所収、法蔵館、一九九八）
福島克彦「大和多聞城と松永・織豊権力」（『城郭研究室年報』一一、二〇〇二〈福島A論文〉）
福島克彦「松永久秀と大和多聞城」（大和郡山市教育委員会・城郭談話会編『筒井城総合調査報告書』、二〇〇四〈福島B論文〉）
藤木久志編『日本中世気象災害史年表稿』（高志書院、二〇〇七）
松永英也「永禄五年の徳政令にみる松永久秀の大和国支配」（『戦国史研究』五四、二〇〇七）
村井祐樹「松永弾正再考」（『遥かなる中世』二一、二〇〇六）
安国陽子「戦国期大和の権力と在地構造――興福寺荘園支配の崩壊過程――」（『日本史研究』三四一、一九九一）

脇田修『近世封建制成立史論――織豊政権の分析Ⅱ――』（東京大学出版会、一九七七）

〔附記〕
本稿は平成二十六年度科学研究費補助金（特別研究員奨励費）による成果の一部である。なお執筆にあたり、大阪市立大学大学院文学研究科教授・仁木宏氏より種々ご教示を賜わった。記して御礼申し上げる。

松永久秀と信貴山城

中川貴皓

はじめに

近年、戦国期畿内政治史に関する研究は飛躍的に進展している。幕府論や三好政権論などはその最たるものであり、従来の歴史像が大きく変わりつつある。そのような潮流のなかで、松永久秀も検討対象にあげられ、各視点から再検討が進んだ。それら昨今の諸研究を総括する当論集は、松永久秀研究の到達点であるといっても過言ではない。

さて松永久秀といえば、話題に事欠かない人物であるが、築城の名人という評価をご存知の方も多いだろう。そのような評価のゆえか、彼の居城たる信貴山城や多聞城は、中世城郭にしては全国的に知名度が高く、城郭に関する書物では必ずといってよいほど取り上げられている。そのなかで両者は対極的に捉えられ、多聞城は政治的な城、信貴山城は軍事的な城と位置付けられていた。

しかし、近年、多聞城は多角的な視点から再検討が進み、従来の見解を覆す多大な研究成果が上がっている（本書福島論文参照）。一方、信貴山城に関しては、縄張り論から再検討を試みた高田徹氏の研究があるものの（高田二〇〇六）、機能論をはじめ不明な部分が多く、よくわかっていないのが実状である。

そこで本稿では、松永久秀の本拠のひとつ信貴山城を取り上げ、文献・絵図史料や地表面観察による縄張り論から、総合的に当城の機能や構造を明らかにし、松永久秀の城郭像や領域支配に迫るための一試論としたい。

とはいえ、上記を明らかにするには、前史たる松永氏入城以前の信貴山城を避けて通ることはできない。まずは松永期以前の信貴山城を考えてみよう。

なお、現在、当城は一般的に「信貴山城」と呼称されるが、実は当時の史料においては確認されない呼称である。史料によると、「信貴城」や「信貴」・「信貴山」という表記が大多数を占める（年表）。本稿では便宜上、「信貴山城」に統一するが（史料引用する場合は除く）、ご留意されたい。

一、信貴山城前史

（1）守護権力との関わり――要害と聖地――

築城に関しては、南北朝期の楠木正成による築城説が少なくとも近世より伝わる（図４浅野文庫蔵『諸国古城之図』「大和礒城」の書付）。しかし、同時代史料では確認できないため、参考までに留めたほうが良いだろう。

史料上の初見は長禄四年（一四六〇）十月である。両畠山氏の抗争のさなか、信貴山麓の龍田の戦いに敗れた畠山義就は「信貴山」へ逃れている（『経覚私要抄』長禄四年十月十一日条）。ついで明応九年（一五〇〇）～永正二年（一五〇五）の間の十月には、畠山尚慶勢の籠る「信貴城」に細川政元勢が押し寄せるものの、辛くも撃退し、足利義材《よしき》から尚慶に感状が発給された（『足利季世記』巻之二「鳥屋討死之事」）。また永正三年（一五〇六）

十月には、政元重臣の赤沢朝経が「信貴山」に参籠している（『多聞院日記』永正三年十月十日条）。これは朝護孫子寺の宗教施設を利用したものであり、他国の武家が信貴山を聖地として認識していたことがうかがえる事例だが、信貴山城を押さえたうえでの行動であることは想像に難くない。

当該期の信貴山城は、大和国外の武家勢力間の戦いにおいて、守護権力の臨時的な詰城として利用されるとともに、一方で信仰の対象として山腹の朝護孫子寺が使われていた。要害と聖地の並立関係を見出せる。ここで留意したいのは、興福寺や大和国衆などの在地勢力による関与が一切確認されないことである。

（2）木沢長政の本拠――恒常的な大規模山城へ――

天文五年（一五三六）六月、信貴山に城を拵えた木沢長政は河内国飯盛城より拠点を移し、「信貴山之上」に居住した（『証如上人日記』天文五年六月二十六日条）。これが木沢期信貴山城の初見とされるが、実はその三か月前に当城の存在を確認することができる。『細川両家記』天文五年三月二十六日条には、中嶋一揆衆や富田中務により椋橋城を攻められた三好伊賀守が城を明け渡し、長政を頼って「信貴城」へ逃れたとある。このように同年三月にはすでに城として機能しているため、少なくとも普請はある程度完了していたとみてよい。長政の入城は、屋敷などの作事の落成に伴ったものと考えられよう。

また長政だけではなく、その家臣団も山上の城内に居住していることが史料から確認されるため（『証如上人日記』天文八年閏六月十一日条など）、信貴山城は居住空間を持ち、家臣団をも抱え込む恒常的な大規模山城として大きく改修されたことがうかがえる。

さて、そのような木沢期信貴山城には、大坂本願寺や興福寺など有力な権門の使者が訪れ、日常的な音信・贈答をはじめ、政治的交渉・儀礼などの場にもなり、政庁機能を有していた（年表）。ここでは長政による大和国支配や信貴山城の位置づけを考えるため、興福寺との関わりのなかから重要な事例を紹介したい。

まず注目したいのは、天文七年（一五三八）正月二十五日、城内において、長政が興福寺より委託された一国規模の検断権を「上意」により大和国衆の戒重氏《かいじゅう》に対して行使したことである（『享禄天文之記』天文七年正月二十五日条）。事の発端は戒重氏による興福寺への大仏供庄年貢抑留であった。当初、興福寺は戒重氏への報復措置として、国衆の越智氏に発向を命じたが、滞っていたため、幕府に訴え、長政の力を頼りに問題の解決を図った。その際、長政には一定の裁量が認められており、穏便な処置を模索していたようだが（「（天文五年）十月六日付木沢長政書状」『春日大社文書』）、結局、「信貴山ニテ戒重殿打殺ス」とあるように検断権を行使し、戒重氏を処刑することになる。

長政による処刑を契機に、翌二十六日、十市衆が戒重城を攻め焼き払い、二十八日には興福寺が発向した。興福寺は戒重城の釜の前に春日大社の「御神木」を立てることで、戒重氏の城や知行地・職を差し押さえ、本懐を遂げたのである（『享禄天文之記』天文七年正月二十六・二十八日条）。

続いては「寺社成」に関する案件である。長政は一部の大和国衆を闕所《けっしょ》処分とし、彼の家臣を給人とすることで実質的な大和国支配を試みたが、その闕所には「寺社成」、すなわち興福寺の知行分も含まれていた。興福寺は寺社成を闕所の対象から除外するよう申し入れるため、何度か信貴山城に使者を派遣している（『学侶引付』天文八年八月二十八日条など）。

これらの動向は、長政が「大和守護」を自任していることを裏付けるものであり（『証如上人日記』天文五年正月二十日条）、長政は興福寺体制を否定せず、配慮しながらも、それに並び立つ武家側の支配者として大和国に君臨しつつあった。そして長政の本拠たる信貴山城は、その舞台となっていたのである。大和国の守護所として機能したといっても過言ではない。

このような政治動向の一方で、長政は信貴山城を中心とした軍事行動を度々展開しており（年表）、城内や城域周辺には、軍勢の駐屯および集住空間も確保されていたと考えられる。また同十年（一五四一）には、南河内・南大和の押さえとして二上山城を築き、南山城の押さえには笠置城を改修するなど（『二条寺主家記抜萃』七・八月条）、信貴山城を中核とする大和国境ラインを固めた本城支城体制を確立させた。この信貴山城を中心とした支城網は、長政の支配領域の拡大によるものであり、十六世紀中葉の畿内近国における城郭運用を考えるうえで重要な事例になり得る。

権勢をふるった長政であるが、同十一年（一五四二）三月、太平寺の戦いで畠山・三好勢に敗北し、討ち死にを遂げる。その夜、信貴山城は二上山城とともに焼失した（『多聞院日記』天文十一年三月十七・十八日条など）。

（3）大和の戦国期拠点城郭の先駆け

先述した木沢期信貴山城を大和国内の城郭のなかで位置づけてみたい。千田嘉博氏の提唱した戦国期拠点城郭の概念を用いて検討を行う。

「戦国期拠点城郭」とは、十六世紀第２四半期を画期として、それぞれの権力再編成のうねりを受け、地域の拠点的山城が軍事・政庁・居住・儀礼などの諸機能を統合し、地形が許せば主要家臣屋敷地をも含み込もうとする新しいタイプの山城である（千田一九九四）。検討対象は、この概念に対応する木沢氏の信貴山城・越智氏の高取城・筒井氏の椿尾上城・十市氏の龍王山城とする。先行研究を踏まえて各城郭の成立時期を整理すると次のようになる。

①信貴山城…天文五年
②高　取　城…同八年（一五三九）前後（金松二〇〇一）

③椿尾上城…同十年前後（村田一九八五）
④龍王山城…同十一から十二年（一五四三）前後（村田一九八五・中川二〇一五b）
以上から、大和国では戦国期拠点城郭成立の画期を信貴山城に求めることができ、国衆はその概念を導入し、大和特有のありかた（村田氏の指摘する「山ノ城」論）へと昇華させていったと考えられる。

二、松永権力下の信貴山城

（1）松永久秀の信貴山入城

永禄二年（一五五九）八月、松永久秀らを大将とする三好勢は本格的な大和攻めを開始した。またたく間に国内各地を席巻し、翌三年（一五六〇）十一月には大和国東端の宇陀郡まで進出している。久秀は国内の代表的な諸城を攻め落とすと、同月、信貴山城に入り、拠点とした。(1) 従来、この久秀による信貴山入城の意義は十分に検討されてこなかった。なぜ数多ある城郭のなかから信貴山が選ばれたのか、少し検討してみよう。

「松永一国平均ニ治メテ信貴城ニ居城シケル、是ハ木沢左京亮長政カトリ立シ城ト聞エケル」とあるように、当時、信貴山城は木沢長政の城というイメージが強く残っていた（『足利季世記』巻之五「松永弾正和州平均之事」）。その木沢長政の信貴山城は、前章で明らかにしたように、天文年間、武家の大和国支配における政治・軍事の中心地であり、戦国期拠点城郭として機能していた。大和を軍事的に制圧した後に信貴山へ入城するといった久秀の一連の動向は、長政に代わる新たな大和国支配者を周囲に認識させるデモンストレーションであるとともに、先例に則った、なおかつ久秀にとっては不可欠な行為であったと評価できよう。同様の例としては摂津国芥川山城をあげられる（中西他二〇〇七）。

では続いて、永禄四年（一五六一）から十一年（一五六八）までの信貴山城を見ていきたい。同四年に久秀が多聞城へ移ったのち、同六年（一五六三）・十一年には筒井方や三好方との間で一進一退の信貴山城争奪戦が展開された。

前者の永禄六年は、一時、信貴山城が筒井方の拠点となっており、「筒井殿」が軍勢を率いて「信貴山」に入っている（『享禄天文之記』永禄六年四月二十日条など）。一方、久秀は信貴山城を取り戻すべく準備をととのえており（「（永禄六年）四月二十四日付照霜斎宗玖書状」『法隆寺文書』）、五月二十四日には松永勢が攻め込んだ。その結果、「七時」に「信貴山本ツフ《つぶら》」（本つぶら＝本丸）が焼け落ち、筒井勢のなかから小黒氏等裏切り者が出て、「本堂」を占拠した（『享禄天文之記』永禄六年五月二十四日条）。この戦いにより、信貴山城は松永氏に復することになる。

後者の永禄十一年は、足利義昭を推戴する松永久秀・三好義継と足利義栄を推戴する三好三人衆との間で生じた政権抗争の一環である。久秀は永禄八年（一五六五）から十一年にかけて、度々多聞城に籠城し、三好三人衆や筒井方を迎え撃った。そのようななか、三人衆のひとりである三好康長は「松永方信貴城」を攻め、「向城」すなわち信貴山城に対する付城を構築して包囲戦を展開した。当時、信貴山城には、松永氏家臣のほか三好三人衆と敵対する義昭派の細川藤賢も籠城していたが、本願寺の調停により、六月二十九日に三好三人衆方へ城を明け渡して大坂へ退去した（『細川両家記』永禄十一年六月二十九日条・『足利季世記』巻之六「松山安芸守ヵ事」など）。ところが、同年九月に織田信長を従えた義昭が上洛し、三好三人衆を畿内から駆逐すると、久秀は義昭からの援軍を得て大和各地の掃討戦を行い、信貴山城はその過程で奪還されたようである。

また同十年（一五六七）には、久秀・義継連合軍や「信貴城衆」による当城を拠点とした山城国・大和国筒井郷への焼き討ちが行われており（『細川両家記』永禄十年四月六日条・『多聞院日記』永禄十年六月十八日条）、軍事的動向が際立つ。

そのなかで「信貴城衆」の存在が確認されることは注目に値する。彼らは「信貴在城衆」とも呼ばれ、松永氏家臣のなかでも武辺に優れた山口秀勝が統括していた。秀勝は信貴山城に在城して、法隆寺との政治的交渉やそれにともなう文書の発給など政務に奔走するとともに、一方で日常的な音信・贈答を通じて、法隆寺年預との間に昵懇な関係を構築した。ちなみに彼の家臣（久秀の陪臣）岡勝家も取次や財政管理の実務を担い、秀勝の政務を支えている（中川二〇一三）。また秀勝の他にも立入勘介弘□や入江志摩守重□、横□勘左衛門勝長など複数人を確認することができる。いずれも法隆寺とのやりとりが見られ、地域社会との深い関わりを読み取ることができる（「（年未詳）三月十日付立入勘介弘□等連署状」『法隆寺文書』など）。

さらに見過ごせないのは、足軽衆が「信貴城足軽衆」として文書を発給していることである（「（年未詳松永期ヵ）九月十二日信貴城足軽衆黒印状」『法隆寺文書』）。本文書は、法隆寺年預御坊中に対し、書札礼に則りながらも高圧的に矢銭を要求しているものであるが、これは極めて異質で、管見の限り、類例は確認できない。奉行人や武将クラスではなく一介の足軽衆がこのような文書を発給できたのは、「信貴城」という特殊な肩書きがあるゆえか、もしくは何らかの要因により群盗化しているとも考えられる。解釈は非常に難しいが、信貴山城はこのような集団を生み出し、抱えていたのである。地域社会にとって恐るべき存在という側面は否定できない。

当該期の信貴山城は木沢氏以来の大和支配の象徴として認識されるとともに、久秀の多聞移動後は松永方の出撃基地となっており、敵味方から重要視される広域的な一大軍事兼戦略拠点として機能した。一時、筒井方や三好三人衆に占拠されるものの、基本的には松永氏権力下の「信貴城衆」によって恒常的に維持されていた。興福寺との直接的な関係は確認されないものの、近隣の末寺である法隆寺との関係性が深く、地域の公的な拠点城郭として認識・機能し、在地支配を展開していたことがわかる。

（2）足利義昭政権下の松永氏信貴山城――大和一国支配期――

永禄十二年（一五六九）以降、「霜台（松永久秀）下代宮部与介」・「信貴へ善四郎遣、宮与・加吉へ折紙遣」・「加藤・宮部両人代官」とあるように（『二条宴乗記』永禄十二年二月二十三日条など）、宮部与介・加藤某が松永久秀の「下代（「代官」）」として派遣され、信貴山城において平群郡（現在の奈良県生駒郡平群町・三郷町・斑鳩町・安堵町と生駒市・大和郡山市の一部）を中心とする地域を管轄するようになる。下代の存在は、当地域が久秀の直轄地であることを示し、前段階と比べ、信貴山城の重要性がよりいっそう高まっていることがうかがえる。[2]

当該期の特徴のひとつは、久秀・下代と興福寺の間に政治的交渉や日常的な音信・贈答が数多くみられる点であるが（年表）、そのおかげもあり、城内の宮部氏屋敷の様相を史料から確認できる。下代である宮部与介の屋敷とはどのような構造で、城内の何処に存在したのか。松永氏権力下における下代の位置づけや信貴山城の空間構造を考えるうえで非常に重要であるため、はじめに検討したい。

興福寺坊官二条宴乗の日記によると、宮部の屋敷を「中（長）屋」と記す。この史料により、建物構造は長屋であることが判明するものの場所は詳らかでない。そこで、図1を見ると、雌岳の箇所には「女嶽宮部殿加藤殿」との書付があり、該当箇所である曲輪は細長く描かれ、図2に見る現況遺構（曲輪Ⅲ）や先述の建物構造の特徴とも一致する。これらを考慮すると、雌岳には長屋構造の宮部・加藤の下代屋敷が存在した可能性が高いといえる。

さて次に、当該期信貴山城の政治的機能の一例として、興福寺の知行地をめぐる相論を追ってみよう。

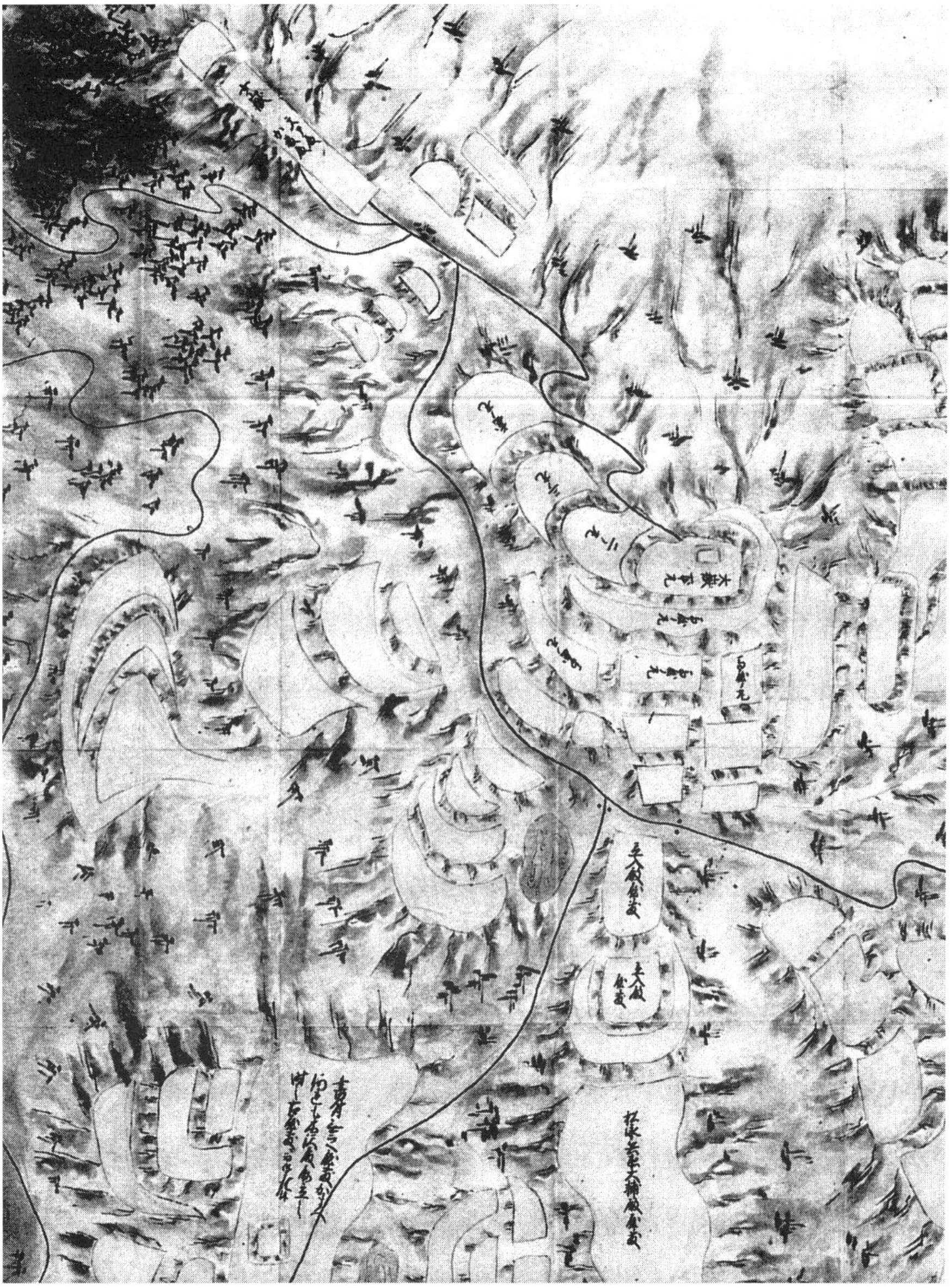

図1「和州平群郡信貴山城跡之図」（部分・重要文化財「大工頭中井家関係資料」より・中井正知氏・中井正純氏蔵、大阪市立住まいのミュージアム寄託、京極寛撮影）

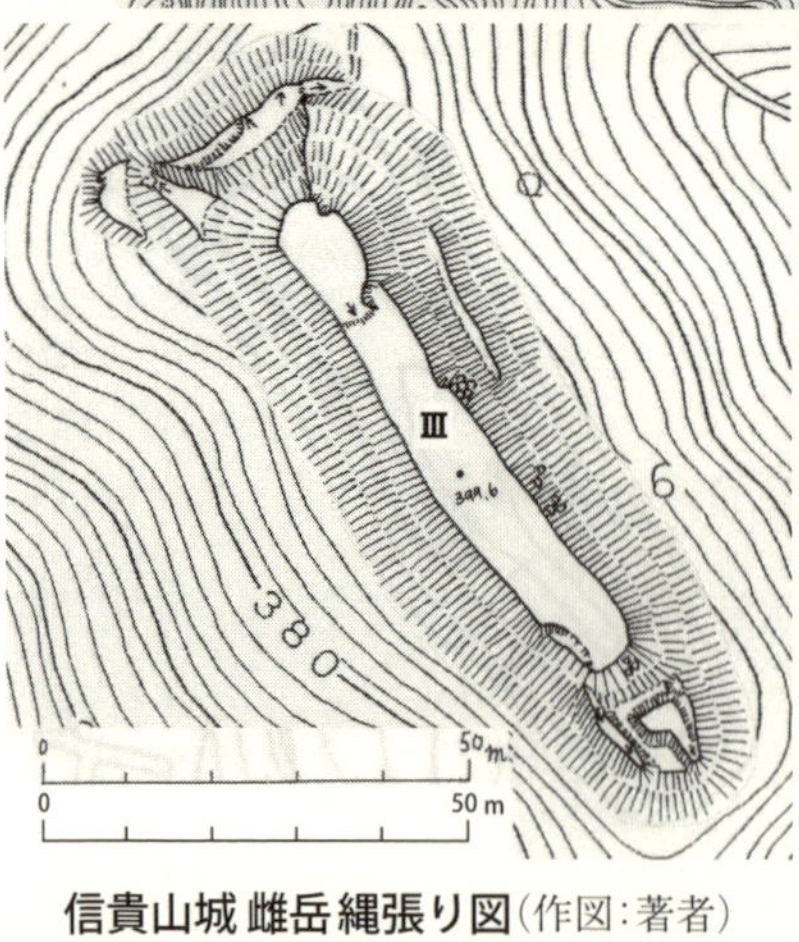

信貴山城 雌岳縄張り図（作図：著者）

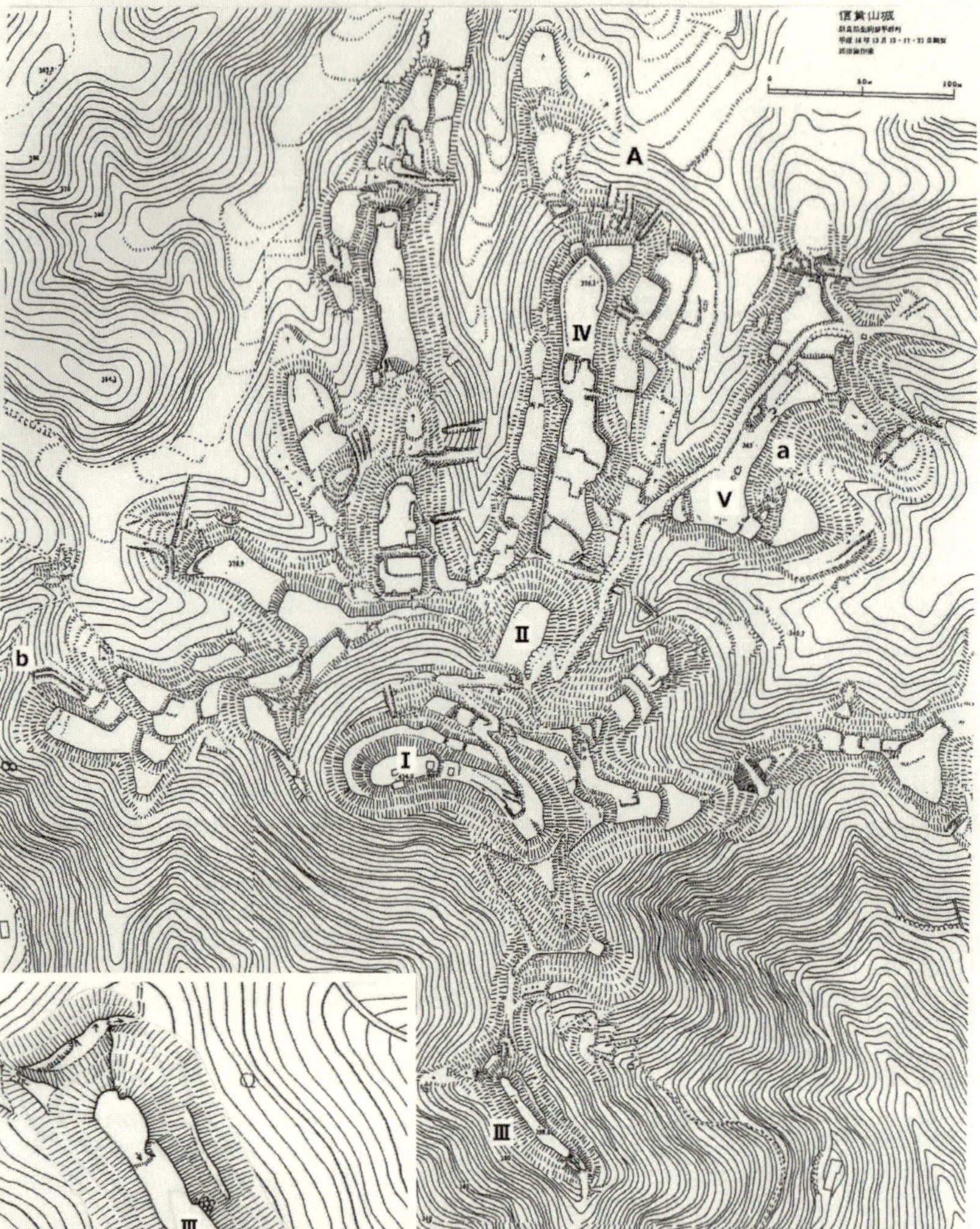

図2 信貴山城 縄張り図（作図：高田徹氏）

元亀元年（一五七〇）十月の「平郡《群》内春日進官下地」に関する相論である[3]。平群庄の進官米[4]が未進であったため、宴乗から進官下地を迦す[5]よう訴えられた久秀は、下代両人（宮部・加藤）へ進官下地は近年のごとく沙汰せよとの旨の書状を発給する（「（元亀元年）十月十五日付松永久秀書状写」『二条宴乗記』十月十六日条）。この久秀書状は、翌日に宴乗のもとへ写しが届けられ、宴乗はさらに十七日に信貴山在城の下代宮部・加藤へ書状と使者を派遣した。このとき、三目代からも使者が遣わされている。

十九日、宴乗の派遣した使者は、久秀の意を受けた下代宮部・加藤の「進官如有来可申付旨返事」を信貴山城より持ち帰った（『二条宴乗記』元亀元年十月十九日条）。その後、宴乗は久秀に礼を述べ、翌年（一五七一）二月に平群庄から進官米一石が無事に届くと、久秀の直札のおかげで進官下地が迦せられたと喜び、御礼として久秀には樽を、加藤・宮部両人代官には「三目代」として三石を進呈した（『二条宴乗記』元亀二年二月二十五日条）。

同様の事例として、「御門跡勢屋《野》御知行、同平郡《群》之内、春良御給田事」の案件をあげられる（『二条宴乗記』元亀元年十月十七日条）。こちらの結果は記されていないので定かでないが、前件同様、興福寺に配慮した裁許が下されたものと推測できる。

以上のように、当該期の信貴山城は、公私にわたって松永氏権力と興福寺が接する場となっており、久秀や信貴山在城の下代宮部・加藤らによって平群郡地域の知行地に関する訴訟の裁許やそれにともなう文書の発給・受給が行われていた。下代の影響は非常に大きく、松永氏による直轄地支配や家臣団構成を考えるうえで看過できない重要な存在である。また前段階と比べ、より政治的機能が色濃くなっており、久秀が本拠を移す元亀元年十一月までは平群郡地域を管轄する公的な拠点城郭であったといえよう。

続いて軍事的動向を概観する（年表）。

元亀元年七月…松永久秀・久通、三好三人衆を討つため信貴山城まで出陣（『二条宴乗記』）。
同年　九月…三好義継・松永久秀、本願寺・三好三人衆に対するため信貴山城へ移る（『尋憲記』など）。
元亀二年五月…松永久秀・久通・家臣の四出井家武、信貴山城まで出陣（『尋憲記』）。
同年　六月…松永久秀、三好義継や四国衆と約一万三千の兵で信貴山城より箸尾郷へ出陣（『尋憲記』など）。
同年　八月…松永久秀・三好義継、千三百の軍勢を率いて信貴山城より出陣し、辰市城を攻めるが敗北。
　　　　その後、筒井平城・田中城・川合城の松永方在番衆は信貴山城に撤退（『尋憲記』など）。

これらの動向から、河内国や国中に対する大規模な軍事行動が頻繁に行われる出撃兼駐屯基地として機能し、必要に応じて義継や四国衆・周辺の付城の在番衆を受け入れるなど、懐の広さをもつ松永方の中心的な軍事拠点であることがうかがえる。

最後に当該期の画期として、久秀による信貴山城への本拠移動をあげたい。永禄十二年から天正元年（一五七三）までの信貴山城に関連する久秀の動向をみると、元亀元年以降、信貴山在城期間が増加し、かつ元亀元年十一月二十二日を境に表現の変化が確認される（年表）。信貴山城に対し、「被行」・「御越」から、信貴山城より「御出」、信貴山城へ「御帰」・「被帰了」と変化するのである。以上のことから、久秀は多聞城を久通に譲り、自らは信貴山城を本拠として行動していることを指摘できる。これは元亀元年七月の「知行クハリ（配）」（家臣に俸禄として土地を支給すること）と関連した動きと推測され、松永氏による大和国支配は当時最盛期を迎えており、この機会に多聞城に代わる新たな分国支配の拠点かつ大和の政庁として、再び信貴山城が選ばれたと考えられよう。また義昭政権下における「御敵」三好三人衆の動向により、河内方面での軍事的緊張が高まったことも要因の一つとしてあげられる。

（3）織田権力下の松永氏信貴山城――多聞退城後――

元亀四年（一五七三）二月、松永久秀・久通父子は足利義昭に対して謀反を起こした織田信長と対立する。[6]しかし、同年（天正に改元）十二月、信長に降伏し、久通は多聞城を明け渡して信貴山城に移った（『尋憲記』天正二年正月一日条など）。これにより、信貴山城は大和の政庁という性格を失うことになる。多聞退城後、久秀に表立った動きは見られず、代わりに久通が台頭し、織田氏権力下において塙直政（原田直政）や筒井順慶とともに大和国支配の一端を担うようになった。久通は天正三年（一五七五）七月以降、龍王山城を拠点とし、山麓の長岳寺や柳本城を併用して新たな松永氏の本拠を形成していく（中川二〇一五b）。そのためか、信貴山城に関する動向は一切確認されず、再び史料上に現れるのは、天正五年（一五七七）の松永氏造反による信貴山籠城戦の動向のみである。では、天正五年の信貴山籠城を見ていこう。

久秀・久通父子は本願寺攻めのため、信長家臣の佐久間信盛に属し、天王寺の付城に在番していたが、天正五年八月十七日、突如「謀反」を企て、「信貴の城」に立て籠もった。その知らせを聞いた信長は、側近松井夕閑を信貴山城まで遣わすが、功を奏さなかったようである（『信長公記』巻十）。この松永氏謀反は、上杉氏や本願寺との密通によるものという説があるが、その根拠は推測や信憑性の低い後世の軍記物語であり、定かではなかった。しかし、「（天正五年）十月十一日付下間頼廉書状」（『本願寺鷺森別院文書及び真宗諸寺文書』）によると、本願寺は松永氏の「色立」と連動した軍事作戦を展開し、毛利・上杉氏などの各勢力と緊密に連携していたことが読み取れる。

このことから、松永氏の謀反は、反信長の足利義昭方（義昭・毛利・上杉・本願寺など）と連携した極めて計画的な軍事行動であったことをあらためて指摘できよう。本史料は今まで見過ごされてきたが、天正五年前後の足利義昭政権と織田信長政権の相剋を如実に物語る重要な史料である。

松永氏への説得が失敗に終わると、信長は久秀と馴染みが深い大和国衆の岡周防守に九月二十二日付朱印状で強く牽制し（『屋代氏所蔵文書』[7]）、同月二十九日、ついに信貴山城攻めの軍勢を派遣した。十月一日には先陣の細川藤孝・明智光秀・筒井順慶らにより、松永方の片岡城が攻め落とされ、松永氏家臣の森・海老名氏が討死を遂げた。また同日、久通配下の柳本衆と黒塚衆が「調略」により「内ワレ」を起こし、柳本衆は久通を自害させている（『多聞院日記』天正五年十月一日条）。同月三日、織田信忠率いる織田勢は信貴山城に迫ると、陣を置き「城下」を焼き討ちにした。そして夜には「信貴山ヒサ門堂」が焼け落ちている（『多聞院日記』天正五年十月四日条）。九日夕方には信貴山城が猛火に包まれ、その後、「マワリノ小屋南ノメタケ調略ニテ取テ焼了、本城ハ未不落居、不可有程云々」とあるように（『多聞院日記』天正五年十月十日条）、本城はまだ落ちていないが、周辺の屋敷群と南の雌岳が織田方による調略で占拠され焼かれた。翌十日は、「十月十日の晩に、秋田城介信忠、佐久間・羽柴・惟任・惟住諸口仰付けられ、信貴の城へ攻上られ、夜責にさせられ、防戦、弓折・矢尽、松永天主に火を懸け焼死候」とみられるように、織田勢によって諸口より攻められ、久秀は「天主」に火をつけ自害した（『信長公記』巻十）。落城の際、久秀は爆死したとよく語られるが、当時の史料には確認できないため、俗説といわざるを得ない。そのことを裏付けるように『多聞院日記』の著者である多聞院英俊も「昨夜松永父子腹切自焼了、今日安土へ首四ツ上了」と記している（『多聞院日記』天正五年十月十一日条）。

以上が信貴山籠城戦の顛末であるが、先程紹介した「下間頼廉書状」では、この短期間の落城は「信長不慮之調略」が原因であったと断定されている。頼廉は「絶言語」と漏らし、軍事作戦の変更を雑賀御坊惣中に飛脚で連絡している。信貴山落城は、義昭方にとってまさに青天の霹靂《へきれき》であり、換言すれば、義昭方諸勢や久秀自身は勝算のある戦いと見込んでいたのである。上記を踏まえると、松永氏の謀反は決して突発的で無謀なものではなかったといえよう。

天正五年の落城後、当城が使用された形跡は確認できないため、廃城になったと考えられる。

三、信貴山城の構造

(1)信貴山城の立地と縄張り

城が築かれた信貴山は、大和国と河内国を隔てる生駒山地南部の一山塊である。平野部から離れた深山の地であるが、古代以来の要衝であり、古代山城の高安城や聖徳太子所縁の朝護孫子寺が立地する。中世には河内国と大和国を結ぶ主要街道のひとつ、「信貴路」も整備され(『中臣祐定記』)、陸上交通の要ともなっていた。この信貴路とは、大和国勢野より河内国教興寺へ至るもので、城の南側にある南畑を経由する東西ルートである。

信貴山城 遠景

近辺には、北西約一キロ地点に高安山城、南西約一キロ地点に南畑ミネンド城、南東約二キロ地点に立野城が確認されており、信貴山城の支城とされる。

城郭遺構は、標高四三四メートルの雄岳を中心に東西六〇〇メートル・南北八八〇メートルにわたって展開し、城域は雄岳地区・雌岳地区・支尾根地区に大きく三区分することができる(図2)。遺構の様相に合わせて、参考までに中井家所蔵「和州平群郡信貴山城跡之図」(図1)の書付を随時確認しつつ、構造に迫ってみたい。

雄岳地区の切岸と曲輪

曲輪Ⅳ西側の土塁

雄岳山頂には、主郭Ⅰがあり、東に向けて連郭式に二段の曲輪が設けられる。比較的高低差が小さく、まとまりがあるため主郭部といえよう。当所は最も眺望に優れ、大和盆地はいうまでもなく平群谷や生駒・葛城の山々をも見渡すことができる。図1によると、西から順に「本丸」・「二ノ丸」・「三ノ丸」とされる。この主郭部の西〜東南山腹を帯・腰曲輪により取り囲み、支尾根基部には曲輪Ⅱを配置する。Ⅱは支尾根の各曲輪群からのルートが集約されており、山頂部防衛および支尾根統制の要となる。比較的広い面積をもち、切岸は高く急峻である。図1では、山腹帯曲輪を「馬屋ノ丸」、東南の腰曲輪を「蔵ノ丸」、Ⅱを「立入殿屋敷」と記す。立入殿とは、久秀家臣で信貴在城衆の一人である立入勘介のことと推測される。

上記の雄岳地区は、基本的に高低差のあるシャープな切岸を防御の主体とする。古式ゆかしくみえるが、要害性の高い地形であるため十分な普請といえよう。急峻な山を切り開いての普請は、かなりの土木量を必要としたようで、なかでも帯曲輪を区画する石塁は岩盤を削り残して構築されており、見どころのひとつである。また宗教施設や山道など後世の改変により、曲輪間の連絡が定かでないため、虎口構造は不明な箇所が多い。

雄岳から南に鞍部を隔てた先には、標高三九九メートルの雌岳があり、頂部には細長い曲輪Ⅲが造成される。Ⅲは主郭に次いで眺望に優れており、周辺地域から仰ぎ見ると象徴的な山容である。Ⅲ周囲の急峻な切岸には所々に石積が確認され、最南端には内枡形状の虎口が開く。図1によれば、「女嶽宮部殿加藤殿」とあり、下代の宮部与介・加藤某の居所であったという。

支尾根地区は、雄岳から放射状にのびる各尾根を基軸に曲輪群が展開する。いずれも切岸を防御の主体とするが、土塁による囲繞や櫓台の構築、複雑な虎口の形成、要所に堀切や竪堀・横堀の配置がされ、また一部に石積も確認される。雄岳地区に比べ、発達した防御施設を確認できるが、防御ラインは尾根単位や曲輪単位で完結するのが特徴である。関連して、当地区の曲輪群は半独立的性格をもつものがあり、比高差やⅡへのルート集約で雄岳地区への求心化を図るものの、城域全体でみると求心性はあまり強くない。なお、尾根ごとにプランニングが異なるのは、機能分化によるものと考えられる。

当地区のなかで注目されるのは、Ａ曲輪群である。尾根上に造成した五段の削平地の四方を土塁で囲み、ひとつの空間として一体化を図ることにより、Ａの中枢となる曲輪Ⅳが成立する。城内でも唯一の構造であり、当所の重要性・特殊性を物語る。地形の影響を受けているものも含まれるが、Ⅳ塁線には折れが数カ所確認され、一部は虎口に対応する。虎口は東向きに二カ所あり、土塁が開口し、内側を窪ませて形成される。周囲の切岸は、ほぼ垂直に近く切り立ち、その様は圧巻である。Ⅳ東西直下には地形の制約を受けながらも多数の方形を志向した曲輪が造成され、屋敷地を彷彿とさせる。Ａの全体的な縄張りプランを読み込むと、東を正面として構築されたことがうかがえる。

また城域東西端部のａやｂは、谷全体を加工し、枡形状の空間を備える大規模な虎口を造成しており、城域全体の虎口と評価ができる。これら虎口の占地・構造は、龍王山城北城との類似性を指摘することができ、遺構論から松永氏の拠点城郭を考えるうえで看過できない点である。

図1では、曲輪Ⅴに「書付無之屋敷かまへ、何れも木沢殿取立之時之古屋敷ニ而御座候」とあり、とくに

書付のない屋敷曲輪は、どれも木沢氏時代の古屋敷であると記す。先述したように、木沢氏段階では、すでに家臣団の集住も行われていたことを考慮すると、この書付の信憑性は高く、城域や基本的な縄張りプランは木沢氏段階で成立したといえる。ついでⅣ北半分は、「松永兵部大輔殿屋敷」とある。よく「松永屋敷」や「弾正郭」と呼ばれ、久秀の屋敷地であり、天主の位置も当所に比定されるが、留意すべきことがある。まず、件の松永兵部大輔殿とは、一族の松永秀長を指す[8]。そのため、一般に引用される安田家文書「和州信貴山古城図」の原図と考えられる。図1に従うと秀長屋敷となるのである。しかし、大方氏所蔵「信貴山城図」（図3）では、当所を「松永弾正少弼殿屋舗」と記し、久秀屋敷とするため、符合しない。どちらが正しいのか、現状では判断を下せないため、今後の課題としたい。ついで、天主の位置に関しては、後述のとおり、「本城」、すなわち雄岳にあったことが明確であるため、松永屋敷所在説は誤りである。

(2) 史料にみる信貴山城の空間構成・建物

文献史料からは、信貴山城の空間構成や建物・作事に関する記述を確認できる。まず城域内の大まかな空間を示すものとして、「本城」・「マワリ《周り》ノ小屋」・「南ノメタケ《雌岳》」・「信貴山ヒサ《毘沙》門堂」・「城下」があげられる。順に検討したい。

「本城」は主郭を中心とした雄岳地区の曲輪群を示すもので、先述の天正五年の籠城戦を諸史料から読み解くと、『信長公記』に記される「天主」は当所にあったと考えられる。しかし、この天主について具体的に物語る同時代史料は管見の限り確認されず、構造や落成時期は不明である。

ただ、検討を要す史料であるが、「澤蔵及松永乱記」に天主と考えられる建物の様相が部分的に記されている。参考までに本史料の概要とともに紹介したい（なお本史料の翻刻や史料批判は別稿を準備するつもりである）。

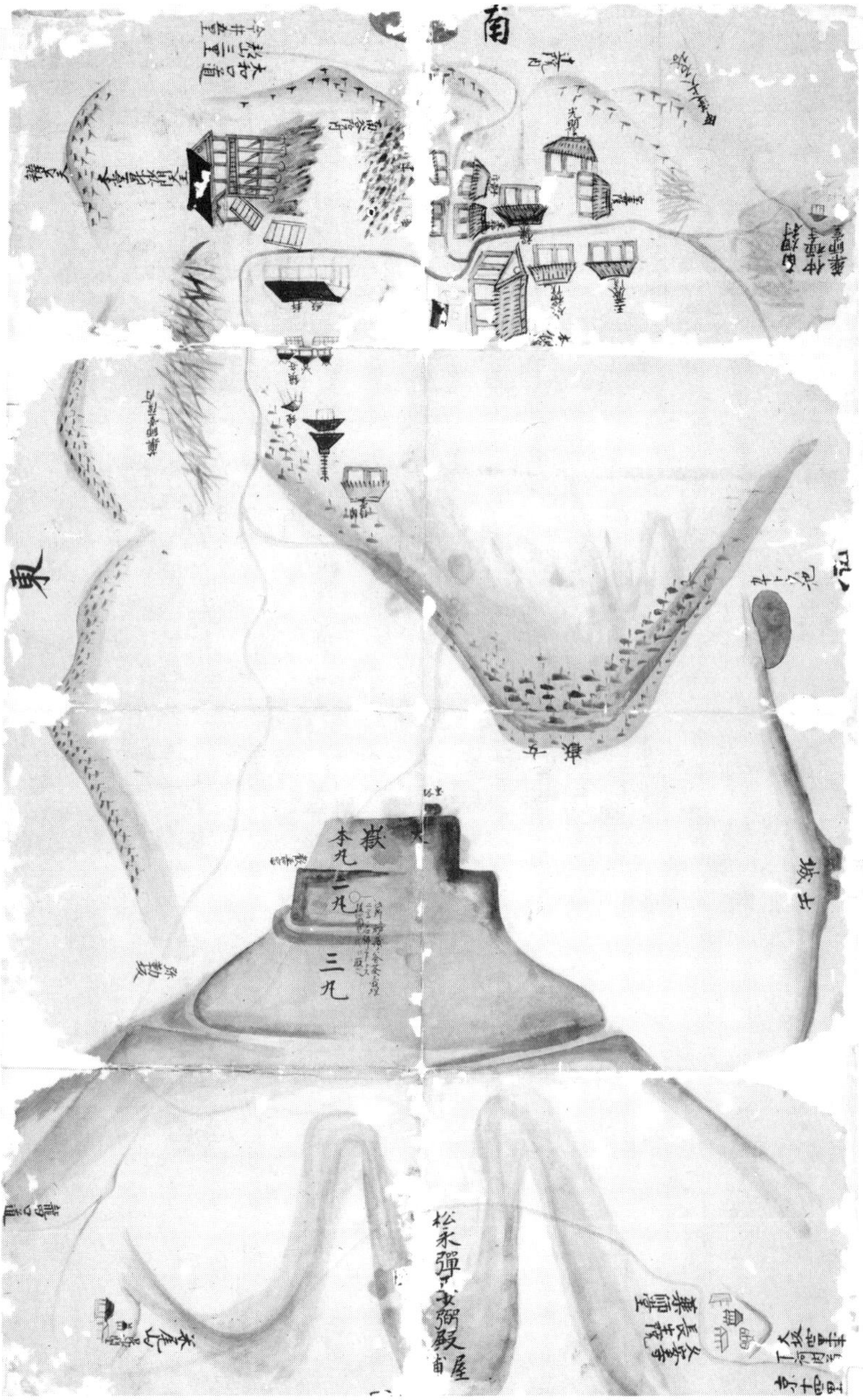

図３「信貴山城図」（大方豊氏蔵、柳沢文庫保存会 提供）

この史料の識語によれば、天正十三年（一五八五）四月十一日に椋橋（奈良県桜井市倉橋）の東坊が作成し、のちに良学が末代のために写し取ったという。「談山妙覚院文庫」・「他見不許、談峯妙覚院秘本」として扱われていたことから、良学とは多武峯妙覚院の関係者であろう。作者の東坊も居住地や史料の内容を踏まえると多武峯関係者と考えられる。明治期には多武峯士族葛城保義の蔵本となり、明治十九年（一八八六）十月に内閣臨時修史局（現東京大学史料編纂所）の編集星野恒が採訪、翌年十二月に謄写を終えた。謄写に際しては、写は横手近義、校は山下新介が担当している。

内容は表題のとおり、戦国期における多武峯と武家側の戦い（多武峯合戦）の顛末を書き綴ったものであり、①永正期の細川政元家臣沢蔵軒（赤沢朝経）との戦い、②永禄期の松永久秀との戦い、の二部構成となる。とはいえ、割合は後者が八割強を占め、松永久秀との関係性に重点を置いていることは明白である。それゆえ、本史料の締め括りは、多武峯合戦とはあまり接点のない天正五年の信貴山籠城戦における久秀の最期を書き記しており、そのなかに天主に関する記述が確認される。該当部分を要約し、キーワードを抄出しよう。

十月十日の夜、追い詰められた久秀は女房衆を「天シヤウ」に追い上げた。自身は「下ノ重」にて「屏風・椙子（障子）」を取り寄せ、中へ鉄砲の薬を入れ、「戸・畳」を引き裂いて火を付けた。さらに油を掛けて炎上させると切腹した。

このように概略は『多聞院日記』や『信長公記』と一致する。直接的に「天主」とは記されていないものの、「下ノ重」の存在は、久秀が自刃した建物が「天主」であり、そして、その「天主」が複数階の高層建築であったことを示す。さらに「天主」の内装として、屏風・障子・戸・畳の存在を確認できた意義は大きい。内部に居住空間が存在したことを示しているからである。本史料にしたがえば、信貴山城の「天主」は高層建築であり、内部には居住空間を備えていたということを指摘できる。[9]

「南ノメタケ」は、記述のとおり、雌岳の曲輪群であり、先述のように下代の宮部与介・加藤某の屋敷（「中（長）屋」）があったと考えられる。

「マワリノ小屋」は、雄岳山腹から放射状に派生する支尾根に構えられた各曲輪群に建つ屋敷を指したものであろう。

「信貴山ヒサ門堂」は、南山腹に展開する朝護孫子寺の本堂であり、信貴山城攻防戦の際には争奪対象となっていた。有事の際には敵味方から重要な攻略・防衛拠点として認識・機能していたことがうかがえる。現在の本堂は昭和三十三年（一九五八）に再建されたものであり、それ以前にも建て替えが行われているため、当時の様相は詳らかでない。しかし、天文二十二年（一五五三）に当所を訪れた三条西公条は「かけつくり（懸け造り）三方のこる所なくみえて、勝境（景）たぐひなし」と記していることを踏まえると（『吉野詣記』）、懸け造り構造で山肌の傾斜面に張り出して建っており、さらに三方向の眺望が優れていたことが分かる。どうやら現本堂に近い構造であったようだ。ちなみに浅野文庫蔵『諸国古城之図』（図4）の書付によれば、朝護孫子寺は「城内」に含まれる。

「城下」に関しては、城に付随する城下都市・集落の存在を示す明確な史料・遺構が確認されていないため、定かでない。『信長公記』に記される「城下」は、単純に「城の下」や「城壁の外」の意である蓋然性《がいぜんせい》が高いが、留意したいのは、信貴山城周囲に多数の削平地群が確認されていることである。先述したように、木沢期以降、多くの軍勢を抱え込んでいたことを踏まえると、これらの削平地群は、彼らの居住・駐屯地であったと推測できる。しかし、削平地群のなかには、朝護孫子寺の坊院跡や近代まで存在した集落跡・後世の改変なども見られるため、遺構の見極めには注意が必要である。現状における安易な判断は控え、今後の調査課題としたい。

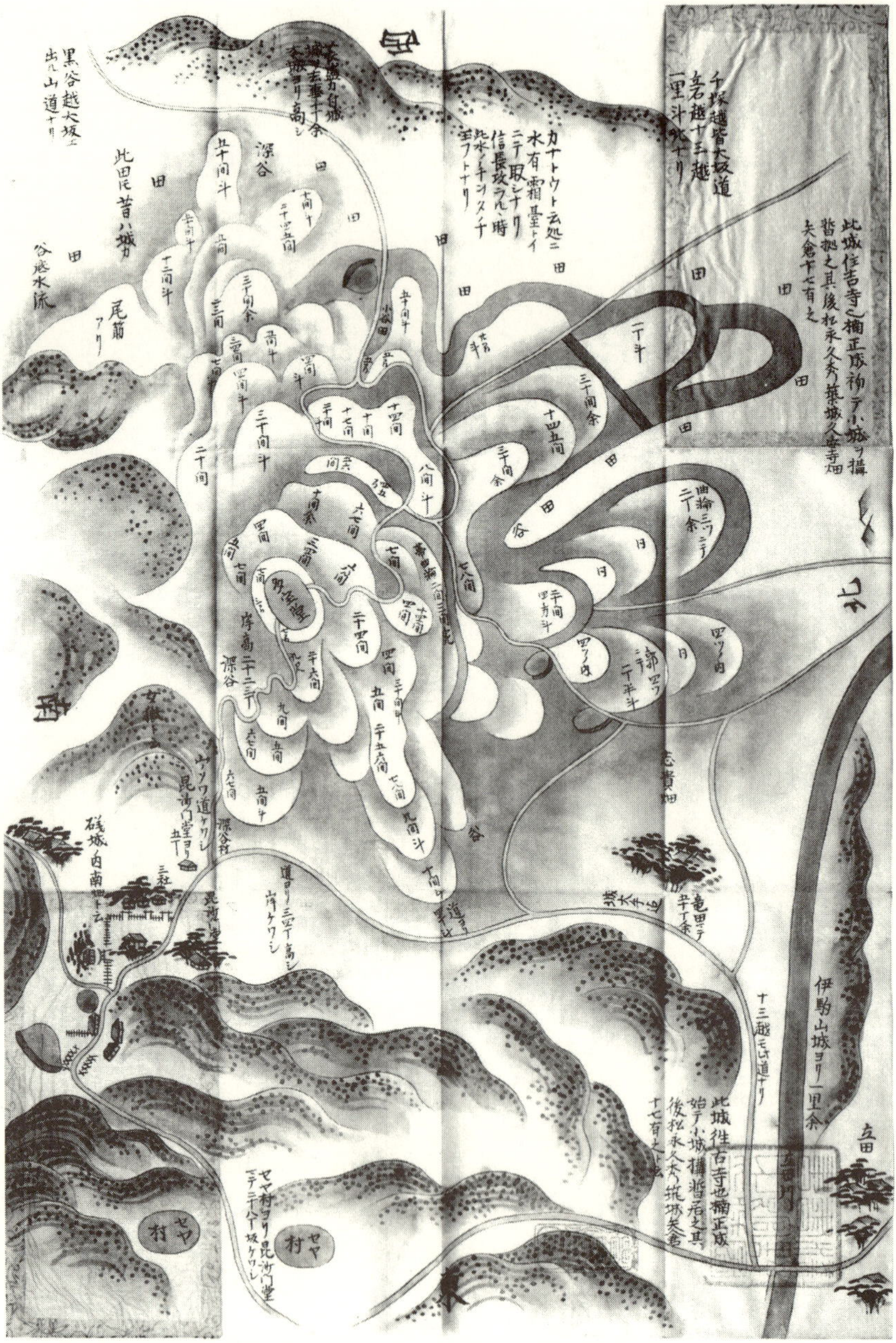

図４「諸国古城之図 大和礒城」（浅野文庫蔵、広島市立中央図書館 提供）

上記のなかで、狭義の城域としては、「本城」・「マワリノ小屋」・「南ノメタケ」が該当する。いずれも現況遺構と一致し、当時から三区分に認識されていたことは、城郭の空間認識を考えるうえで看過できない事例といえよう。

最後に城内建物の作事に関して触れておこう。久秀家臣の勝雲斎周椿は建物の作事にあたり、法隆寺の抱える「屋祢《(根)》ふき《(葺)》」職人二人を城内に呼び寄せている（「（年未詳）十一月十日付勝雲斎周椿書状」『法隆寺文書』）。瓦葺か檜皮葺か柿葺《こけらぶき》か、具体的な種類は定かではないが、専門的技術を要する重厚な屋根の構築、もしくは修理の必要性が生じたためであろう。また、かかる屋根を備えた恒久的な建物が城内に存在したことも示唆している。そしてなにより、信貴山城の維持管理にあたり、在城する武士やその関係者だけでなく、地域社会も密接に関わっていたことは注目に値する。拠点城郭クラスの日常的な維持管理の一端を垣間見ることができる興味深い事例である。

おわりに

本稿では信貴山城を対象とし、まず文献史学的見地から通史的に整理・分析することによって、信貴山城の機能やその変遷、そして中央政局に多大な影響を与えた木沢・松永氏権力による領域支配の一端を明らかにした。ついで、縄張りから構造を読み解き、関連する文献史料や絵図などを使用して、信貴山城の空間構成や建物・作事について言及した。繰り返しとなるが、最後に信貴山城の機能・変遷を簡潔にまとめておきたい。

木沢氏以前の信貴山城は、他国の武家勢力間の争いに際して、守護権力の臨時的な詰城および聖地として使用されていた。

木沢期には、木沢長政の領域支配の中核拠点として築かれ、大和国で最初の「戦国期拠点城郭」の機能を持つ先進的な城郭であった。長政をはじめ家臣団・軍勢も集住し、城内は権門との政治的交渉の空間であったことも確認できた。さらに委託されたものとはいえ、城内で一国規模の検断権が行使されており、大和の「守護所」さながらであったといえる。

松永期においては、大和国支配の象徴であるとともに、家臣団・軍勢の集住（信貴城衆）、政治的裁定の場、それにともなう文書の発給・受給、下代の在城など、地域社会を統治・管轄する諸要素を備えており、政治的機能が極めて強い城郭であった。久秀が元亀元年十一月頃に信貴山へ居所を移すと、多聞城に代わる松永氏分国の本拠および大和の政庁としての機能も再び付与された。その一方で、河内国・山城国・国中への出撃基地となっており、また開城した諸城の在番衆受け入れなど軍事的機能も高く、松永方の中心的な戦略拠点でもあった。

今後の課題は、久秀の領域支配に多大な影響を与えた他の本拠クラスの城郭、下代などが在城する地域拠点クラスの城郭との構造的・機能的な比較や、それらが松永氏権力内部の様相とどのように関連しているのかを文献史学・縄張り・考古学など多角的視点から検討することである。

戦国期拠点城郭から地域権力の構造や目指すあり方・思想を読み解くことは、中近世移行期の政治史を追究するうえで有効な手段であり、今後も検討を続けていきたい。

〈註〉

（1）松永久秀の信貴山入城の時期は、本格的な大和攻めが開始された永禄二年が通説となっている。しかし、それは誤りである。『享禄天文之記』永禄三年四月五日条には、同日、河内国から大和に入国した久秀が西京籠徳院を宿所とした旨が記される。少なくともこの時点では、大和国内に拠点を構えていなかったことが明らかである。そして、『足利季世記』の記述とも相違しない。

（2）ちなみに「片岡城州下代衆」とあるように、松永久秀の下代は信貴山城だけでなく片岡城にもその存在が確認される（『二条宴乗記』永禄十三年正月二十五日条）。直轄地は平群郡内に留まらず、葛下郡にも広がっていたようである。

（3）この相論は、のちに「一、午年《（元亀元年）》ハ諸給人衆へ庄々を御扶持ニ被下付而、無案内のよし候て、各不被差迦、給人衆のミにてつる（後略）」（『二条宴乗記』元亀四年二月十九日条）と記されるように、元亀元年七月の松永氏による「知行クハリ《（配）》」が原因であった。

（4）進官とは、興福寺の寺務機関に納める課役。また、その土地をいう。

（5）「迦」とは「ハッス」と読み、武家の下地支配に関して用いられる言葉である。興福寺の知行地を闕所の対象（武家の支配の対象）から「ハッス」ことで、興福寺側の収取分を保障する意味があるとされる（安国一九八九）。

（6）永禄・元亀年間の足利義昭・松永久秀・織田信長の関係性については、足利義昭政権を論じた際に言及した。詳細は「足利義昭政権考」（「日本古文書学会第四十六回学術大会要旨」『古文書研究』第七七号、二〇一四）、あるいは三重大学大学院修士論文「足利義昭政権の研究」を参照されたい。

（7）信長は本史料で「松永右衛門佐事、今度号雑説、寄事於左右、信貴籠城、言語道断之次第候」と述べており、首謀者は久通であると認識している。

（8）松永兵部大輔秀長については、『尋憲記』に発給文書の写が二点所収されており、その存在を確認できる。

（9）最大の問題は本史料の史料的価値であるが、先述のように詳細は別稿に譲るとして、現状における私見を述べておきたい。本史料の文体は軍記物によく見られる和漢混交文である。内容は、日付に若干の差異があるものの、多くは同時代史料と一致しており、より詳細に記されている。また近年、藤岡英礼氏や筆者が史料中に見られる未発見の城郭の現地調査を行ったところ、いくつか記述どおりの場所に城郭遺構を確認した。以上のことから、本史料は当時の様相をある程度反映しているものと考えられる。まだ検討の余地はあるが、史料批判のうえで、同時代史料を補完する史料として活用してもよいのではないだろうか。さらに、奈良県下において非興福寺側の寺院関係者が作成した記録が確認されるのは希有であり、注目に値することを付記しておく。

〈参考文献〉

岩永憲一郎『大和信貴城』城と陣屋シリーズ一四二号（日本古城友の会、一九八二）
金松誠「大和高取城に関する文献史学的研究」（『大和高取城』城郭談話会、二〇〇一）
小山文好「信貴山城」（髙田徹編『図説近畿中世城郭事典』城郭談話会、二〇〇四）／のち城郭談話会編『図解近畿の城郭』Ⅰ（戎光祥出版、二〇一四）
千田嘉博「守護所から戦国期拠点城郭へ」（『文化財学論集』、一九九四）／のち同著『織豊系城郭の形成』（東京大学出版、二〇〇〇）
髙田徹「松永久秀の居城――多聞・信貴山城の検討――」（『織豊系城郭の成立と大和』大和中世考古学研究会・織豊期城郭研究会、二〇〇六）
中西裕樹他『三好長慶の時代――「織田信長芥川入城」の以前以後――』（高槻市立しろあと歴史館、二〇〇七）
中川貴皓「木沢・松永権力の領域支配と大和信貴城」第二十七回全国城郭研究者セミナー報告要旨（『中世城郭研究』二五号、二〇一一）
中川貴皓「松永久秀被官に関する一考察――山口秀勝を中心に――」（『奈良史学』三〇号、二〇一三）
中川貴皓「信貴城」（仁木宏・福島克彦編『近畿の名城を歩く』滋賀・京都・奈良編、吉川弘文館、二〇一五ａ）
中川貴皓「龍王城」（仁木宏・福島克彦編『近畿の名城を歩く』滋賀・京都・奈良編、吉川弘文館、二〇一五ｂ）
村社仁史他『平群町遺跡分布調査概報』（平群町教育委員会、一九八九）
村田修三「信貴山城」（村田修三他編『日本城郭大系』十巻、新人物往来社、一九八〇）
村田修三「大和の『山ノ城』」（岸俊男教授退官記念会編『日本政治社会史研究』下巻、塙書房、一九八五）
村田修三「信貴山城」（村田修三編『図説中世城郭事典』二、新人物往来社、一九八七）
安国陽子「戦国期大和に出現した『迦』について」（『日本史研究』三一七号、一九八九）
安国陽子「戦国期大和の権力と在地構造――興福寺荘園支配の崩壊過程――」（『日本史研究』三四一号、一九九一）

信貴山城関連年表

年号	月日	信貴山城関連の文献史料概要	所収文献
長禄四年（一四六〇）	十月十日	畠山義就、龍田の畠山政長陣所を攻めるが敗北し、「信貴山」へ「取上」。その後、行方をくらます。	『経覚私要抄』
明応九～永正二年（一五〇〇～一五〇五）	十月五日	細川政元、畠山衆の籠る「信貴城」を攻めるが敗北。その後、政元は上洛する。翌月、この「信貴城合戦」の注進を受けた中国滞在中の足利義稙より畠山尚慶へ感状が送られる。	『足利季世記』
永正三年（一五〇六）	十月十日	赤沢朝経、「信貴山」へ「参籠」する。十二日に下向。	『多聞院日記』
天文五年（一五三六）	三月二十六日	三好伊賀守、中嶋の一揆衆・富田中務に尼崎の椋橋城を明け渡し、木沢長政を頼って「信貴城」に逃げ込む。	『細川両家記』
	六月二十六日	木沢長政、「信貴山之上」に移り住む。本願寺をはじめ各地から祝いの樽が届く。	『証如上人日記』
	七月二十六日	本願寺使者「横田出雲」と木沢氏被官「若井」、「信貴」へ赴き、中嶋衆の件について木沢長政より返事を持ち帰る。	『証如上人日記』
	八月九日	木沢長政、中嶋から天王寺に帰陣し、すぐに「信貴山」へ「かへり候」。	『証如上人日記』
	十一月八日	木沢氏被官「若井」、堺坊跡に陣取る旨を「信貴山」の木沢長政へ注進するが、長政は返事せず。若井、坊跡にある諸道具を保護するため陣取るが、「上野方」より木沢方へ陣を置かないようにとの旨の書状が送られる。	『証如上人日記』
天文六年（一五三七）	七月十九日	本願寺、信貴山城へ使者「藤井」を遣わし、「木沢代官清原」による河内十七ヶ所内の大庭氏の道場破壊行為を停止してもらったことに関して、木沢長政に御礼の品を送る。藤井、二十一日に「信貴」より戻る。	『証如上人日記』
天文七年（一五三八）	一月二十五日	本願寺、木沢氏被官「若井」が「信貴山」へ帰る際に「去々年堺坊并富田坊還往之折紙」の文言を書き改めさせる。	『証如上人日記』
	同日	木沢長政、「信貴山」で戒重氏を処刑する。	『享禄天文之記』

年号	月日	信貴山城関連の文献史料概要	所収文献
天文八年（一五三九）	閏六月十一日	「信貴」の中坊氏より本願寺へ大和瓜が送られる。	『証如上人日記』
	八月二十八日	興福寺、南脇の闕所下地の「寺社成」の件について、「信貴」に使者「浄順承仕」を派遣すること、さらに木沢氏らへの進物を評定にて決議する。	「学侶引付写・三」
	九月十四日	興福寺、翌日に浄順承仕を「信貴」に派遣し書状等を送ることを決議する。	「学侶引付写・三」
天文十年（一五四一）	七月二十八日	木沢長政、「信貴山」より「笠置山」へ入り、「笠置城」を借りて、所々「用害」にする。	『享禄天文之記』、『二条寺主家記抜萃』
天文十一年（一五四二）	三月十七日	木沢長政、「信貴山」より河内国へ出陣。太平寺の戦いで畠山種長・三好範長に敗北し討死。夜、「信貴城」・「尼上城（二上山城）」が焼失する。	『証如上人日記』、『多聞院日記』、『享禄天文之記』他
永禄三年（一五六〇）	四月五日	松永久秀、河内国から大和国西ノ京まで越し、籠徳院を宿所とする。 ※大和国内に拠点を持っていないことを示す。	『享禄天文之記』
	十一月	松永久秀、万歳城・沢城・檜牧城を次々に開城させ、「一国平均」に治めて「信貴城」を「居城」とする。これは「木澤左京亮長政カトリ立シ城」と評判である。	『足利季世記』
松永期（永禄三～天正四年）	十一月十日	勝雲斎周椿、法隆寺年預中に対し「屋祢ふき」二人を「信貴城」まで派遣するよう要請する。	法隆寺年預中宛勝雲斎周椿書状（『法隆寺文書』）
	十二月晦日	岡勝家、法隆寺への借銭返済を担当し、分割で返済する。残りは明春に信貴山城まで「御登可有候」と法隆寺年預御坊に伝える。	法年御坊宛岡勝家書状（『法隆寺文書』）
永禄四～十一年（一五六一～一五六八）	四月三日	岡勝家、松永久秀と法隆寺年預の両書状を山口秀勝に披露し、秀勝からの「御門前之義、少も如在有間敷」との返事を法隆寺年預に伝える。 ※次項「信貴在城衆秀勝書状」の関連文書。	法隆寺年会宛岡勝家書状（『法隆寺文書』）

	五月三日	「信貴在城衆」山口秀勝、法隆寺門前における濫妨・狼藉禁止依頼を承認し、「当城之義」は支障ないよう「申聞」かせるので安心するようにとの旨の書状を法隆寺年預御坊に送る。	法隆寺年会御坊宛信貴在城衆秀勝書状（『法隆寺文書』）
松永期ヵ（永禄四～天正五年）	九月十二日	「信貴城足軽衆」、必ず矢銭として米一〇〇石を十六日までに勢野の茶屋に持ってくるよう強く要請する旨の黒印状を法隆寺年預御坊中に送る。	法隆寺年預御坊中宛信貴城足軽衆黒印状（『法隆寺文書』）
永禄五年（一五六二）	五月二十日	三好長慶・松永久秀、畠山高政を攻め破る。「岩本」、「信貴山」へ逃げるが捕まり殺される。	『享禄天文之記』
永禄六年（一五六三）	四月二十日	筒井順慶、兵三〇〇〇人を率いて「信貴山」に入城する。翌日、兵が一五〇〇人となる。	『享禄天文之記』
	四月二十四日	松永久秀被官照霜斎宗玖、近日「信貴」を取り詰めるため、手遣いは延引していたが、法隆寺近辺における筒井方の軍事行動が恣で活発とのことなので、まず二、三〇〇〇の軍勢を平群・生駒・法隆寺近辺に派遣するとの久秀の意を法隆寺沙汰衆御坊・年預御坊に伝える。	沙汰衆御坊・年会御坊宛照霜斎宗玖書状（『法隆寺文書』）
	五月二十四日	「七時」に「信貴山本ツフ」が焼け落ちる。「小黒・アセサキ・森」が裏返り、「本堂」を占拠する。	『享禄天文之記』
永禄十年（一五六七）	四月六日	三好義継・松永久秀、堺から「信貴の城」へ「被打越」。のち法隆寺近辺を荒らして陣取り、法隆寺に対し「兵粮米五千石」を賦課する。その後、山城国へ出陣し焼き討ちを行う。十一日に多聞城に入る。	『言継卿記』、『細川両家記』、「梵音衆集会評定引付」、『多聞院日記』
	六月十七・十八日	「信貴城衆」、箸尾衆と共に筒井郷を焼き討ちする。	『多聞院日記』
永禄十～十一年（一五六七～一五六八）	五月二十一日	山口秀勝被官の岡勝家（久秀の陪臣）、細川藤賢の信貴「御登城」に際し、法隆寺年預から依頼された進物の披露等を行う。	法隆寺年会宛岡勝家書状（『法隆寺文書』）
永禄十一年（一五六八）	六月二十九日	細川藤賢、「松永方信貴城」に籠城していたが、三好康長に攻められ和議により退城する。	『多聞院日記』、『細川両家記』、『足利季世記』

年号	月日	信貴山城関連の文献史料概要	所収文献
永禄十二年（一五六九）	一月十四日	二条宴乗、持宝院より「菓子用金銭事」について信貴山城の「嶋方下代宮部与介方」へ申し届けるように言われ、書状と鈴を賜る。	『二条宴乗記』
	一月十五日	二条宴乗、「菓子用金銭儀」に関して「宮部与介」宛て折紙を調え、持宝院へ遣わす。	『二条宴乗記』
	二月二十三日	二条宴乗、平群から米取寄せの件で「霜台下代宮部与介」に連絡を取り、法隆寺まで「送」を付けるように頼まれたため、宮部へ依頼の書状を送る。宮部、異議なく送を出す。	『二条宴乗記』
	十月二十四日	二条宴乗、北小路俊直による御免状発給の件に関して「宮部」へも「内状」を遣わす。	『二条宴乗記』
	十一月一日	二条宴乗のもとへ禅観が「下代宮部返事」を持ち来る。返事の内容は、「諸成物事」は久秀に伺ったうえで沙汰する。また「利」に関しても米が良いとのことだがそれは難しい。但し久秀に伺い、何れも同様に馳走するとの旨。	『二条宴乗記』
	十二月五日	二条宴乗、「持宝院菓子用進銭事」について「宮部・加□藤」へ書状を送る。	『二条宴乗記』
	十二月十五日	二条宴乗、「薬用進銭」が納所に下されるので「宮部」へ書状を送るようにと依頼されたため、宮部に書状を遣わす。	『二条宴乗記』
元亀元年（一五七〇）	七月二十五日	松永久秀・久通、三好三人衆を河内国で討つため、多聞城より急に「信貴城」まで「出陣」する。	『多聞院日記』、『二条宴乗記』
	八月二日	松永久通、柿森を渡し、「信貴」へ「打被入」。	『二条宴乗記』
	八月十日	二条宴乗ら、八朔の御音信として松永久秀を訪ねるため「信貴」へ出掛ける。久秀と「宮部」への進物を調え、法隆寺市に寄った後、信貴山城内の久秀屋敷で酒宴。また宮部の「中屋」に使者「弥四郎」を遣わす。	『二条宴乗記』

八月二十六日	北小路俊直両人、「勢屋八朔成事」で「宮部・賀藤」へ書状と油煙を送る。二条宴乗、慶賢知行の件で使者「弥四郎」を宮部へ遣わす。	『二条宴乗記』
八月二十八日	二条宴乗の使者「弥四郎」、「信貴」より帰る。松永久秀父子は摂津国に出陣中とのこと。	『二条宴乗記』
九月二十五日	三好義継・松永久秀、多聞城より「信貴山」に入り、三好三人衆・本願寺に対峙する。	『二条宴乗記』、『尋憲記』
九月二十八日	二条宴乗の使者「善四郎」、「信貴」より帰る。松永久秀は秦楽寺城に「御出」とのこと。	『二条宴乗記』
十月十日	三好義継・松永久秀、筒井城より「信貴山」へ「被行」。	『二条宴乗記』、『尋憲記』
十月十五日	松永久秀、「宮与・加吉」へ平群内春日進官下地は従来のごとく沙汰するようにとの書状を送る。	『二条宴乗記』
十月十六日	松永久秀、「信貴」へ「御越」。丹後庄滞在中の二条宴乗に十五日付久秀書状写が届く。	『二条宴乗記』
十月十七日	二条宴乗、「信貴」へ使者「善四郎」を派遣し、「宮与・加吉」へ書状を送る。三目代も両人へ使者派遣。また庄下に餅を用意させ、両人へ送る。次いで、平群郡内の御門跡勢野御知行及び春良御給田の件で信貴山城の松永久秀へ使者を派遣。	『二条宴乗記』
十月十九日	二条宴乗の使者「善四郎」、「信貴」より「進官如有来可申付旨返事」を持ち帰る。	『二条宴乗記』
十一月十九日	二条宴乗、松永氏被官河那部伊豆守への書状や「信貴」行きの準備を調える。	『二条宴乗記』
十一月二十日	二条宴乗、「信貴」への道中の辰市にて多聞へ「帰城」中の松永久秀と会い、礼を述べて奈良へ帰る。	『二条宴乗記』
十一月二十二日	松永久秀、三好三人衆との人質交換の準備のため「信貴」へ「御帰」。	『二条宴乗記』

年号	月日	信貴山城関連の文献史料概要	所収文献
元亀元年（一五七〇）	十二月七日	松永久秀、「信貴」より「藤原人質」を連れて「御出」、奈良へ入る。	『二条宴乗記』
	十二月八日	松永久秀、「信貴」へ「御帰」。	『二条宴乗記』
	十二月二十九日	松永久秀、「信貴」へ「御登城」。	『二条宴乗記』
元亀二年（一五七一）	一月四日	松永久秀、「信貴」より多聞城へ「御出」。	『二条宴乗記』
	二月二十日	二条宴乗の使者「善四郎」、「信貴」に赴き「加藤・宮部」の返事を持ち帰る。（加藤・宮部らが）去年に三石の礼米を斟酌されたので、また進上したところ、願い置くとの旨の返事。	『二条宴乗記』
	二月二十五日	二条宴乗、「進官下地被差迦候」の礼として、松永久秀へ樽、「加藤・宮部両人代官」へは三目代として三石進上する。	『二条宴乗記』
	五月三十日	松永久秀・久通、「信貴」まで「出陣」。	『尋憲記』
	六月二十八日	松永久秀、三好義継・四国衆を含め約一三〇〇〇人の軍勢で「信貴」より箸尾郷へ出陣。	『二条宴乗記』、『尋憲記』
	七月四日	松永久通、「信貴」より多聞城へ「帰城」する。	『二条宴乗記』
	八月四日	松永久秀、三好義継とともに兵一三〇〇人で「信貴城」より出陣。辰市城を攻めるが、筒井順慶の後巻に敗北する。「付城」の「山口持城」・「屋及持城」・「田ナカ之城」・「高田城」・「犬臥城」を明ける。	『二条宴乗記』、『尋憲記』、『多聞院日記』
	八月六日	松永久秀、「信貴城」に「被帰了」。松永方の筒井城・田中城・川合城が開城し、これらの軍勢が「信貴山」に入る。	『多聞院日記』、『尋憲記』
元亀三年（一五七二）	三〜四月	松永久秀・久通、三好義継と共に付城を築き交野城を攻めるが、織田方の後詰めにより、大和へ退却。久秀は「信貴の城」に「在城」、久通は多聞城に「居城」する。	『信長公記』
天正元年（一五七三）	十一月二十九日	織田信長、松永氏の処遇に関して佐久間信盛に連絡する。多聞城をすぐに明け渡し、松永久通は「信貴」へ入れ、松永久秀の所領は没収することが然るべきと述べ、松永氏知行方の整理を指示する。そして久通の惣領子を人質とし、そのうえで詫びるなら赦免する旨を伝える。	佐久間信盛宛織田信長黒印状（『大阪銀装文明堂所蔵文書』）

天正五年（一五七七）	八月十七日	松永久秀・久通、謀反を企て「信貴の城」に籠城する。	『信長公記』
	八～九月	織田信長、松井夕閑を信貴山城に遣わし、説得を試みる。	『信長公記』
	九月二十二日	織田信長、岡周防守に対し、松永久通が「雑説」と号して「信貴籠城」したことを言語道断と非難する。そして松永氏の知行を押さえて百姓を支配し、もし百姓が松永氏に年貢を納めるようであれば成敗するよう命じる。また各自が松永氏に馳走するようであれば同罪であると牽制する。	岡周防守宛織田信長朱印状写（『屋代氏所蔵文書』）
	九月二十九日	織田信長、「信貴城」へ軍勢を派遣する。	『多聞院日記』
	十月一日	明智光秀、「信貴城」を攻める。柳本城か龍王山城にて柳本衆・黒塚衆が内輪割れを起こし、柳本衆により久通が殺され、夜に落城。	『多聞院日記』
	十月三日	織田信忠、「信貴の城」を攻め、「御陣」を据えて「城下」を焼き討ちする。夜、「信貴山ヒサ門堂」が焼ける。	『信長公記』、『多聞院日記』
	十月九日	「信貴城」が猛火に包まれている様子が奈良から見える。「マワリノ小屋」・「南ノメタケ」が調略で焼き落とされるが、「本城」はまだ落ちず。	『多聞院日記』
	十月十日	夜、織田方が諸口から「信貴の城」を攻め、松永久秀は「天主」に火をつけ自害する。	『信長公記』、『多聞院日記』
	十月十一日	下間頼廉、雑賀御坊惣中に対し、信貴落城を伝え、それによる摂津・河内・和泉方面での軍事作戦の変更と毛利家への軍勢渡海催促・北陸情勢を飛脚にて連絡する。信貴城は「信長不慮之調略」で落城したので、「絶言語」と記す。	雑賀御坊惣中宛下間頼廉書状（『本願寺鷺森別院文書及び真宗諸寺文書』）

久秀時代の堺

藤本誉博

はじめに

近年、松永久秀の家族と堺との関わりについて、天野忠幸氏により興味深い指摘がなされた。松永久秀の母は堺に在住しており、永禄十一年（一五六八）二月十五日に堺において死去。同十三年に堺で三回忌の法要が営まれた。また久秀は、亡くなった妻の菩提《ぼだい》を弔う寺院として、堺の南宗寺《なんしゅうじ》の内に勝善院《しょうぜんいん》を建立したという。久秀自身についても、茶会において若狭屋宗可《わかさやそうか》や千利休をはじめとする堺の豪商と交流を持っていた事実があり、彼らとの深い関係を示す逸話（血縁説など）が複数伝えられるなど、堺と関わるエピソードはたくさんある（天野二〇一二）。

このように、松永久秀はその家族も含めて堺と深い関わりを有していたが、松永久秀と堺との関係は堺の都市史の中でどのように位置づけられるのであろうか。戦国時代の堺を概観し、その中で松永久秀が活躍した戦国時代後期（十六世紀中頃）の堺の特徴を捉えようとするのが本論の狙いである。

一、見直しが進む中世都市堺の実像

中世都市堺は日本史の教科書にも載せられている著名な事柄である。そこでは、中世、特に戦国時代において経済や流通の発展により都市が発達し、その代表的な都市の一つとして堺が取り上げられている。そして武家による支配が主だった社会の中で、堺は富裕な商人たちの組織「会合衆《かいごうしゅう》」の合議によって市政が運営される自治都市・自由都市であったと評価されている。

一方で、近年、従来の堺の中世都市像を見直す研究が進んでいる。この動きは、かつて戦国大名不在の地として政治的な混乱のみが強調され、解明が遅れていた畿内の戦国時代の武家権力の研究が、今谷明氏の研究（今谷一九八五など）を嚆矢《こうし》としてようやく本格化したことと関係している。これらの研究により、当時、畿内で屈指の経済都市になっていた堺には、多数の武家権力が関わり、かつ拠点にしていたことが明らかになってきている（廣田二〇一三など）。戦国時代後期の堺については、当時の畿内に大きな勢力を誇った三好氏の都市支配と関わって検討が加えられている（天野二〇一一）。本論ではこれらの先学の成果を踏まえつつ、当該期の堺の様子を描写したい。

二、戦国時代前・中期の堺

戦国時代後期の堺を検討する前に、その前段階として戦国時代前・中期（十五世紀後半～十六世紀前半）の堺の様子を述べておきたい。この時期の堺については近年特に研究が進み、都市構造や武家権力の様相が明らかになりつつある。

堺は大阪湾に面した海岸地帯にあり、かつ、摂津国と和泉国の境界に位置する（堺の名の由来）。そして、堺の領域内はこの国境線を境にして摂津国堺北荘《きたのしょう》と和泉国堺南荘《みなみのしょう》とに分かれる。中世堺の社会構造は、荘園制の枠組みにもなっている「北」と「南」の区分に強く規定されている。

堺の支配は、基本的には堺北荘と堺南荘の枠組みを通じて行われていた。摂津国に位置する堺北荘は、摂津国守護である細川京兆家《けいちょうけ》が領有し、京兆家の内衆《うちしゅう》である香西《こうざい》氏が在地の支配者になっていた。香西氏の存在は堺北荘において天文期（一五三二〜五五）まで確認できる。一方、堺南荘は、室町幕府と関わりの深い五山寺院の一つ相国寺《しょうこくじ》の塔頭《たっちゅう》崇寿院《すうじゅいん》が領有していた。実際にその支配を担った主体は一定ではなく、地下請《じげうけ》であったり、和泉国守護細川氏による守護請であったり、直務《じきむ》代官が置かれたりした。代官としては、管国ではないにもかかわらず河内国の畠山氏や、幕府政所執事《まんどころしつじ》の伊勢氏が就任した場合もあった。堺南荘は多くの権力が交差する枢要の地であった。最終的には細川京兆家の内衆安富元家が代官となり、崇寿院には替地が与えられ、細川京兆家が実質的な支配者となった。

しかし、堺は特定の武家権力が一元的に支配していたのではない。特に和泉国である堺南荘には細川京兆家の一門である和泉国上《かみ》守護・下《しも》守護の両細川氏の守護所が置かれており、守護権力支配の拠点になっていた。これらの荘園領主、守護といった〝公式〟の支配権力以外でも、例えば周防国《すおうのくに》の大内氏の被官杉氏の館が堺に存在していたことが確認できる（『蔗軒日録《しゃけんにちろく》』文明十六年〈一四八四〉四月二十一日条）。堺は瀬戸内海航路および紀伊水道を通じた南海航路と畿内とを結ぶ交通・流通の要衝で、一大経済拠点であった。したがって、これらの地域や流通ルートに関わる権力は堺に何らかの拠点を設けていたと考えられる。これらの権力の中には、南北朝時代以前の堺の領主であり、当該期にも宗教的・社会的側面で伝統的な関係を保っていた住吉社や、戦国時代に進出してくる本願寺といった宗教勢力も存在する。堺にはさまざまな支配権力が重層し、共存していたのである。

一方、堺の自治については、従来の研究では、特に有力な商人で構成されていた会合衆が自治を掌《つかさど》り、武家権力などの支配権力をも排除した自治が行われていたと評価されてきた。しかし戦国時代にも武家権力は堺に存在し、活動していたことは先述の通りである。また近年の研究では、住民の自治組織として、堺南北両荘の枠組みで形成されていた荘中《しょうちゅう》が地域の基礎的な自治を担っており、支配権力の支配の対象になっていたことが明らかにされている。南北の住民組織は、江戸時代にも北組・南組としてその枠組みが継承され、自治組織の重要な単位になっていた。一方、会合衆は有力商人の集団として存在し、卓越した経済力を背景にして、相論の調停や、南北の枠組みを超えた問題で堺を代表する立場で交渉するなど、固有の活動を行っていたが、貢納の管轄や検断といった公的な自治権限は有していなかったと考えられる。

戦国時代の堺を会合衆が主導する自治都市と評価することはできず、さまざまな支配権力と住民組織が関係し合って社会秩序を形成していたと考えるべきである（藤本二〇一〇）。

三、戦国時代後期の堺――三好氏・松永氏の時代――

戦国時代後期（十六世紀中頃）は、三好氏が畿内で将軍権力を克服せんとするほどに勢力を拡大した時期であった（天野二〇一五）。無論、三好氏の重臣であった松永久秀が活躍した時期でもある。

これまでの研究史では、戦国時代の堺について、静態的な描写がほとんどであり、その間の変遷を追求するといった動態的な視点は乏しかった。その大きな理由として、「会合衆が主導する自治都市」という古典的通説が強い影響力を持ち、その内実をさらに追究するか、あるいはその通説を批判するか、という研究視角に偏っていたことがあげられる。しかし、この古典的通説の代表者ともいえる豊田武氏は、堺の自立性が最も高まるのが三好長慶および松永久秀の時代であるとも指摘していた（豊田一九八三）。その主な根拠となっていたのが、三好長慶や松永久秀が堺周辺で敵対勢力と対峙したとき、会合衆の仲裁で戦闘が回避された（＝堺が戦場にならなかった）との複数の記録である（『細川両家記』）。そしてこれは、イエズス会宣教師ガスパル・ヴィレラが残した「堺の町は甚だ広大にして、大なる商人多数あり、此の町はベニス市の如く執政官に依りて治めらる」「日本全国、当堺の町より安全なる所なく、他の諸国において動乱あるも、此の町にはかつてなく、敗者も勝者も、此の町に来住すれば皆平和に生活し、諸人相和し、他人に害を加ふる者なし」（『耶蘇会士日本通信　上』一五六一年八月十七日付堺発書簡・一五六二年堺発書簡）という有名な記述に、時期も内容も相通じると解釈され、当時のトップクラスの武家権力の動向を左右し、堺が戦場になることを未然に防いだ会合衆の力量、ひいては堺の自立性の高さが評価されたのである。

先述のように、「会合衆が主導する自治都市」という論は現在では再検討が必要であるが、豊田氏が堺の戦争に関する史料をもとにして指摘した三好氏の時代の画期性については、改めて注目する必要があると考える。

堺には戦国時代を通して多くの軍勢が往来し、また駐留したことが明らかになっているが、堺の内部でも実際に戦闘が起きていた。例えば、享禄五年（一五三二）六月二十日、三好長慶の父、元長が細川晴元と一向一揆勢に攻められ、堺南荘の顕本寺《けんぽんじ》で自害しており（『細川両家記』）、天文十二年（一五四三）七月二十五日には細川氏綱勢が堺を攻め、香西氏の宿所を攻撃している（『多聞院日記』天文十二年七月二十七日条）。しかし、

堺のまちと外の世界を隔てていた環濠の遺跡（公益財団法人大阪府文化財センター 提供）

天文末期頃を境にして、堺の内部が戦場になったという文献史料は見出せなくなっていく。堺の周辺で戦争がなかったわけではない。先にあげた例では、永禄九年（一五六六）五月三十日、松永久秀・畠山高政が拠点とする堺に対し、三好義継・三好三人衆らの軍勢が攻めかけるが、戦闘は堺の外で行われ、堺の内部は戦場になっていない。そして最終的には会合衆の仲裁によって三好勢は堺に入り、一戦に及ぶことはなかったという（『細川両家記』）。軍記物の記載なので、どこまで真実に近い内容なのかは注意が必要であるが、堺での戦争の様相の、時期による差異に留意したい。

また、戦争に関わりのあるもので、堺において十六世紀中頃から後半頃に変化したと指摘されているのが、環濠《かんごう》である。堺全体を取り囲み、外の世界と都市堺を隔てる環濠は、十六世紀後半に織田信長の矢銭《やせん》要求に対抗し、堀を掘り、櫓を造ったとする記録があることから（『宗及他会記《そうぎゅうたかいき》』永禄十二年〈一五六九〉正月条）、堺の自治性を象徴するものと評価されている。考古学調査によると、十六世紀中頃までは、特に堺南荘において堀は各所に存在し、条里方位と合致する外郭を囲う堀も確認できる一方で、堺北荘の区域を含む都市全体を囲むような巨大な堀の構築は、十六世紀後半頃と判断されるという。そして、それは先述した信長に備えた構築であった可能性が指摘されている（續二〇一〇）。堺内部の戦闘が記録上見られなくなった時期と、環濠が構築されたと考えられる時期は近い。

史料を丹念に追っていくと、実は十六世紀中頃は、堺においてさまざまな点で変化が生じた時期とみなすことができる。まず、中世を通じて堺を規定してきた堺北荘・南荘という荘園制的枠組みについて。十五世紀後半以降、この枠組みの中で香西氏ら細川京兆家の内衆が在地の支配権力になっていたが、天文期を最後としてその存在が史料上から消え、同時に堺北荘・南荘を支配の単位とする構造そのものも明確には見出せなくなっていく。堺における荘園制の終焉《しゅうえん》と評価することができるだろう。

堺南荘の鎮守であった開口神社
（公益社団法人堺観光コンベンション協会 提供）

一方で堺の住民組織に目を向けると、天文期頃から町を単位とした住民の地縁的組織「町《ちょう》共同体」の存在が見出される。町共同体は一般的に居住者の決定や居住者の生業や権利の保護、そして町単位の自衛まで担う自治的団体であり、江戸時代には都市の基本的な構成要素となる。いわば、堺の近世都市化がこの頃から始まったといえよう。

さらにもう一例を挙げると、堺南荘の鎮守であった開口《あぐち》神社（および神宮寺の念仏寺《ねんぶつじ》）の所蔵史料は堺の在地の史料群として随一の質・量を誇るが、天文期までは領主権力との交渉や住民からの寄進、買得関係の史料が残されているものの、それ以降はその種の史料は全くなくなり、江戸時代中期までの間の史料数も激減する。このような史料群の伝来状況は、（現在までの伝来過程で意図的な史料群の取捨や特定期間の史

三好氏の菩提寺であった南宗寺
（公益社団法人堺観光コンベンション協会 提供）

料の偶発的な消失がないのであれば）中世において地域の中核であった寺社と地域社会との関係が、この頃に大きく変わったことを示唆しているのではないか。

そして、この時期に支配権力として堺に影響力を及ぼしたのが三好氏である。細川京兆家から自立を果たし、畿内随一の支配権力となった三好長慶は、堺の豪商との結びつきを強め、特定の豪商に大名間外交の取次を仮託し、また堺で自害した父元長を祀る寺院（顕本寺・南宗寺）を整備して三好氏の宗廟《そうびょう》の地とするなど、堺を極めて重視した。注目すべきは、三好長慶が堺南荘中に土手方（環濠にともなうものか）をきちんと維持・管理するよう指示していると解釈される史料が存在することである（『萬代家文書』年欠七月四日付三好長慶書状）。この頃、環濠の維持・管理は住民のみが行っていたのではなく、三好氏が関与していた可能性がある。また、永禄九年頃のイエズス会宣教師の記録に現れ、「堺奉行」と目される役職に就いていたのは、三好本宗家の重臣である加地久勝であったと考えられる（天野二〇一一）。三好氏は堺全体にわたる支配政策を行っていた可能性が高い。そして、三好長慶の重臣であった松永久秀は、豪商とともに大名間外交に関わり、先述の「土手方」に関する南荘中宛ての指示を取り次ぐ立場にいた。また永禄九年の戦乱時には堺に拠点を置いていた可能性があり、家族の居住や菩提寺の設置など、序章で触れた事象を鑑みると、三好氏権力の中でも特に堺と深く関わる人物であったことは確実であろう。

おわりに

考古学調査によると、堺は十五世紀後半頃から本格的な発展が始まり、十六世紀を通じて都市の緻密化が進展するという（續一九九四）。その間に、堺を重視し、時には拠点を置いた支配権力は多くあったが、彼らの栄枯盛衰とは別次元で堺は発展し続けていたのである。支配の主導権をめぐる彼らと住民との関係性（すなわち自治の達成度合い）のみで当該期の堺の力量を評価する見方は、もはや有効性を持たないであろう。

そして、都市的発展の歩みを進めている途上の十六世紀中頃に、堺において多くの点で変化が生じていることを本論で指摘した。これらの点を相互に関連付けて構造として述べることは難しいが、大局的に言えば、十六世紀中頃は、堺にとって中世的世界から近世的世界へと転換する過渡期だったのではないか。そして、当時の堺における支配権力が三好氏であり、松永久秀であった。彼らが堺の変革に関わりを持った可能性は大きいだろう。

三好氏および松永久秀を中近世移行期の権力としてどう評価するかは重要な研究課題であるが、堺の都市史研究においても重要な論点になることを指摘しておきたい。

〈参考文献〉

天野忠幸「戦国期における三好氏の堺支配をめぐって」（『堺市博物館報』三〇、二〇一一）
天野忠幸「松永久秀を取り巻く人々と堺の文化」（『堺市博物館研究報告』三一、二〇一二）
天野忠幸『増補版　戦国期三好政権の研究』（清文堂出版、二〇一五）
今谷　明『室町幕府解体過程の研究』（岩波書店、一九八五）
續　伸一郎「中世都市堺――都市空間とその構造――」（中世都市研究会編『中世都市研究一　都市空間』新人物往来社、

一九九四）
續伸一郎「町を囲う――環濠」（『よみがえる中世都市 堺――発掘調査の成果と出土品――』堺市博物館、二〇一〇）
豊田 武『封建都市 豊田武著作集第四巻』（吉川弘文館、一九八三）
廣田浩治「武家政権・地域公権の都市としての中世堺」（『堺市博物館研究報告』三二、二〇一三）
藤本誉博「室町後期・戦国期における堺の都市構造――会合衆の再検討――」（『ヒストリア』二二〇、二〇一〇）

第三章　久秀と戦国の文化

松永久秀と茶の湯

神津朝夫

一、久秀の茶会への登場

松永久秀がいつから茶の湯を始めていたのかは分からない。仕えた三好長慶の一族には茶を好む人が多かったから、当然その影響もあっただろう。とはいえ、同じく三好一族が好んだ連歌に関して久秀の事蹟は特に見当たらないので、久秀は主体的に茶の湯ないし茶道具を好んだという一面をもっていたことになる。

史料として問題の多い『今井宗久茶湯日記抜書』では、冒頭の天文二十三年（一五五四）正月二十八日の武野紹鷗会で「松永殿」と宗久が客になっている。ただし、この茶会では紹鷗所持の虚堂墨跡や茄子茶入について、後世の誤解による同名の別の道具の拝見記事が書かれており、信憑性には問題がある。また、同書では永禄元年（一五五八）九月九日に「松永殿御会」があり、久秀の茶会として最初のものとなる。

天文二十年十一月までの『天王寺屋会記』に三好政長（宗三）、三好之虎（実休）、長慶家臣の松山新介、石成友通らの名がもう出てくるので、同二十三年の久秀の茶会参加が特に不自然というわけではない。しかし、確かな史料である『天王寺屋会記』への久秀の登場は遅く、永禄三年（一五六〇）二月十六日となる。この日、久秀は天王寺屋宗達の茶会の客になり、九日後の二十五日には宗達が久秀茶会の客になった。どちらの会も独客であるのが目を引く。久秀が弾正少弼に任じられた直後、五十三歳の時であった。

　同二月廿五日朝　松永殿御会　　五ツ半時前、四ツの後に罷り立つ、
一、床　なすひ　つくも、四方盆に、袋薄香金襴、浅黄緒、
一、小板に手取（釜）、五徳に、
一、　台天目、手取と並べて、二ツ置の様に、（小壺・台天目拝見記事省略）
　　手桶、わけ《（縮）》水こほし、五徳（蓋置）、
　　珠徳茶杓、高中茶碗、御茶よし、

風炉の茶会である。小板に載せた土風炉に手取釜を五徳据えにしたのだが、それと並べて台天目（天目を天目台に載せた場合の称）も小板に置いたらしい。長板なら風炉釜と並べて水指または台天目を置く二ツ置という飾り方があったが、わざわざその「様」にしたとあるので、小板は書き間違いではないようだ。手取釜と風炉が小さく、また小板も今のものよりは大きかったのかもしれない。

手取釜は鉄瓶の祖型とされるもので、陶製の土瓶のこともあった。「侘数寄」を象徴する侘びた釜だが、床に飾られた茶入と、小板に飾られた台天目は名物であった。それについては後述しよう。とりあえずこの茶会記の続きを見ていくと、塗物の手桶水指に曲げの建水、五徳の蓋置、珠徳作の象牙茶杓。いずれも極めてまっとうな、無難な道具組といえる。今だと「五徳」が重なっているという批評になるだろうが、当時は気にしていなかった。

天目で濃茶だったので、薄茶には別に茶碗を使っているが、高中茶碗とは現在は珠光茶碗と呼ばれる黄黒

い青磁茶碗のことである（本来の珠光茶碗は醤色の人形手茶碗であった）。これも初期の茶の湯ではよく使われたもので、名物もあった。

「朝」と書かれているものの、五ツ半（午前九時頃）から一時間程の飯後の茶会であり、料理は出なかったようだ。この茶会が行われたのは信貴山城とみられるが、宗達は早朝に堺を発っての参席だったかもしれない。

久秀がこの時までにいくつもの名物道具をすでに入手し、しかも筋のよい茶の湯を行っていたことが分かる。

二、多聞城での茶会

その後『天王寺屋会記』と『松屋会記』に載る久秀の茶会は次の四会で、いずれも永禄四～五年から使われた奈良の多聞城で行われている。その記事を抄出しておこう。久秀は多聞城に、北向きの六畳右勝手（今の逆勝手）と同じ向きの四畳半左勝手（今の本勝手）の小座敷（茶室）を構えていたことが分かる。

○永禄六年（一五六三）正月十一日（『松屋会記』）

癸亥正月十一日朝

一、於多聞山御茶湯　　六畳敷、北向、右構え

主人松永弾正殿　　成福院、医道三《（曲直瀬）》、久政、堺宗可、竹内下総守、

御床の上、軸はずれに長盆に二置なり、ツクモ、金襴の袋に入る、袋の緒浅黄、

松本天目、数ノ台、上に同じ、地付の内に朱にて梅の字と一文字あり、七ノ内極上也、
屏風の中台子四組の御飾也、ヱフコ水指、（説明略）、柄杓指・合子（建水）天下一也、
平蛛釜風炉に、柄杓立は鹿苑院《（足利義満）》殿御物也、（説明略）、それに柄杓と高麗箸と挿し候、
手水の間に、盆を下ろして台子の東に並べ、
床に玉澗八幅の内、晩鐘の絵掛かる、（説明略）、
各着座、宗可御茶立て候、森の別儀也、（点前記事略）
初服成《（成福院）》、二道三、三霜台《（久秀）》、四久政、五下総、六宗可、（点前記事略）
（茶入と天目）左右盆に並べ中座へ御出し候、客次第に拝見し畢て、宗可盆に載せ台子へ上げられ候、その後、柄杓指拝見、その間に火を直し、水差し候、次に御絵、心静かに眺め、（中略）、次に高中（茶碗）拝見、茶杓拝見、その後、水指持て入り、水次ぎヲ《（テ）》棚に入る、拝見、蓋を取り内を眺む、その後、面白き物語少し有りて、御暇申しざまに床の上を眺め、棚の上より下へ見下し、感じて本座に相退き、謹みて礼を申し、各罷り立ち候、

　　結構なる足付、ひつへぎに高盛り、

本膳
ニコフ　汁チサ
モミ瓜　箸の台に白箸
ゴボウ　飯　塩・山椒

二ノ膳　蓮・ウド・セリ焼き・干瓢・漬物　汁　各土器《かわらけ》に、集め五黄、上に結び昆布、つくつくし、

三ノ膳　絵を描きて金の桶　宇治、梅漬に、亀足差して金箔にて飾りコンニャク、炒り麩、

御給仕は喜多右衛門尉一人、

御酒は平野のウコギ造り、三返、錫にて、御湯カナ色、

御菓子七種、高く広き縁高に、結び昆布に作り花二枝差して、青芽・美濃柿三・クワイ・銀杏・焼き栗・亀足差してクルミ・飾りて楊梅、

この茶会は長盆真台子という、後世には最高の秘伝、千家で一子相伝となる道具組の茶会であった。すなわち、名物の茶入と台天目を、二つともに長盆に載せて飾るものであった。それに合わせて床には玉澗《ぎょくかん》筆の瀟湘《しょうしょう》八景図の一つ煙寺晩鐘を掛けるなど、名物道具ばかりを取り合わせている。

茶会記に残る、実際に行われた茶会の道具組として最高のものだろう。十年後、織田信長が天正元年（一五七三）十一月二十三日に開いた京都・妙覚寺での台天目真台子茶会、翌二年二月三日の岐阜城での長盆真台子茶会、同年三月二十四日の京都・相国寺での方盆真台子茶会（いずれも『天王寺屋会記』）と比べても、道具のレベルは勝るとも劣るまい。多聞城を範として安土城を築いた信長は、実は台子茶会でも久秀の真似をしていたのである。

本稿では省略したが、松屋久政はこの茶会の点前についても詳しく書き留めている。この茶会の記録ないし記憶が、参席した奈良の松屋久政、京の医師曲直瀬道三、堺の若狭屋宗可を通じて、武家の最高の「書院台子」のイメージとして拡散し、信長によってそれが再生され、ついには室町将軍家の茶法という虚像を生み出したのだった。

その点前を、堺の商人である宗可が茶堂として行っていることは、台子の点前が、実は町人茶人によって形成されたものであることを示唆している。なお、若狭屋宗可と、のちに信長の妙覚寺台子茶会の茶堂を務めた京の不住庵梅雪が、共に法華衆徒であることも指摘しておこう。

〇永禄六年十一月五日朝・六日昼（『天王寺屋会記』）
同十一月五日朝　　松永霜台御会　　人数　（宗）達　（宗）久　（宗）可
六帖敷にて
一、台子、ひらぐも平釜・えふご水指・合子（建水）・箘柄杓立、箸指して、
一、床　円座茄子、四方盆に、袋間道、（中略）
一、床絵懸け、茶の前に、煙寺の晩鐘、
只天目、黒台、三色入れて、
蓋置　火屋、薄茶なし、御引に吉野紙百束給り候、
同十一月六日昼　四畳半にて、囲炉裏に真の丸釜、五徳に据えて、
茶ばかり給い候、只天目にて、

この時は両茶会の間に、五日晩に久秀家老の竹内下総守秀勝、六日朝に久秀の茶堂である若狭屋宗可の会があって、宗達は客になっている。宗可は多聞城下に屋敷を与えられていたようだ。

ところで『今井宗久茶湯日記抜書』はこの五日の茶会を十一月四日付で載せている。道具情報はほぼ正確だが、炉の茶会とする大きな過ちを犯し、実見していない人物によって、日付けからの常識的判断による加筆・編集が行われた証拠となっている。また同書は当日の料理の記事も載せている。その内容にも疑問の点があるが、二の膳まで付くものであった。

○永禄八年正月二十九日（『松屋会記』）

正月廿九日

一、於多聞山霜台御茶湯　堺（松江）隆仙　（千）宗易　久政　末座に宗可、
　宗可御茶立てられ候、
　北向四畳半、左勝手、
御飾、軸はずれにツクモ、真釜、鎖にて釣りて、象牙茶杓、
水建は柾《まさ》の曲物、内真に塗る、
御茶は森別儀也、勝手より台天目出され候、薄茶は無上、ヤラウ・高中（茶碗）、
御水は宇治川三ノ間の名水なり、
　宇治丸　　汁　くく立ち
　雁鱠　　塩・山椒
　香の物　　飯

小汁　鮒昆布、杉鉋かけ大皿に鶉焼きて、酒二返、
菓子　杉縁高に、山の芋・麩・入江殿・豆飴・楊梅、

客として千宗易（利休）の名が出る茶会である。

わずか四例からの判断になるが、久秀は六畳では冬でも風炉台子を使い、四畳半では炉にして台子を使っていない。ここに載る四畳半での料理は一汁三菜であり、久秀は六畳と四畳半で茶会の性格をはっきりと区別していた可能性がある。

ここにあげた茶会以外では、『松屋会記』永禄四年正月十七日、奈良の鉢屋紹佐会に久秀が客として参席した記事がある。連客はコハキ真斎（不詳）・松屋久政・若狭屋宗可であった。久秀が茶会の客となった『天王寺屋会記』『松屋会記』の記事は、先述の永禄三年二月の宗達会と翌年のこの会の二会だけである。茶会記から判明する、久秀の茶の湯を通した交友圏は意外なほどに狭い。

永禄八年（一五六五）の多聞山茶会から天正五年（一五七七）の久秀の死までは十二年間あるが、その間の久秀の茶の湯活動については、両茶会記に記事がない。久秀がこの間も茶の湯を行っていたとしても、堺の天王寺屋、奈良の松屋やその周辺の堺・奈良の茶人たちとの交際は途絶えていたことになる。確かに、永禄十年の東大寺大仏殿焼失後は、たとえその直接的責任が久秀側にはなかったとしても、奈良の茶人たちとの交流は難しくなっただろう。しかも、天正元年には多聞城も信長に取りあげられてしまった。

その後戦いに明け暮れる日々を送った久秀には、あまり茶の湯をしている余裕はなかったかとも思えるのである。

三、久秀所持の名物道具

天文末年から永禄初年（一五五五〜五八）頃の茶道具名物四百十四点を載せる『清玩名物記』に、久秀所持の名物が六点あげられている。その部分を抄出しよう。

小壺の類
作物　越前小袖屋　今　松永弾正
円座茄子　建仁寺　今　松永弾正
平釜の類
平蜘蛛　奈良三蔵院　今　松永弾正
天目の類、灰カツギ
同（天目）　松永弾正
天目台之七の内
台　細川晴元　今　松永弾正
同　朝倉金吾（教景）　今　松永弾正

それに次ぐ年代の名物記である『唐物凡数』は、後述するように久秀がつくも茄子を織田信長に献上した後のものだが、円座茄子、万歳大海、数ノ台二ツ、初雁大壺、エフゴ（水指）、合子（建水）、松ノ肩衝、松本天目、朝日ノ天目、平蜘蛛ノ釜、胡銅ノ筒花入の十二点があげられ、所蔵する名物の数が増えている。

さらに、茶会記に載っていたように、『清玩名物記』では「今　京　馬場紹加」所蔵となっている玉澗の煙寺晩鐘の絵もその後に久秀は入手していた。この絵は元亀元年（一五七〇）春の信長の名物狩で買い上げられ（『信長公記』巻三）、『山上宗二記』では関白秀吉の所持。その後、大坂夏の陣で焼失している。

また、『清玩名物記』によると、七ツ台の一つ、三好宗三旧蔵のものを久秀の弟である松永蓬雲（松永長頼、のちに内藤宗勝と改名）が所持していた。蓬雲は永禄八年八月に戦死するが、『松屋名物集』では宗三所持の七ツ台の所蔵者を久秀としている。蓬雲の没後に久秀の所蔵となり、久秀は一時は七ツ台の内三つを所持したようだ。この頃が久秀の茶の湯、茶道具収集の絶頂期だったのだろう。

『山上宗二記』では久秀所蔵の七ツ台は一つだけで、信貴山城で焼失したとする。その間の七ツ台の移動経路を明確にできないが、二つを久秀は手放していたことになる。

平蜘蛛釜と七ツ台一つの他に信貴山城での名物焼失の情報はないので、久秀は所蔵した名物茶道具を晩年にはかなり手放していたのかもしれない。これも晩年の久秀が茶の湯から少し離れていたことを示唆しているようだ。

久秀の所持したつくも茄子と平蜘蛛釜については、項を改めて述べよう。

四、つくも茄子の流転

久秀が所持したつくも茄子の茶入は、『山上宗二記』が「天下四茄子」とする内の一つであり、「茶の湯の道具、万の中の頂上なり」とするものであった。

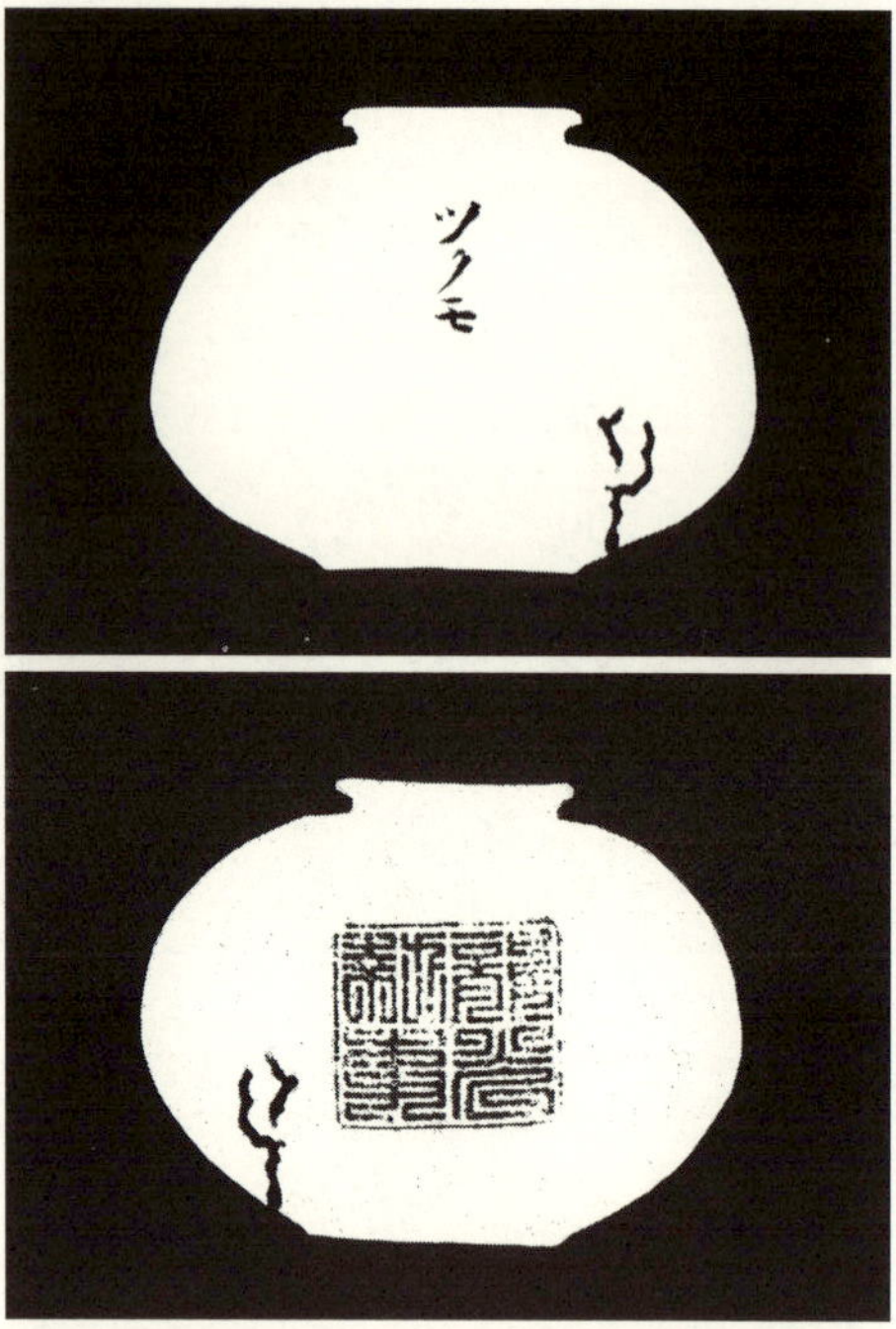

松永久秀が所有した「つくも茄子」茶入切形
（大徳寺龍光院蔵）

越前の朝倉教景が地元の小袖屋にこの茶入を質入れしたが、それがさらに京の袋屋に預けられていた天文五年（一五三七）に天文法華の乱が起こった。この茶入はその後行方不明になっていたが、永禄元年（一五五八）春に久秀が見出したとされる。おそらくは法華衆徒の手に渡っていたものを、久秀・宗可がそのネットワークで入手したのだろう。この時久秀は朝倉教景旧蔵だった七ツ台も同時に入手している。

そこで久秀は、相国寺九十世の惟高妙安（一四八〇～一五六七）に依頼して『作物記』というこの茶入の由緒書を作らせた（付録三一三頁以下参照）。なお、「つくも」の名を『清玩名物記』『作物記』は共に「作物」と書くが、本来は「つくもがみ」（付喪神、九十九髪）であったらしい。

永禄十一年に信長が足利義昭を擁して上京し、義昭を将軍位につけたとき、久秀はその祝儀としてこの茶入を信長に贈った。三好長慶の没後は苦境が続いていた久秀は、信長と同盟を結ぶことによって勢力を保つことに成功したので、信長に対しては最大限の謝意と祝意を表する必要があったからである。武家・大名間で政治的意味をもつ名物茶道具の贈答が行われた嚆矢《こうし》といってよいかもしれない。

久秀の没後になるが、この茶入はなお人間界の争いに翻弄され続けた。天正十年（一五八二）六月、この茶入を含む多くの名物茶道具を、信長は茶会のため京都へ持ち出した。その時に本能寺の変が起こり、ほとんどが焼失したが、この茶入は焼け跡から掘り出されて秀吉の所持になったという。その後大坂夏の陣で再び焼失、再び掘り出されて藤重藤元が修復して伝世。現在は静嘉堂文庫美術館の所蔵となっている、とするのが通説だ。

ただし、『山上宗二記』は本能寺で焼失と明記して、現存とはしていない。大坂城で焼失した茄子茶入二つについて、織田有楽は紹鷗茄子と似たり茄子としており（『天王寺屋会記』元和元年十月二十日条）、静嘉堂文庫美術館が所蔵する「つくも茄子」は、実は「似たり茄子」であるとする山下桂恵子氏の説がある。似たり茄子も『山上宗二記』が天下四茄子の一つとするもので、つくも茄子に似ているがゆえの「似たり」茄子であった。つくも茄子が現存するか否か、はっきりしない。

五、平蜘蛛釜と久秀の最期

久秀所持の道具として名高い平蜘蛛（平蛛）釜は、奈良の名物に詳しい『松屋名物集』によれば東大寺四聖坊の旧蔵であった。『清玩名物記』には三蔵院の旧蔵と書かれるが、正倉院の三蔵と同じ敷地にあったのが四聖坊であり、実体は同じであろう。『松屋会記』冒頭の天文二年三月二十日、四聖坊の茶会で平蜘蛛釜が使われている。

『山上宗二記』は名物の釜の筆頭にこの釜をあげる。初期の台子の茶の湯では、風炉に据えても丈高にならない平釜の方が柄杓が扱いやすく、好まれた。宗二はさらに二つ、共に本能寺で焼失した信長所蔵の平釜を名物にあげたが、「ただしこの三つの釜は当世ありても不要」と評価している。

久秀の所持した茶道具としてこれが特に有名なのは、久秀がこの釜を最後まで愛蔵し、信長への引き渡しを拒否して打ち砕いたとか、我が身もろとも火薬で吹き飛ばしたという「茶の逸話」がよく語られるからである。平蜘蛛という釜の名も、何か久秀の暗いイメージと結びつけやすかったのだろう。ちなみに、平蜘蛛というのは本来は「ひらたぐも」というクモの通称である。体長八ミリ程度で塀などに丸い巣を作るが、クモ自身が平たいのでこの名がある。

もっとも、久秀はこの釜ばかりを愛用していたというわけではなく、茶会記を見ると五会の内二会しか使っていない。また、信長がそれを所望したという話も『信長公記』に見えず、したがって久秀が引き渡しを拒否したという話にも根拠はない。とはいえ、平釜の名物二点をすでに手に入れていた信長が、残る一つ、しかもその最高のものを望み、久秀が意地になって、その譲渡ないし献上を拒否したという可能性もないとはいえまい。

元和年間（一六一五〜二四）の成立とされる『川角太閤記』巻一に、明智光秀の敗死後に坂本城を囲まれた家老の明智秀満が名物を寄せ手に引き渡した美談と対比して、信貴山城滅亡時の久秀に言及した箇所がある。「平蜘蛛の釜と我らの首と二ツは、信長殿御目に懸けまじきとて、微塵粉灰に打ち割る、言葉少しも相違わず首は鉄砲の薬にて焼き割り、微塵に砕けければ、平蜘蛛の釜と同前なり」。この逸話の初出だが、確かに『信長公記』で久秀は焼死とされ、安土へその首は届かなかったようだ。

〈参考文献〉

『天王寺屋会記』『松屋会記』『今井宗久茶湯日記抜書』『松屋名物集』（『茶道古典全集』所収、淡交社、一九五七〜一九六二）
『清玩名物記』（『茶道学大系第十巻　茶の古典』所収、淡交社、二〇〇一）
『唐物凡数』（『文化情報学』第四巻一号所収、同志社大学、二〇〇九）

『山上宗二記』（岩波文庫、二〇〇六）
『川角太閤記』（桑田忠親校注『太閤史料集』所収、人物往来社、一九六五）
矢野環『名物茶入の物語』（淡交社、二〇〇八）
山下桂恵子「天正十三年禁中茶会の茶入「茄子二つ」」（『茶の湯文化学』十一号所収、茶の湯文化学会、二〇〇五）

「法華宗の宗徒」松永久秀——永禄の規約を中心に——

河内将芳

はじめに

都の統治は、この頃、（次の）三人に依存していた。第一は公方様で、内裏に次ぐ全日本の絶対君主である。ただし、（内裏は）国家を支配せず、その名称とほどほどの（規模の）宮廷を持っているだけで、それ以上の領地を有しない。第二は三好殿で、河内国の国主であり、（公方様の）家臣である。第三は松永霜台で、大和国の領主（であるとともに）また三好殿の家臣（にあたり）、知識、賢明さ、統治能力において秀でた人物で、法華宗の宗徒である。彼は老人で、経験にも富んでいたので、天下すなわち「都の君主国」においては、彼が絶対命令を下す以外何事も行われぬ（有様で）あった。

これは、イエズス会宣教師ルイス・フロイスの著作『日本史』（『フロイス　日本史』）第一六章（第一部五四章）「本年（一五六四年）および前年に、都地方で生じた幾つかのことについて」にみえる一節である。

その内容は、一五六四年、すなわち永禄七年前後の京都周辺の政情を伝えたものとなっているが、これによれば、このころ、京都は、「公方様」（足利義輝）と「三好殿」（三好長慶、義継）、そして、「松永霜台」（松永久秀によって治められていたという認識が宣教師の間でも共有されていたことがうかがえる。

もっとも、この永禄七年七月には、三好長慶が亡くなり、そして、翌永禄八年（一五六五）五月には、足利義輝も三好義継らによって襲撃され、その命を落としてしまうことになる。したがって、右のような政情も急激な変化に見舞われることになるわけだが、その変化の渦中にいた中心人物こそ、松永久秀であった。

その久秀が「法華宗の宗徒」であったことは、右の史料のほかにも、同じく『日本史』第二四章（第一部六六章）にみえる、次のような記事からもうかがうことができる。

> 法華宗の僧侶たちは、他のあらゆる宗派のうちもっとも罪深い連中であり、（松永）霜台《（久秀）》とその息子がその（宗派の）信徒であったところから当時栄えていた

宣教師の立場からすれば、キリスト教をもっとも敵視していると思い込んでいた宗派が法華宗（日蓮宗）であり、それゆえ、松永久秀が「法華宗の宗徒」「信徒」であったことも、このように、しばしば記録されることになるわけだが、ひるがえって、日本側の、しかも同時代史料によって、久秀の法華信仰について語ることは、思いのほかむずかしいというのが実情であった。

それが、近年の研究（都守二〇〇六、天野二〇一〇）によって、少しずつその様子が明らかになりつつある。本稿では、それらの研究によりながら、松永久秀と法華宗との関係についてみていくことにしたいと思う。

一、松永久秀と永禄の規約

（1）永禄七年の勝劣一致和睦

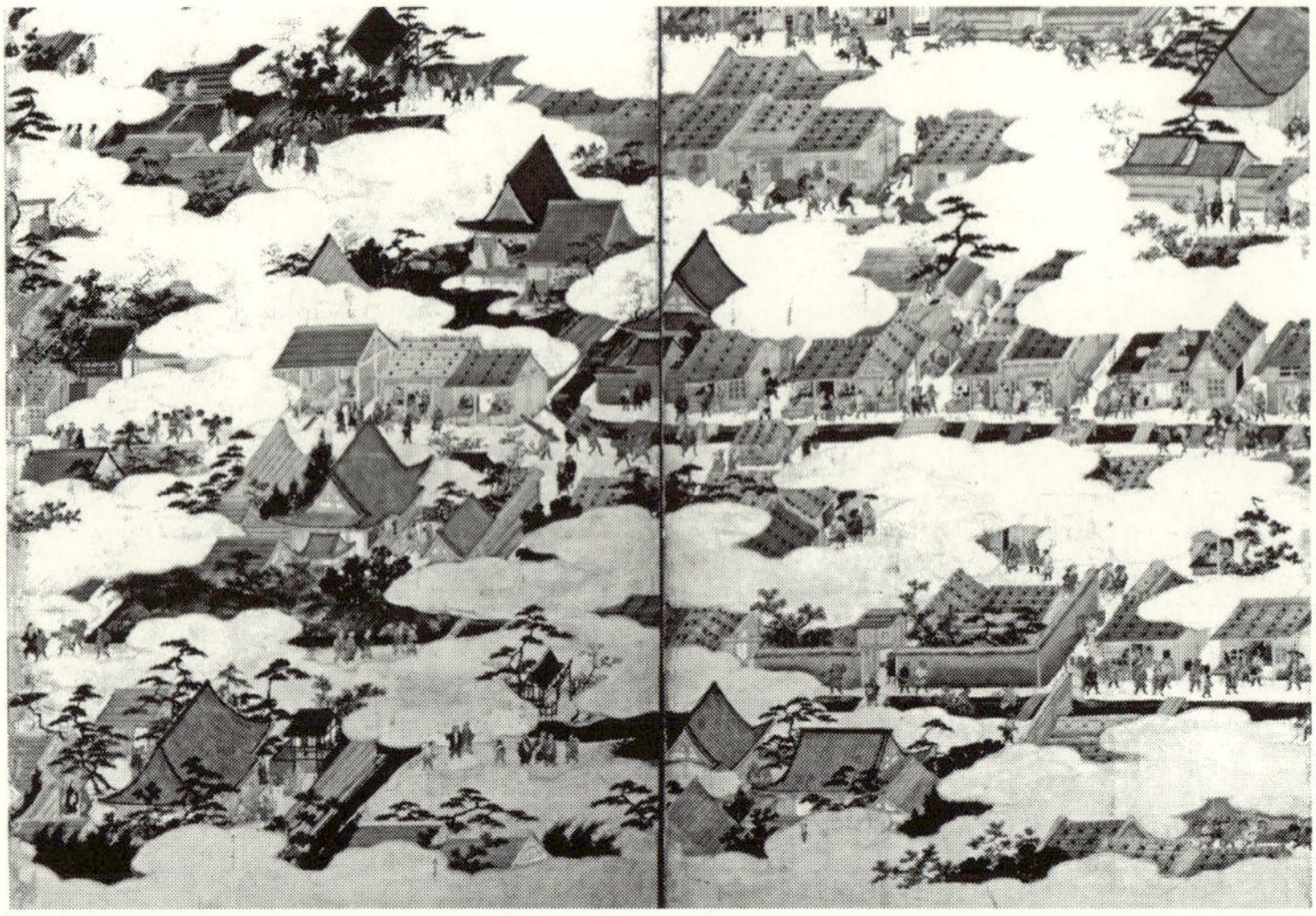

上杉本・洛中洛外図屏風（右隻4～5扇部分・米沢市上杉博物館 蔵）
戦国期の洛中が描かれており、妙顕寺（左下）、妙覚寺（妙顕寺の右上）、本能寺（右下）など、法華宗の寺院が確認できる。

ところで、冒頭に引用した史料が伝える永禄七年は、京都の法華宗にとっても、ひとつの画期というべき年にあたっていた。この年の八月、京都の本山寺院一五カ寺は連署して、「一致勝劣都鄙和睦之条目」、いわゆる永禄の規約（永禄の盟約）を結んだことが知られているからである。

ここにみえる「一致」とは、法華宗が依拠する『法華経』八巻二八品のうち前半四巻一四品を意味する「迹門《しゃくもん》」と後半四巻一四品を意味する「本門」との間に優劣がないとみる理解を指す。一方、「勝劣」とは、優劣があるとみる理解であり、これらは一般に本迹一致・本迹勝劣と呼ばれて、教義に関わる重大な問題として知られていた。

この問題は、現在の日蓮宗や法華宗のあり方にまでつながるという点では、根本的なものといえる。実際、中世京都では、この問題をめぐって、寺院同士の「喧嘩」や「合戦」にまで至ったということが知られており（河内二〇一三）、それが「和睦」をみたという以上、事態としては、大きく変化をとげたといわざるをえないであろう。

ただし、京都の法華宗寺院の場合、これまでにも何度か、同じような規約や盟約を結ぶという経験をもっていた。にもかかわらず、今回が特別なものとみなされるのは、この永禄の規約が結ばれた翌永禄八年に、いわゆる十六本山会合とよばれる本山寺院による結合体の誕生がみられたという点にある（中尾二〇〇二、河内二〇〇〇・二〇〇六・二〇一三）。

この十六山会合でもって、京都の法華宗は、戦国最末期、そして信長・秀吉・家康という激動の時代を乗り切っていくことになるからだが、その出発点ともいえる永禄の規約に松永久秀が深く関わっていたということ自体は、これまでにも、次のような史料から知られていた。

人王百七代正親町御宇、永禄之頃、両派諍論粉紘、此時本国寺十五世日勝、就于管領三好修理太《ママ》輔長慶并ニ旦越松永弾正久秀、訴足利将軍十三代義輝公、仍命両臣、令和融之、維時永禄七年歳当甲子、七月下旬、此和睦之記録者同八月廿日也、

これは、本能寺に残される「永禄七年和睦之記録濫觴」と冒頭に記された記録（『本能寺史料　中世編』）である。史料そのものの成立は同時代ではなく、かなり下がるが、ここからは、「両派諍論」（一致派と勝劣派の争い）をめぐって、本国寺が三好長慶と「旦越」である松永久秀を通じて足利義輝に訴え、義輝が「和融」を「両臣」に命じたことによって「和睦」がなったと理解されていたことがうかがえよう。

もっとも、右の史料だけでは、「和融」の動きがいつ現れたのか、あるいはまた、松永久秀の存在がどのよ

うな意味をもっていたのかという点については、不明といわざるをえなかった。それが、都守基一氏、そして天野忠幸氏の研究によって、かなり具体的に明らかとなってきたのである。

とりわけ、都守氏によって詳細に検討が加えられた「永禄之旧規勝劣一致和睦之次第案文」（法泉寺所蔵）という史料の存在は大きい。この史料は、表紙に「妙顕寺　常住」、奥書に「元禄三年三月三日　廿世　日耀（花押）」と書かれており、江戸時代の元禄三年（一六九〇）に京都の妙顕寺日耀の手にあったことが知られている。また、その内容は、都守氏によれば、「永禄の規約締結にさいし、使僧として諸寺・諸檀那の間を奔走した薬草院日扇が自ら記した一件記録かつ案文集」とされている。

薬草院日扇は、「のちに日梁と号し、和泉堺の出身」、京都の「妙覚寺末寺の堺九間町経王寺の四世を勤め、天正十年（一五八二）六月十一日に没」した人物と考えられているが、その日扇が使僧となり、記録を残すことになったのは、「下総国平賀本土寺日隆聖人、薬草院日梁へ御守之受与書」に「薬草院日扇、諸門和融之上洛時、為祈禱、奉図之、永禄六年癸亥九月廿五日」と書かれてあることから、本土寺日隆の意向によるものであったことは明らかといえよう。

それを裏づけるように、「永禄之旧規勝劣一致和睦之次第案文」の冒頭には、「永禄六癸亥年九月二十二戊戌日、巳刻、従小西首途、極月十日乙卯京着」とあり、日扇が京都や堺、あるいは南都（おそらく多聞山城）で活発に活動していたことが記されている。

また、この間に交わされた一連の書状を書きとめた「案文集」（表1）からも、日扇が、久秀の被官であり、「妙覚寺旦那」でもあった松田市兵衛（一兵衛）（天野二〇一四）らを通して松永久秀と接点をもっていたことが分かる。久秀が、今回の「和睦」に深く関わっていたことはここからも明らかといえよう。

（2）諸寺へ異見する檀那

表1にまとめた一連の書状によれば、ことの発端は、永禄六年（一五六三）六月以前に一致派の「下総平賀本土寺幷檀方等、彼国酒井左衛門尉、押而当寺御末寺ノ門徒被成」れたため、松永久秀が、「門徒」の「返付」と「向後」「酒井左衛門尉」が「違乱」しないよう「御異見」することを「御末寺」の本寺にあたる勝劣派の京都妙満寺に対して、六月二十二日付の書状（表1―①）で求めたことにある。

表1　松永久秀と法華宗寺院との間で交わされた一連の書状

	年	月日	文書名（差出）	宛所
①	（永禄六年）	六月二十二日	松永久秀書状案	妙満寺床下
②	（永禄六年）	六月二十八日	楠正虎書状案	妙満寺御同宿中
③	（永禄六年）	七月二日	妙満寺日慮書状案	松永弾正少弼殿御報
④	（永禄六年）	七月二日	妙満寺日慮書状案	楠河内守殿御返報
⑤	（永禄六年）	七月二日	当行事日靖書状案	喜多左衛門尉殿御宿所
⑥	（永禄六年）	七月五日	松永久秀書状案	妙満寺床下
⑦	（永禄六年）	七月五日	楠正虎書状案	妙満寺御同宿中
⑧	（永禄六年）	九月九日	酒井左衛門尉書状案	進上妙満寺御行事中尊報
⑨	（永禄六年）	十二月二十四日	松永久秀書状案	本土寺御返報
⑩	（永禄六年）	極月二十五日	薬草院日扇書状案	松田一兵衛殿御宿所
⑪	（永禄六年）	極月二十六日	薬草院日扇書状案	松田市兵衛殿御宿所
⑫	（永禄六年）	閏十二月八日	諸寺代妙覚寺日徳書状案	松永弾正少弼殿参人々御中
⑬	（永禄六年）	閏十二月九日	薬草院日扇書状案	松田市兵衛殿
⑭	（永禄六年）	閏十二月九日	薬草院日扇書状案	松田市兵衛殿
⑮	（永禄七年）	八月二十三日	松永久秀書状案	法華諸御寺中

このとき、本土寺がどのようなルートでもって久秀のもとへ訴えを持ち込んだのかという点については定かではないが、妙満寺側は、久秀の求めに従って、ただちに「差下使僧」す旨を七月二日付の書状（表1―③④⑤）で返答、その返答を久秀側が受け取ったことも七月五日付の書状（表1―⑥⑦）から明らかとなる。

ところが、使僧から「従霜台《松永久秀》御一書趣」を耳にした酒井左衛門尉は猛反発、妙満寺に対して送った九月九日付の書状（表1―⑧）のなかで、「他之知行」地のことならいざ知らず、「私領中」で「本土寺僧檀奪取候様ニ被現紙上候」ことは、「還而本土寺理不尽」との反論を書き連ねることになる。

このような酒井左衛門尉の反応が、本土寺や妙満寺、あるいは久秀にとって、予想できたことなのかどうかといった点については定かではないが、事態の悪化と拡大を憂慮した関係者一同がたどりついた解決策のひとつが「一致勝劣和睦」であった。

すでに都守氏や天野氏が指摘しているように、九月九日付で酒井左衛門尉の書状が出された直後の九月十四日に本土寺日隆は、一致派に属する京都の本国寺（本圀寺）と妙顕寺に対して書状（「本圀寺文書」「妙顕寺文書」）を送り、「一致勝劣和融儀」にふれている。また、これより少しあとの十月三日には、同じく一致派の比企谷妙本寺月行事と池上本門寺年行事も、連署して京都の本国寺に対して書状（「本圀寺文書」）を送り、「一致勝劣和融之儀」にふれているが、実は、これらの書状を持参して上洛したのが薬草院日扇であった。

このように、永禄六年九月以降、京都と関東、つまりは都鄙《とひ》において急速に「一致勝劣和睦」（「一致勝劣和融」）の気運が高まっていったことがうかがえる。そして、十二月十日に京都に着いた日扇は、その月の二十四日に南都において「霜台へ対面」、その日のうちに本土寺への久秀書状（表1―⑨）と「縮羅二端」を受け取っている。

また、翌二十五日にも日扇は、松田一兵衛を通して、書状（表1―⑩）で京都の諸寺への「御使・御一書」を懇望し、翌二十六日にはそれらが得られたことも「本望之至」と述べている。そして、同日付の書状（表1―⑪）のなかで、今回の久秀の存在を次のような印象深い文章で書き残すことになる。

就中、少弼殿《松永久秀》偏奉頼所存非一候、惣別此扱従先々各雖被成御苦労候、於諸寺者、自他之存分有之条、于今無落着候、従御旦方被仰扱候者、無異義可相調候へトモ、今迄於当宗、諸寺へ異見可申入檀那無之故、終無入眼候、

一致派と勝劣派の「扱」（仲裁、調停）をこれまで「諸寺」間で行おうと「御苦労」してきたけれども、「諸寺」には「自他之存分」があって、「落着」してこなかった。また、その「扱」を「御旦方」が行うことにも、「異義」がなかったものの、「今迄」は「当宗」において「諸寺へ異見可申入檀那」がいなかった。もはや、「少弼殿」をおいて他に頼みとする人はいない、と。

ここからは、日扇や本土寺日隆が、久秀の存在を「諸寺へ異見」できる「檀那」と認識していたことが明らかとなる。また、このように認識されていたことこそが久秀の特異な立ち位置を示していよう。なぜなら、このころの信仰のあり方というのは、一般に師檀関係と呼ばれて、ひとりの僧侶とひとりの檀那との間に結ばれる個別の関係が基本であり、「諸寺」という寺院の枠を越えて「異見」を申し入れることのできるような檀那はいなかったと考えられるからである。つまり、そのような希有な檀那とみなされていたのが、久秀に他ならなかったといえよう。

その背景には、三好長慶や足利義輝を主君にもつ久秀の政治的な立場が影響していたことは間違いない。しかしながら、問題が、「一致勝劣和睦」という、宗門の教義に関わるものであった以上、この場合は政治的な立場というよりむしろ、「御旦方」「檀那」としての立場が優先していたとみるのが自然であろう。

はたして、翌閏十二月八日付で「諸寺代妙覚寺日徳」が「就一致勝劣和睦之義、為御口入、預御使候、御懇意之段、難申尽候」といった文面をもつ書状（表1‐⑫）を久秀方に送り、同日に「衆会八ケ寺之始、妙覚寺」

とあるように、妙覚寺において八カ寺（都守氏によれば、一致派の妙顕寺・妙覚寺・立本寺・本国寺・本満寺・妙伝寺・頂妙寺・本法寺とされている）の「衆会」（「集会」）がもたれたことが分かる。

もっとも、翌閏十二月九日に二通の書状（表1-⑬⑭）を日扇が久秀方へ送っていることからも分かるように、事態はなおも流動的であり、「寸善尺魔之道理」もふまえるならば、「一致勝劣和睦」を「急速相調之様御馳走奉頼候」と、重ねての「御馳走」を依頼したのも当然といえよう。

結局のところ、規約は翌年の永禄七年（一五六四）八月二十日付で結ばれることになる（『本能寺史料　中世編』「妙顕寺文書」）。そして、それをうけて、八月二十三日に久秀が、次のような書状（表1-⑮）を京都の「諸寺」へ送ったことも明らかとなるのである。

御状令披見候、仍一致勝劣御和談之由、誠当宗如金言流布、繁栄之基、殊勝存候、弥以御入魂、御教化
可目出候、将又御樽代百疋給候、本意候、此旨御衆達可為喜悦候、恐々謹言、
「永禄七年甲子」（元文書後筆カ）
八月廿三日　久秀
法華（宗脱カ）諸御寺中

このようにしてみると分かるように、久秀は、京都と関東、つまりは都鄙の、とりわけ一致派の法華宗寺院から頼りにされる「扱」者にして、「檀那」であったことが明らかになる。それゆえにまた、永禄の規約が結ばれるにあたって、その存在は、極めて重要なものであったことも改めて浮き彫りとなろう。

二、「松永老母」と久秀の法華信仰

(1)「松永老母」と堺

それでは、久秀が「法華宗の宗徒」となったのは、いつからだったのであろうか。この点については、手がかりとなる史料が残されておらず、現在のところは、不明といわざるをえない。ただ、これもまた都守氏・天野氏ともに指摘されているように、「永禄之旧規勝劣一致和睦之次第案文」には、永禄七年(一五六四)「九月廿一日」に「於堺南庄松永老母宿所、諸寺参会」したという注目すべき記事が記されている。

ここでいう「諸寺」とは、堺に所在した法華宗寺院のことを意味する。具体的には、それらとは、表2のように、「頂源寺」「成就寺」「顕本寺」「興覚寺」「経王寺」「妙法寺」「本光寺」「妙慶寺」「照光寺」「本成寺」「本受寺」「調御寺」「法花寺」「本耀寺」「本住寺」「本教寺」「円明寺」「本伝寺」「弘経寺」「多宝寺」「仏乗院」「妙蔵寺」「妙福寺」であり、これらの寺院に属する都合三〇人の僧侶が、「松永老母宿所」に「参会」したと記されている。

「諸寺」には、一致派も勝劣派も含まれており、「大方殿」と呼ばれた「松永老母」に対して、「一致方」も、「勝劣方」も同じように「折五合・樽」など「音信」を贈ったことが記されている。また、それと同時に、「大方殿」

表2「松永老母宿所」に参加した堺の法華宗寺院

	寺院	院号・坊号
1	顕本寺	定教坊
2		実教院
3	頂源寺	要行院
4	円明寺	善住坊
5	多宝寺	常寿坊
6	興覚寺	蓮乗坊
7		善法坊
8	照光寺	円珠坊
9	成就寺	円乗坊
10		妙法坊
11	調御寺	法泉坊
12	弘経寺	民部卿
13	経王寺	教蔵院
14		教行坊
15	法花寺	本仙坊
16		真浄坊
17	仏乗院	仏蔵坊
18	本受寺	真如院
19	本教寺	善勝坊
20	本住寺	桜泉坊
21	本伝寺	要春坊
22	本成寺	一乗坊
23	本光寺	円教坊
24		慶栄坊
25	本耀寺	善儀坊
26	妙慶寺	実泉坊
27	妙法寺	法恩院
28		法泉院
29	妙蔵寺	
30	妙福寺	

からそれに対する「ふるまひ《（振舞）》」「御三こん《（献）》・さうに《（雑煮）》」も饗されたことが読みとれる。

　ここからは、「松永老母」、つまり久秀の母が「堺南庄」に「宿所」を構えていたことや、その「宿所」が、堺の「諸寺」が「参会」できるほどの規模をもち、しかも、多数の僧侶を饗応できるだけの経済力も備わっていたことが明らかとなる。

　「一致勝劣都鄙和睦」が、畿内においては、京都についで堺でも目に見えるかたちになっていたようすがうかがえるが、それが、「松永老母宿所」において行われたという点からも、永禄の規約における久秀の重要性が改めて浮き彫りとなろう。

　ところで、この「松永老母」が堺に居住していたということについては、天野忠幸氏が興味深い事実を明らかにしている（天野二〇一二）。『東寺百合文書』に残される、弘治二年（一五五六）ごろと思われる安井宗運書状のなかに、「松弾《（松永久秀）》老母所労候ニ付而、在津《（堺）》被仕候」という一文がみえ、「松永老母」がそのころ、「所労」により「在津」していたことが明らかとなるからである。つまり、永禄の規約が結ばれる永禄七年からさかのぼること、およそ八年前にはすでに「松永老母」は堺にいたこととなろう。

　ちなみに、宗運は、このとき、「われ〳〵《（我々）》やと《（宿）》ハ、北の入口にて、柳町と申ところに経王寺と申寺候、その門の前にて候、大なるにかいつくり《（二階造）》の家にて候」と、堺北庄の「柳町」「経王寺」の「門の前」の「にかいつくりの家」にいたようだが、この段階で「松永老母」が南庄にいたのか、北庄にいたのかということまでは定かではない。

　また、「所労」ゆえに「在津」していただけなのか、あるいはそれ以前から居住していたのかといった点も明らかではないが、いずれにしても、「松永老母」が、京都とならんで法華宗寺院の林立する堺に「宿所」を構え、永禄の規約が結ばれた直後には、その「宿所」が堺の法華宗寺院の「参会」場所として重要な役割を荷《にな》っていたことだけは間違いないといえよう。

（2）母と子

なお、都守氏は、右のような事実から、「松永久秀の母は、熱心な法華信徒であったようである」とみている。しかしながら、それをうかがわせるような史料はこのほかには残されてはいない。ただ、女人成仏で知られる法華信仰のあり方から推せば、その可能性はかなり高いように思われる。

また、法華信者として知られる本阿弥光悦とその母妙秀との関係なども参照してみるならば、あるいは、久秀の法華信仰にも「松永老母」の影響があったのかもしれない（河内二〇一四）。

いずれにしても、今のところは可能性の域を出るものではないが、永禄の規約が結ばれてからおよそ四年後の永禄十一年（一五六八）二月十五日にその「松永老母」が堺で亡くなったことは、『多聞院日記』同年二月十九日条にみえる次の記事から明らかとなる。

去十五日、松源(弾)母儀、於堺死了、八十四才、松源(弾)ハ当年六十一才也ト、

永禄十一年段階で「八十四才」だったとすれば、永禄の規約がむすばれた永禄七年（一五六四）では、八十才となろう。当時としては、かなりの長命であり、文字どおり「松永老母」と呼ばれるにふさわしい人物だったことが分かる。また、右にみえる久秀の年齢を信用すれば、永禄の規約ごろには、久秀もすでに五十七の齢《よわい》を重ねていたことになる。冒頭にみた『日本史』が伝えているように、「老人で、経験にも富んでいた」というのはいつわらざるすがただったのだろう。

ちなみに、これから三年たった永禄十三年(一五七〇)二月十二日にしたためられた『多聞院日記』の記事には、次のような一文も見出すことができる。

来十五日、城州《(松永久秀)》母ノ第三年為追善、於堺千部経執行之間、則堺へ被越

「松永老母」の「第三年」(三回忌)にあたる二月十五日、久秀は、その「為追善」に堺において「千部経執行」すべく、多聞山城から堺へと出向いていった。その「千部経」会が、堺のどの寺院で行われたのかという点については定かではないが、母に対する久秀の孝養を示す事実としては余りあるものといえよう。

おわりに

以上、本稿では、可能な限り同時代史料によって、「法華宗の宗徒」としての松永久秀についてながめてきた。もとより、その実像に迫るまでには、なお隔たりは大きいといわざるをえないが、その隔たりを埋めていくためにも、たとえば、法華信仰が久秀の行動に与えた影響や、あるいはまた、一族や被官たちへも法華信仰が広がっていったのかどうかなど、考えていかなければならない問題は数多く残されていよう。引き続き検討を加えていくことを明記して、ひとまず本稿をとじたいと思う。

〈参考文献〉

天野忠幸「三好氏と戦国期の法華教団——永禄の規約をめぐって——」（『市大日本史』一三、二〇一〇）
天野忠幸「松永久秀を取り巻く人々と堺の文化」（『堺市博物館研究報告』三一、二〇一二）
天野忠幸『三好長慶』（ミネルヴァ書房、二〇一四）
河内将芳『中世京都の民衆と社会』（思文閣出版、二〇〇〇）
河内将芳『中世京都の都市と宗教』（思文閣出版、二〇〇六）
河内将芳『日蓮宗と戦国京都』（淡交社、二〇一三）
河内将芳「松永久秀の母」（『法華』一〇〇―七、二〇一四）
都守基一「永禄の規約をめぐる中世日蓮教団の動向」（『興風』一八、二〇〇六）
中尾堯『日蓮真蹟遺文と寺院文書』（吉川弘文館、二〇〇二）

〈附記〉

本稿は、二〇一六～一八年度日本学術振興会科学研究費助成事業・基盤研究C・課題番号一六K〇三〇六三研究成果の一部である。

第四章　各地の下剋上

関東足利氏と小田原北条氏

長塚　孝

はじめに

小田原北条氏（以下北条氏）は、幕府政所伊勢氏の一門伊勢宗瑞《いせそうずい》が駿河今川氏の許に下向し、やがて堀越公方《ほりごえくぼう》らを倒して伊豆・相模を手中にしたことに始まる。宗瑞の子孫は、関東の諸士を従属あるいは滅ぼして領国を拡大していき、最終的には西・南関東の大部分を領国に組み入れた。領国拡大にあたり大きな障害となったのは山内《やまのうち》・扇谷《おうぎがやつ》上杉氏を中心とする勢力で、のちに越後上杉氏や常陸佐竹氏らがこれに替わる。これに対し、敵対し滅亡させた人物も存在したが、全体には宥和《ゆうわ》的な関係にあったのが関東足利氏であった。

関東足利氏は、足利尊氏の四男基氏より始まり、鎌倉府の最高責任者（鎌倉公方）として関東・奥羽十二か国の支配を管轄していた。五代目公方の足利成氏《しげうじ》は享徳《きょうとく》の乱（一四五五〜八二）により鎌倉を退去し、下総国古河《こが》（古河市）へ本拠を移動させる。現在、成氏以降の関東足利氏当主を古河公方と呼んでいる。その影響力は南奥・東関東に限られたが、古河を中心に支配領域を形成し、勢力範囲内の大名・国衆を動員する関東地方最大の政治勢力であった。時代が下るにつれ勢力を後退させるが、小田原合戦（一五九〇年）で改易されるまで、ある程度の勢力を保ち続けた。

本稿では、関東足利氏と小田原北条氏との関わりを概述する。北条氏は多くの大名・国衆とさまざまな関係を持ったが、足利氏とは政治的・礼的関係のみならず婚姻関係を軸とするものであった。ただし、両者の関わりを眺めた研究は、北条氏を中心とする視点が多いので、ここでは古河公方の主体的な動向に、なるべく注目しておきたい。なお、堀越公方の存在は、駿河・伊豆における伊勢宗瑞の動向に大きく関わり、初期の北条氏を考えるうえでは欠かせない問題だが、関東足利氏系統ではないことから、ここでは除外して話を進めたい。

関東足利氏の勢力範囲と主な拠点

一、足利氏と北条氏の遭遇

小田原北条氏が、関東足利氏に直接接触したのは、永正の乱（一五〇六～一八）末期である。永正の乱とは、古河公方足利政氏《まさうじ》・高基《たかもと》父子の対立と、山内上杉憲房《のりふさ》・顕実《あきざね》兄弟の対立を中心に関東の諸士が争い、最終的に足利高基・上杉憲房派が勝利した戦乱である。伊勢宗瑞は永正十三年（一五一六）に相模三浦氏を滅ぼすと、真里谷《まりやつ》武田氏支援のために上総へ出兵し、千葉氏の宿老原胤隆《たねたか》追放に加わった。同十五年、武田恕鑑《じょかん》の誘引により足利義明（高基の弟、政氏派）が小弓《おゆみ》（千葉市中央区）へ入部したことから、宗瑞も義明へ従っている。宗瑞が敵対していた扇谷上杉朝興《ともおき》も義明に与していたことから、相模・武蔵間における紛争は一時停止されることになった。

しかし、上杉氏との対立は不可避とみなされたのか、宗瑞が十六年に死去すると、後継者たる氏綱は別の道を模索し始める。大永二年（一五二二）、堀越公方奉公衆出身の富永三郎左衛門を古河へ派遣、さらに重臣遠山直景も加えて、高基との交渉に当たらせた。そして翌三年には名字を北条に変更し、武蔵南部への進攻を本格化させ、四年早々に江戸城を奪取し武蔵中部まで攻め込んでいる。

これに対し、河越城（川越市）に後退した上杉朝興は、上杉憲房とともに反攻を開始し、氏綱を江戸まで退却させる。さらに五年には義明が上杉方を支持したため、真里谷の武田信嗣《のぶつぐ》が北条方への攻撃に加わることとなった。氏綱は周囲を敵に囲まれた形になったが、高基は北条方を支援していない。かつて義明派だった氏綱を警戒していたのである。大永七年（一五二七）、義明勢は市川を経由して古河方面へ軍事行動を起こした。高基は危機感を高めたが、この時も氏綱と交渉した形跡は見当たらない。北条氏を自陣営に取り込むのは、高基の嫡男晴氏《はるうじ》の代からであった。

二、足利氏と北条氏の婚姻

父高基と一時対立していた晴氏は、享禄《きょうろく》四年（一五三一）ごろから家督として行動している。扇谷上杉氏と北条氏の対立は、一進一退を繰り返していたが、天文六年（一五三七）七月に本拠の河越城が落とされる。そして翌七年十月、義明勢が市川から松戸へかけて布陣したのを見はからい、晴氏の命を受けた氏綱が太井川を越えて義明勢を急襲した。現在、第一次国府台《こうのだい》合戦と呼ぶこの合戦により義明父子は戦死、小弓公方家は滅亡した。

国府台合戦の後、晴氏は氏綱を関東管領職に任じたとされる。しかも同八年八月には、晴氏と氏綱の娘（芳春院殿《ほうしゅんいんでん》）との婚礼が決められ、氏綱は晴氏の義父に位置づけられた。ただ、わずかな日数で晴氏の方針が転換するはずはない。公方家・北条氏両者は、晴氏が家督となってから数年がかりで交渉していた可能性がある。その直接的な契機は、小弓公方対策であっただろう。義明の自立により、房総の公方領は奪われ、扇谷上杉氏をはじめ周辺の大名・国衆らが晴氏と距離を置いていたからである。上総等の公方領と房総国衆の動向に関して、両者の利害が一致したのである。

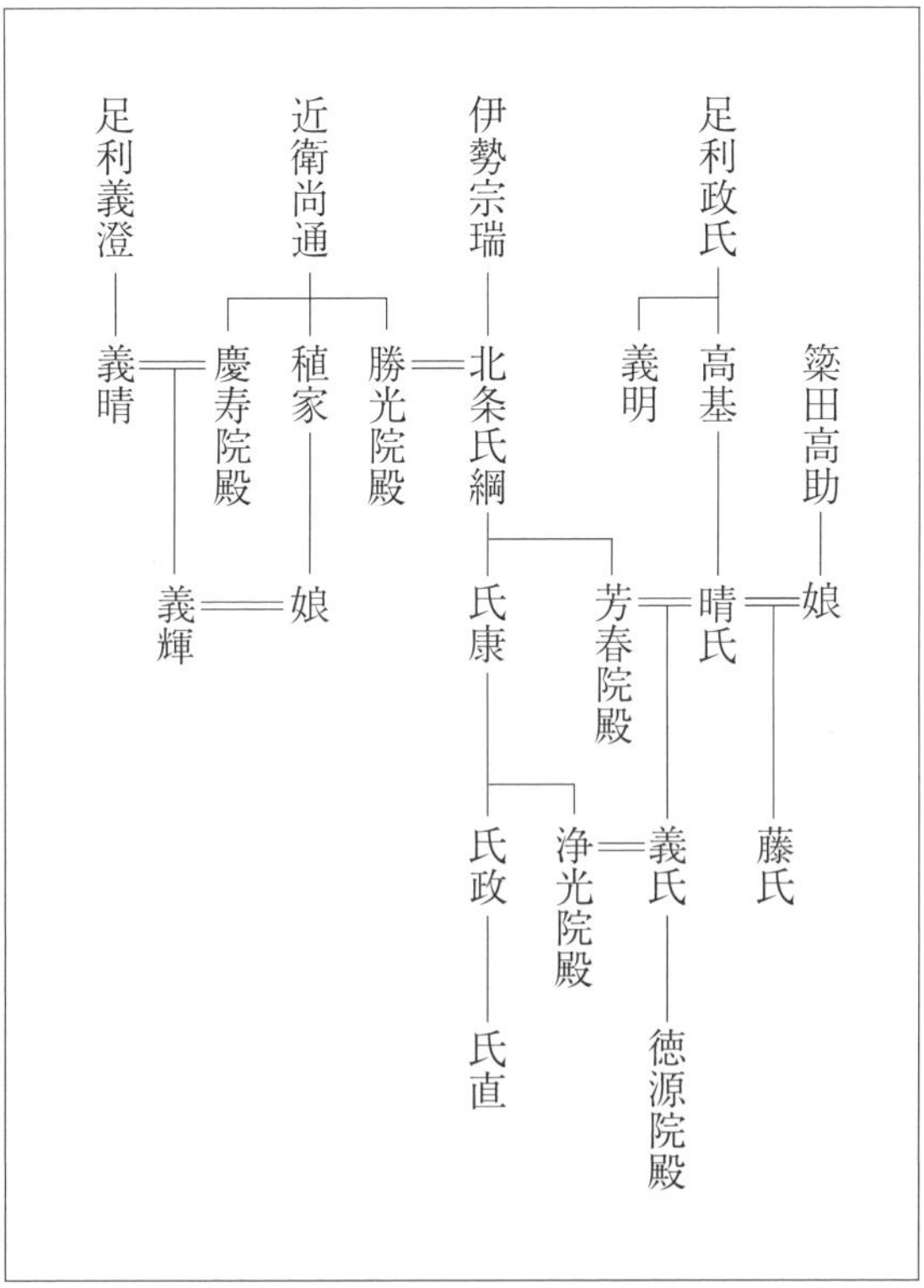

関東足利氏と北条氏の関係略系図

とはいえ、婚姻を実現させるには障害があった。最大の問題点は後継者である。正室は迎えていないものの、すでに晴氏には何人かの男子があった。側室等の人数は不明だが、長男幸千代王丸は宿老簗田《やなだ》高助《たかすけ》の娘を母として生まれている。北条氏との婚姻により男子が出生すれば、家督をめぐり内紛の可能性も出てくる。特に簗田氏は何代かにわたり側室を輩出しているので、反発は必至であった。氏綱は、祝言については高助を粗略に扱わないことを述べているので、後継者問題について介入しない旨を伝えたのだろう。

しかし勢力回復を図る晴氏にとって、この婚姻関係の形成は見逃せなかった。天文元年（一五三二）以前、氏綱は近衛尚通の娘（勝光院殿）と婚姻していた。宗瑞死後の氏綱にとっては、京都における外交強化が目的だったかもしれないが、晴氏にとっては大いに利用すべき問題となったのである。それは、同三年に、将軍足利義晴が近江在国中に尚通の娘（慶寿院殿）を正室としたことによる。勝光院殿と慶寿院殿は姉妹なので、氏綱と義晴は義兄弟ということになる。もし晴氏と芳春院殿との婚姻が実現すれば、晴氏は将軍の甥に位置づけられる。古河公方家は関東足利氏の正嫡とはいえ、小弓公方家の成立により南奥・関東の諸士から相対視されるようになっていた。しかも、高基・晴氏抗争により勢力を減退させている。晴氏は、公方家の権力と権威復活のため義明成敗を命じ、さらに婚姻関係の利用を計画したのだろう。関東管領職は氏綱が求めたものだろうが、晴氏は婚姻を前提に自らを将軍一門と想定し、義晴に代わり関東管領職補任権を行使したと考えられよう。

三、晴氏の苦悩

しかし、これ以降北条氏の強大化に対して晴氏は不安感をつのらせるようになった。同十年に交渉相手の氏綱が死去して氏康が北条氏の家督となり、以前のような親密性が薄れていったのである。十二年には芳春院殿との間に梅千代王丸が生まれている。公方家内部の不穏な空気を察知したのか、氏康は晴氏に対して異心のない旨を誓約している。それでも晴氏は、氏康に対して生じた疑心を払拭することはできなかった。十四年、北条氏が駿河今川氏との対立で駿河・伊豆方面へ出陣している隙に、両上杉氏は北条方の河越城を囲んでいるが、扇谷上杉朝定《ともさだ》は晴氏に対して支援を要請、晴氏は朝定に呼応して出兵し、河越城包囲に参加した。

十五年四月、河越城の危機に対し氏康自身が出陣して河越城包囲軍を攻撃、朝定は討死し山内上杉憲政と晴氏も敗退した。合戦直後、氏康は晴氏の行動について激しい口調で非難している。とはいうものの、公方家の外交方針は批判できても、内部の問題までは介入しなかった。十七年三月に幸千代王丸の元服に際し、晴氏は足利義藤（義輝）の偏諱授与を申請し、藤氏《ふじうじ》と名乗らせている。将軍の実名の一字を与えられた以上、藤氏が後継者なのは明白である。晴氏は、十二年の起請を根拠に北条氏の批判に抗したのだろう。

葛西城跡（東京都葛飾区）

晴氏がその後も氏康と対立していたかは分からないが、氏康に歩み寄らざるをえなかったのは、反北条方勢力の消滅が原因であった。二十一年五月、上杉憲政が上野へ退去し北条氏が西関東をほぼ勢力圏に収めたのである。関東における外交交渉のテーブルには、氏康しか残されていなかった。同年十二月、ついに晴氏は家督継承者を変更し、北条氏の血を引く梅千代王丸へ「当家相続」を安堵した。ただし、氏康は晴氏へ批判を向けただけではなく、晴氏の利益となる条件も提示したようである。十九年ごろから、北条氏は梅千代王丸の葛西城（葛飾区）移座を計画して

古河城跡（茨城県古河市）

いる。葛西は公方領ではないが、古河と房総方面を結ぶ河川と陸路の結節点なので、房総の公方領を把握するには重要な地であった。氏康は、公方領回復を家督変更の条件としてほのめかしたのだろう。晴氏としては、後に梅千代王丸が公方になっても、大上様として君臨することを想定したかと思われる。晴氏は、梅千代王丸とともに葛西へ移り、時には古河城（藤氏在城か）へ移動する生活を送るようになった。

ところが、情勢は晴氏の思惑どおりには動かなかった。所領回復がされないどころか、梅千代王丸は家督安堵の翌二十二年早々に安堵状・宛行状の発給を開始し、奉公衆も葛西へ出仕を始めてしまう。晴氏は公方家の少数派に転落したのである。そもそも、関東足利氏は公方を「職」として補任されているのではない。若君は、元服すると公方様もしくは上様と呼ばれ、元の公方は大上様とされるが、双方とも当主である。北条氏の後見が付く梅千代王丸は、単なる家督予定者の枠を超えて扱われる人物となった。家督安堵状の影響は予想外に大きかったのである。怒った晴氏は、藤氏とともに翌二十三年七月に古河で挙兵したが、従う者はわずかでしかなく、やがて氏康の命を受けた奉公衆野田左衛門大夫らによって十一月に拘束され、相模国秦野《はだの》へ幽閉された。

四、北条系足利氏の登場

ちょうど一年後の弘治元年（一五五五）十一月、梅千代王丸は葛西城で元服する。実名は近衛《このえ》稙家《たねいえ》の尽力により、将軍義輝の偏諱を与えられ、義氏《よしうじ》となった。兄藤氏をしのぐ立場である。白川氏など、義氏を支持する諸士は葛西へ代官を送り義氏へ祝儀を言上している。義氏は、葛西城を本拠に古河周辺の公方領を支配し、上総の所領については母芳春院殿が関わるようになった。また、北条氏との間は北条三郎や江戸衆が取次を務めて親密化を図った。北条側は、義氏を御家門の筆頭に位置づけている。

永禄元年（一五五八）四月、義氏は鎌倉へ入り鶴岡八幡宮寺へ参詣すると、その足で小田原へ向かい氏康と会談する。そこで話し合われた内容の一点が、義氏の公方領帰還であった。氏康は、古河周辺には簗田氏をはじめとする反義氏・北条氏派が残っていること、公方不在に動揺する奉公衆が存在していることから、前々より義氏が公方領へ帰ることを計画していたようである。その中で問題視されたのが関宿《せきやど》城（野田市）の入手だった。氏康は、関宿が一国を取るにも替えられない要衝と考えていたが、長期にわたり簗田氏の居城となっていた。義氏・氏康は、簗田晴助《はるすけ》に関宿城を進上させ、代わりに古河城を与えることとし、簗田氏の移封に成功した。義氏は八月までに関宿へ入城している。

関宿城跡（千葉県野田市）

二年後、反北条派の反撃が本格化する。同三年九月、上杉憲政を支援する長尾景虎（上杉謙信）が関東へ進攻したのである。景虎が北条氏打倒と鶴岡参詣のため小田原・鎌倉へ軍勢を進める中、義氏は関宿において長期籠城する構えをとった。そして、翌四年七月に母芳春院殿が死去すると小金城（松戸市）へ移動する。さらに六年四月までに、一部の奉公衆を江戸に置いて上総の西南部に位置する佐貫城（富津市）へ移座し、七年四月にはそこから東京湾を渡り鎌倉へ入った。

氏康は、謙信の猛攻に耐えながら漸次《ぜんじ》態勢を建て直し、反抗した勢力を逐次攻撃していった。公方領では、関宿へ戻った簗田晴助を八年三月に攻めている。晴助は北条勢を撃退したが、九年に入ると北条方と和睦交渉を行ったらしく、十年四月には古河城を渡している。その後十一年八月に再び決裂したため、氏康の後継者氏政が関宿城を包囲したが、年末に謙信と北条氏の間で同盟交渉が開始され、十二年五月には囲みを解くこととなった。義氏は、六月に古河へ入城している。なお、交渉により関東管領職は北条氏ではなく謙信が正統とされたが、公方は義氏に決定された。

元亀二年（一五七一）十二月、氏政は武田信玄と同盟し、謙信とは敵対関係に戻った。古河と関宿は至近距離にあるため、義氏は古河城の普請を急がせている。天正二年（一五七四）、大規模な関宿攻撃が始まり、北条氏照・北条氏繁らの軍勢が城を包囲して断続的に攻城戦が展開される。そして閏十一月、ついに簗田晴助らは降伏し関宿を明け渡した。関宿城は北条氏が直轄支配し、北条一門や重臣らの在番による下野・常陸方面進攻の拠点となった。謙信らの来襲もなくなり、義氏は古河と栗橋（茨城県五霞町）両城を往復することはあっても、それ以外の地へ移動することはなくなった。公方領も、下総北西部・武蔵北東部・下野南部にわたる地域に一円化し、上総を除く遠隔地は多くが不知行になったようである。

さて、前述のように義氏は北条氏の血を半分受け継いでいる。しかも、元亀二年以前には氏康の娘（浄光院殿《じょうこういんでん》）を正室として迎えているので、北条一門とかわらない存在となっていた。義氏へ敵対する奉公衆が降伏した以上、公方領は北条氏の勢力圏で領国に準じる地域とみなされただろう。他の領域と異なるのは、北条領国の外縁にありながら、礼的秩序という点では核でありつづけたということである。たとえば、天正五年(一五七七)から同十年にかけて、年頭に義氏へ祝儀を申し上げた人物を眺めてみると、北条一門と重臣および在郷奉公衆に加えて、上野由良氏、下野壬生氏・皆川氏・佐野氏・長尾氏、常陸小田氏・行方《なめがた》衆、武蔵成田氏、下総千葉氏・原氏・高城氏・国分氏・結城氏・山川氏、上総武田氏など、多くの大名・国衆が出仕もしくは代官を派遣している。いずれも、北条氏と同盟関係にあるか従属している者たちであり、小田原出仕も行っているはずである。それに対し、古河への祝儀言上は義務ではない。東関東の諸士にとっては、劣化しながらも礼的構造は保たれていることになる。北条氏も、一方的に言上を禁止することはなかった。

五、公方家の滅亡

年頭の言上が確認できなくなるのは、天正十年閏十二月(京暦では十一年正月)に義氏が死去してからである。義氏の後継者は、天正二年生まれの長女(徳源院殿《とくげんいんでん》)で、父が死去した時は十歳だった。嫡男ではなく、しかも幼少ということもあり、言上は取りやめになったのだろう。これにより、公方家は大名・国衆と直接関係を持つことはなくなったが、在鎌倉の寺社には公権を発している。徳源院殿は、父義氏の朱印を使用した公帖《こうじょう》により五山派寺院の住持職補任を行っており、法事などについて、公方家の奉行衆は連署状によって徳源院殿の意思を伝えている。

このようにして公方家の権限は大幅に縮小したが、関宿を除くと公方領内に北条氏の文書は出されておらず、基本的には解体していないことが分かる。北条氏も、徳源院殿を小田原へ呼び寄せて保護などはしていないので、古河周辺における公方領の守備は、奉公衆の自力によるものとされたのだろう。そして、北条氏が出陣を要請した場合には、氏照が指示を行っている。奉公衆は、基本的に氏照の与力と位置づけられたのである。

小田原合戦の年、徳源院殿は数え十七歳になっていた。奉公衆の一部が小田原へ招集されたが、彼女自身は古河へ籠城した。北条領国に準じること、籠城が秀吉への敵対行為とみなされたことにより、公方領は没収されて、のちに堪忍料が渡された。この間徳源院殿と北条氏の間に婚姻関係はなかった。理由はわからないが、彼女が浄光院殿の実子であり、血縁上は父義氏よりも北条一門に近かったためという可能性はあろう。いずれにせよ、北条氏が彼女の待遇をどのように考えていたのかは明確ではなく、小田原合戦によって永遠に不明となった。

以上、簡単ながら関東足利氏と小田原北条氏との関係について述べてみた。近年、政治史研究の進化により大名権力は幕府政治との関連、政治動向の再確認が進み、新たな面から評価されるようになってきた。関東足利氏と北条氏との関わりも、「傀儡化《かいらいか》」などという抽象的な用語で片付けるのではなく、具体的に何を行い、どのような反応があり、結果としてどうなったかを確認し、見つめ直す段階になったといえよう。とはいっても、北条氏が既成権力を吸収して肥大化しただけの室町期地域権力と評価するわけではない。村町の発展、少なからざる災害に遭遇しながらさまざまな政策を打ち立てて生き残った権力であることは先人の研究によって明らかになったし、何よりも複数の足利一門（堀越公方・小弓公方）を滅亡させるという、最も反足利氏的な行動を起こしたのは、唯一北条氏だけであることを忘れずに考察することも大事であろう。

〈参考文献〉

黒田基樹『古河公方と北条氏』（岩田書院、二〇一二）
黒田基樹『戦国北条五代』（戎光祥出版、二〇一二）
黒田基樹『北条氏年表』（高志書院、二〇一三）
佐藤博信『古河公方足利氏の研究』（校倉書房、一九八九）
佐脇栄智『後北条氏と領国経営』（吉川弘文館、一九九七）
戦国人名辞典編集委員会『戦国人名辞典』（吉川弘文館、二〇〇六）
長塚 孝「葛西公方府の政治構想」（葛飾区郷土と天文の博物館『葛西城と古河公方足利義氏』雄山閣、二〇一〇）
長塚 孝「浄光院殿―足利義氏の室」（黒田基樹・浅倉直美『北条氏康の子供たち』宮帯出版社、二〇一五）
黒田基樹「総論北条氏綱論」（黒田基樹『北条氏綱』戎光祥出版、二〇一六）
『北条史料集』（人物往来社、一九六六）
『古河市史』資料中世編（一九八一）
佐藤博信『戦国遺文』古河公方編（東京堂出版、二〇〇六）
杉山 博他『戦国遺文』後北条氏編一～六（東京堂出版、一九八九～九五）

陶晴賢の乱と大内氏

萩原大輔

はじめに

天文二十年（一五五一）九月一日、列島の戦国社会を揺るがす大事件が勃発する。当時の西国で最強の大名と呼んで差し支えない大内氏の当主義隆《よしたか》が、重臣陶晴賢《すえはるかた》のクーデターによって命を落としたのだ。享年四十五。

大内氏は、本国が周防《すおう》国（現山口県東部）で、中世前期に周防国在庁官人《ざいちょうかんじん》として歴史資料に登場する。鎌倉時代には鎌倉幕府御家人となり、六波羅奉行人を一族から輩出、その後の南北朝内乱のなかで南朝方として頭角を現して勢力を拡大、北朝に帰順したのちは周防守護となった。義隆は大内氏の全盛期を築いた人物で、彼の代（一五二八〜一五五一）にその支配分国は、周防・長門《ながと》（現山口県）、筑前《ちくぜん》・豊前《ぶぜん》（現福岡県・大分県北部）、安芸《あき》・備後《びんご》（現広島県）、さらには石見《いわみ》（現島根県西部）という七カ国にも及んだ。また、室町幕府はもとより朝廷・公家社会とも緊密な関係を構築する一方、明《みん》・朝鮮と積極的な東アジア外交や貿易を展開するなど、まさしく十六世紀前半の西国における有力大名の筆頭にあげられよう。

かたや反旗を翻して当主義隆を討った陶晴賢は、評定衆（宿老）を務める大内氏重臣とはいえ、周防国の守護代にすぎない。ともすれば、「陶晴賢の乱」が西国における下剋上の典型例として、一般に紹介されるゆえんである。

しかし、その後の晴賢が主家にとって代わったかというと、必ずしもそうではない。小稿では、先学の研究成果を大いに参照しつつ、信頼しうる同時代史料をもとに、「陶晴賢の乱」の過程とその帰着点をたどりたいと思う。

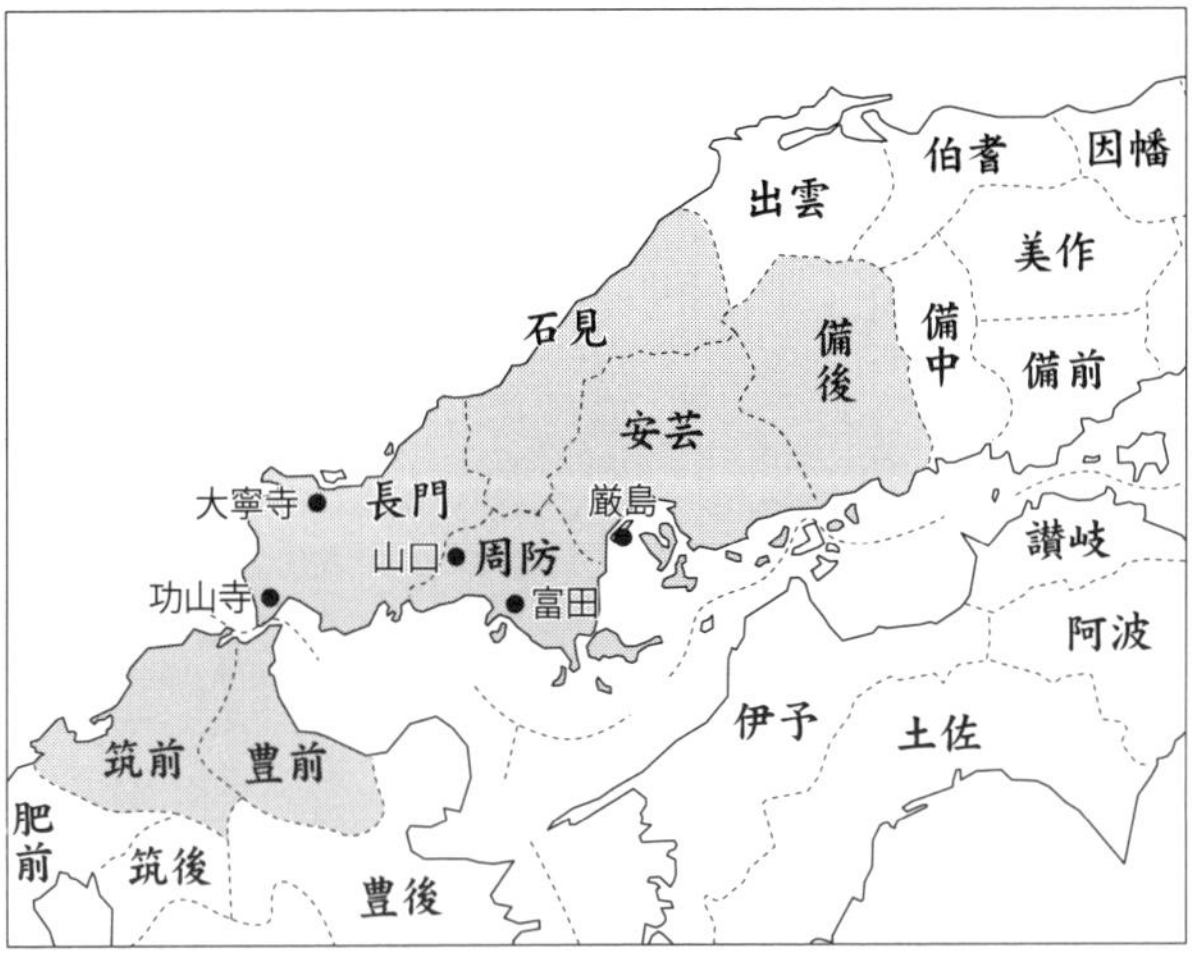

大内氏の支配領域と主な拠点、ゆかりの寺院

一、大内義尊の擁立

「陶晴賢の乱」の原因に関しては、かつて福尾猛市郎氏は、天文十二年（一五四三）の出雲《いずも》尼子《あまご》氏攻めの大敗を画期とする当主義隆の文事への傾倒、それに対する反発と理解した（福尾一九五九）。そこに分国支配の矛盾を絡めて論じたのが、佐伯弘次・川岡勉氏らの研究である。佐伯氏によれば、大内氏評定衆の大半が「陶晴賢の乱」に加担、次代の義長期においても継続して政権参加していることから、評定衆配下にいた分国内諸階層の不満を背景とする、評定衆と大内氏当主の対立の結果という（佐伯一九八二）。川岡氏もほぼ同様の見解に立ち、陶晴賢個人のクーデターではなく、評定衆によって当主が放

逐された事件と位置づけたうえで、当主義隆が特定奉行人（具体的には相良《さがら》武任《たけとう》など）と個人的結合を強め、評定衆の掣肘《せいちゅう》から脱しようとする動きを見せたことが原因とし（川岡一九九九）、その背景を大内氏御家人制の空洞化、すなわち勢力拡大した守護代クラスの有力家臣に大内氏御家人が服従する動きに求めている（川岡一九八三）。このように歴史学研究の成果では、晴賢の単独犯行説という点はすでに否定されつつあるのだ。

そもそも、陶晴賢という名前がよく知られている小稿の主人公だが、乱を起こした段階での名は晴賢ではなく、隆房《たかふさ》と名乗っていた。大永元年（一五二一）に生まれたと伝わる彼は、五郎という幼名で呼ばれ、他ならぬ大内氏当主義隆の「隆」の一字を元服の際に賜り、名を隆房と改めたのである。「房」は陶家当主が代々使う通字であり、通字の前に「隆」の一字をつけ、義隆への忠誠を示したわけだ。以下、やや煩雑ではあるが、晴賢に改名するまでは隆房で本文中の表記を統一したい。管見の限り、信頼性の高い史料で隆房の叛意を確認できる初見は、次のものである。

［史料1］陶隆房書状（『山口県史史料編中世三』「右田毛利家文書」九二号）

爰許之儀、杉（重矩）・内藤（興盛）申談、彼取立事令二儀定一候、内々以二申談筋目一、各可レ被二仰談一候、対二天野六郎（隆綱）方一書状可レ預二御伝達一候、急度可レ被二仰催一事専一候、猶述二口状一候、恐々謹言、

（天文十九年）八月廿四日　隆房（花押）

毛利備中守（隆元）殿

毛利右馬頭（元就）殿御宿所

右の隆房の手紙によれば、杉重矩《しげのり》・内藤興盛《おきもり》らと協議して、ある人物の取り立てを決定したという。その

ことを安芸の有力国衆《くにしゅう》である毛利元就・隆元父子に伝えている。杉も内藤も、隆房と同じく大内氏評定衆に列する重臣であった。隆房は、安芸の国衆の一人である天野隆綱《たかつな》に書状を伝達するよう毛利氏に頼んでいる。その書状が次のもので、隆房に叛意が芽生えた事情の一端が垣間見えて興味深い。

［史料2］陶隆房書状（『山口県史史料編中世三』「右田毛利家文書」九三号）

義隆（大内）某間之事、更無二赦免一候之条、若□（子）事可二取立一心中候之由、杉（重矩）・内藤（興盛）申談候、此節預二御入魂一候者、可レ為二本望一候、仍於二御望之儀候一者、聊不レ可レ有二疎略一候、恐々謹言、

八月廿四日（天文十九年）　隆房（花押）

天野六郎（隆綱）殿御宿所

大内義隆像（龍福寺 提供）

これによると、隆房は義隆から何らかの勘気を蒙《こうむ》ったようで、未だに赦免されておらず、「若子」を次期当主に擁立する心積もりであることを、杉重矩・内藤興盛らと相談したという。「若子」とは、義隆と側室（大宮伊治《これはる》女）との間に生まれていた嫡男義尊《よしたか》のことである。隆房は同内容の手紙を吉川元春《きっかわもとはる》（毛利元就の二男）にも送っており（『大日本古文書　吉川家文書』六〇九号）、味方につく見返りとして希望の土地を与えるなどの交渉も行っていたらしい（『山口県史史料編中世三』「右田毛利家文書」九一号）。さらに、安芸のみならず石見の国衆たちとも連携を図っている（後掲

史料5）。実に挙兵決行の一年以上も前から、当主義隆を廃して嫡男義尊に代えるべく、陶・杉・内藤たちは周到な準備を進めていたのだ。のちに反乱の報を京都で聞いた公家の吉田兼右《かねみぎ》は、自身の日記『兼右卿記』に「伝聞、防州大内大弐義隆、陶・杉・内藤以下令レ蔑一二如之一、取懸之処被二切腹一云々」と記す（岡田一九五五）。三者が共謀して義隆を討ったという認識が、当時から広がっていたことが分かる。

なお、信頼性は少し劣るが、慶長二十年（一六一五）に多賀社大宮司の高橋言延《ことのぶ》が大内氏滅亡までの経緯を記した『大内殿滅亡之次第』（『山口県史史料編中世一』）によると、天文十九年九月十五日に行われた仁壁神社・今八幡宮（いずれも現山口市）の祭礼で、義隆は網代車《あじろぐるま》での社参を予定していたところ、隆房が途中で襲撃するという噂がまことしやかに流れたため、参詣を急きょ取り止めたらしい。その二日後に、義隆は当の隆房本人を詰問し、隆房の弁明は数度に及び、ようやく事なきを得たという。かかる一件の真偽は定かでないが、隆房の逆心は半ば公然の事実だったようで、同年十一月に奈良の東大寺が隆房の悪心を帰伏すべく、愛染明王法を修している（『大日本古文書　東大寺図書館所蔵未成巻文書』六四八号）。たしかに乱は陶・杉・内藤らの共謀によるものであったが、おそらくその首謀者が隆房であることも間違いない。

隆房は同月二十七日、山口の屋敷を引き払って、本拠の富田（現山口県周南市）へ退去した（『大日本古文書　相良家文書』四六三号）。年が明けて天文二十年正月、当主義隆と隆房との抜き差しならぬ仲に関する雑説が世間でも飛び交い、翌二月十四日には、陶家の面々が富田へ帰郷したという（『山口県史史料編中世一』「梅霖守龍周防下向日記」）。陶一門の多くが対立姿勢を鮮明にしたわけで、事態は風雲急を告げつつあったのだ。だが一方で、義隆側が何ら有効な対策を講じた気配は見られないまま、隆房の挙兵へ至ることとなる。

縷々《るる》述べてきたが、挙兵は隆房の単独犯行ではなく、同じ評定衆に列する杉重矩・内藤興盛たちとの談判を踏まえており、大名被官の一揆とも呼ぶべき性格を帯びるものであった。なおかつ挙兵決行の一年以上も前から、毛利元就をはじめとする安芸国衆、さらには石見国衆たちに領地給与を条件とする多数派工作を展開していたのである。彼らの当初計画は、「若子」と呼ばれた嫡男義尊を義隆に代わる新当主に擁立するというもので、主家そのものを滅ぼす反乱ではなかった点も強調しておきたい。

二、大友晴英の招請

天文二十年（一五五一）八月二十八日、ついに陶隆房たちは挙兵した。京都の醍醐寺の僧厳助《ごんじょ》は「周防国大乱」と評している（『山口県史史料編中世一』「厳助往年記」天文二十年八月二十八日条）。当主義隆はもとより、二条尹房《ただふさ》・良豊《よしとよ》父子、三条公頼《きんより》や大宮伊治ら山口へ寄寓していた公家たちの一部も討たれ、翌月六日にようやく事態は沈静化した。江戸時代中期に成立した軍記『陰徳太平記』によると、義隆は「討つ人も　討たるる人も　もろともに　如露亦如電《にょろやくにょでん》　応作如是観《おうさにょぜかん》」という辞世の句を詠んだらしい。当時、豊後《ぶんご》（現大分県中部と南部）にいたイエズス会宣教師ザビエルは、次のように記す（『山口県史史料編中世一』一〇三八頁「聖フランシスコ・ザビエル全書簡」）。

> 山口侯の家臣で大きな勢力を有する陶晴賢が謀反を起こし、領主（大内義隆）が逃げ出すほど激しい戦いとなりました。領主には大勢の家来がいましたが、彼は逃れられないと思い、敵である家臣に捕えられるよりは、自分の幼な子（義尊）を道づれに自害しようと決心しました。そこで、まず自分の子を殺すことを命じ、敵が来た時に何も発見できないように、二つの屍を焼くことを命じてから、懐剣で自刃しま

した。家来たちは屍を焼きました。

周知のごとく、義隆は山口でキリスト布教を許可しており、イエズス会関係者には自然と大内氏をめぐる情報が届く。そのため、ザビエルの書き留めた内容も確度は高いと捉えるべきだろう。右の情報が事実とすれば、挙兵の当初計画に反して、義隆のみならず、次なる当主候補であった嫡男義尊まで亡くなってしまったのである。享年わずかに七。

［史料3］江良房栄書状（『山口県史史料編中世三』「右田毛利家文書」九四号）

尚々御人躰之儀、委細元就（毛利）へ申候条、可レ有二御演説一候、

就二爰元雑説之儀一、御懇札之通具申聞候、義隆（大内）様御父子去朔日於二長州深川大寧寺一生害候、其外数輩被二討果一、無二残所一被レ任二存分一候、珍重候、御慶猶期二後音一候、恐々謹言、

九月七日（天文二十年）　房栄（花押）

天野六郎（隆綱）殿貴報

右は、陶隆房の重臣江良房栄《えらふさひで》が、連携する安芸国衆の天野隆綱に乱の経過を伝えた手紙である。房栄の言によれば、義隆・義尊父子は九月一日に、長門国深川の大寧寺（現山口県長門市）で息絶えたという。注意すべきは尚々書部分で、「御人躰」（大内氏家督の後継者）については、毛利元就へ伝えたと語る。六日後には早くも次善の策が講じられているわけで、義尊の死という予期せぬ事態も見据えて、第二の新当主候補が予め用意されていたのかもしれない。『多々良盛衰記』（『山口県史史料編中世一』）によれば、天文二十年五月頃まで

義隆・義尊父子が最期を遂げた大寧寺（山口県長門市）

に、義尊を擁立するという当初案は破棄され、豊後の大友氏から大友晴《はる》英《ひで》なる人物を新当主へ迎えることが決定されたという。ただし同書の成立は、あくまで江戸時代中期であり、かような計画変更が実際に成されたかについては、同時代史料からは裏付けられず、詳細は不明とせざるをえない。

この点に関して、ザビエルは乱後に以下のように言及している（『山口県史史料編中世二』一〇三九頁「聖フランシスコ・ザビエル全書簡」）。

領主（大内義隆）が死んでから、山口の家老たちは領主なしでは統治も指導もできないので、豊後の領主（大友義鎮《よししげ》、のちの宗麟《そうりん》）に使者陶安房守（隆満）を送って、その弟（大友晴英）を山口の領主にすることを願い出ました。（相談の末）豊後の領主の弟が山口の領主として行くことに決まりました。

義尊に代わる大内氏新当主として大友晴英が担がれたのは事実だ。彼は豊後の大名大友義鑑《よしあき》に嫁いだ義隆の姉の子で、義隆の甥にあたり、大友宗麟の異母弟である。実は、この晴英はかつて義隆の後継候補となっていた過去をもつ。もともと義隆は、天文七年までに、土佐（現高知県）の大名である一条房冬《ふさふゆ》の息子恒持《つねもち》を養子に迎えていた。そして、ときの室町将軍足利義晴《よしはる》から「晴」の一字を拝領し、大内晴持《はるもち》と改名させたのである。実子でないにもかかわらず、義隆は晴持を寵愛して世継ぎに定めていたが、その晴持が天文十二年五月七日、出雲遠征からの退却中に急逝してしまった（『八代日記』天文十二年五月七日条）。この後の世継ぎとなったのが、大友義鑑の次男で当時「八郎」と名乗っていた晴英なのだ。彼が天文十八年五月に宇佐神宮（現大分県宇佐市）へ奉納した願文は、以降の経過の一幕を語る。

［史料4］大友晴英願文（『増補訂正編年大友史料　一八』四三八号）

多々良氏大内義隆久無二実子一、以レ遣二花鳥使於豊之後州大友義鑑一、欲レ請三小子某甲為二猶子一、義鑑固二-辞之一深二-拒之一、於レ茲亦復梯人白二大将軍義晴一、々々然之忝賜二花判一、被レ称二大内周防介晴英一、（中略）雖レ然未幾依二実子出来一而変二-易之一、有名無実、（中略）仍願書如レ件、

右によれば、晴持亡き後、晴英は義隆と猶子の契約を結び、晴持と同様、将軍義晴から「晴」の一字を賜り、大内周防介晴英と改名した。だが、義隆の実子がほどなく出生して有名無実になったという。事実、天文十四年に嫡男義尊が生まれており、この猶子契約は「相違」になったと、大内氏関係者も述べていた（『大日本古文書　相良家文書』三七八号）。義隆・義尊父子が没したことを受け、豊後大友氏から晴英を迎えたのは、まさに「先年よりの御契約なれば」（『群書類従合戦部』「大内義隆記」）だったのである。血筋的にも義隆の甥であり、極めて妥当な選択といえよう。陶・杉・内藤ら「山口の家老」たちは、あくまでも大内氏の血脈を重視したのだ。

加えて、新しく晴英を大内氏当主へ迎えるにあたり、陶・杉・内藤らが分国内向けに発した説明も目を引く。

［史料5］大内氏年寄連署書状（『山口県史史料編中世三』「萩市郷土博物館所蔵文書（湯浅家文書）」一一四号）

爰許静謐之次第、於レ于レ今者其聞候哉、芸石国衆毛利(元就)以下申談候、然者以二京都 御下知之辻一、為二人躰一豊州(大友晴英)八郎殿請申、上国候者急度可レ被レ申候、其表御一味中弥堅固被二仰談一、馳走肝要候、恐々謹言、

(天文二十年)十月六日

(陶)隆満(花押)

(内藤)興盛(花押)

(杉)重矩(花押)

(陶)隆房(花押)

湯浅五郎次郎(元宗)殿進之候

彼らが標榜した論理は、「京都御下知」によって、「豊州八郎殿」こと大友晴英が大内氏家督を継いだというものだ。この場合の「京都」が、幕府を指すか朝廷を指すか明確化しえぬが、いずれにせよ中央権力の指示に従ったという形態をとったわけで、いわゆる下剋上とは様相を異にするものと考えられるだろう。

また、晴英が周防へ赴くまでの間、大内氏家臣の戦功に対する感状の発給は、陶隆房が書状で代行しているが、「御人躰於二御上国一者、可レ達二　上聞一候」と述べており、主従制的支配権の根幹の一つである戦功褒賞はあくまで大内氏当主の手にあった(川岡一九八三)。実際、この種の隆房書状は散見するが、袖に晴英が「一見了」と署判したものも少なくない(『大日本古文書　浦家文書』一〇号など)。隆房書状は一時的な戦功証明書にすぎず、晴英が署判を加えることで感状として完結したのである。つまり、乱後の隆房の主導性は確認できるが、それは大内氏当主の独自権限を侵食するものではなかったのだ。

晴英が豊後府中(現大分市)を出立したのは、翌年二月のことである(『八代日記』天文二十一年二月十八日条)。

そして同月二十六日に周防へ入国した（『大日本古文書　熊谷家文書』一二七号）。三月三日には山口へ入るわけだが、この直前に隆房は、晴英に偏諱を乞い、「晴」の一字を賜り、晴賢と名乗り始めた（『広島県史古代中世資料編三』「棚守房顕覚書」）。こうして一般によく知られる「陶晴賢」が誕生するのだ。大内氏家督を継いだ晴英は、前代義隆と同じく将軍義輝から「義」の字を拝領し、名を義長と改めた（『大日本古文書　蜷川家文書』六六四号）。かくして、晴賢は主家にとって代わることなく、義長政権の中枢として君臨していくのである。

おわりに

戦国社会に激震をもたらした「陶晴賢の乱」は、陶隆房・杉重矩・内藤興盛らが共謀し、挙兵の一年以上も前から、毛利元就をはじめとする安芸や石見の国衆たちに連携を呼びかけるなど、周到に準備されたものであった。その点で、大名被官の一揆とも呼びうる。当初は義隆を廃して嫡男義尊を擁立する計画だったが、義尊の死を受けて、かつて義隆と猶子契約を結んでいた甥の大友晴英を新当主に担ぐ。しかもそれは、「京都御下知」という当時の政治秩序を背景とする論理を標榜していたのだ。したがって、西国の雄大内氏を揺るがした乱とはいえ、それは下剋上という概念で把握できるものではない。晴賢ら大内氏の重臣たちは、大内氏の血脈という正統性に加え、後継候補に据えられていた過去や、京都の下知などを前提に、大友晴英を当主に迎えたのである。そして、隆房は新たな主君晴英から一字を賜り晴賢と改め、晴英は将軍から一字を拝領し大内義長と名乗った。いずれも室町時代以来の家格秩序に基づいたものといえる。

その後、天文二十四年（一五五五）十月、中国地方の覇権をめぐって、大内氏は毛利元就と雌雄を決するに至った。世に言う厳島《いつくしま》の戦いである。大内軍を率いた総大将は陶晴賢だったが、毛利軍の前に大敗を喫し、厳島の地（現広島県廿日市市）で波乱に満ちた生涯を閉じた。享年三十七と伝わる。いうなれば、晴賢は大内氏に殉じた最期であったとさえ評せよう。晴賢を失った大内義長は、勢いづく毛利軍の猛攻の前に為す術なく、弘治三年（一五五七）四月三日、長門国功山寺（現山口県下関市）にて自害し、二百年近くの長きにわたって西国で覇を唱えた名門・大内氏はここに滅んだ。義隆を弑逆《しぎやく》した「陶晴賢の乱」から、わずか六年足らずの出来事であった。

〈参考文献〉

岡田章雄『キリシタン・バテレン』（至文堂、一九五五）
川岡勉「守護権力の変質と戦国期社会」（『室町幕府と守護権力』吉川弘文館、二〇〇二、初出一九九九）
川岡勉「大内氏の知行制と御家人制」（『室町幕府と守護権力』、初出一九八三）
岸田裕之「陶隆房の挙兵と毛利元就」（『山口県地方史研究』六五号、一九九一）
久留島典子「領主の一揆と中世後期社会」（『岩波講座日本通史　中世三』岩波書店、一九九四）
佐伯弘次「大内氏の評定衆について」（『古文書研究』一九号、一九八二）
高橋研一「戦国大名毛利氏の防長支配と元亀三年龍福寺「再興」」（『山口県地方史研究』九九号、二〇〇八）
福尾猛市郎『大内義隆』（吉川弘文館、一九五九）
松岡久人著・岸田裕之編『大内氏の研究』（清文堂出版、二〇一一）
米原正義編『大内義隆のすべて』（新人物往来社、一九八八）
和田秀作「陶氏のクーデターと石見国人周布氏の動向」（『山口県地方史研究』七〇号、一九九三）
和田秀作「大内義隆と陶隆房」（『山口県史通史編中世』、二〇一二）

斎藤道三・一色義龍父子と美濃支配

木下　聡

はじめに

戦国時代の各地の勢力は、その多くが鎌倉・室町以来の守護家・有力領主であり、新勢力として勃興した家も、大部分が守護代家やそれに準じる家から権力を確立している。織豊大名以前で、他国からやってきて、一国規模の支配を成し遂げたのは、伊勢宗瑞《いせそうずい》（後北条氏初代、いわゆる北条早雲《そううん》）と松永久秀、そして美濃斎藤氏（後斎藤氏とも）ぐらいである。

宗瑞は、勢力の拡大は自力で行ったとはいえ、元来幕府奉公衆《ほうこうしゅう》で、今川氏親《うじちか》の伯父という立場がスタートにあり、今川氏の支援を多大に受けている。松永久秀は大和国支配をしているが、あくまで三好氏家臣の立場でそれを獲得している。その点斎藤氏は、何もないところから美濃の国主にまで上り詰めている。

ただ、かつて下剋上の典型例の一つとされた斎藤道三《どうさん》の国盗りは、「春日倬一郎氏所蔵文書」の六角承禎《しょうてい》（義賢《よしかた》）条書の発見により、道三一代によるものでなく、長井新左衛門尉《しんさえもんのじょう》とその子道三の二代によるものであることが明らかにされている。道三の国盗りは、実は土岐《とき》氏重臣となった父の政治的立場を引き継いでなされたものなのである。それでもわずか二代で美濃の大半を手中にしたことは、特筆されるべきことである。

本稿では、そうした道三・義龍《よしたつ》父子の美濃支配の過程と形成について見ていきたい。

一、斎藤道三の美濃簒奪

道三の父長井新左衛門尉は、右の六角承禎条書によれば、もとは妙覚寺法華坊《ほっけぼう》の僧で、美濃国にやってきて西村と名乗り、土岐氏に仕えたとあり、かつて道三の前半生とされていた、土岐氏へ仕官するまでの経歴と同じである。僧侶となる以前はいまだ闇の中であるが、京都西岡に関わりがあったことは確かであろう。

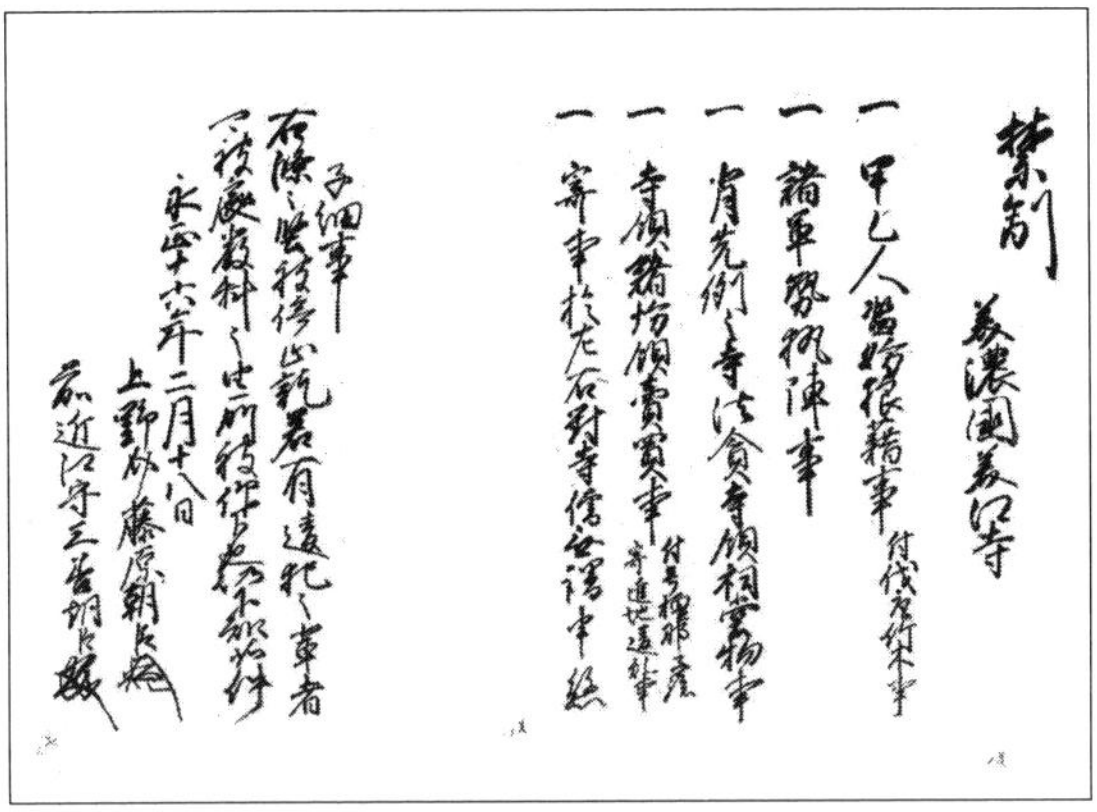

斎藤利政（道三）禁制
（美江寺文書、東京大学史料編纂所所蔵影写本）

美濃土岐氏は、南北朝期に美濃守護となって以降、幕府の有力大名の一つであり続けた。土岐成頼《しげより》は応仁の乱で西軍に属し、乱の終盤になると、守護代家の斎藤妙椿《みょうちん》が西軍を主導するほどの力を振るっている。妙椿の養子妙純《みょうじゅん》も、姻戚関係を梃子《てこ》に、隣国の越前・尾張・近江に大きな影響力を行使し、重臣石丸利光《いしまるとしみつ》との船田合戦に勝利するが、明応五年（一四九六）に妙純をはじめとした斎藤一門の大半が近江で討死したため、守護代斎藤氏の勢力が著しく衰えることになる。土岐氏自体も斎藤氏の衰退で実権を取り戻したわけでなく、あまつさえ成頼の子政房《まさふさ》の時代の末期に、内乱によって嫡男頼武《よりたけ》が越前へ没落するなど、分

斎藤道三像（常在寺蔵）

裂する様相を呈していた。

　新左衛門尉がいつ頃から土岐氏に仕えたかは定かでないが、現在確認できる史料からすると、永正末頃には土岐家臣として活動している（「汾陽寺文書」）。そして大永五年（一五二五）に始まる頼武とその弟頼芸《よりのり》との争いの中で頭角を現し、幕府にも存在が知られるまでに勢力を伸ばしている。新左衛門尉は後に豊後守となっていたようで、三条西実隆《さねたか》の日記『実隆公記』天文二年（一五三三）三月二十六日条に、この豊後守が重病であるとの記述があり、三カ月後に道三（この頃は規秀《のりひで》）が禁制を出している（「龍徳寺文書」）ことから、その直前に病死したと思われる。

　道三は、世に斎藤道三として知られているが、名前としては、当初長井新九郎規秀を名乗っている。そして斎藤苗字を得て斎藤新九郎利政《としまさ》となり、天文十五年頃入道して道三となっている。

　では道三はどのようにして美濃を手中にしていったのか。

　主である土岐頼芸が家督を兄頼武から奪取して後、数年は美濃国内は安定していた。それが天文四～五年になると、頼武の子頼充《よりみつ》（頼純《よりずみ》とも）が、近江六角定頼《さだより》・越前朝倉孝景《たかかげ》の支援を受けて美濃入国を画策し、これにより美濃国内で戦乱が起きている。この時道三も兵を動かして対応していることが、本願寺証如《しょうにょ》の日記『天文日記』に見える。そしてこの乱後、道三は「斎藤」苗字に改めている。ただ乱直後は、斎藤利茂《としげ》が守護代として見え（『天文日記』）、他に斎藤彦九郎入道など道三よりも政治的に上位にある者もおり、道三の勢威はまだ突出するほどのものではなかった。

天文十三年になると、再び頼充が越前朝倉孝景・尾張織田信秀の援助を得て入国を目指した。この時は道三が美濃に侵入した信秀を散々に打ち破って退け（「徳川黎明会所蔵文書」）、これを受けて頼充も撤退している。この頃道三以外の旧来の斎藤一族は、存在こそ確認できるものの、目立った政治的活動は見えず、道三の政治的立場が非常に高くなっていたことが想定される。土岐氏の勢力は、この守護代斎藤一族によるところが大きかったため、道三以外の斎藤一族の衰退は、土岐氏自体の衰退をも意味する。

天文十五年に結ばれた和議で頼充が美濃に入国すると、道三は娘を頼充に嫁せしめたが、これも道三の地位の高さを示している。ただ翌年頼充は死去している（道三により毒殺されたとも）。そして同十八年に織田信秀の子信長の正室として娘（いわゆる濃姫、頼充室と同人とも）を送り込み、道三と信秀との間に和議が成立する。

この頼充の死と、信秀との和議によって、道三の美濃国内外の最大の政敵がいなくなったことになる。すでに支配の実権は事実上道三にあったようだが、天文十九年末頃、ついに道三は土岐頼芸を美濃から追放して、美濃を手中に収めた。ただし遠山一族・土岐一族の勢力の強い東美濃や、東《とう》・遠藤一族のいる郡上は、実質支配外にあった。

一方追放された頼芸は、妹が嫁いでいた近江六角氏のもとに身を寄せて、幕府にも働きかけて帰国を図っている（「近衛文書」）。しかし幕府が六角以外に協力を呼びかけた今川・織田は、いずれも動かず、結局この企図は失敗している。その後の頼芸は、各地を転々とし、甲斐武田氏や常陸土岐氏のところへも赴き、最終的に家臣であった稲葉一鉄《いってつ》によって美濃に帰ることができ、そこで死去している。

天文二十三年に入ると、道三は官途名乗りを山城守に改めると同時に、家督を息子義龍に譲ったようで、義龍の文書発給が確認されるようになる（「浄安寺文書」など）。ただし実権を全て譲ったわけではなく、外交などは道三が受け持っていたようである（『お湯殿の上の日記』など）。しかし道三と義龍との仲は険悪になる。そしてついには合戦に及び、弘治二年（一五五六）四月に道三は義龍に敗れて討ち取られる。この時期各地の大名家では、一族内で家督をめぐる争いが頻繁に起こっており、親子間の争いも、陸奥伊達氏や甲斐武田氏、若狭武田氏、伊予河野氏などしばしば見られるが、和睦がならない場合、どちらかが追放されるか隠居・籠居させられるのが通常であり、父が殺される事例はこの道三ぐらいである。

道三と義龍の関係悪化は、義龍よりもその弟たちを鍾愛《しょうあい》して跡を継がせようとしたことや、女婿信長への傾倒などが主要因とされる。そしてそれに加え、道三と義龍との合戦で家臣の大多数が義龍側についたように、信長以外の周囲の領主との関係が悪化するなどの、道三の失政も大きな要因といえよう。なお巷間でよく知られる、義龍が実は土岐頼芸の子であったことが、道三との仲を悪くしたとの説は、義龍が道三を討った後も頼芸について一顧だにしていないことからすれば、信頼するには当たらない。

二、一色義龍の美濃支配

父道三を葬り去って国主の座についた義龍であるが、彼も父同様名前が頻繁に変わっており、斎藤新九郎利尚《としひさ》→斎藤新九郎范可《はんか》→斎藤新九郎高政《たかまさ》→斎藤治部大輔高政→一色《いっしき》左京大夫義龍となる。永禄三年頃一色苗字となり、その前年には義龍名乗りになっていた（「遠藤文書」、写真を後掲）から、「斎藤義龍」の時代もあったようだが、本稿では最後の名乗りである一色義龍で統一する。

義龍は、一人で政策を決定していた道三と異なり、俗に斎藤六人衆と呼ばれる家臣を用いて（史料上では

一色義龍像（常在寺蔵）

六奉行）、国内統治にあたらせている。もちろん義龍自身も文書を発給して事にあたっているが、この六人衆が義龍の仰せを受けて連署状を出したり（「安藤鉦司氏所蔵文書」）、単独で文書発給して政策決定を伝えたりしている（「立政寺文書」）。こうした六人衆を用いた政治は、今川・後北条のような宿老《しゅくろう》制が形成された証として積極的に評価する向きもあれば、あくまで奉行人にすぎず、実態は義龍の独裁的政治であったとするものもある。この六人衆は、いずれも本来の土岐氏の政治中枢とほとんど無関係な家を出自としており、半数以上が西美濃を基盤としていることから、道三以降に躍進した者たちと思われる。彼等の重用は、義龍のみで政策意思決定をするのではないことを示し、同時に安定した統治体制を構築しようとする意図に基づくものであろう。

ただ周囲の大名との関係は、道三時代から良好でない越前朝倉・近江六角に加え、尾張の織田信長や信濃へ進出した甲斐武田晴信《はるのぶ》とも悪化していた。そこで義龍は、幕府政所頭人《まんどころとうにん》である伊勢氏や、将軍家外戚である摂関家近衛氏と姻戚関係を取り結んで、幕府との関係を深め、六角氏とは承禎の子義治《よしはる》との縁談を進めて、関係の改善を図っている。さらに国内支配、他大名との関係を見据えて義龍が行ったのが、自身と家中を一色氏化することであった。

義龍が一色氏に苗字を改めた理由として、従来は、土岐成頼（政房父、頼芸祖父）が一色氏の出であったことから、自分が土岐氏の後継者であることを強調し、知らしめるためとする説、自らが討った父と弟の菩提を弔うため、弟喜平次《きへいじ》が一時名乗った一色氏を称したとする説、母が一色氏の出であることに由来を求める説などがあげられていた。しかし一つ目は、「土岐」氏を名乗れば済む話で、一色を名乗る必然性がない。二つ目は、喜平次が一色氏を称したか定かでない上に、菩提を弔う目的で苗字を改めることも疑問である。三つ目は、義龍の母は稲葉氏とする説が有力であり、一色氏とする記述には不審が多いため、これも成り立たない。

また、義龍が土岐氏に改めようにも、本来の当主頼芸が健在であり、国内の土岐一族もまだ一定の勢力を持っていたので、土岐氏へ改めることはできなかったと言える。そのため美濃国支配に直結するような名分を得るのではなく、家格として土岐氏を超える存在であることを示し、同時に国外の頼芸やその子・兄弟の帰国運動も削ぐために、一色氏に改姓したとみるべきだろう。つまり土岐氏や周囲の大名と同等か上位になる家格を求めた結果、足利氏一門でかつ相伴衆家で、土岐・六角より上位にある一色氏に改めたのである。義龍は永禄二年（一五五九）四月に相伴衆に列した時は（「厳助往年記」）まだ高政の名であったので（「旧武家手鑑」）、おそらくその後に将軍へ「義」字偏諱《へんき》授与申請をし、その後さらに一色への改姓も申請して許されたのであろう。義龍は姻戚関係にある伊勢氏や近衛氏の協力も得て、この一色改姓を果たしたと見られる。

そして義龍は、自身だけでなく重臣たちも一色氏家臣の苗字に改めさせている。それが先の六人衆で、次の通りである。

安藤日向守守就《もりなり》　→伊賀伊賀守守就
桑原三河守直元《なおもと》　→氏家《うじいえ》常陸介直元
竹腰新介尚光《ひさみつ》　→成吉《なりよし》摂津守尚光
日根野《ひねの》備中守弘就《ひろなり》→延永《のぶなが》備中守弘就

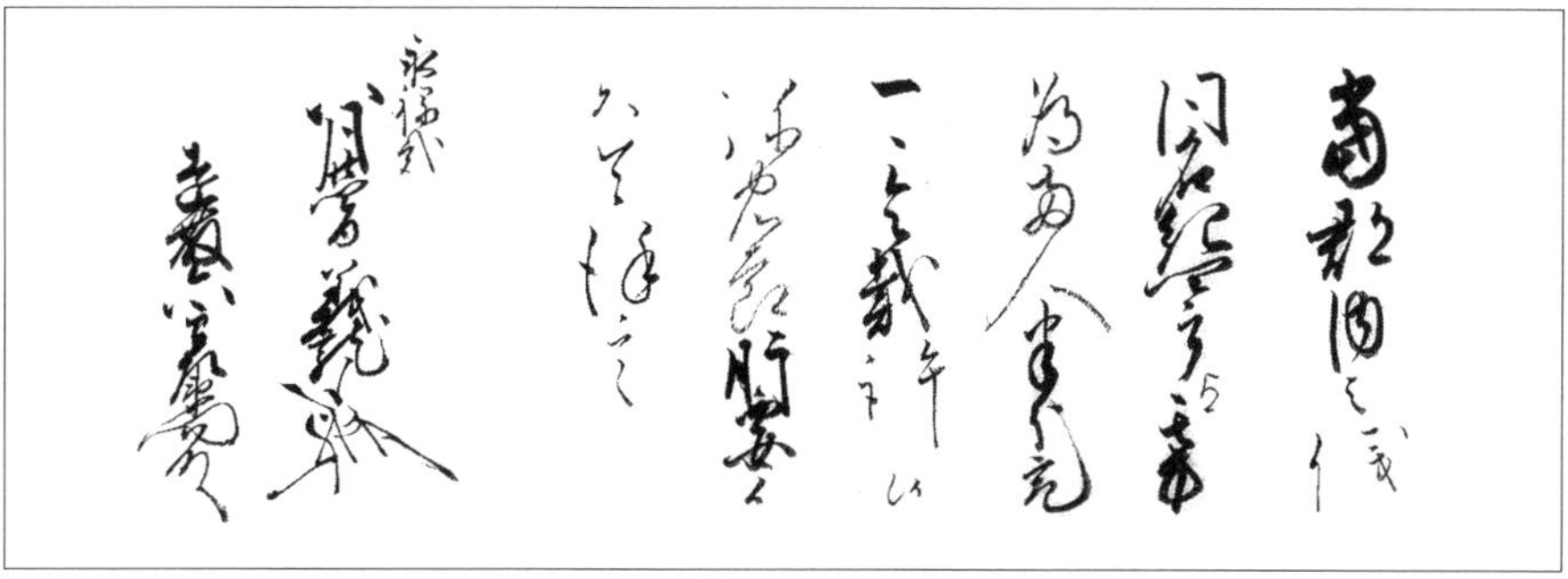

斎藤義龍書状（遠藤文書、東京大学史料編纂所所蔵影写本）

残りの日比野《ひびの》清実《きよざね》と長井衛安《もりやす》は義龍死後すぐに戦死しているため、変更していたか定かでないが、おそらく改めていたであろう。確たる裏付けこそないものの、稲葉良通《よしみち》（一鉄）も新治《にんばり》伊予守へと改めた可能性が高く（「保阪潤治氏所蔵文書」・「稲葉文書」）、他にも一色氏家臣の苗字に改めた者がいたと思われる。苗字を変更しただけでなく、官途名も変更している者もいる。この改姓が行われたのは義龍の一色改姓と同時であろう。

伊勢氏綱《うじつな》が北条氏に、長尾景虎《かげとら》が上杉氏に改めたことがよく知られているように、大名が自身の苗字を改めることは、戦国期に時折見られることである。また家臣に苗字を与えて改めさせることも、武田信玄の山県《やまがた》（元は飯富《おぶ》）・馬場（元は教来石《きょうらいし》）・内藤（元は工藤）や、蒲生氏郷《がもううじさと》の蒲生郷舎《さといえ》・蒲生郷安《さとやす》・蒲生重長《しげなが》など、それほど珍しくない。ただその場合、まず家中の有力家の名跡を継がせる形とするか、大名自身の苗字を与えて一家に取り込む例がほとんどである。大名自身が苗字を改めた際に、重臣も改めた家の重臣の苗字へ改めさせる事例は他には見当たらない。ここには義龍の一色氏化への強い姿勢がうかがえる。

なおこうした義龍の姿勢は、義龍死後も息子龍興《たつおき》が「一色治部大輔義棟《よしむね》」と名乗る（「武田神社文書」）など、継承されている。一方敵対する尾張織田氏などは、「一色」とは呼ばず、一貫して「斎藤」呼びである。後世の人々が目にするのは、そのほとんどが織田およびその同盟者である徳川方の史料であるため、「一色義龍」は「斎藤義龍」、「一色龍興（後に義棟・義紀《よしただ》）」は「斎藤龍興」と表記され、義龍以降が一色氏であるとの認識は伝えられなかった。

しかし、山科言継《やましなときつぐ》の日記『言継卿記《きょうき》』には、永禄十二年の時点で「一色左京大夫」とあり、また近年紹介された「米田文書」中の、紙背文書中に発給されなかった足利義昭御内書副状《ごないしょそえじょう》があることで知られる『独見集』にも、「一色義龍」の服用した薬の記述がある。そして朝倉氏の興亡を記した「朝倉記（朝倉始末記）」には、天正元年（一五七三）に龍興が戦死した越前での戦いの記述があるが、そこには「一色治部大輔龍興」と記されている。このように、敵対関係にない当時の人々にとっては、斎藤氏ではなく「一色氏」だったのである。

おわりに

道三は、土岐氏の家督争いに端を発する戦乱の中で政治的立場を上昇させ、守護代斎藤一族に列するだけでなく、それらよりも上回るに至り、ついには主土岐頼芸を追い出し、美濃国主の座を手に入れる。しかしその過程で信頼できる家中を形成するには至らず、周囲の大名との関係も南の織田以外は険悪であった上に、嫡子義龍との関係まで悪化した結果、国内の反道三勢力を糾合した義龍によって討たれてしまった。

義龍は、父道三を討った後、重臣六人衆による国内統治を進め、対外的にも伊勢氏を介して幕府との繋がりを深め、婚姻を通じて六角氏との関係修復を果たそうとした。さらに、自身だけでなく、重臣も含めて一色氏に改めることで、家格も上昇させて土岐氏よりも上の存在になろうと試みた。しかし、その成果が出る前に、永禄四年五月に病死してしまった。跡継ぎとなる龍興は幼少であり、それを支える六人衆も、直後に二人が戦死して四人となってしまう。そうした中で、南方からの織田信長の頻繁な攻勢を受けながら、数年は持ちこたえたのは、義龍の確立した体制がある程度機能していたことの表れであろう。

〈参考文献〉

石川美咲「戦国期美濃国における後斎藤氏権力の展開」（『年報中世史研究』三九、二〇一四）
勝俣鎮夫「美濃斎藤氏の盛衰」（同編『中部大名の研究』吉川弘文館、一九八三）
木下 聡編『美濃斎藤氏』（岩田書院、二〇一四）
横山住雄『斎藤道三と義龍・龍興　戦国美濃の下剋上』（戎光祥出版、二〇一五）

安見宗房と管領家畠山氏

弓倉弘年

はじめに

安見宗房《やすみむねふさ》は、天文年間から永禄年間にかけて活動した政長流畠山氏の有力内衆である。だが、安見宗房は、年号が平成になる頃まで諱が「直政」とされるなど、名前すら曖昧《あいまい》な人物であり、その事績も多くは軍記物によっていた。「安見」は『言継卿記』天文二十一年(一五五二)十一月三十日条に「河内八隅」とあることから「やすみ」と呼ぶ。俗説で河内守護代に就任したとされる時期に至っても、京都の公家がその姓を正確に記していないほど無名の人物であった。

また、安見宗房は、他の人物と誤られたこともあった。『上杉家文書』等上杉氏関係の史料で、以前「安上宗房」とされた人物がいた。これは安見の「見」を「上」と誤ったことによる。また、江戸時代に『上杉家文書』を整理した際に、宗房が「近江箕作之佐々木義賢家来也」とされた。このことから畠山氏家臣の安見宗房が発給した文書が、六角義賢の家臣が発給した文書とされ、安見宗房の事績が長く誤解されたままになっていた。

今回、安見宗房についてまとめる機会が与えられた。この機会に安見宗房の事績について、現在明らかになっていることを述べていきたい。

一、安見宗房の台頭

安見氏は河内国交野《かたの》郡私部《きさべ》城主であったと伝えられている。だが、「興福寺大般若経（良尊一筆経）奥書」によれば、安見宗房は大和越智氏の中間であったという。私は安見氏は、河内国交野郡（現、大阪府交野市）の小領主であったと考えている。

安見宗房と畠山氏・遊佐《ゆざ》氏を結びつけた人物として鷹山弘頼《たかやまひろより》が重要である。鷹山氏は大和国添下郡鷹山荘（現、奈良県生駒市）を本拠とする興福寺の官符衆徒である。鷹山氏は応仁の乱の頃から越智氏の麾下《きか》にあり、天文年間に入ると大和を支配した義就流畠山氏の重臣である木沢長政の麾下に入ったらしい。天文十年（一五四一）十月、木沢長政の乱が起こると鷹山弘頼は細川晴元の動員に応じており、木沢長政と決別している。鷹山弘頼は木沢長政に代わり、山城国上三郡の権力者になろうとしていたとみられる。

天文十一年（一五四二）七月二十五日付行松康忠書状で、「交野ニ鷹山居陣候て」と記しているように、鷹山弘頼は畠山稙長《たねなが》方の一員として活動していた。行松康忠は、畠山稙長に応じた遊佐長教方の有力内衆（家臣）なので、鷹山弘頼は遊佐長教の麾下に入ったというべきかもしれない。交野と鷹山氏の関係についてであるが、交野郡私部には、鷹山氏の所領が存在していた（「興福院文書」）。ここに安見宗房と鷹山弘頼の関係が想起できる。天文十三年（一五四四）七月、鷹山弘頼は河内勢を率いて大和を討ち回っている。この軍勢の中には、安見宗房もいたものと考えられる。

安見宗房の名が史料で確実に見出せるのは、天文十五年（一五四六）九月である（「天文日記」等）。同年八月には第二次細川氏綱の乱が始まっており、安見宗房はこの乱に際して、軍勢を率いて活動を始めた。政長流畠山氏では、天文十四年（一五四五）に畠山稙長が没した後、家督をめぐって守護代遊佐長教と細川晴元政権の間で対立が生じた。このような事情もあって、遊佐長教は細川晴元政権に従う姿勢を改め、晴元と対立していた細川氏綱方に与したとみられる。

戦国期河内において畠山氏は、政長流・義就流ともに、守護と守護代による重層的な支配を行い、天文年間に至り、守護代主導の支配体制が確立された。遊佐氏は長教の父順盛のころから、家臣団の整備と増強を行った。遊佐長教は、萱振氏・走井氏等従来からの遊佐氏被官に加えて、菱木氏・草部氏等畠山氏有力内衆も事実上家臣化していった。安見宗房・鷹山弘頼は、遊佐長教の家臣団増強策によって、守護代家遊佐氏の家臣団に組み込まれたとみられる。同時期、細川晴元の家臣となった三好長慶も、摂津の中小国人を家臣に組み込んで家臣団を整備・増強しており、遊佐長教の動きも、三好長慶の動向と無関係とはいえないだろう。

第二次細川氏綱の乱は、当初氏綱方の迅速な軍事行動が成功し、天文十五年（一五四六）九月十三日には細川国慶が京都を制圧した。このような状況下、安見宗房は鷹山弘頼と共に、「城州上三郡四分一郡職」を望んだことが、十月四日付平盛知書状より分かる（「興福院文書」）。この場合の「郡職」は、「郡代」とするよりも「郡守護代職」のことと考えるのが妥当であろう。十月六日付吉益匡弼書状では、安見宗房・鷹山弘頼が望んだのは、「城州上三郡守護代」職としている（「岡田謙一氏所蔵文書」）。

前出の「吉益匡弼書状」には、これ以前から南山城一帯の「諸侍」が安見宗房・鷹山弘頼を守護代と認識していたことが記されている。安見宗房・鷹山弘頼は、木沢長政の乱に際し、木沢に代わって南山城の「諸侍」と被官関係を持ったものと考えられる。このような情勢を背景にして、安見宗房らの要求が、「城州上三郡四分一郡職」から「城州上三郡守護代」職に拡大した可能性がある。ただ、安見宗房らの要望は、天文十六年（一五四七）七月に摂津舎利寺の戦いで遊佐長教らが三好長慶・畠山在氏らの軍に敗れ、十月に細川国慶が戦死したことで潰《つい》え去った。

二、安見宗房の権力掌握

第二次細川氏綱の乱に失敗した遊佐長教は、天文十七年（一五四八）四月、三好長慶等細川晴元方と和睦した。この和睦の後、三好長慶は細川晴元政権と決別し、細川氏綱・遊佐長教方についた。三好長慶を陣営に引き入れた細川氏綱・遊佐長教方は、天文十八年（一五四九）六月の摂津江口の戦いに勝利し、細川晴元政権を崩壊させた。

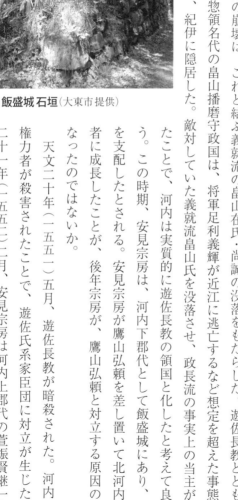

細川晴元政権の崩壊は、これと結ぶ義就流の畠山在氏・尚誠の没落をもたらした。遊佐長教とともに細川氏綱方に与した惣領名代の畠山播磨守政国は、将軍足利義輝が近江に逃亡するなど想定を超えた事態に不満があったらしく、紀伊に隠居した。敵対していた義就流畠山氏を没落させ、政長流の事実上の当主が隠居したことで、河内は実質的に遊佐長教の領国と化したと考えて良いだろう。この時期、安見宗房は、河内下郡代として飯盛城にあり、北河内を支配したとされる。安見宗房が鷹山弘頼を差し置いて北河内の支配者に成長したことが、後年宗房が、鷹山弘頼と対立する原因の一つになったのではないか。

飯盛城石垣（大東市提供）

天文二十年（一五五一）五月、遊佐長教が暗殺された。河内の最高権力者が殺害されたことで、遊佐氏系家臣団に対立が生じた。天文二十一年（一五五二）二月、安見宗房は河内上郡代の萱振賢継一族をはじめ、田河氏・野尻氏・中小路氏らを粛清した。この事件を好機と見たのか、同年五月から六月にかけて、畠山尚誠らが大和宇智郡から河内に出陣しようとして、安見等によって阻止されている。河内支配が揺らがなかったことからも、安見宗房の企てには、同じ遊佐氏系内衆の走井氏や、守護家直系の内衆である丹下盛知《たんげもりとも》らが与した可能性が高い。

安見宗房が粛清した内衆の一人に野尻氏がいる。野尻氏は北河内に基盤を置く畠山氏の有力内衆であり、南山城にも勢力を有していた。野尻氏は天文十四年（一五四五）五月、細川晴元の動員を受け、五百人を率いて南山城に出兵した（『言継卿記』）。また、野尻宗泰は河内の国人養父甚介に戦功を讃える感状を発給している（「養父彦次郎氏所蔵文書」）。安見宗房にとって野尻氏の基盤は、魅力的であったに違いない。『言継卿記』天文二十三年（一五五四）三月八日条に「安見子野尻満五郎」とあることから、安見宗房は自分の子息を野尻氏の養子に入れたことが分かる。また、野尻宗泰と安見宗房が連署した書状も存在する。安見宗房は、野尻氏に自らの子息を入れることで、その勢力を自己のものにしようとしたのであろう。

天文二十一年（一五五二）九月、畠山高政が家督を継いだ。このころになると安見宗房と鷹山弘頼の関係は悪化しており、翌二十二年五月、鷹山弘頼は高屋城で自刃した。鷹山弘頼が自刃した理由は、畠山高政・鷹山弘頼らと遊佐太藤（長教の後継者）・安見宗房らの対立があったからとされている。

天文二十一年（一五五二）十一月になると、没落していた細川晴元が京都近郊で活動を行ったため、安見宗房も三好長慶とともに軍勢を率いて上洛した。二十二年三月に入ると、三好長慶と将軍足利義輝の間が決別した。同年六月には、阿波で三好実休が守護細川持隆を殺害している。同じ時期に粛清されていることから、鷹山弘頼や細川持隆が細川晴元に通じていた可能性がある。あるいは安見宗房との対立が、鷹山弘頼を細川晴元に与させたのかもしれない。鷹山弘頼粛清の背景については、京都の政局も考慮する必要があろう。

また、安見氏の本拠とされる交野郡には、前述したように鷹山氏の所領があり、領主としての基盤があったことも看過できないだろう。安見宗房は鷹山弘頼を粛清することで、鷹山氏の所領に勢力を扶植し、自己の権力基盤を強化しようとしたと考えられる。このように安見宗房は、遊佐長教殺害後、政敵を粛清して遊佐氏家中の実力者となった。

安見宗房が美作守を称したのは周知の事実である。宗房の官途について『天文日記』によれば、天文二十一年(一五五二)正月十九日条までは「与兵衛」であり、「美作」守となるのは同年十二月十日条からである。宗房はこの間に官途名乗りを変更したとみられ、あえて推測するとすれば、同年九月の畠山高政の家督相続を期に変更した可能性がある。

三、権力の行使と守護家との対立

畠山高政家督相続後の安見宗房の地位を検討してみたい。天文二十二年(一五五三)、三好長慶と足利義輝・細川晴元の軍勢が京都一帯で戦った。七月に至り、畠山氏も三好方として戦闘に加わった。その際、畠山氏の軍勢を率いて戦ったのが、安見宗房と丹下盛知であった。一連の戦闘で安見宗房は、七月十四日に細川晴元勢を長坂・舟岡辺りで防ぎ、八月に入ると三好長慶と共に上洛した。同二十二日には摂津芥川城を受け取るなど、畠山軍の中核として活動した(『言継卿記』)。丹下盛知は畠山高政直系とも言える有力内衆であった。安見宗房は遊佐太藤の有力内衆であったといえよう。『大徳寺文書』天文二十二年(一五五三)八月日付禁制では、この両者が連署しており、安見宗房の書判の位置は丹下盛知の次位である。

遊佐氏内衆として安見宗房と共に重要な地位にあったと見られるのが走井《はしりい》盛秀《もりひで》である。永禄四年(一五六一)か五年に推定できる「神宮寺小山家文書」(『日置川町史』)八月十六日小山民部大掾《だいじょう》宛連署状で安見

飯盛城土橋（大東市提供）

宗房は、走井盛秀の次位に署判している。この時点での安見宗房の地位は、走井盛秀と同等かそれ以下となる。天文末年から永禄初年にかけての安見宗房の地位は守護代ではなく、守護代家の有力内衆とするべきであろう。

弘治二年（一五五六）七月、安見宗房は「布施退治」を名目に、大和に攻め込み、畠山尚誠・鷹山氏等と戦った。鷹山氏について「厳助往年記」では「牢人」と記しており、鷹山弘頼自刃後所領を失っていたことが分かる。翌三年十二月、安見宗房は筒井藤勝と共に飯盛城に戻り、藤勝と遊佐氏の娘との婚姻を取り成した。遊佐長教以来の筒井氏との関係を梃子に、安見宗房は大和との関係を確立した。永禄元年（一五五八）三月、安見宗房は奈良の春日社に石灯籠を寄進している。宗房の寄進は、遊佐氏の重臣である行松康忠が、大永六年（一五二六）五月に石灯籠を寄進した先例にならったものであろう。

遊佐長教の跡を継いだ遊佐太藤は、天文二十二年（一五五三）正月には御供衆になっていた（『天文日記』）。ただ、永禄年間になると遊佐太藤の名が見えなくなる。全くの推測になるが、遊佐太藤はこのころ没したのではないか。遊佐信教が成長するまで、安見宗房らが中心となって、守護代家の権力を維持したのであろう。安見宗房が永禄年間に、狭山池の改修工事を行おうとしたのは、守護代家の権力を掌握したことが背景に存在したからと考えられる。

永禄元年（一五五八）十一月、近江に逃亡していた将軍足利義輝が三好長慶と和睦して帰京した。将軍の帰京を阻止すべく三好長慶らは、同年五月から十月にかけて足利義輝方と断続的に戦ったが、その軍勢の中に河内勢はなかった。弘治三年（一五五七）以降、畠山高政と安見宗房等の不和で畠山氏内部が動揺し、出陣できなかったからとみられる。永禄元年（一五五八）十一月三十日、畠山高政は紀伊へ出奔した。

河内の動揺は三好政権の不安定要因であった。そこで三好長慶は、畠山高政を河内に復帰させることで状況の収拾を図ろうとした。三好軍の加勢を得た畠山高政は、永禄二年（一五五九）八月、高屋城に復帰した。この戦いで大和の筒井氏が安見方に与したのは、先年の婚姻による同盟があったからとみられる。大和は松永久秀によって制圧された。

「細川両家記」永禄二年（一五五九）八月五日の記事に、「畠山方と三好方一味」して細川氏綱を山城淀城に入れ、安見宗房を飯盛城に追いつめたと記している。将軍足利義輝帰洛後の体制として、細川氏綱を淀城に隠居させ、畠山高政が高屋城で河内を支配することが定められた。同年十一月二十一日足利義輝は御料所であった河内日置荘の年貢未納分の京都納入を三好長慶に命じている。畠山高政の河内支配はこのころ行き詰まっており、三好長慶が直接介入するようになっていた。

畠山高政の河内支配から排除された安見宗房ではあったが、永禄三年（一五六〇）三月には、河内富田林の寺内特権を承認している。これは安見宗房が地域権力者として認められていたことに他ならない。安見宗房は守護代家の権力を基盤にしており、守護代家なしでは河内支配が成立しなかったことを意味している。また、永禄元年（一五五八）に畠山高政が出奔した際、「高屋に相残人数と安見方相談、高屋城堅固候也」と「細川両家記」に記されているように、守護直系の内衆と安見宗房ら守護代家内衆が、河内支配で合意していたのである。永禄三年の畠山高政と安見宗房の和睦は、畠山高政が三好長慶の介入を快く思わない以上、必然ともいえる状況であった。

永禄三年（一五六〇）三好長慶は河内を直接支配するため、安見宗房と畠山高政の和睦を理由に出兵し、河内を三好氏の直接支配下に置いた。畠山氏は翌四年から五年にかけて三好政権打倒を目指して兵を挙げるが、永禄五年（一五六二）五月、河内教興寺の戦いで敗れたことで失敗した。安見宗房は畠山高政らと共に紀伊在国を余儀なくされた。

四、遊佐氏同名から奉公衆へ

永禄六年（一五六三）九月、遊佐信教（当時は教）が金剛寺に判物を発給し、翌七年九月には観心寺にも判物を発給している（『金剛寺文書』『観心寺文書』）。これらの判物は「継目之御判」と呼ばれ、遊佐信教が代替わり安堵を行っていたことが分かる。守護代家も守護家と同様に代替わり安堵を行うようになったのである。前述のように、遊佐太藤は、天文二十二年（一五五三）正月には御供衆になっていた。守護代家遊佐氏は家格が上昇したことで、守護家と同様に代替わり安堵を行えるようになったのである。

永禄八年（一五六五）五月、将軍足利義輝が三好三人衆らによって殺害された。この事件は畠山氏にも大きな影響を与え、高政に代わって弟の政頼（後の秋高）が家督を継いだ。同年六月以降、畠山氏は反三好の兵を挙げることを各方面に伝えるとともに、薬師寺弼長ら反三好勢力に挙兵を促した。

畠山氏の呼びかけは越後の上杉氏にまで及んだ。事件の顛末を越後の上杉氏に伝えたのが安見宗房である。宗房は畠山氏の外交も担っていたのである。この書状では、宗房が遊佐信教を「同名新次郎」と記しており、宗房が遊佐氏の名を得たことが分かる（『上杉家文書』）。安見宗房は遊佐宗房になったが、遊佐信教との間に家格の差が存在していた。遊佐信教は単独で判物を発給し、他の内衆と連署状を発給することはなかった。

だが、遊佐宗房は走井氏・野尻氏等と連署した文書を発給することもあった。宗房の地位はあくまでも信教を超えるものではなく、遊佐氏家中の一員であったといえよう。

十一月に入ると、松永久秀の寝返りもあって、畠山氏の軍事行動は本格化したが、三好政権を転覆させることはできなかった。三好政権を倒し、畠山氏が河内を回復するのは、永禄十一年（一五六八）九月の織田信長の上洛を待たねばならなかった。

『言継卿記』永禄十三年（一五七〇）五月三日条に、遊佐美作守が奉公衆として記されている。遊佐美作守は宗房のことなので、遊佐宗房が奉公衆になっていたことが分かる。前述したように、天文年間に遊佐太藤が御供衆となっており、将軍の直臣になっていた。遊佐宗房は足利義輝殺害後から一条院覚慶（後の足利義昭）を擁して反三好勢力の結集を図るなど、早くから足利義昭方として活動していた。このような事情が宗房が奉公衆になった背景として考えられる。

奉公衆となった後の遊佐宗房の動静は不明である。安見の名跡は一族の右近が継承したらしく、永禄十年（一五六七）以降、大和・河内での活動がみられる。安見右近は、信長上洛以降、河内交野の私部城主として、三好方と戦っている。

安見宗房の子息が継承した野尻氏は元亀年間に至っても、草部氏と並び、遊佐信教の有力家臣であった。また、一族の安見右近は交野郡の地域権力者として、元亀年間に三好・松永の軍勢と戦っている。また、天正十二年（一五八四）の時点で、安見左兵衛は河内高安郡に所領を得ていた。安見氏の権力基盤は、織豊期に至るまで継承されたと考えてよいだろう。

おわりに

安見宗房は天文年間に河内守護代家遊佐氏の家臣になったとみられる新参者である。宗房は河内の権力者遊佐長教が不慮の死を遂げた後、守護代家遊佐氏の家中で対立した家臣を粛清するなどして権力を伸張し、遊佐氏同名から奉公衆となった。安見宗房を河内守護代とするのは、このような事実を時間を無視して同一視したからであろう。

安見宗房と同時期に、守護代家同名となった人物として、丹波守護代家内藤氏を継承した松永長頼（久秀の弟で内藤宗勝と称した）や、美濃守護代家斎藤家を継承した斎藤利政（道三）が知られている。松永長頼・斎藤利政は共に守護代家そのものを継承したが、安見宗房は守護代家同名となったものの、守護代家そのものは継承していない。安見宗房が守護代家を継承できなかったのは、走井盛秀等遊佐氏家中を形成した他の守護代家内衆との関係によるものと考えている。あるいは守護家畠山氏や三好長慶と対立し、河内を失陥したことが背景にあったのかもしれない。だが、足利義昭によって復活した室町幕府で奉公衆になったことは、宗房の地位が上昇していたから可能であったことは間違いない。

安見宗房が台頭したのと同じ時期、日本に鉄砲が伝来したと言われている。安見右近は安見流砲術の祖と言われる人物である。一方、畿内に鉄砲を伝えたとされるのが、紀伊の津田監物算長《かずなが》である。『紀伊続風土記』には、津田算長は「河内ノ国交野郡津田」出身と記されている。津田算長が安見氏と同じ交野郡出身であり、いずれも後世砲術の祖とされているのは単なる偶然ではないだろう。津田算長と安見氏を直接結びつける史料は現在知られていない。だが、急速な安見宗房台頭の背景には、新兵器鉄砲の伝来と普及が関係していたのかもしれない。

〈参考文献・論文〉

今谷明・天野忠幸編『三好長慶』（宮帯出版社、二〇一三）
天野忠幸『三好長慶』（ミネルヴァ書房、二〇一四）
小谷利明『畿内戦国期守護と地域社会』（清文堂出版、二〇〇三）
弓倉弘年『中世後期畿内近国守護の研究』（清文堂出版、二〇〇六）
矢田俊文編『戦国期の権力と文書』（高志書院、二〇〇四）
『大阪狭山市史』第一巻　本文編通史（大阪狭山市役所、二〇一四）
『大阪狭山市史』第二巻　史料編古代・中世（大阪狭山市役所、二〇〇二）
小谷利明「畿内戦国期守護と室町幕府」（『日本史研究』五一〇号、二〇〇五）

〔附記〕

『私部城跡発掘調査報告書』（交野市教育委員会、二〇一五）が刊行されたのは本稿脱稿後であり、十分参考にできなかった。

宇喜多直家

森脇崇文

はじめに

戦国末期、備作《びさく》地域（現、岡山県）の大半におよぶ領国を一代で築き上げた宇喜多直家《うきたなおいえ》は、西日本でも有数の知名度を持つ戦国武将といえる。もっとも、その知名度は、暗殺などの謀略を重ね、主君である浦上宗景《うらかみむねかげ》さえ追放した下剋上の体現者という、負のイメージで占められる部分が大きい。こうした直家像の形成には、『備前軍記』をはじめとする軍記類の影響が色濃くみられる。宇喜多氏が江戸時代を迎えることなく没落した一方、直家と敵対した毛利氏は存続し、多くの史料や覚書が残ったことから、必然的に軍記類などで描かれる宇喜多直家は敵役としての性質を帯びることになる。直家の「邪悪」は所与の前提となり、主君の追放や、毛利氏から織田氏への転向といった行為は、その発露とされてきた。

しかし、上述のような直家に対する認識は、宇喜多氏、そして備作地域の戦国時代を読み解く上で、大きな問題を孕む。なぜなら、そこでは直家の行動原理が個人的「邪悪」へと矮小化《わいしょうか》され、行動の背後にある政治情勢の影響が軽視されている。暗殺など謀略家の面が注目されがちな直家だが、当然ながらそれのみで権力を築くことはできない。むしろ、彼の台頭は尼子《あまご》氏、毛利氏、織田氏といった外部諸勢力による備作地域

宇喜多直家木像（光珍寺提供、像は焼失）

への干渉、そしてその影響下での絶え間ない戦乱と密接な関係にある。例えば、最終的に宇喜多氏と敵対する毛利氏は、ある時期までは直家を後援し、備作地域の統合を支持していた。では、一体なぜ毛利氏は宇喜多直家に肩入れしていたのか。こうした背景事情を考慮せずして、宇喜多氏が急成長した理由を説明することは難しい。

　近年、備作地域における研究の進展は著しく、少し前までこの地域の戦国史を語る上で根幹となってきた『備前軍記』の記述は大幅に塗り替えられつつある。こうした最新の研究成果に基づき、ここでは戦国末期における備作地域の情勢を、周辺勢力の動向にも触れながら整理していきたい。そうすることで軍記類の虚飾から離れ、宇喜多直家が置かれていた立場や彼の行動の理由を、具体的に解明することができるだろう。

一、浦上宗景と宇喜多直家

　直家の軌跡を語る上で、彼の主君とされる浦上宗景の存在は欠かすことができない。軍記類ではその事績にほとんど触れられることなく、宇喜多氏の下剋上で滅び去る惰弱な旧権力として描かれる宗景だが、近年の研究で浮かび上がる実像は全く異なる。史実の浦上宗景は、山陰の尼子氏による山陽侵攻という混乱の中、尼子氏と融和姿勢をとる実兄・浦上政宗《まさむね》と決別し、反尼子の旗印で備前国(現、岡山県南東部)の領主たちを糾合して急速に勃興した新興勢力である。彼もまた、備作地域の戦乱状況によって生み出された人物といえるだろう。この宗景に対し、同じく尼子氏と敵対する毛利氏は、当初積極的な支援策をとっていた。しかし、尼子氏や政宗を退けて備前国を勢力圏とした宗景は、やがて毛利氏に対しても反抗し始める。そして、備中国(現、岡山県西部)の三村氏ら毛利氏と同盟する諸勢力との間で、備作地域の覇権をめぐる抗争を繰り広げていくのである(寺尾一九九一、畑二〇〇三)。

これらの相次ぐ戦いの中、宗景陣営で台頭してくるのが宇喜多直家である。元々、宇喜多氏は備前南部に本貫地《ほんがんち》を持ち、浦上氏の下で活動する小領主だった。戦国初期には宇喜多氏中興の祖である能家《よしいえ》が、浦上村宗《むらむね》(政宗・宗景の父)に従って活躍したことが知られる。通説では、能家は同じく浦上氏に属する島村氏との対立の末、居城を襲撃されて最期を遂げたという。残された一族は逼塞《ひっそく》するが、孫の直家が浦上宗景に仕官して家を再興し、後に島村氏を謀殺して祖父の仇を討ったとされる。直家の前半生を跡付ける同時代史料の不足から、逸話の真偽を確かめることは難しいが、遅くとも永禄年間(一五五八~七〇)初頭までには、直家が宗景の軍事指揮下に属していたことは間違いない。そして永禄九年(一五六六)、直家は備中三村氏の当主・三村家親《いえちか》を刺客に狙撃させ暗殺している。直家の代表的謀略として知られる事件だが、この家親が毛利氏の同盟者として、浦上宗景と抗争していたことは先述の通りである。家親暗殺も、宇喜多・三村両氏の対立というより、毛利陣営と浦上陣営という大きな枠組の中で捉える必要があるだろう。当時の宇喜多直家は宗景の重要な手駒として、毛利陣営の攻撃に対峙する役割を担っていたのである(森二〇〇一)。

ところが永禄十二年(一五六九)、宗景と直家の関係に変化が訪れる。この年、毛利氏は畿内の足利義昭・織田信長と連携し、浦上宗景ら敵対勢力の一掃を企図していた。同年八月、織田氏の軍事行動の手筈を毛利氏に伝達した信長側近の朝山日乗《あさやまにちじょう》は、備前国への軍事行動について「宇喜多・三村と申談、天神山根切可被仰付候」と言及している（「益田家文書」『大日本古文書』二九五号）。ここにみえる天神山城《てんじんやまじょう》（現、岡山県和気郡和気町）は浦上宗景の居城だが、その攻撃に三村氏とともに宇喜多氏の協力が予定されている。つまり、この時点で直家は宗景から離反し、織田・毛利両氏の挟撃作戦に参加しているのである。この時期、直家は宗景の下で活動しながら、周辺領主たちとの間に縁戚関係を広げ、それを中核とした「同名衆《どうみょうしゅう》」なる領主連合を形成していた。直家は彼らの支持を勢力基盤とし、外部勢力の侵攻という危機に際して、それを利用する形で浦上宗景からの独立を企てたものと考えられるだろう（森二〇〇六）。

天神山城跡（岡山県和気町）

しかし織田・毛利両氏による備前攻撃は、その後実現をみないまま立ち消えとなる。一転して孤立した直家は宗景との関係修復に舵《かじ》を切り、同年十月ごろには宇喜多氏は再び浦上氏に帰属した（「浦備前覚書」『大日本史料』第十編之三、永禄十二年十一月二十一日条）。結果だけみれば、直家の行動は得るところなく失敗に終わったかに思える。しかし、一時的であれ直家が浦上氏の従属下を脱し、他勢力との提携を試みたことで、毛利氏や織田氏といった備作地域外の勢力が、状況次第で宗景と別行動を取りうる存在として宇喜多氏を明確に認識するようになったことは想像に難くない。以降、備作地域に言及する史料の中で、「浦上・宇喜多」と両氏が併記される事例が現れてくるのは、こうした状況を反映したものだろう。宇喜多直家は、依然として浦上宗景と共同歩調を取りつつも、宗景と比肩しうる地位を獲得するのである。

二、毛利氏包囲網と備作地域

直家の離反事件から少しさかのぼる永禄十一年（一五六八）ごろ、毛利氏の九州侵攻に苦しんでいた豊後国（現、大分県）の大友宗麟《おおともそうりん》は、状況打開に一策を講じた。毛利氏に滅ぼされた尼子氏の再興をはかる尼子勝久《かつひさ》・山中幸盛《ゆきもり》や、大友氏に接近する能島《のじま》水軍の村上武吉《たけよし》など、他地域の反毛利勢力に連携を呼びかけ、毛利氏の封じ込めを目論むのである。こうして形成された「毛利氏包囲網」は、以降長年にわたり毛利氏を苦しませていく（福川一九九一）。

毛利氏勢力圏の東端に接する備前の浦上宗景は、包囲網発足当初からの主要構成員だった。毛利氏が義昭・信長と連携して宗景排除を図ったのも、包囲網の一角を打破する必要性が存在したことが大きい。しかし、挟撃作戦の立ち消えで、備前は依然として反毛利氏陣営にとどまることとなる。さらに翌元亀元年（一五七〇）ごろには、毛利氏に所領を追われていた美作国《みまさかのくに》（現、岡山県北東部）の有力領主・三浦氏が、宗景の助力を得て旧領高田城（現、岡山県真庭市）に復帰し、反毛利氏陣営に加わる。毛利氏は三村元親《もとちか》（家親の子）ら備中の同盟者を支援して対抗するものの、反毛利氏陣営の勢いは日増しに強まり、もはや間接的介入では戦線維持は困難となっていく。そして元亀三年（一五七二）、前年に山陰の尼子再興勢力を鎮圧した毛利氏は、ついに備作地域への直接介入を決断する。かつて宗景挟撃を約束した足利義昭は、この時は一転して毛利氏と浦上氏との和睦を斡旋《あっせん》するも、毛利氏の決意は容易に覆らず、全面戦争は不可避の情勢となっていった。

だが、ここで浦上宗景と歩調を共にしてきた宇喜多直家が意外な行動をみせる。彼は和睦実現に向け、義昭や毛利氏との間で積極的に交渉を進めていくのである。当時宇喜多氏が版図としていた備前西部は、毛利氏勢力圏との境界地域にあたる。つまり最前線に立たされる宇喜多氏にしてみれば、毛利氏との全面対決は回避したかったに違いない。一方、これまで徹底した対決姿勢を打ち出してきた宗景は和睦に消極的だったと思われるが、直家にはわずか三年前、毛利氏に通じて宗景から離反した過去がある。今回また直家が毛利陣営に転ずる危険を考えれば、結局は直家に同意せざるをえなかっただろう。一旦は開戦を決断していた毛利氏も、突然の和睦の動きを警戒しつつ、最終的には和睦を受諾する。直家の工作は実を結び、備作地域をめぐる毛利陣営と浦上陣営の抗争には、ひとまず終止符が打たれることになるのである。

　備作地域における和睦の成立により、毛利氏包囲網は表向き消滅した。しかし、浦上宗景は水面下で反毛利の姿勢を崩していなかった。天正元年（一五七三）に尼子再興勢力が再び山陰に侵攻すると、宗景は美作の三浦氏や能島水軍と密かに連絡をとり、連携を模索している（「石見牧家文書」『久世町史』資料編第一巻編年資料五四八号。以下『久』五四八号と略す）。さらに、同年末には将軍義昭を追放した織田信長に使者を派遣し、備前・美作に播磨国《はりまのくに》（現、兵庫県南西部）を加えた三カ国の支配を承認する朱印状を取得する（「吉川家文書」『大日本古文書』六一〇号）。これを毛利氏の使僧・安国寺《あんこくじ》恵瓊《えけい》に目撃された宗景の使者は、朱印状取得を毛利氏への献上のためと言い繕ったが、恵瓊が「事外之口納（もってのほかの言い訳）」と看破するように、信長の後援を得て毛利氏に対抗しようとする意図は明白だろう。浦上宗景は、当時の毛利氏にとって西日本でも一、二を争う危険人物となっていたのである。

　一方、かつて浦上陣営にあった宇喜多直家は、元亀三年の和睦以降ガラリと姿勢を変える。尼子再興勢力の再決起時、直家は毛利氏の要請を受けて山陰へと通じる美作方面へと軍勢を派遣した（「萩藩閥閲録」巻四七南方九左衛門六五号）。また同年末には、毛利氏と敵対する宇野氏を攻撃するため、播磨への出兵を安国寺恵瓊に約束している（「吉川家文書」『大日本古文書』六一〇号）。直家は、毛利氏に積極的な協力姿勢を示し、その与同勢力としての地歩を固めていくのである。毛利氏への対応をめぐり、進路を違えた宗景と直家は、やがて備前の覇権を争って衝突することになる。

三、備作地域の動乱と宇喜多直家の覇権確立

天正二年(一五七四)春、宇喜多直家は浦上宗景と断交し、両者は軍事対立へと突き進んでいく。その原因は前年末に宗景が取得した信長の朱印状だろう(久保二〇〇〇、森二〇〇六)。宗景が備前を含む三カ国の公権力として認められることは、宗景と競合する権力へと成長した直家にとって大きな不利益となる。そこで直家は毛利氏に与同する立場から、宗景の勝手な信長への服属を名目に掲げ、彼を排斥しようとしたのだろう。開戦に先立ち、美作の同盟勢力である原田氏に宛てた同年三月の起請文の中でも、直家は「今度宗景存外之依御覚悟立別申候」と宗景の行為を厳しく糾弾している。だが、当の毛利氏は開戦時から宇喜多氏を支援していたわけではない。長年の宿敵とはいえ、浦上宗景は毛利氏と友好関係にある織田信長の承認を受けた存在である。また、現在は親毛利の立場にあるものの、つい先ごろまで「表裏」の存在だった直家への警戒もあったに違いない。当初毛利氏は宇喜多氏と浦上氏が争う備作地域の情勢に静観の姿勢で臨んでいた。

だが、同年の冬になると事態は思わぬ展開をみせる。長く毛利氏と同盟関係にあった備中の三村元親が、突如毛利氏から離反したのである。元親の離反は、父・家親の仇である宇喜多直家が毛利氏に帰属した反発から選択した行動と単純視されることが多いが、実は複雑な背後事情を有している。まず、元親を離反に誘ったのは、阿波国《あわのくに》(現、徳島県)旧守護家の末裔である細川真之《さねゆき》と、彼を推戴する阿波三好《みよし》氏だったことが、元親自身の書状から判明する(「由佐家文書」『戦国遺文三好氏編』一七三三号)。三好氏は毛利氏とかねて敵対関

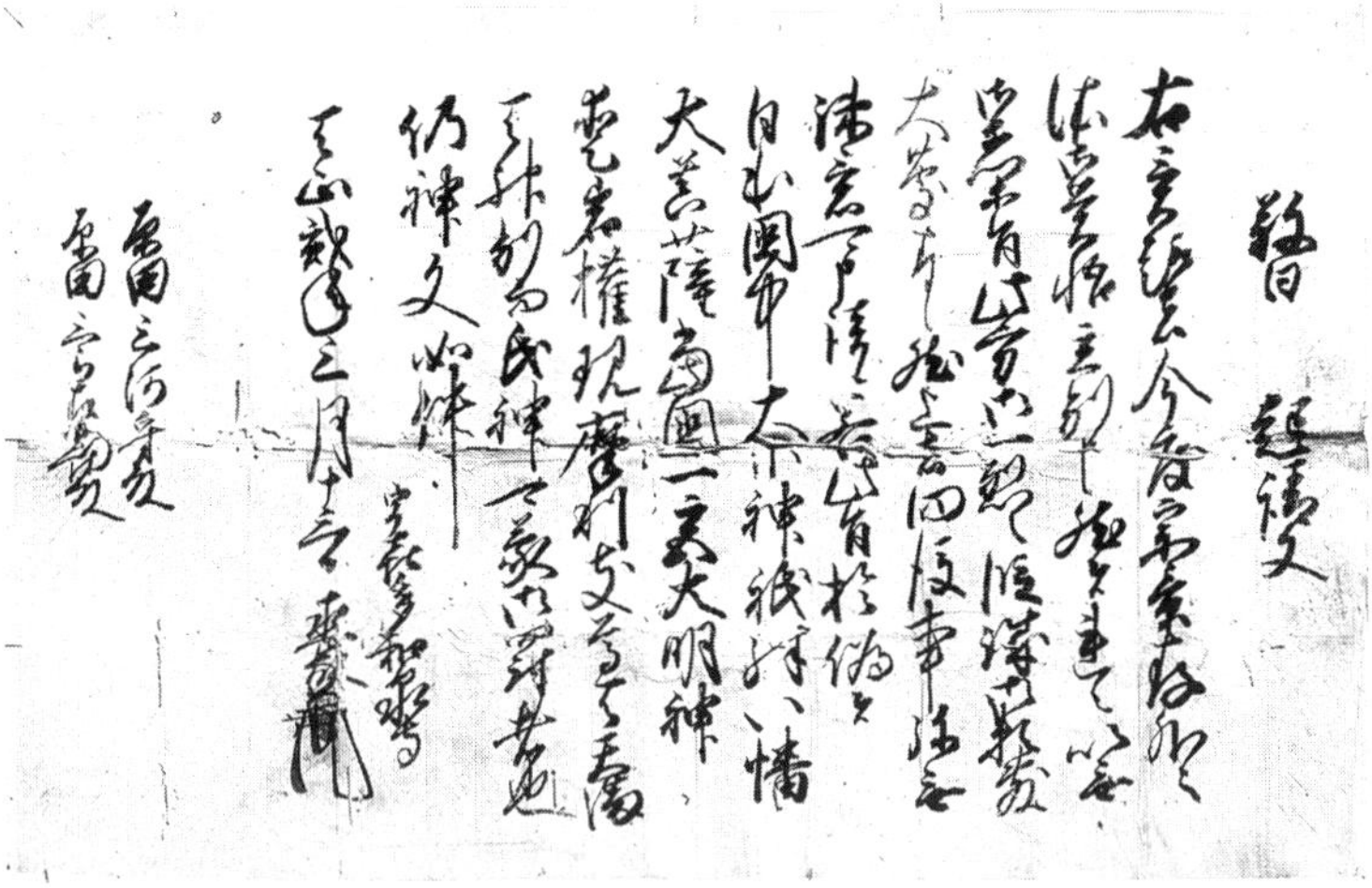

宇喜多直家 起請文（原田文書、東京大学史料編纂所所蔵写真帳）

係にあり、元亀二年（一五七一）には毛利氏の勢力圏にある備前国児島《こじま》（現、岡山県倉敷市）へと侵攻している。そして、当時三好氏と同盟を結び、児島侵攻へと引き込んでいた人物こそ浦上宗景であった。三好氏がこの時期に元親の切り崩しに動いたのも、宗景を支援する意図を含んでのことだろう。さらに、三好・浦上・三村の各氏は、美作国の三浦氏や九州の大友氏、山陰の尼子再興勢力らと連携を取る動きをみせていく。三村元親の離反は、毛利氏包囲網復活の狼煙《のろし》であり、広域的な反毛利氏戦争の呼び水となる可能性を秘めていたのである。

この状況に、毛利氏は狼狽《ろうばい》したに違いない。備作地域の処置が長引けば、山陰の対尼子氏戦争への悪影響はもちろん、大友氏・三好氏といった他地域の勢力が毛利氏の側面を突く事態になりかねない。一刻も早い事態収拾のため、毛利氏は三村氏攻撃に全力を投入するとともに、備作地域の親毛利氏勢力、つまり宇喜多氏に協力を求める。毛利氏の要請に基づき、直家は三村元親の居城・備中松山城（現、岡山県高梁市）包囲に軍勢を派遣するなど、三村氏の早期鎮圧に貢献した（「宇喜多文書」『久』六〇四号）。そして天正三年（一五七五）五月に三村氏が滅亡すると、今度は毛利氏が宇喜多氏への援助のため備前への派兵を決断する（「内藤家文書」『久』六二一号）。その背景には、対三村氏戦争における宇喜多氏の協力に報いるとともに、復活した毛利氏包囲網を根絶する思惑が想定できる。毛利氏の援助を取り付けた直家の攻勢を受け、同年九月初旬ごろ、浦上宗景はついに天神山城を捨てて播磨へと逃亡した。また、同時期には宗景と共闘する美作三浦氏の高田城も毛利氏の攻撃によって落城する。ここに反毛利氏勢力は一掃され、宇喜多直家は備作地域の新たな統率者へと上り詰めるのである。

ところが、宇喜多氏による浦上宗景の排除は、宗景を公認する織田信長の逆鱗《げきりん》に触れた。信長はすぐに荒木村重《むらしげ》に宗景救援を命じ、派遣された村重は宗景を追撃して来た宇喜多勢と播磨西部でにらみ合うこととなる。さらに、信長の嫌疑は直家の背後にある毛利氏にも向けられる。毛利氏は安国寺恵瓊を上京させて弁明を図るが、この時、毛利氏の当主である輝元《てるもと》は、一門の穂田元清《ほいだもときよ》に自身の心情を明かした書状を送っている（「長府毛利文書」『大日本史料』第十編之十八、天正元年九月七日条）。それによれば、輝元が最も恐れるのは織田氏との敵対でなく、備作地域の統率者となった宇喜多直家の離反であった。輝元は、織田氏に配慮するあまり、直家が毛利氏を見限っては元も子もない。それよりは、一戦を交える覚悟で織田氏と強気の交渉をすべき、とまで述べており、毛利氏が直家をいかに重要視、そして危険視していたかがうかがい知れる。

結局、この時は宇喜多・荒木両勢の本格的な交戦は回避され、信長との対決はひとまず持ち越された。しかし、宇喜多直家をめぐる毛利・織田氏の対立は解決を見ないまま、関係は緊迫状態を継続する。そして、翌天正四年（一五七六）二月に発生した足利義昭の毛利氏領国下向によって両氏の関係は再度険悪となり、同年七月の木津川口海戦でついに直接対決を迎えることになる。無論、この義昭の下向が、前年以来の毛利・織田氏の関係悪化を熟知しての行動であることは疑いない。つまり、備作地域における宇喜多直家の覇権確立は、毛利・織田氏戦争の勃発に重大な影響を与えていたのである。

四、対織田戦争における直家

織田氏との開戦からしばらくの間、宇喜多直家は毛利陣営の最前線に立って勇戦した。しかし、天正六年(一五七八)ごろから宇喜多氏と毛利氏の間には隙間風が吹きはじめる。同年二月のものと思われる書状において、小早川隆景《たかかげ》は播磨国内の直家領分における軍船の手配が、直家の「疑心」のため実現しない可能性を危惧しているのである(「浦家文書」『大日本古文書』三〇号)。この年は三月に播磨三木城(現、兵庫県三木市)の別所長治《べっしょながはる》が織田氏から離反し、七月には織田陣営に属する尼子勝久らの播磨上月城《こうづきじょう》(現、兵庫県佐用郡佐用町)が陥落、十月には摂津国有岡城《せっつのくにありおかじょう》(現、兵庫県伊丹市)の荒木村重が信長に謀反を起こすなど、毛利陣営が未だ優位を保っていた時期といえる。こうした状況下で、なぜ両氏の関係に不協和音が生じていくのだろうか。

おそらく直家の「疑心」は、毛利氏の支援姿勢に対するものだろう。前年の天正五年(一五七七)初頭、播磨の領主たちが紀伊国(現、和歌山県)方面に動員された隙をとらえ、直家は自身が播磨国龍野《たつの》(現、兵庫県たつの市)に侵攻するとともに、毛利氏に出陣を求めた。この要請に基づき、毛利氏は三月ごろ大規模な援軍派遣を計画している(「湯浅家文書」『山口県史』史料編中世3萩市郷土博物館蔵文書三八・四四号)。ところがこの援軍計画は大幅に遅延し、最終的には立ち消えとなる。結果、宇喜多勢は龍野攻略を果たせず、そのうちに信長から播磨方面の統括を命じられた羽柴秀吉が着陣。そして同年十一月、直家は秀吉との合戦で大敗し、大きく播磨での勢力を後退させるのである(「信長公記」天正五年十一月二十七日条)。この時、毛利氏の支援が遅滞したのは、讃岐国《さぬきのくに》(現、香川県)で三好氏勢力との戦いが勃発した影響とみられ、単なる怠慢というわけではない。しかし、結果として宇喜多氏がハシゴを外されたに等しい境遇に陥ったことに変わりはない。直家が毛利氏の積極性、実行力に疑念を抱いても無理からぬことだろう。

翌年初頭、前年末の合戦で秀吉方に奪取されていた上月城攻撃のため、毛利氏は小早川隆景・吉川元春《きっかわもとはる》らが率いる、三万以上とも伝えられる大軍勢を投入する。宇喜多氏の属城だった上月城の奪還に、過剰ともいえる兵員を揃えた毛利氏の意図は、直家の不信を払拭し、戦意を証明することにあったとみられる。そして、毛利・宇喜多氏の攻撃により上月城は落城した。これより先に三木城の別所氏は毛利氏と結んでおり、さらに上月落城後には播磨の領主の多くが毛利陣営へと鞍替えする。毛利氏にとって、播磨の織田勢に全面攻勢を仕掛ける、まさに絶好の機会が到来したのである。実際、毛利氏が推戴する足利義昭は吉川元春に対し、隆景とともに播磨方面の軍事行動を継続するよう指示している(「吉川家文書」『大日本古文書』八九号)。しかし、毛利勢はそれ以上積極的な東進策をとることはなかった。播磨方面の織田勢は態勢を立て直す暇を与えられ、宇喜多氏はまたも単独での戦線維持を余儀なくされるのである。

元春・隆景が東進をためらった理由として、後年に毛利氏側で成立した覚書や軍記類では、宇喜多直家に離反の疑惑が存在したことが記されている。例えば『安西軍策《あんさいぐんさく》』は、織田氏と内通する直家が元春・隆景を祝宴に事寄せて殺害する計画を立てたところ、宇喜多氏内部にこれを密告する者があり、元春・隆景は難を逃れて帰国したとする(『改訂史籍集覧』第七冊通記第三二)。状況からみて、当時の直家が実際に離反を企てていたかは疑わしいが、毛利氏はその可能性を否定しきれず、侵攻継続を見送ったのだろう。宇喜多氏の台頭過程を目にしてきた毛利氏は、開戦前から直家の忠誠に大きな疑問を抱いていた(「毛利家文書」『大日本古文書』三三六号)。そのため、直家が要請する播磨方面への軍事行動には慎重とならざるをえず、それがさらに宇喜多氏の負担と不満を増大させるという負の循環が、両氏の間に存在していたのである。その後、荒木村重が毛利方に転じた同年冬にも、輝元率いる毛利氏主力の播磨出陣計画が浮上するが、この時も実現には至っていない。こうした消極姿勢に、前線の宇喜多氏が不信感を募らせていったことは想像に難くない。

そして天正七年（一五七九）秋ごろ、宇喜多直家は織田氏に帰属する決意を固める。これが羽柴秀吉による調略の成果であることは周知の通りだが、調略が実を結ぶ背景には宇喜多氏と毛利氏の相互不信が存在していたと考えられる。以降、毛利氏は播磨以東に展開する余力を失い、別所氏や荒木村重といった親毛利氏勢力は各個撃破されていく。直家の離反は、毛利・織田氏戦争に決定的な転換点をもたらすこととなった。

おわりに

かくして織田陣営へと転じた宇喜多氏だが、これによって安定した立場を獲得したわけではない。そもそも、毛利・織田氏が対決に至った要因の一つは、直家による浦上宗景の放逐である。秀吉から宇喜多氏帰属の報告を受けた際、一旦は帰属を却下して秀吉を播磨へと追い返すなど（『信長公記』天正七年九月四日条）、信長の遺恨は並々ならぬものがあった。その後、帰属を認められはしたが、直家に対する扱いは一貫して冷淡であり、織田氏に転じてからも宇喜多氏はほぼ独力での戦争遂行を求められることになる（山本二〇一〇）。

こうした冷遇に嫌気がさしてか、天正九年（一五八一）になると直家は、再度毛利氏への接近を企てる。イエズス会宣教師ルイス・フロイスは同年四月十四日（陰暦三月十一日）付の書簡の中で、播磨に滞在していた宇喜多氏の人質の逃亡と、宇喜多・毛利氏和睦の可能性に言及している（『十六・七世紀イエズス会日本報告集』第Ⅲ期第五巻）。また、毛利氏の側でも直家の「懇望」が取り沙汰され、八月ごろには重ねて「懇望」があった場合には赦免の可能性も選択肢となっていた（「萩藩閥閲録」巻二九井原孫左衛門一号）。既に大坂本願寺は信長に降伏し、毛利氏の劣勢は顕著だったとはいえ、宇喜多氏が再度毛利陣営に転じれば秀吉の中国経略は大幅に後退せざるをえず、歴史の流れは変わっていたかもしれない。ただし、この離反の動きはそれ以上進展することなく消滅してしまう。あるいは、背後に秀吉の慰留工作が存在したのだろうか。このあたりの事情は、今後の研究の進展で明らかとなることを期待したい。

同年末ごろ、宇喜多直家は毛利氏との戦い半ばで病死した。直家を欠く宇喜多氏は毛利氏の攻勢で窮地に立たされるが、翌天正十年（一五八二）三月には秀吉の来援で息を吹き返し、六月の備中高松城（現、岡山県岡山市）における毛利氏との講和に至る。その後は直家の後継者である幼少の秀家《ひでいえ》を重臣たちが支え、やがて成立する豊臣政権へと組み込まれていくのである。

冒頭で述べたように、宇喜多直家の人間性に対する評価は、近世から現代に至るまで必ずしもはかばかしくない。実際、その経歴が多くの勢力との結託と離反で彩られていることは、ここまで縷述《るじゅつ》した通りである。ただし、それは軍記類が語るような直家の「邪悪」によってもたらされたものでなく、恒常的な戦乱にさらされる備作地域の領主たちが、盟主たる宇喜多氏に望むところであったことは忘れてはなるまい。盛衰定まらない外部勢力に忠義を尽くすよりも、的確に情勢を見定めて最適の提携相手を選択し続ける直家は、彼の支持者たちにとって極めて「誠実」だったといえるのではないだろうか。

〈参考文献〉

久保健一郎「「境目」の領主と「公儀」」（岡山藩研究会編『藩世界の意識と関係』岩田書院、二〇〇〇）
寺尾克成「浦上宗景考――宇喜多氏研究の前提――」（『國學院雑誌』九二―三、一九九一）
畑和良「浦上宗景権力の形成過程」（『岡山地方史研究』一〇〇、二〇〇三）
福川一徳「元亀――天正年間の大友・毛利氏の戦い」（『軍事史学』二六―四、一九九一）

森俊弘「岡山藩士馬場家の宇喜多氏関連伝承について――「備前軍記」出典史料の再検討――」（『岡山地方史研究』九五、二〇〇一）
森俊弘「宇喜多直家の権力形態とその形成過程――浦上氏との関係を中心に――」（『岡山地方史研究』一〇九、二〇〇六）
山本浩樹『戦争の日本史十二　西国の戦国合戦』（吉川弘文館、二〇〇七）
山本浩樹「織田・毛利戦争の地域的展開と政治動向」（川岡勉・古賀信幸編『日本中世の西国社会①　西国の権力と戦乱』第三章、清文堂、二〇一〇）
拙稿「天正初期の備作地域情勢と毛利・織田氏」（『ヒストリア』二五四、二〇一六）
「安西軍策」（『改訂史籍収覧』第七冊通記第三二、臨川書店、一九八三）
『久世町史』資料編第一巻編年資料（久世町教育委員会、二〇〇四）
松田毅一監訳『十六・七世紀イエズス会日本報告集』第Ⅲ期第五巻（同朋舎出版、一九九二）
「信長公記」（桑田忠親校注『新訂信長公記』新人物往来社、一九九七）
天野忠幸編『戦国遺文　三好氏編』（東京堂出版、二〇一三～二〇一五）
『大日本古文書』家わけ第八毛利家文書（東京大学史料編纂所、一九七〇）
『大日本古文書』家わけ第九吉川家文書（東京大学史料編纂所、一九七〇）
『大日本古文書』家わけ第十一小早川家文書附録浦家文書（東京大学史料編纂所、一九七一）
『大日本古文書』家わけ第二二益田家文書（東京大学史料編纂所、二〇〇〇～二〇一二）
『大日本史料』第十編之三（東京大学史料編纂所、一九六九）
『大日本史料』第十編之十八（東京大学史料編纂所、二〇〇〇）
「萩藩閥閲録」（『萩藩閥閲録』山口県文書館、一九六七）
『山口県史』史料編中世３（山口県、二〇〇四）

付録

松永久秀年譜

和暦（西暦）	齢	事項	関連事項
永正五年（一五〇八）	1	誕生。	足利義稙が将軍に再任する。
天文元年（一五三二）	25	六月二十日、三好元長が堺で自害する。	
天文八年（一五三九）	32	八月十二日、三好長慶が越水城に入城する。	
天文九年（一五四〇）	33	六月十七日、三好長慶の命により西宮千句田を寄進する。十二月二十七日、三好長慶が兵庫津の棰井氏の所領を安堵する判物を発給した際に副状を発給する。	
天文一一年（一五四二）	35	十一月二十六日、三好長慶と共に山城に着陣し近日大和へ乱入するとの噂が流れる。	
天文一八年（一五四九）	42	六月二十四日、三好長慶が江口で三好宗三を討つ。十月、松永長頼が細川氏綱より山科七郷を与えられる。	七月二十二日、ザビエルが鹿児島に上陸する。十二月十二日、六角定頼が石寺新市を楽市とする。
天文一九年（一五五〇）	43	十一月二十日、長頼が近江の滋賀郡に攻め入る。十一月二十一日、足利義輝を堅田に追放する。	五月四日、足利義晴が死去する。
天文二〇年（一五五一）	44	七月十四日、長頼と共に四万の兵を率い細川晴元方を相国寺で破る。	三月三日、織田信長が家督を継ぐ。九月一日、大内義隆が自害する。
天文二一年（一五五二）	45	一月二十八日、三好長逸と共に足利義輝を逢坂で迎える。四月二十五日、三好長慶と共に丹波の八上城攻めに向かう。十二月十九日、本庄加賀守・松永孫六に摂津平野の坂上氏に所領を与えるよう命じる。	

天文二二年（一五五三）	46	三月八日、足利義輝が三好長慶との和睦を破り霊山城に籠城する。八月五日、三好長慶が足利義輝を龍華越に追う。九月三日、長頼と共に丹波の数掛山城へ出陣する。九月十八日、内藤国貞が戦死するが、長頼と共に八木城を死守する。	二月二十六日、今川義元が今川仮名目録追加を定める。
天文二三年（一五五四）	47	四月十二日、長慶と共に丹波の桑田郡に出陣する。	三月、武田信玄・今川義元・北条氏康が同盟する。五月、武田信玄が甲州法度之次第を定める。
弘治元年（一五五五）	48	七月三十日、六角氏家臣の永原重興と交渉する。	十月一日、毛利元就が厳島で陶晴賢を破る。
弘治二年（一五五六）	49	一月一日、久秀や三好義興の芥川山城にある陣所で火災が発生する。二月、清原枝賢を芥川山城に招き講義を受ける。四月、内藤宗勝（松永長頼）が宇治橋を新造する。七月十日、久秀の滝山城に御成した三好長慶を連歌や能でもてなす。八月、三好長慶と共に後奈良天皇より禁裏修築の命令を受ける。	四月二十日、斎藤義龍が斎藤道三を討つ。
弘治三年（一五五七）	50	十月三十日、後奈良天皇の中陰について泉涌寺の僧を芥川山城に呼び出す。十一月九日、斎藤基速と共に筒井順慶より丹波攻略の祝意を受ける。	四月三日、毛利元就が大内義長を滅ぼす。
永禄元年（一五五八）	51	五月七日、三好義興・三好長逸らと共に京都へ出陣する。五月十九日、三好長逸と共に京都で打廻る。六月八日、三好長逸と共に如意岳で足利義輝と戦う。閏六月九日、朝廷より鶴を賜わる。十一月二十七日、三好長慶が足利義輝と和睦する。十二月十八日、長慶と共に芥川山城に帰る。	
永禄二年（一五五九）	52	三月二日、長慶が催した鞍馬の花見に参加する。六月二十六日、松山重治らと共に大和に出陣する。八月八日、信貴山城を修築する。十一月三十日、家臣の楠正虎に正成以来の朝敵を勅免されたことを伝える。	二月二日、織田信長が上洛する。五月二十四日、上杉謙信が足利義輝に謁見する。八月、フロイスが上京する。

和暦(西暦)	齢	事項	関連事項
永禄三年（一五六〇）	53	二月一日、三好義興と共に御供衆に任じられる。二月四日、弾正少弼に任じられる。二月六日、足利義輝の参内に従う。二月、金剛寺に禁制を発給する。七月二十日、内藤宗勝が丹後の田辺に出陣する。七月二十四日、井戸良弘・筒井順慶を辰市で破る。七月二十八日、井戸城を攻略する。十月二十九日、河野氏家臣の村上通康と交渉する。十一月十三日、万歳城を攻略する。十一月十八日、泊瀬を攻略する。十一月十九日、飯盛城に新羅社を勧請するため吉田兼右に相談する。十一月二十四日、檜牧城を攻略する。	五月十九日、織田信長が桶狭間山で今川義元を破る。六月十五日、長宗我部元親が家督を継ぐ。
永禄四年（一五六一）	54	一月二十八日、三好義興と共に「藤原久秀」として従四位下に叙せられる。二月一日、三好義興と共に足利義輝より桐御紋と塗輿が許可される。二月三日、茶色の御肩衣・御袴が足利義輝より下賜される。二月四日、「源久秀」として従四位下に叙せられる。三月三十日、京都立売の三好義興邸宅に御成した足利義輝を饗応する。四月二十三日、十河一存が死去する。六月十九日、内藤宗勝が朝倉氏と武田氏に敗れる。	三月、上杉謙信が北条氏康を小田原城に囲む。九月十日、武田信玄が上杉謙信と川中島で戦う。
永禄五年（一五六二）	55	三月五日、三好実休が久米田で討死する。三月六日、三好義興と共に京都より山崎に退却する。五月二十日、三好義興と共に河内の教興寺で畠山高政を破り湯河直光を討つ。六月二十六日、長慶と共に朝廷より太刀を賜る。八月十二日、多聞山城の棟上を行う。八月、大和と山城南部に徳政令を出す。九月十一日、三好義興と共に伊勢貞孝を丹波の杉坂で討つ。十一月十二日、春日社七か夜陪従神楽を催す。	一月、織田信長が清州で徳川家康と結ぶ。
永禄六年（一五六三）	56	一月十一日、多聞山城で茶会を催す。一月二十七日、多武峰の衆徒と戦う。二月二日、柳生宗厳に秋篠分を替地として与える。三月三日、春日祭の費用を清原枝賢・山科言継を介して献上する。六月二十二日、京都の妙満寺に東金の酒井氏が平賀の本土寺から奪った末寺・門徒を返還するよう命じる。八月二十五日、三好義興が死去する。閏十二月一日、久通が従五位下右兵衛佐に任じられる。閏十二月十四日、久通に家督を譲る。閏十二月二十一日、久通が足利義輝に御礼のため上洛する。	一月二十七日、毛利元就が石見銀山を朝廷に献上する。秋に三河で一向一揆が蜂起する。

永禄七年（一五六四）	57	三月二日、春日祭の費用を山科言継を介して献上する。三月十六日、朝廷に改元を請うが却下される。三月十九日、妻の広橋保子が死去する。五月九日、三好長慶が安宅冬康を殺害する。六月二十四日、三好義継が久通・三好長逸を率いて上洛する。七月四日、三好長慶が飯盛城で死去する。八月二十日、京都の法華宗諸本山が永禄の規約を結ぶ調停を行う。	二月二十八日、徳川家康が一向一揆を平定する。
永禄八年（一五六五）	58	一月二十九日、多聞山城で茶会を催す。五月十九日、久通が三好義継・三好長逸と共に足利義輝を討つ。五月二十二日、足利義昭が久秀に保護されていることを久通に伝える。七月二十八日、朝倉義景の調略で足利義昭が甲賀和田城に逃れる。八月二日、内藤宗勝が討死する。十月八日、家臣の竹内秀勝が京都の長坂口に出陣する。十一月十五日、三好長逸らが三好義継を擁立し久秀と断交する。十一月十八日、筒井順慶が布施城に入り与同する者が多く出る。	八月、吉川元春が太平記を書写する。
永禄九年（一五六六）	59	二月十二日、久秀方の滝山城が三好三人衆に攻撃される。二月十七日、久秀・畠山政頼・安見宗房が堺で三好三人衆に敗れる。二月二十四日、久通が筒井城に兵粮を入れる。五月十九日、摂津の中島に出陣する。六月八日、筒井平城が落城し筒井順慶が入城する。五月二十九日、堺へ入る。六月十一日、篠原長房が三好三人衆に味方するため兵庫津に渡海する。七月十八日、仁木長頼が久秀方の勝龍寺城への加勢に向かう旨を足利義昭に回答するが、この日に勝龍寺城が落城する。九月二十五日、筒井順慶と西手害で戦う。	八月二十九日、足利義昭が若狭に移る。十一月十九日、毛利元就が月山富田城を攻略する。
永禄一〇年（一五六七）	60	二月二十六日、三好義継が久秀方に寝返る。四月十一日、多聞山城に帰る。四月十八日、三好三人衆が奈良近辺に陣取る。八月二十一日、織田信長が久秀家臣の結城忠正を介し柳生宗厳に忠節を求める。八月二十五日、飯盛城の松山安芸守が久秀方に寝返る。十月十日、三好三人衆を攻撃した際に東大寺大仏殿が焼失する。十月十五日、松山安芸守が三好三人衆に降伏する。十一月二十七日、久通や三好義継と共に春日社へ禁制を発給する。十二月一日、織田信長が大和や南山城の諸将に「多聞」への忠節を求める。	八月、織田信長が美濃を平定する。

和暦（西暦）	齢	事項	関連事項
永禄一一年（一五六八）	61	二月八日、足利義栄が将軍に就任する。二月十五日、母が八十四歳で死去する。九月十三日、三好宗渭・香西元成が木津平城に入り久秀に備える。織田信長が六角承禎を破り観音寺城を攻略する。九月二十五日、足利義昭・織田信長が東寺に進出する。九月二十八日、娘を織田信長の息子との祝言と号して上洛させる。十月二日、足利義昭へ御礼のため八幡へ向かう。十月五日、大和一国の領有を認められる。十月六日、久通が筒井城を攻撃する。十月十日、細川藤孝・和田惟政・佐久間信盛が久秀を支援するため大和に入国する。十二月二十四日、不動国行など贈り物を持参し岐阜城へ向かう。	十二月十三日、武田信玄が今川氏真を破り駿府に入る。
永禄一二年（一五六九）	62	一月五日、三好三人衆が足利義昭の本国寺を攻める。一月十日、織田信長と共に上洛する。四月八日、久通や三好義継・畠山政頼と共に片岡の布施氏・越智氏を攻める。四月十七日、万歳城を攻める。五月十日、貝吹城を攻めて柳本・織田左近の名代らを失う。五月十八日、御所の一向衆道場を破却する。十月二十九日、法蓮郷に市を立てる。十一月四日、貝吹城を攻略する。また近日に北里に市場を立てる。	閏五月三日、上杉謙信が北条氏康と結ぶ。十月六日、武田信玄が小田原城を攻める。
元亀元年（一五七〇）	63	二月十五日、母の三回忌を催す。二月二十四日、久通と家臣の竹内秀勝が織田信長を迎えに近江に向かう。三月二十八日、井戸城を攻略する。四月一日、足利義昭邸で催された能楽に参加する。五月一日、織田信長と共に朝倉義景を攻めるが敗れて帰京する。五月十二日、竹内秀勝と共に大和へ帰る。五月二十三日、久通と共に春日社へ参詣する。六月六日、久通と共に十市城の調略に向かうが失敗し福住城を攻める。六月二十六日、久通と共に郡山から帰る。七月二十五日、三好三人衆に備え信貴山城へ向かう。七月二十七日、久通と共に河内へ出陣する。八月二十二日、高安に陣取る。八月二十七日、織田信長と共に天満に陣取る。九月十二日、本願寺顕如が三好三人衆と結び挙兵する。九月二十三日、織田信長と共に京都へ退却する。九月二十四日、信貴山城に入城する。十月十三日、筒井城を攻める。十一月十二日、三好三人	三月二日、島津義久が家督を継いだことを琉球に通告する。六月二十八日、織田信長・徳川家康が姉川で朝倉義景・浅井長政を破る。

		衆や三好長治と織田信長の和睦を仲介する。十一月二十一日、久秀の娘を織田信長の養女として三好長治に嫁がせることを決める。十二月七日、篠原長房より人質が遣わされる。	
元亀二年（一五七一）	64	一月四日、摂津より多聞山城に帰る。一月五日、多聞山城で正月の礼を受ける。一月二十一日、興福寺より人事の相談を受ける。三月十一日、春日社祠官中東時宣より訴えを聞く。三月二十一日、興福寺修南院に絡む院家の相続について報告を受ける。四月二十八日、小五月銭について興福寺大乗院より斡旋を依頼される。四月、若槻荘の不正について裁許する。五月二日、小目代慶賀の改易についての訴えを聞く。五月九日窪城を攻撃する。五月十二日、久通と共に安見右近の交野城を攻撃する。五月二十七日、交野より帰る。六月十一日、高屋城から藤井寺へ撤退する。同日に足利義昭が九条家の娘を養女として筒井順慶に嫁がせる。六月十二日、箸尾為綱が寝返る。六月十四日、家臣の竹内秀勝が寝返るとの雑説があり人質を取る。七月三日、法隆寺辺へ引く。久通は多聞山城に帰る。七月八日、鉢屋紹佐が多聞山城で頓死する。七月十四日、三好義継と共に摂津の和田惟政を討つため出陣する。七月二十二日、和田惟政攻めを断念する。八月四日、三好義継と共に辰市で筒井順慶と戦うが多くの家臣を失い惨敗する。八月六日、信貴山城に帰る。筒井順慶は久秀方の首を京都へ送り、筒井平城・高田・野垣内・番条・森屋敷堂城を接収する。八月十日、超昇寺氏が寝返る。九月二十二日、竹内秀勝が療養先の若江城で死去する。十月十日、槙島城を攻撃する。十一月八日、三好義継・篠原長房と共に高屋城を攻める。	六月十四日、毛利元就が死去する。九月、織田信長が延暦寺を焼く。
元亀三年（一五七二）	65	二月十五日、辰市の戦いの戦死者を弔う大念仏が催される。三月十一日、家臣の渡辺重が東大寺で剃髪し高野山に向かう途中で捕らえられる。四月、三好義継と共に交野城を囲むが織田信長の家臣の佐久間信盛らに攻められ信貴山城に籠る。五月九日、織田信長の軍勢が多聞山城を攻める。七月二十九日、山城へ出陣する。八月二十八日、木津から引き上げる。	十二月二十三日、武田信玄が三方が原で徳川家康を破る。

和暦(西暦)	齢	事項	関連事項
天正元年（一五七三）	66	二月二十七日、三好義継と共に摂津中島で信長方の細川信良を破る。三月九日、家臣の四手井家保に足利義昭と結んだことを伝える。五月十二日、武田信玄の家臣の小幡信実から久秀の家臣の岡周防守に書状が送られ誼を通じる。五月十七日、武田信玄を差出とする書状が岡周防守に送られ久秀を別格として遇することを約す。十一月十六日、織田信長が若江城の三好義継を滅ぼす。十二月二十六日、織田信長に降伏し多聞山城を明け渡す。	四月十二日、武田信玄が死去する。七月十八日、織田信長が槙島城を攻略し足利義昭を追放する。八月二十日、朝倉義景が滅亡する。八月二十七日、浅井長政が滅亡する。
天正二年（一五七四）	67	三月九日、柴田勝家が多聞山城に在番する。三月二十八日、織田信長が多聞山城で蘭奢待を受け取る。十二月二十四日、剃髪して「道意」と号す。	九月二十九日、織田信長が長島一向一揆を滅ぼす。
天正三年（一五七五）	68	一月二十八日、多聞院英俊が久秀が死ぬ夢を見る。三月二十三日、織田信長が塙直政を大和守護とする。四月二十七日、十市郷の三分の一が与えられる。七月二十八日、久通が十市なへと結婚する。十二月十八日、久通が柳本城を接収する。	五月二十一日、織田信長・徳川家康が長篠で武田勝頼を破る。八月、織田信長が越前一向一揆を平定し柴田勝家を配する。
天正四年（一五七六）	69	二月十日、久道・筒井順慶・塙直政が興福寺で薪能を見物する。五月三日、塙直政が本願寺に敗れ討死する。久通も戦死との噂が流れる。五月七日、佐久間信盛・細川藤孝らと共に本願寺を攻める。五月十日、織田信長は筒井順慶に大和を与える。七月六日、久通が多聞山城を解体する奉行となる。	二月六日、足利義昭が鞆に移り毛利輝元と結ぶ。二月二十三日、織田信長が安土城に移る。
天正五年（一五七七）	70	六月五日、筒井順慶が多聞山城の四階櫓を解体する。八月十七日、久通と共に天王寺砦を抜け信貴山城に籠城する。十月一日、織田信忠・明智光秀が信貴山城を攻め片岡城を攻略する。柳本衆の裏切りにより久通が自害する。十月五日、織田信長の人質となっていた久通の子二人が京都六条河原で殺害される。十月十日、自害する。十月十一日、首四つが安土に送られる。	九月十五日、上杉謙信が七尾城を攻略する。

松永氏略系図

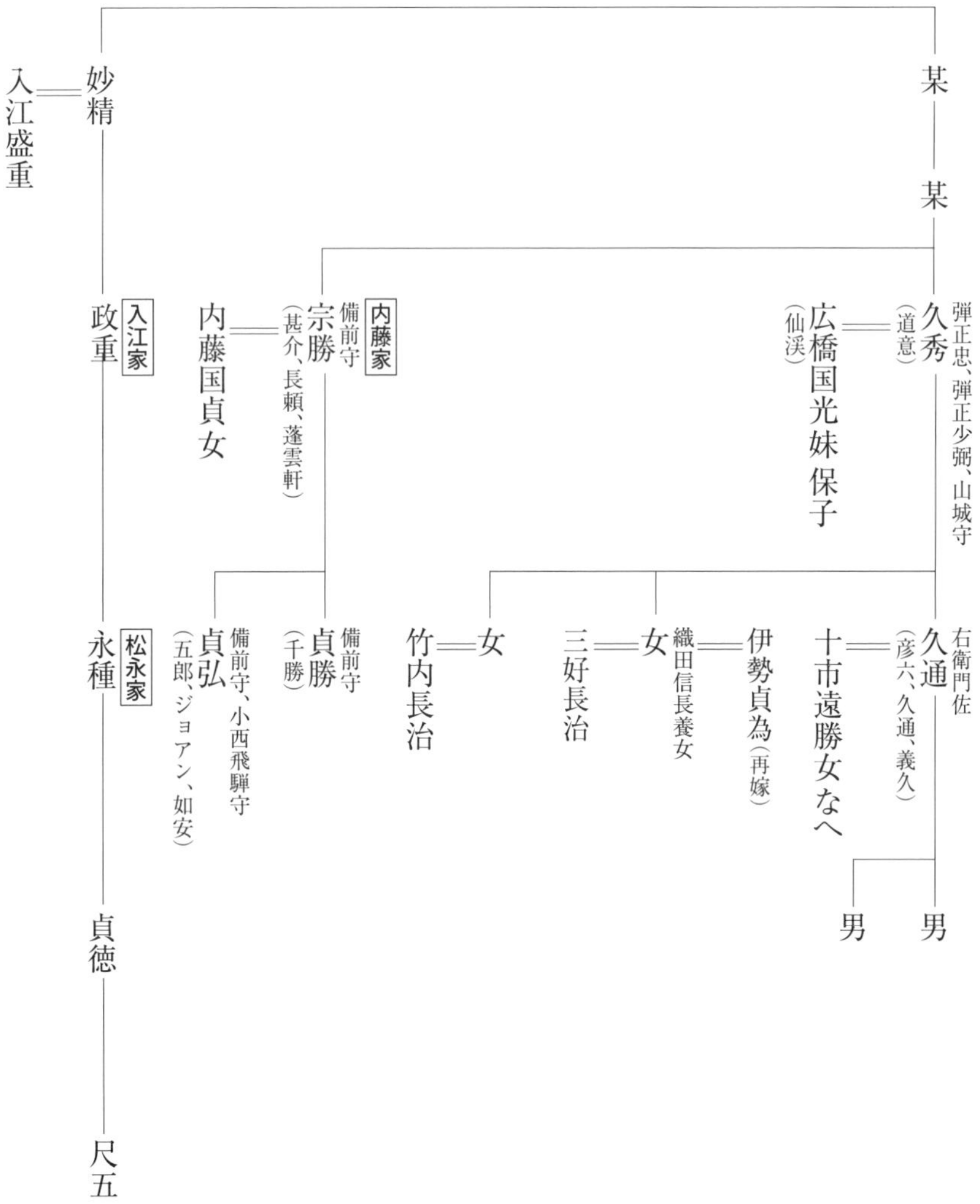
某
某
弾正忠、弾正少弼、山城守
久秀（道意）
広橋国光妹保子（仙渓）
右衛門佐
久通（彦六、久通、義久）
十市遠勝女なへ
男
男
伊勢貞為（再嫁）
女
織田信長養女
三好長治
女
竹内長治
内藤家
備前守
宗勝（甚介、長頼、蓬雲軒）
内藤国貞女
備前守
貞勝（千勝）
備前守、小西飛騨守
貞弘（五郎、ジョアン、如安）
妙精
入江盛重
入江家
政重
松永家
永種
貞徳
尺五

松永氏関係 花押一覧

松永久秀 後期花押
(『離宮八幡宮文書』元亀3年8月付)

松永久秀 前期花押
(『双柏文庫』年未詳(天文21年か)9月14日付 大和文華館)

松永久通 花押
(『久我家文書』「松永久通書状」(永禄8年)8月10日付 國學院大學付属図書館)

内藤宗勝(松永長頼) 花押
(『安国寺文書』「内藤宗勝禁制」弘治3年2月26日付 綾部市教育委員会)

松永長頼 花押
(『天龍寺文書』「松永長頼請状」天文18年10月20日付)

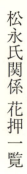

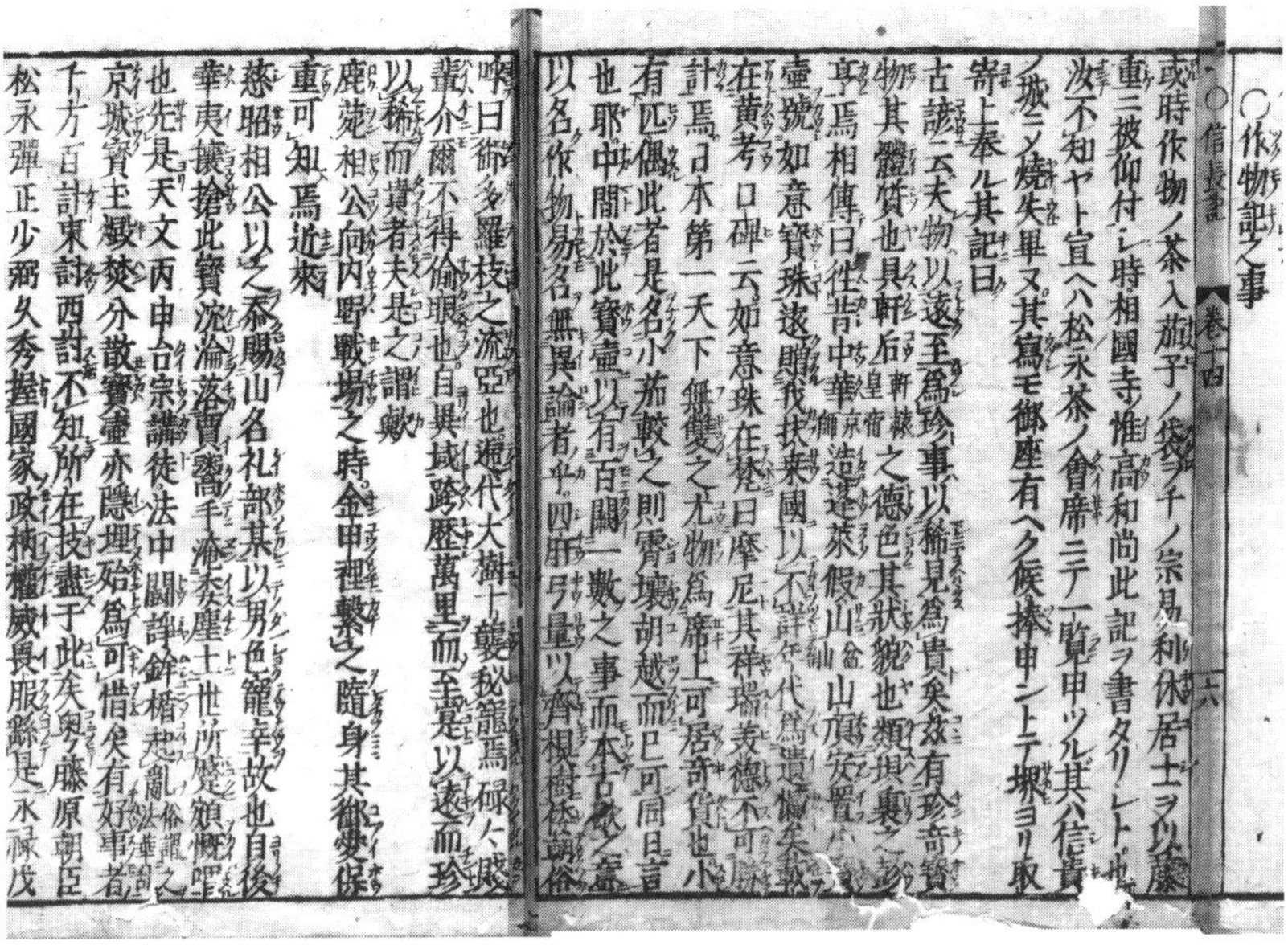

「作物記之事」（小瀬甫庵『信長記』巻十四）

「作物記之事」（小瀬甫庵『信長記』）翻刻（三二一頁参照）

（「如意宝珠記」）

○作物記之《ツクモノキノ》事

或《アル》時作物ノ茶入茄子《ナスビ》ノ袋《フクロ》ヲ千ノ宗易利休居士《リキウコシ》ヲ以藤重《フチシケ》ニ被二仰付一シ時。相国寺 惟高《ノイカウ》和尚此記ヲ書タリシト也。汝《ナンチ》不レ知ヤト宣ヘハ松永茶ノ会席《クハイセキ》ニテ一覧《ラン》申ツル。其ハ信貴《シキ》ノ城ニシテ焼失《ヤケウセ》畢ヌ。其写《ウツシ》モ御座有ヘク候。捧《ツヽケ》申ントテ堺《サカヒ》ヨリ取‐寄《ヨセ》上奉ル其記《キニ》曰《ク》

古諺《コトワサニ》云。夫《レ》物《ハ》以二遠《テトヲク》至《ルヲ》一為レ珍《シ》事《ト》以二稀見《マレニアラハル丶ヲ》一為レ貴《ス》矣。玆《コヽニ》有二珍奇宝物《チンキノホウモツ》一其体質《テイシツ》也具《クス》二軒后《ケンコウ》皇帝軒轅之徳色《トクショクニ》一其状貌《シャウハク》也《ヤ》類《ルイスハ》二垻裏《リノ》之彭亨《ハウカウニ》一焉相‐伝《テ》曰。往‐昔《ムカシ》中華《チウクハ》京師造《イタル》二蓬莱仮山《ホウライノカサンニ》一盆山頂安置《チャウテンチス》小宝壺号《ヲカウシ》二如意宝珠《ホウシュト》一遠贈《クヲクル》二我《カ》扶‐桑《フサウ》‐国《ニ》一以レ不レ詳《テサルヲツマヒラカニセ》二年代一為二遺憾《スイカント》一矣載《セテ》在《アリトクハウコウ》二黄考口碑《ヒ》一云。如‐意‐珠在レ梵《テホンニ》曰二摩尼《ニト》一其祥‐瑞《シャウスイ》美‐徳《ヒトク》不レ可《スヘカラ》レ勝計《アケテカソフ》一焉。日本第一天下無‐双《フサウノ》之尤‐物《ユウモツ》為二席《セキ》‐上一可レ居《ニ》奇貨《ヲクキクハト》一也。小《スコシ》有下匹《ヒツ》二偶《ウスル》此一者上是名《ヲナツク》二小茄一較レ之則霄壌胡越《ショシャウコヱツスル》而已《ノミ》可二同日言一也耶《ヤ》。中間於二此宝壺《ホウコニ》一以《テ》レ

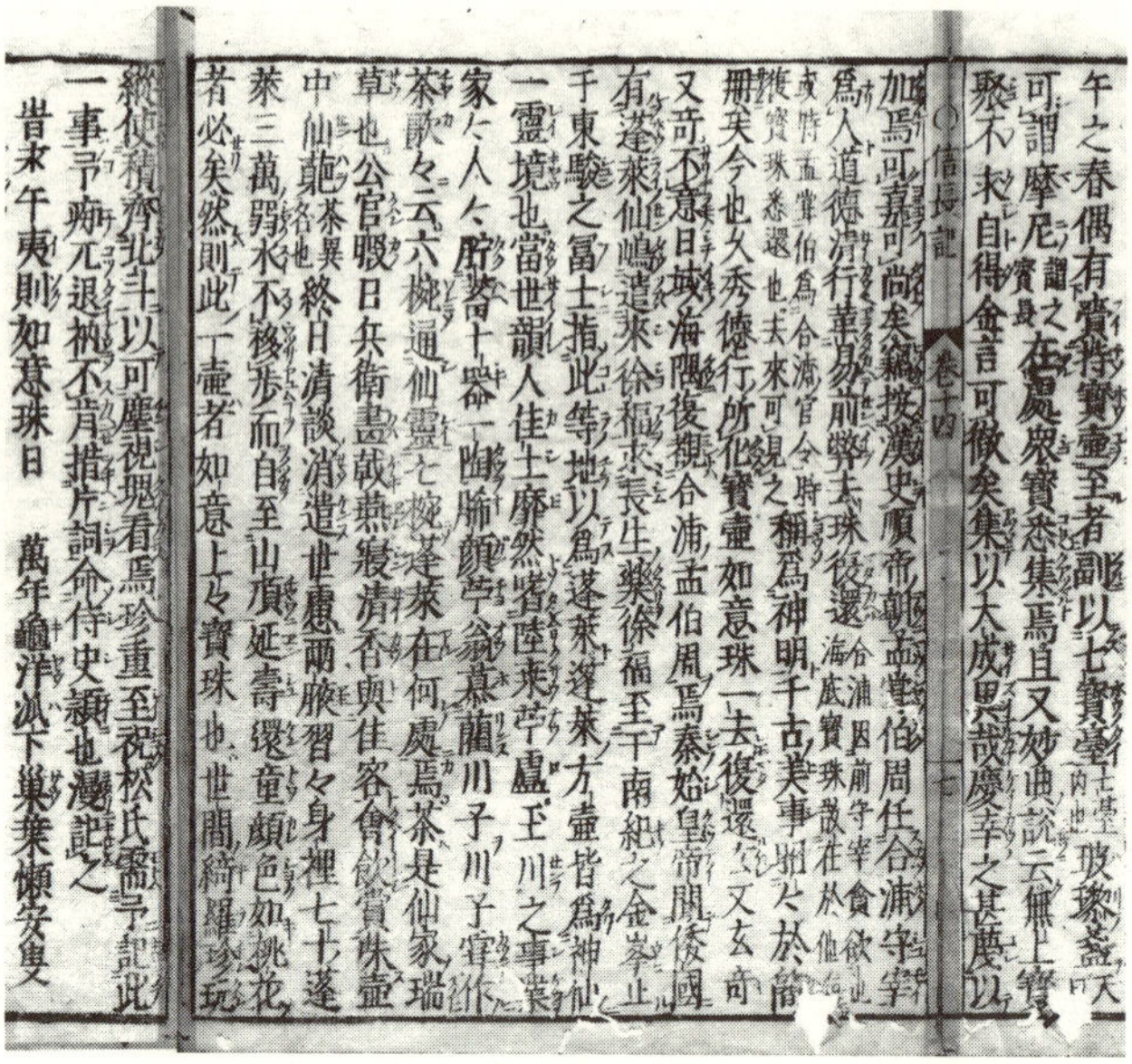

有《ヲ》三百《モモニ》闕《カクコト》二一数《ノ》之事一而本《モトツケテ》二古歌《ノ》之意《ニ》一以《テ》
名二作《ク》物一易《トカユレトモ》レ名《ヲ》無二異《キイロン》論一者乎《ノカ》。四一肝(肘)《シチウ》弓量《キウリヤウ》以《テ》レ
斉《ヒトシキヲ》二根樹一倭朝俗《ニワテウノソク》呼《ヨンテ》曰二御多羅枝《ヲンタラシト》一之流亜《リウア》
也。逓代《テイタイノ》大樹《シユ》十一襲秘寵《シウヒテウセラル》焉碌々《ロク〳〵タル》賤輩《センハイハ》

介《ケニモ》爾不レ得二偸一眼《チウカンスルコトヲ》一也。自《ヨリ》二異域《イイキ》一跨二歴《クハレキシ》万里《ヲ》一
而至《シテ》。寔《ルマコトニ》以レ遠《テキヲ》而珍《チントシ》以レ稀《テマレナルヲ》而貴者《タットシトスルモノハ》
夫是《レコレ》之謂《コノイヒ》歟《カ》。
鹿苑相公《ロクヲンシヤウコウ》向二内野戦場《ムカフウチノヽセンチヤウ》一之時。金一甲裡《キンコウノウチニ》繫《カチ》レ
之随身《ヲシタカフミニ》其御愛保重《コアイホウテウ》可レ知《ヌ》焉。近一来《キンライ》
慈昭相公《シセウ》以レ之忝《ヲ》賜《クモタマフ》二山名礼部某《レイホウソレカシニ》一以《テノ》二
男色寵幸《タンシヨクテウカウヲ》一故也自《ヨリ》レ後《ノチ》華夷攘搶《クハイシヨウサウ》此宝
沈一淪《チンリン》落《ヲチ》二賈鬻《カイクノ》手《テニ》一淹《ヱン》二委塵土《イスチントニ》一世所二蹙頞《シユクヒヲ》
慨喟《カイキスル》一也。先《サキ》レ是《ヨリ》天文丙申台宗講徒《タイシウノカウト》。法中
闘諍鉾楯《トウシヤムシユン》起《オコス》レ乱《ヲ》俗謂二之法華乱一京城《ケイシヤウノ》宝一玉燬焚《キハン》分
散《セシカハ》宝壺亦隠埋《インマイス》殆《ホトント》為レ可レ惜《スヘキトヲシム》矣。有《テ》二
好事者《カウスノモノ》一千一方百計《ケイ》東討《タウ》西一討《スレトモ》不レ知《シラ》二所一
在技《ヲキシンス》二尽于此《コヽニ》一矣。粤《コヽニヲヒテ》藤原朝臣松永弾正
少弼久秀握《トリ》二国一家政一柄権一威《ノセイヘイヲケンイ》畏一服《イフクスヨッテ》レ是《ニ》
永禄戊午之春偶有下賫二持《ライチシテ》宝壺《ホウコヲ》一至《ル》者上副《ソフルニ》
以《テス》二七一宝台《ホウノタイ》一内也 七一台 玻瓈盞《ハリノヲ》 天目 可レ謂《シ》摩尼《マニノ》 謂之賓長 在《アル》
処衆一宝《シユ》悉集《コト〳〵クアツマルト》焉。且又妙典説《ノセツニ》云《ク》。無一上
宝聚《シユ》不求《フク》自得《シトク》金一言可レ徹矣。集《アツメテ》以大一成《セイス》。
異哉《イナルカナ》慶幸《ケイカウノ》之甚蔑《ナシ》二以加《テクワフルコト》一焉可レ嘉《クヨミンス》可レ尚《シタツトフ》

矣。竊《ヒソカニ》按《スルニ》二漢史《カンシヲ》一順帝朝《ノテウニ》孟嘗伯《マウシヤウハク》周任《ス》二
合浦守宰《カツホノシユセイ》一為《ナリ》レ人《ト》道-徳清行《セイカウナリ》革《アラタメ》二易《カヘテ》前弊《センヘイヲ》一去《リ》
珠復《マタ》還《カヘリ》合浦因二前守宰貪欲一也海底宝珠散二在於他海一　或時孟嘗伯為二合浦ノ官令一時復宝珠悉還也。去来可レ見レ之　称《シヤウシテ》
為二神明《ト》一千古《ノ》美《ヒ》事《シ》昭二々於簡冊《カンサクニ》一矣。今也
久秀徳-行《ノ》所レ化《クハスル》宝壺如意珠一-去《レトモ》復《マタ》-
還玄《ルケン》又玄奇《キ》又奇。不レ意日域《サリキヲモハシチイキノ》海-隅《クウニ》復観《ミントハ》二
合浦《ノ》孟伯周《ヲ》一焉。秦始皇帝《シンノシクハウテイ》聞《テ》三倭-国《ニ》有《ルヲ》二
蓬萊仙島《ホウライノセンタウ》一遣《ツカハシ》二来徐福《ショフクヲ》一求《メシム》二長生薬《ノクスリヲ》一。徐-福
至《テ》二于南紀《キノ》之金峰《ウニ》一止《ル》二于東駿《シユン》之富士《フシニ》一指《シテ》二
此等地《コレラノチヲ》一以《テ》為《ス》二蓬萊《ト》一。篷(蓬)萊《ノ》方-壺皆為《タリ》二神仙《ノ》
一霊境《レイキヤウ》一也。当世《タウセイノ》韻《イン》人佳《カ》-士《シ》靡《ビ》然嗜《トシテタシナム》二
陸桑苧《リクサウチウ》盧《ロ》。玉川《センノ》之事業《シケウヲ》一家々人々貯《タクハヘ》二蓄
十-器《キ》一-陶《タウヲ》一晞顔《キガン》苧翁《チヨオウ》慕二蘭《ホリンス》川子一川子《ヲ》嘗《カツテ》
作二茶歌《ルチヤカ》一々《ニ》云。六椀《ワンニシテ》通《シ》二仙霊《レイニ》一七椀《ニシテ》蓬萊
在《アル》二何処《レノ》一焉《ニカ》。茶是《ハ》仙家瑞草《ノスイサウ》也。公官-暇《クハンカノ》日
兵-衛画戟《クハケキ》燕寝《エンシン》清香《セイカウ》与《ト》二佳客一会飲《トクハイインシ》賞《ス》二味
壺中仙-葩《センハヲ》一茶異名也終-日清談消《ノセウケンス》二遣世-慮《ニ》一両腋《ヱキ》習
々身-裡七-十《ノ》蓬萊三万弱水《ノシヤクスイ》不《ス》レ移《シテウツサアユムコトヲ》レ歩
而自《ヲノツカラ》至二山頂《チヤウニ》一延寿《エンシユ》還童《ケントウ》顔色《カンシヨク》如《キ》二桃-花《ノ》一
者必《セリ》矣。然《レハ》則《チ》此《ノ》一-壺者《ハ》如-意上-々宝珠
也。世-間《ノ》綺《キ》羅《ラ》珍玩《チンクハン》縦使《タトヒシメトモ》三積斉《テヒトシカラ》二北-斗《ニ》一以《テ》
可二塵視《チンシ》塊看《クハイカンス》一焉。珍-重至祝《シイシユク》。松氏需《モトム》三予《ニ》
記《キセンコトヲ》二此一事一予《ヲヨ》痴兀《チコツ》退《タイ》納《ナウニシテ》不《ス》レ肯措《カヘンセヲキ》二
片詞《ヘンシヲ》一命《シテ》二侍《シ》史《シ》穎《エイニ》一也漫《ミタリニ》記《キセシム》レ之。
時永午夷則《イソク》如意珠日　万年亀洋《キヤウ》派《ハ》-
下巣《サウ》葉懶安叟

惟高妙安《いこうみょうあん》（一四八〇～一五六八）

戦国時代の臨済宗の禅僧。号は葉巣、懶安。近江国（滋賀県）生まれ。十四歳で相国寺に入る。伯耆国（鳥取県）の山名氏、出雲国（島根県）の尼子氏の帰依を受け、三十年間伯耆にとどまった。天文九年（一五四〇）、相国寺第九十世となった後、南禅寺の住職を務めた。衰退期の五山文学を担った文筆僧としても知られる。松永久秀の依頼を受け、茶入「つくも茄子」の由緒書「作物記」（別名「如意宝珠記」）を書いた。「作物記之事」は小瀬甫庵が江戸初期にまとめた『信長記』の一節で、「作物記」を解説したものである。

松永久秀関係人物略伝

赤塚家清《あかつかいえきよ》（?～?）

松永氏の家臣。仮名は弥三郎、官途は山城守。弘治年間の石清水八幡宮社家田中家の家督の相論に際して、久秀の取次として活動する。家清は京都近郊の深草郷に買得地を持っていたが、同族と思われる赤塚家政も木幡口関代官を室町幕府奉公衆の石谷光政と争っており、赤塚氏は伏見周辺に基盤を持っていたようだ。家清は四手井家保と共に山科で石田・小栗栖を久秀より与えられた。赤塚氏は明智光秀の家臣にも見える。

足利義昭《あしかがよしあき》（一五三七～一五九七）

室町幕府の十五代将軍。名は覚慶、還俗して義秋、義昭。奈良の興福寺一乗院に入り、その門跡となる。永禄八年（一五六五）に兄の義輝や弟の鹿苑院周暠が三好義継や松永久通に討たれたが、義昭自身は久秀に助命された。その後、朝倉義景の調略により奈良を脱出し、永禄九年の段階で久秀や織田信長と結んで一度目の上洛作戦を計画するが頓挫した。永禄十一年の二度目の上洛作戦は成功し、将軍に就任した。元亀二年（一五七一）に突如筒井順慶を重用し、久秀や義継の離反を招いた。

やがて、信長とも対立し、武田信玄が三方ヶ原の戦いで徳川家康に勝利したのを契機に、元亀四年（天正元年）になると反信長の姿勢を明確にする。朝倉義景や浅井長政、また久秀らと結んで、槙島城で挙兵するが、信長に敗れて京都を追放された。

若江から堺、由良を流浪した後、天正四年(一五七六)には備後の鞆《とも》に拠点をおき、毛利輝元・本願寺顕如・武田勝頼・上杉景勝らに檄を飛ばし、信長への攻勢を強めた。信長が明智光秀に討たれた後、柴田勝家や徳川家康と交渉し上洛を画策した。京都を追放された後も天正十五年まで現職の征夷大将軍であり、天正十四年には島津忠平が偏諱を与えられ「義珍(後に義弘)」と名乗るなど、諸大名より将軍として遇せられた。天正十六年に京都に帰ると出家して昌山と号し、豊臣秀吉より一万石を与えられた。

足利義輝《あしかがよしてる》(一五三六〜一五六五)

室町幕府の十三代将軍。実名は義藤、義輝。三好長慶と対立し、天文二十二年(一五五三)に京都を追われ、永禄元年(一五五八)までの五年間にわたって近江の朽木に没落した。このため、永禄改元にあたっては、正親町天皇に無視されている。同年末に長慶と和睦した後は京都に戻ると、長慶・義興親子と同様に久秀を厚く遇し、御供衆に任じ、桐御紋や塗輿の使用を許可した。

永禄六年(一五六三)には八歳の娘を人質として久秀の下に遣わしたが、永禄八年五月十九日に三好義継や久秀の子の久通によって討たれた。一般的に久秀が義輝を殺害したとされ、概説書にもそのように記されていることが多い。しかし、義輝を討ったのは久通であって、事実レベルで誤っている。

今村慶満《いまむらよしみつ》(?〜?)

三好氏の家臣。仮名は源介、官途は紀伊守。今村氏は京都東山の汁谷口で、塩合物や高荷を扱う問屋や馬借を経営していた。慶満は細川氏綱方の部将である細川国慶の家臣であったが、国慶の死後は三好長慶に属し、足利義輝と戦ったり、山科家の禁裏御領所内蔵寮陸路河上四方八口率分所などを押領したりした。

永禄二年（一五五九）、三好勢が大和に侵攻するとこれに従い、東大寺に禁制を発給した。また松永久秀の与力として、結城忠正と共に大和国宇陀郡の沢城を開城させた。『フロイス日本史』では、久秀の下で宣教師の取次をおこなっている。永禄七年頃より記録に姿が見えなくなったので、その頃に死去したのであろう。今村氏は江戸時代、京都近郊の柳原庄の庄屋になった。

石成友通《いわなりともみち》（？～一五七三）

三好三人衆の一人。実名は友通、長信。官途は主税助。他者の発給文書では「岩成」と表記されることが多い。三好長慶に登用され奉行衆となり、主に北野天満宮などを担当した。『柳生文書』などでは、松永久秀とよく書状を交わし、連絡を取り合っている。

長慶の死後、三好長逸《ながやす》や三好宗渭《そうい》と共に三好義継を補佐する三好三人衆となる。永禄九年（一五六六）より勝龍寺城の城主となった。永禄十一年には足利義昭と織田信長を迎え撃つが敗れ、元亀三年（一五七二）初頭には信長に属すようになった。信長は友通を信頼していたが、信長と義昭の対立が決定的になると、義昭に味方して淀城で挙兵し、信長方の細川藤孝に討たれた。

海老名家秀《えびないえひで》（？～？）

松永氏の家臣。官途は石見守。赤塚家清や河那部秀安、松岡秀孝らと共に連署状を発給し、松永久秀の命令を執行した。永禄八年（一五六五）、松永久通に従い入京し将軍義輝を討った。その際、山科言継からは「奏者」と呼ばれている。

海老名氏は宇治郡厨子奥村・東野村の領主で、後に山科郷士となった。

岡国高《おかくにたか》（?～?）

松永氏の家臣。官途は周防守。大和国葛下郡の領主で、松永久秀に従った。永禄十年（一五六七）十二月に、親ないし一族と考えられる岡因幡守が、織田信長より松永久秀・久通親子を見放さないよう求められている。元亀四年（天正元年、一五七三）三月には、久秀が結んだ足利義輝の側近の真木島昭光や一色昭秀から忠節を求められた。五月には武田氏と連絡を取り合っている。

ところが、義昭が没落した後の九月には信長と結んでおり、この頃には既に久秀を見限っていたようだ。その後、天正五年に久秀が信長に対して挙兵すると、九月二十二日に信長より、久通の所領を差し押さえるよう命令を受けている。

織田信長《おだのぶなが》（一五三四～一五八二）

尾張守護斯波《しば》氏の家臣。幼名は吉法師。仮名は三郎。官途は上総介、弾正忠。後に右大臣に上る。永禄二年（一五五九）、尾張国内で戦いを繰り返していたが、前年に京都に戻った足利義輝への謁見を求め、上洛する。永禄八年に義輝が討たれると、畠山秋高や大覚寺義俊から武田義統《よしずみ》・朝倉義景・上杉謙信と共に足利家の再興のための支援を求められた。その後、義昭とたびたび交渉し、久秀の支援をおこなっていく。永禄十一年に上洛を果たすと、久秀や三好義継との友好を深めた。元亀元年（一五七〇）の朝倉攻めの失敗や三好長治・篠原長房との和睦交渉において、久秀によって危機を救われている。

元亀四年（天正元年、一五七三）に義昭との対立が決定的になる中で、久秀とも敵味方の関係になるが、両者が戦うことはほとんどなく、義昭を追放すると、久秀の降伏を許し多聞山城を接収した。信長の勢力はこの後、畿内近国に及ぶことになるが、天正三年以降毎年のように一度服属した丹波の赤井忠家や波多野秀治、播磨の別所長治や小寺政職、大和の松永久秀・久通親子、摂津の荒木村重らの離反を招き、畿内を平定したのは天正八年になってのことであった。天正十年には明智光秀に殺害された。

江戸時代の儒学者からの評価は極めて悪く、信長を肯定的に評価したのは頼山陽の著作『日本外史』などに留まる。ただ『日本外史』は読み物としてはベストセラーで、幕末の志士の思想に大きな影響を与えた一方、事実が書かれているかどうかという意味での史料的な価値はかなり低い。

河那部《かわなべ》秀安《ひでやす》（?～一五七一）

松永氏の家臣。実名は高安、秀安。官途は主水佑、伊豆守。永禄五年（一五六二）には嵯峨の酒屋公事をめぐる相論を、永禄六年には大和の広大寺池をめぐる相論を担当している。将軍義輝を討った際には久通の使者として禁裏へ参内した。後に秀安と改名しており、久秀から偏諱を受けたようだ。元亀二年（一五七一）の辰市の戦いで戦死した。

瓦林《かわらばやし》秀重《ひでしげ》（?～?）

松永氏の家臣。官途は左馬允。摂津の国人である瓦林氏の一族であろう。永禄五年（一五六二）に久秀が大和や南山城を対象に執行した徳政令を興福寺側へ通達した。秀重は「奏者」や「取次」と呼ばれ、寺社や公家などからの訴えを久秀に取り次いだ。

永禄八年には、多聞山城の屋敷で瓦林秀重が主人となり、奈良の豪商の鉢屋紹佐、宗徳、松屋久政を招き茶会を開いている。三好三人衆や筒井順慶との戦いでは、竹内秀勝や河那部秀安らと大和各地で転戦し、時には京都や大坂、近江や伊勢にも出兵した。

清原枝賢《きよはらしげかた》（一五二〇〜一五九〇）

儒学者。後に道白と号した。儒教の教典を講究する明経道を家学として、朝廷に仕える明経博士であった。また、名儒として有名な祖父の宣賢《のぶかた》は神道家の吉田兼倶《かねとも》の実子であり、宣賢には枝賢の父業賢《なりかた》、吉田家を継いだ兼右《かねみぎ》、細川幽斎の母智慶院などの子供たちがいた。このため、枝賢は儒教だけではなく、神道や国文学、漢詩、さらには幕府法にも通じており、深い知識があった。

芥川山城や滝山城でたびたび三好氏の家臣に、儒教の教典を講義している。また、内藤宗勝が貞永式目（御成敗式目）の注釈書を求めた。松永久通や三好長逸は建武式目の写本を枝賢に求めている。

永禄六年（一五六三）にヴィレラから受洗し、キリスト教に改宗したが、後に棄教している。子供には清原国賢や、細川ガラシャ（明智玉子）の侍女として有名な清原マリアがいる。

楠正虎《くすのきまさとら》（一五二〇〜一五九六）

松永氏の家臣。官途は河内守、式部卿法印。後に道二、長諳《ちょうあん》と号した。備前出身。南北朝時代に活躍した楠木正成の末裔と称し、正成が後醍醐天皇に味方し北朝の朝敵となったため、大饗《おおあえ》の姓を名乗っていたという。松永久秀が滝山城主の時代から仕えた。永禄二年（一五五九）に久秀の働きかけで、正親町天皇より勅免を得て、楠姓に復し任官した。久秀の奉行人よして大和支配にも関与した。京都の烏丸に邸宅を持っており、後には子の楠正辰の室に山科言経の妻の妹を迎えるなど、公家社会にも基盤を有した。

正虎は飯尾流の能筆家でもあり、元亀四年（天正元年、一五七三）に久秀が織田信長に降伏すると、信長の右筆となり、多くの信長の発給文書を作成した。また、天正八年に信長が重臣の佐久間信盛を追放した際には、松井友閑と共に譴責使となるなど、信長の側近としても活躍した。

信長の死後は豊臣秀吉の右筆となり、九州の島津攻めにも従軍した。後陽成天皇の書の師としても知られる。

四手井家保《しでのいいえやす》（?～?）

松永氏の家臣。官途は左衛門尉、伊賀守、美作守。四手井氏は山城国宇治郡厨子奥村の国人。山科盆地に「四手野井城」という城郭を構えていた。久秀より赤塚家清と共に石田・小栗栖を与えられた。東寺の公文所浄忠をめぐる相論の中で、家保は東寺に対して久秀への取次を担当した。家保はまた、乙訓郡小塩荘の警固役を務めている。

四手井氏では他に四手井伊賀守家綱と四手井下野守家武が、松永氏に仕えている。後には山科郷士となった。

篠原長房《しのはらながふさ》（?～一五七三）

三好氏の家臣。官途は右京進。岫雲斎《しゅうんさい》、恕朴と号した。三好氏の譜代家臣で阿波の上桜城主となり、三好長慶の弟の三好実休を補佐した。永禄五年（一五六二）の和泉久米田の戦いで実休が戦死すると、実休の支配した四国東部を対象に分国法「新加制式」を定め、実休の子の三好長治を支えた。

永禄九年、三好三人衆と松永久秀の争いが激化すると、阿波より畿内に渡海して久秀方の諸城を相次いで攻略し、三好三人衆方を勝利に導く立役者となった。その後、足利義栄《よしひで》を将軍に就けている。このような状況を観察したフロイスは、実際に畿内の政治を動かした実力者は三好長逸・三好宗渭・石成友通・篠原長房の四人であるとして、「天下の四人の執政（レジエドーレス）」と『日本史』に記した。

元亀年間には織田信長や毛利元就と激しく争い、毎年のように摂津と備前に出兵を繰り返した。しかし、元亀四年（天正元年、一五七三）に、信長との和睦を求める三好長治と不和になり、阿波河嶋の戦いで敗れて、長男の長重と共に討死した。

高山飛騨守《たかやまひだのかみ》（?〜一五九五）

松永氏の家臣。実名は不詳。洗礼名はダリオ、文書の差出にはダリオに漢字を宛てた「太慮」が見られる。摂津の国人。息子は右近ジュスト。松永久秀に属して大和に移り、宇陀郡の沢城主となる。永禄六年（一五六三）には奈良で受洗しキリシタンとなった。

フロイス『日本史』では、ダリオを「非常に好感の持てる人であり快活です」「はなはだ勇敢で、並々ならぬ強者と見なされており、当国で使用する武器の扱いに非常に巧みで、戦術にもはなはだ長け、優秀な騎手でもあり、鷹狩りや弦楽にも長じています」「日本人の宗派のことに精通しています」「異教徒の殿と和を講じ、彼をして弾正殿に服従させました」「使者として美濃国に赴いた際に、二名の同国の有力な人物を改宗させました」と、武芸だけでなく、交渉術にも秀でていたとする。また、ダリオは、沢城で妻マリアや複数の息子と娘、そして三百人の兵のうち百五十名に洗礼を受けさせ、教会を建立した上、十市城の石橋氏を改宗させた。

しかし、永禄十一年に織田信長が上洛した後は、以前から親交のあった和田惟政に服属し、摂津に復帰する。惟政が戦死した後、高槻城内で内紛が起こり、ジュストが和田惟長を追放した。天正六年（一五七八）に荒木村重が信長に背いた際、ダリオとジュストも決断が迫られ、ダリオは村重に、ジュストは信長に味方した。ダリオはその後、越前に流されたが、信長の死後はジュストと行動をともにし、京都で死去した。

竹内秀勝《たけうちひでかつ》（?～一五七一）

松永氏の家臣。仮名は加兵衛尉、官途は下総守。公家の久我《こが》家の家礼である竹内季治の弟。天文末年は三好氏に仕え、摂津の西成郡沢上江《かすがえ》の代官であった。しかし、弘治二年（一五五六）におこった石清水八幡宮の社家である田中家の家督をめぐる相論では、久秀の取次を務めている。久秀の重臣として、永禄六年（一五六三）に行われた多聞山城における茶会にも出席している。永禄末年には公家衆としての活動も窺える。また、相論においては、久秀の裁許に一定の影響を及ぼしうる存在でもあった。

永禄末年以降は、度々軍勢を率いて多聞山城を出撃し、織田信長などとの対外交渉も担うなど、久秀にとって最も頼れる重臣であった。秀勝の名も久秀より偏諱を受けたものであろう。

しかし、元亀二年（一五七一）に将軍の足利義昭が筒井順慶と結ぶと、久秀方は劣勢になり、秀勝にも雑説が流れたため、久秀は秀勝の人質を多聞山城の本丸に移している。八月四日の大和辰市の戦いにも参加したが、久秀は順慶に大敗を喫し、秀勝も深手を負った。秀勝は三好義継の居城である河内の若江城で療養していたが、九月二十二日に死去した。元亀三年九月二十二日には追善供養が営まれている。

筒井順慶《つついじゅんけい》（一五四九～一五八四）

興福寺一乗院の衆徒。幼名は藤勝。実名は藤政。仮名は藤四郎。後に陽舜坊法印。大和の有力な領主で、三好長慶と結んでいた時期もあった。しかし、永禄二年（一五五九）に松永久秀や松山重治が大和に侵入すると、これに敵対した。永禄八年には筒井城も奪われたが、久秀と三好三人衆の対立の中で、三人衆方に味方し、翌年には筒井城の奪還を果たす。

永禄十一年に久秀に味方する足利義昭と織田信長が上洛すると、再び筒井城を奪われ没落した。元亀二年（一五七一）六月、順慶は義昭と結び、九条氏の娘を義昭の養女として娶った。これにより、形勢は逆転し、八月の大和辰市の戦いで久秀を大いに破った。順慶は筒井城を奪還し、徐々に多聞山城や信貴山城を包囲していった。

天正二年（一五七四）になると、信長に新年を賀し、母や妻を人質に送るなど、信長への服従の姿勢を明らかにした。天正三年には信長の縁戚の女性と結婚するが、大和守護に関しては、信長は重臣の塙《ばん》直政を任命した。直政は大和の領主を率いて各地で戦うが、天正四年に本願寺との戦いで戦死した。これにより、信長は大和一国を順慶に与えることにした。ただ、久秀や箸尾為綱らについては佐久間信盛の与力としたようである。

天正八年に本願寺が大坂を退去すると、明智光秀や滝川一益らが大和に入国し、郡山城を除く諸城の破却と指出検地を行い、順慶は改めて信長より朱印状が与えられた。

信長の死後におこった山崎の戦いでは、明智光秀ではなく羽柴秀吉に味方し、清須会議では大和支配を認められた。小牧・長久手の戦いでも秀吉に味方したが、順慶が死去すると、秀吉は順慶の養子の筒井定次を大和から伊賀に転封した。

内藤国貞《ないとうくにさだ》（?～一五五三）
丹波の八木城主。官途は備前守。内藤氏は細川京兆家の内衆で、十五世紀より丹波守護代となった。丹波国内では細川高国や氏綱方に味方して、細川晴元方の波多野秀忠と激しく争ったが、三好長慶が晴元に対して挙兵すると、これに味方した。

天文二十二年（一五五三）に波多野氏との戦いで討ち死にした。国貞は松永久秀の弟の長頼（後の内藤宗勝）を婿としており、長頼の子の千勝（後の貞勝か）が内藤家を継ぎ、長頼がその後見をすることになった。

内藤宗勝《ないとうむねかつ》（?～一五六五）

松永久秀の弟。仮名は甚介、実名は長頼、宗勝。官途は備前守。蓬雲軒と号す。兄とともに三好長慶の下で足利義輝や細川晴元らと戦い、山科七郷を得た。また、丹波守護代の内藤国貞の娘婿となった。天文二十二年（一五五三）に国貞が戦死したため、生前の契約通り、息子の千勝（後の貞勝か）を家督に据え、八木城に入って、自らは後見として蓬雲軒宗勝と名乗った。

八上《やがみ》城の波多野秀忠と激しく争い、弘治年間には丹後へも侵入した。また、永禄二年（一五五九）の長慶の河内攻めなど、畿内にも度々援軍として駆け付けている。永禄三年から翌年にかけては、若狭の粟屋氏と結んで、武田氏や越前の朝倉氏と抗争を繰り返した。永禄四年頃より内藤備前守を名乗る。永禄八年に奥丹波で荻野直正と戦って討死した。

陽明文庫が所蔵する『貞永式目抄』は武家の大法である御成敗式目の注釈書で、宗勝が丹波支配の範とするべく、名儒として神道や国文学、漢詩、さらには幕府法にも通じた清原枝賢に求めたものである。

半竹軒《はんちくけん》（?～?）

松永氏の家臣。最初は三好長慶の家臣として、長慶の連歌会に度々出席している。久秀が大和に入国すると、その与力となったようで、永禄五年（一五六二）十一月に行われた春日社七か夜陪従神楽で、塩冶《えんや》慶定と共に神楽奉行を務めている。二人は費用の徴収から、公家との折衝まで様々な役割を果たした。翌永禄六年の大和多武峰《とうのみね》（談山神社）の戦いでは軍功も挙げている。

細川忠興《ほそかわただおき》（一五六三～一六四五）

細川藤孝の長男。名は熊千代、与一郎、官途は越中守、侍従、左少将、参議。後に三斎と号した。明智光秀の娘の玉（ガラシャ）と結婚した。天正五年（一五七七）に松永久秀が織田信長に背いた際、久秀方の片岡城攻めで弟の昌興と共に武功をあげ、信長より自筆の感状を与えられた。

信長の下で藤孝と共に丹後を支配した。本能寺の変に際して、光秀より誘いを受けたが拒否している。関ヶ原の戦いでは徳川家康に味方し、豊前を与えられ小倉城を築城する。忠興が家督を譲った忠利は後に肥後を与えられ、忠利は熊本へ、忠興は八代に移った。

本庄加賀守《ほんじょうかがのかみ》（？～？）

松永氏の家臣。天文二十一年（一五五二）に松永久秀が自治都市として有名な摂津平野（大阪市平野区）の平野甚三郎へ、平野の内より中野分を渡すよう、本庄加賀守と松永孫六に命じていることから、両者は平野の代官であったようだ。本庄加賀守は、弘治三年（一五五七）に平野の住民より、その支配を忌避する連判状が作成されている。

松田一兵衛尉《まつだいちひょうえのじょう》（市兵衛尉）（？～？）

松永氏の家臣。松永父子や楠正虎の文書の伝達者となった。永禄六年（一五六三）の本国寺（現、本圀寺）と清水寺の山をめぐる相論では、将軍足利義輝の裁許に介入し、義輝が独自に裁許をおこなうことを阻止した。元々は幕府の奉行人の一族であろう。

松永久通《まつながひさみち》（一五四三？～一五七七）

松永久秀の子。仮名は彦六、官途は右衛門佐。『言継卿記』によると、実名は一時期のみ将軍足利義輝より偏諱を受けて、義久と名乗った。永禄六年（一五六三）十二月に久秀から家督が譲られた。永禄八年には三好義継や三好長逸と共に足利義輝らを討った。永禄八年末に三好三人衆と対立するようになると、復帰した久秀と共に戦った。久通の発給した書状は『柳生文書』に数多く残され、春日大社には久秀と連署の禁制が出されている。

元亀四年（天正元年、一五七三）に信長と対立するが降伏し、多聞山城を開城すると、翌年より信貴山城を居城とした。天正三年には、かつて人質としていた十市遠勝の娘おなへと結婚した。塙直政や佐久間信盛の下で大坂本願寺攻めに加わっていたが、天正五年に突如久秀と共に信長に背いた。『多聞院日記』によると、十月一日に織田方の調略を受けた柳本衆より、自害に追い込まれた。また、十日に久秀と共に父子で切腹したともある。

久通の二人の息子は信長に人質として差し出されていたが、六条河原で斬られた。『信長公記』によると、その態度が立派であったため、京都所司代の村井貞勝は助命しようと禁裏に逃げ込むことを勧めている。

松永孫六《まつながまごろく》（？～？）

松永一族。天文末年に摂津の平野の代官となった。その後、丹波の八上城の城主となっており、八木城の内藤宗勝とともに丹波支配にあたった。永禄九年（一五六六）に三好三人衆方に味方した波多野氏や別所氏に攻められ開城し、尼崎大物《だいもつ》を経て堺へ退去した。

松山重治《まつやましげはる》（？～？）

三好氏の家臣。仮名は新介。重治の出自は、『和泉名所図会』では堺、『太閤記』では本願寺の番士とされるなど不明な点が多い。その活動が明らかになるのは、天文末年から弘治年間（一五五五～五八）である。この頃、重治は松永久秀と共に播磨の清水寺と、大原野氏の退城をめぐって牢人や預物について交渉しており、その過程から藤田忠正や藤田幸綱などの家臣がいたことがわかる。

久秀と共に大和へ侵攻し、法隆寺などに発給文書が残る。永禄五年の河内教興寺の戦いや、永禄六年の大和多武峰（談山神社）との戦いでも軍功を立てた。

重治は三好長慶の葬礼が営まれた河内の真観寺を長慶の墓所として保護しており、長慶を主君とする意識を持ち続けていた。元亀年間までは久秀と共に活動しているが、その後は織田信長に仕え、天正十年（一五八二）には信長より高野山攻めを指示されている。

三好長逸《みよしながやす》（？～？）

三好一族。実名は長縁、長逸。宗功、北斎と号した。官途は日向守。長慶に次いで従四位下となり、松永久秀とともに長慶を支え、播磨攻めや丹波攻めでも活躍した。永禄八年（一五六五）には、三好義継と共に足利義輝を討った。久秀が足利義昭を取り逃がし、久秀の弟の内藤宗勝が戦死すると、三好宗渭や石成友通と共に三好三人衆を結成し、久秀を失脚させた。また、四国の篠原長房と結んで、久秀・久通親子を撃破するなど、長慶死後の畿内政局を主導した。

こうした手法は三好義継の離反を招き、対立を長引かせると、足利義昭や織田信長の介入を招き、永禄十一年（一五六八）には京都から退去することになった。

しかし、永禄十二年一月には、洛中に突入し義昭の居所である本国寺を攻撃した。翌年には摂津の池田氏や渡辺氏、山城の狛《こま》氏だけでなく、本願寺、浅井氏、朝倉氏、六角氏、延暦寺と結んで、義昭や信長を破り、摂津西部などを回復した。元亀三年（一五七二）には三好義継や松永久秀、安宅氏と結んで活動するが、天正元年（一五七三）以降の消息は不明である。

三好長慶《みよしながよし》（一五二二～一五六四）

松永久秀の主君。幼名は千熊丸、仮名は孫次郎、実名は利長、範長、長慶。伯陽軒と号した。官途は筑前守、修理大夫。父三好元長と共に堺に住んだが、細川晴元の謀略により一向一揆が元長を自害に追い込むと、阿波に退去した。天文二年（一五三三）には晴元の家臣として畿内に復帰し、仲間割れした晴元と本願寺の和睦を仲介した。長く雌伏の時を過ごしたが、天文八年には越水城主となり、天文十七年には晴元に対して挙兵した。その翌年には摂津江口の戦いで晴元や三好宗三を破った。

晴元を支援する足利義輝と抗争を繰り返し、天文二十二年八月には義輝を近江朽木へ追放すると、戦国時代で初めて足利一族を擁立しない首都京都の支配を実現した。永禄元年（一五五八）十一月に義輝と和睦すると、永禄三年には三好義興に事実上家督を譲り、自らは飯盛城を居城とした。この頃の三好氏の勢力範囲は、畿内五か国に加え、丹波、淡路、阿波、讃岐、播磨東部、伊予東部に及び、丹後や若狭にも進出していた。伊予の河野氏、播磨の浦上氏、但馬の山名氏、近江の京極氏、美濃の斎藤氏と同盟を結ぶ一方で、六角義賢や畠山高政・根来寺の挟撃に苦しみ、足利義輝とも潜在的な対立関係が存在していた。

弟たちを次々と失った後、永禄七年に死去した。その死は秘せられ、永禄九年に三好義継と三好長逸によって、河内の真観寺で葬礼が営まれた。葬礼に際して、長慶が師事した大林宗套は、長慶を「六韜三略兵書」に通じ「万葉古今歌道」を極め、「諸人」は「北斗」や「泰山」のように仰ぎ見たと評した。

三好義興《みよしよしおき》（一五四二〜一五六三）

三好長慶の嫡男。幼名は孫次郎、実名は義長、義興。官途は筑前守。永禄三年（一五六〇）に長慶より三好家嫡流の代々の官途である筑前守や芥川山城、判物の発給を受け継ぎ、事実上家督が譲られた。また、三好氏で初めて足利将軍の通字である「義」を偏諱として賜わった。この頃より、松永久秀と共に、将軍足利義輝との交渉や、近江の六角氏との戦争などを担当し、京都方面で活躍するようになる。

長慶の後継者として期待されたが、永禄六年に病に倒れる。祇園社・醍醐寺・吉田兼右・正親町天皇による祈祷が行われ、曲直瀬道三《まなせどうさん》や半井驢庵《なからいろあん》といった名医が治療にあたったが、それらの甲斐なく死去した。

義興は久秀に毒殺されたという風聞があったことを示す軍記物が後世に作成されるが、『柳生文書』によると久秀は義興の病が重篤であることを知り悲嘆している。

三好義継《みよしよしつぐ》（一五五一〜一五七三）

父は三好長慶の末弟十河一存《そごうかずまさ》、母は九条稙通《たねみち》の養女、妻は足利義晴の娘。仮名は孫六郎、実名は重存、義重、義継。官途は左京大夫。三好義興の死去によって、長慶の後継者となった。永禄八年（一五六五）に足利義輝を討つが、年末には三好三人衆と松永親子の内紛を引き起こしてしまう。当初、三好三人衆と結んだ義継は、篠原長房の援軍などを得て久秀方に圧勝した。そして、永禄九年六月には、それまで喪を秘していた長慶の葬礼を河内の真観寺で執行した。また、大徳寺に長慶の菩提を弔う聚光院《じゅこういん》の造営を命じた。

やがて、三好三人衆や篠原長房と反発し、永禄十年二月には久秀と合流した。また、義昭や信長と結び、彼らが上洛すると養父長慶の居城である飯盛城に復帰し、河内北部や摂津南部を支配した。信長が媒酌人となって、義昭の妹と結婚している。

しかし、元亀二年(一五七一)頃より、畠山秋高を攻撃するなど義昭から自立した行動が見られるようになる。ところが、元亀四年(天正元年、一五七三)に義昭が信長から離反すると義昭と結び、その義昭が京都から追放されると、河内の若江城に匿った。このため、信長より差し向けられた佐久間信盛に攻められ自害した。

柳生宗厳《やぎゅうむねとし》(一五二七〜一六〇六)

松永氏の家臣。仮名は新介、新左衛門。官途は但馬守、後に石舟斎と号す。大和国添上郡の領主。松永久秀に服属し、永禄五年(一五六二)頃より久秀が宗厳へ頻繁に畿内の情勢を知らせた書状が残る。永禄六年(一五六三)正月の大和多武峰(談山神社)の戦いでは大きな軍功を立て、六月には久秀より白土や上笠間の替地として、秋篠分を与えられている。

永禄十年八月には織田信長より義昭に味方するよう求められ、十二月には興福寺御在陣衆、岡因幡守、瓶原七人衆中と共に、久秀・久通親子と入魂にするよう求められている。ところが、永禄十一年二月には健康を害していたようで、三好義継より養生するようにと告げられた。『柳生文書』には特に松永久通からの書状が多く残され、入魂の間柄であったことが窺える。

天正二年(一五七四)、既に久秀・久通親子が信長に多聞山城を明け渡し、筒井順慶の勢力が増していたが、宗厳は十市遠長と結び順慶に対抗していた。

天正十三年に豊臣秀長が大和に入国すると牢人し、後に徳川家康に仕えた。剣術に秀で、上泉信綱より新陰流を継いだことでも有名である。

山口《やまぐち》秀勝《ひでかつ》（?～?）

松永氏の家臣。信貴山城に在城し、久秀の命令の執行にあたった。「信貴在城衆」という肩書を記した書状を法隆寺に発給している。実名の秀勝は、久秀の偏諱であろう。

秀勝の一族と想定される山口勘介秀景は、「武家足軽衆」とも「根本葉室内者」とも記されており、本来山口氏は公家葉室家の侍であったが、幕府や松永氏に奉公するようになっていた。また、山城国綴喜郡の宇治田原に拠点を持っていた。

結城《ゆうき》忠正《ただまさ》（?～?）

松永氏の家臣。官途は山城守。後に進斎と号した。洗礼名はアンリケ。元々は幕府の奉公衆であったが、永禄初年より久秀に属し、今村慶満と共に大和国宇陀郡の沢城を開城させた。また、久秀が朝廷より鶴を賜わった際、返礼として樽代を献上するが、その取次となった。永禄六年（一五六三）には久秀の命令で清原枝賢と共に宣教師のロレンソを取り調べた際、キリスト教に改宗した。

宣教師の記録では、学問・交霊術・剣術家・右筆・天文学に秀でていると評されている。『柳生連也（厳包）自筆相伝書』によると、柳生利厳が宗厳から聞いた話として、「左太刀」という構えは、結城忠正という「シュリ・シュリケントツカフ」者から学び、上泉信綱から学んだ太刀使いにはなかったものであるとしている。

元亀二年（一五七一）には、久秀より、半竹軒や松山重治らと共に薪能の費用を徴収するよう命じられている。

若狭屋宗可《わかさやそうか》（？～一五七三）

堺の豪商。かつて伊勢国司の北畠氏が所有した茶入「国司茄子」を購入したことでも知られる。元々、細川晴元と関係が深かったが、永禄年間には三好氏や松永氏と密接な関係を結んだ。

永禄二年（一五五九）、足利義輝が豊後の大友宗麟に九州探題職と大内氏家督を与えた際、宗可は松永久秀と共に交渉にあたり、宗麟との茶会のため豊後に下向している。また、宗可と久秀は三好氏と伊予の河野氏の外交にも携わった。

宗可と久秀は『松屋久政茶会記』でもよく茶会を催しているが、特に永禄六年正月に多聞山城でおこなわれた初釜の茶会には、成福院や医者の曲直瀬道三、奈良の豪商松屋久政、久秀の重臣の竹内秀勝も参加している。他にも千利休や津田宗達、今井宗久らと茶会を行った記録が残る。

渡辺重《わたなべしげる》（？～？）

松永氏の家臣。官途は出雲守。摂津国西成郡の渡辺庄の領主であろうか。『渡辺惣官家文書』の系図によると、天文から永禄年間の当主である渡辺与左衛門稙の叔父に「渡辺平八重」が見える。松永久秀に従い、大和では興福寺の衆中が寺内の目代を久秀に訴えた相論を永禄六年（一五六三）より管掌した。

元亀三年（一五七二）三月には、雑説が立ったため、松永久通が宿へ番を派遣し、東大寺穀屋で重の「首ヲソル」（出家か）という事態になった。

松永久秀関係史跡

奈良県

多聞山城《たもんやまじょう》（奈良市法蓮町）

独立丘陵上に築かれた平山城で、東は善鐘寺山、西は佐保山東陵（光明皇后陵）、もしくは佐保山南陵（聖武天皇陵）まで広がる。現在は若草中学校の敷地となっている。永禄四年（一五六一）、松永久秀が当地にあった眉間寺を佐保山南陵に移して築城を始め、翌年には奈良の住民が見物する中で棟上げをおこなった。

宣教師の記録によると、壁は白壁、屋根は瓦葺で、石垣を用いたとあり、多くの公家や武士が見学に訪れ、京都以上に華麗であると称賛された。『柳生文書』によると、本丸や西丸、詰丸が存在し、金工の体阿弥や絵師の狩野氏が作事に従事している。また、四階建ての事実上の天主である「高矢倉」が築かれた。長屋状の建築物と櫓を連結した「多聞櫓」が初めて導入されたともいう。天正元年（一五七三）に松永久秀が織田信長に降伏した際には、多聞山城の明け渡しが条件とされた。城には柴田勝家や塙直政が城番として派遣され、順次移築や破却がおこなわれていった。

文禄三年（一五九四）には、豊臣秀吉が郡山城に代わる大和の中心として再建するよう諸大名に命じたが、結局実現しなかった。

信貴山城《しぎさんじょう》（生駒郡平群町信貴山）

生駒山地の信貴山の雄岳を中心に築かれた山城である。室町時代後期に両畠山氏の対立が激化した頃から、双方の軍勢が籠城するようになった。天文五年（一五三六）に木沢長政が普請をおこない、大坂本願寺の証如から祝儀が贈られている。長政は信貴山城を大和支配のための事実上の守護所とした。

後に、松永久秀が入城した。久秀が多聞山城に移ると、下代や信貴在城衆が置かれた。天正五年（一五七七）に久秀は信貴山城に籠城し、織田信長に離反したが、織田信忠の攻撃により落城した。立入殿屋敷や松永兵部大輔屋敷（松永弾正少弼屋敷とも）などの跡が残る。雌岳には下代の宮部氏と加藤氏の屋敷があった。

聖徳太子以来、毘沙門天を本尊とする朝護孫子寺が信貴山の中腹に、空鉢堂が本丸跡に存在する。

達磨寺《だるまじ》（北葛城郡王寺町本町）

臨済宗南禅寺派の寺院で、信貴山城とは大和川を挟んで南岸に位置する。聖徳太子が施しを与えた飢人が、実は達磨大師であったとする伝説がある。寛政三年（一七九一）刊行の『大和名所図会』には、本堂脇に「松永ノつか」として五輪塔らしきものが描かれている。現在残されている石塔には、摩滅して読めないが、「松永久秀墓天正五年十月十日」と刻んであったという。久秀の墓をつくったのは、久秀と戦った筒井順慶であったとされるが不明である。

筒井城《つついじょう》（大和郡山市筒井町）

大和と河内を結ぶ街道上に位置する平城である。康永二年（一三四三）が初見で、その後何度も筒井氏の居城として戦場となった。松永久秀が大和に侵攻した頃、筒井氏の当主は順慶であったが幼少のため対抗できず、何度も久秀に筒井城を占領された。久秀が没落した後、順慶は織田信長より大和一国の支配を任せられるが、天正八年（一五八〇）に信長より郡山城以外の城は破却するよう命じられ、筒井城も廃城となった。発掘調査では大量のかわらけや石組みの井戸の他に、久秀の軍勢が放ったと考えられる鉄砲玉が発見されている。

東大寺大仏《とうだいじだいぶつ》（奈良市雑司町）

聖武天皇の発願により制作され、天平勝宝四年（七五二）に完成した。その後、地震により首が落ちるなど損壊することがあったが修復された。しかし、平安時代末期に興福寺が平氏と激しく対立し、治承四年（一一八一）に平清盛の五男の重衡と興福寺が戦った際、その戦火で大仏も焼失した。その後、重源が大勧進職として再興に尽力し、文治元年（一一八五）に開眼法要が営まれた。

ところが戦国時代末期の永禄十年（一五六七）に三好三人衆が東大寺に陣取って、多聞山城の松永久秀を攻撃したため、反転攻勢に出た久秀と三人衆の戦場になり、十月十日に再び大仏は焼失した。翌年には三好三人衆や松永久秀が京都の阿弥陀寺の清玉に大仏再興のための勧進を命じ、正親町《おおぎまち》天皇も三人衆や諸大名に再興を命じたが実現しなかった。江戸時代前期に公慶が江戸幕府より勧進の許可を受けて奔走し、元禄四年（一六九一）に大仏は完成した。

大阪府

芥川山城《あくたがわやまじょう》（高槻市三好山）

名勝の摂津峡の東に位置する山城で、北・西・南を芥川が廻る。大阪府下最大級の山城である。永正十二年（一五一五）から翌年にかけて、畿内を支配した細川高国が能勢頼則に命じ築城させた。高国の滅亡後は、細川晴元、薬師寺元房、芥川孫十郎が入城し、天文二十二年（一五五三）八月からは三好長慶が城主となった。

当時は「芥川」や「城山」と呼ばれ、この城で長慶が畿内各地の裁許をおこなった。久秀は当時滝山城の城主であったが、ほとんどの期間は妻（広橋保子以外）と共に芥川山城に在城していたとみられる。織田信長の時代には和田惟政に預けられるが、惟政は高槻城に住み、高山飛騨守が在城していたようだ。その後間もなく廃城となった。発掘調査によって、主郭からは弘治二年（一五五六）の火災や、その後に建てられた礎石建物の跡が見つかっている。麓には居館の跡が確認されず、長慶やその家臣は皆、山上で暮らしていたようだ。大手の谷筋や一部の出丸には、石垣も見られる。江戸時代以降、麓の郡家村や郡家水利組合が管理する長慶を祀る祠がある。

南宗寺《なんしゅうじ》（堺市堺区南旅籠町）

臨済宗大徳寺派の寺院で、三好氏の菩提寺となった。三好長慶が堺で自害した父元長の菩提を弔うため、師事する大林宗套《だいりんそうとう》を開山として、現在の宿院町付近に建立した。松永久秀は永禄七年（一五六四）に死去した妻の広橋保子を弔うため、敷地内に勝善院を創建した。しかし、勝善院は後の戦乱で焼失したという。永禄九年（一五六六）には、三好長慶の三周忌が執り行われた。大坂夏の陣で豊臣方が堺を焼き討ちにした際、南宗寺も焼失したが、沢庵宗彭によって現在地に再興された。境内には、茶人の武野紹鴎《たけのじょうおう》や千利休、それを保護した三好一族、豪商の天王寺屋津田氏の供養塔などがある。

大安寺《だいあんじ》（堺市堺区南旅籠町）

臨済宗東福寺派の寺院で、本堂は豪商の納屋（呂宋《ルソン》）助左衛門の屋敷を移したものと伝わる。その本堂の柱には、松永久秀が切りつけたという傷跡が残る。贅を尽くした見事な建物でありすぎたため、満ち足りたものは、後は欠けていくのみであることから、久秀はわざと一か所傷をつけることで、未だ完成していないことにしたという。

光徳寺《こうとくじ》（柏原市雁多尾畑）

真宗大谷派の寺院で、生駒山地の山間にあり信貴山城の南麓に位置する。永延二年（九八八）に比叡山延暦寺の法円が、円融法皇の勅願により一宇を建立したのが始まりとされる。一時荒廃したが安貞二年（一二二八）に再興した際、浄土真宗に改宗したという。戦国時代には、本山の大坂本願寺に重用された。

延宝三年（一六七五）の境内絵図によると、本堂の後山の東北隅に五輪塔が描かれ、「松永霜台母義林貞尼墓所」と記されている。また、『松谷伝承記』によると、林貞禅尼は久秀の母で元亀三年（一五七二）八月一二日に死去し、遠忌の志として黄金五枚を寄付されたとあるが、『多聞院日記』に記された久秀の母の死去した日とは合わない。

兵庫県

滝山城《たきやまじょう》（神戸市中央区神戸港地方）

山陽新幹線の新神戸駅の北で、布引の滝の西北に位置する城山に築かれた山城である。南北朝時代に赤松円心が築いたとされる。室町時代にはその姿は見えないが、戦国時代に松永久秀の居城となった。

弘治二年（一五五六）に三好長慶が御成し、久秀は千句連歌（「滝山千句」）や観世能などで歓待した。城内には妙蔵寺という法華宗寺院が設けられており、久秀との面会を希望する客が宿泊したという（現存せず）。永禄九年（一五六六）、三好三人衆と松永久秀の戦いの中で、松永方が守る滝山城は、三人衆に味方した篠原長房に攻められ落城した。現在は神戸港を一望できるハイキングコースになっている。

八上城《やかみじょう》（篠山市八上内など）

丹波富士とも称される高城山に築かれた山城である。北麓には山陰道が通り、西麓の奥谷地域を挟んだ法光寺山にも城が築かれ、守りを固めた。守護となった細川氏と共に丹波に入国した石見国人の吉見一族である波多野氏が土着し、多紀郡代へと成長していった。

波多野元秀の時代に三好長慶と激しく対立し、永禄年間には久秀の一族である松永孫六が、波多野氏を破り八上城に在城した。松永孫六は久秀が檀那である法華宗本国寺の末寺である妙福寺を、摂津の五百住《よすみ》（高槻市）から八上に移転させている。後に波多野氏に奪還され、波多野秀治が明智光秀と激しく戦ったことでも有名である。江戸時代になると、天下普請により平城の篠山城が築城され、妙福寺も篠山城下町へ移転した。

京都府

妙恵会墓地《みょうけいかいぼち》（京都市下京区堀川通松原下ル柿本町）

元は法華宗六条門流の本山である本国寺（現在の本圀寺、山科に移転）の敷地である。貞和元年（一三四五）、日静が光厳天皇から寺領を賜り造営された。その後、法華宗は洛中に広まり、戦国時代には松永久秀や加藤清正、豊臣秀次の母である日秀らの庇護を受けて栄えた。

妙恵会総墓地は本国寺の旧地に残された墓地だが、本国寺の檀那であった久秀が寄進した土地であったという。そうした所縁から、久秀の墓が設けられている。墓の中央には、久秀の法名として「妙久寺殿祐雪大居士」、その右には子の久通と考えられる「高岳院久通居士」、左には「法賢院宗秀居士」と刻まれている。法賢院宗秀が誰を指すのかは現在不明である。

八木城《やぎじょう》（南丹市八木町八木本郷内山など）

亀岡市と南丹市の市境にある比高二二五メートルの山城で、黒井城（兵庫県丹波市春日町黒井）、八上城（兵庫県篠山市八上内など）と共に、丹波三大山城とされる。丹波守護細川氏の下で、守護代となった内藤氏の居城となる。内藤氏は細川高国、細川氏綱、三好長慶に味方し、細川晴元に属した八上城主の波多野氏と激しく対立した。

天文二十二年（一五五三）九月に内藤国貞が討死した際、娘婿となっていた松永久秀の弟の長頼が奪還し、以後は長頼（改名して内藤宗勝）の居城となった。宗勝の時代に櫓台状の土壇や堀切が整備されたと考えられている。高山右近ジュストに並ぶキリシタン武将として有名な、宗勝の子の内藤貞弘ジョアンも在城した。

その後、織田信長の家臣明智光秀に攻められ落城し、廃城となった。

参考文献

天野忠幸「三好氏と戦国期の法華教団――永禄の規約をめぐって――」（『市大日本史』一三、二〇一〇）
天野忠幸「松永久秀を取り巻く人々と堺の文化」（『堺市博物館研究報告』三一、二〇一二）
天野忠幸「松永久秀家臣団の形成」（天野忠幸・片山正彦・古野貢・渡辺大門編『戦国・織豊期の西国社会』日本史史料研究会、二〇一二）
天野忠幸「三好長慶・松永久秀と高山氏」（中西裕樹編『高山右近』宮帯出版社、二〇一四）
天野忠幸『三好長慶　諸人之を仰ぐこと北斗泰山』（ミネルヴァ書房、二〇一四）
天野忠幸『増補版　戦国期三好政権の研究』（清文堂出版、二〇一五。初版は同社より二〇一〇年に刊行）
天野忠幸「三好・松永氏の山城とその機能」（齋藤慎一編『城館と中世史料　機能論の探求』高志書院、二〇一五）
天野忠幸「三好長慶と山城の文化」（仁木宏・中井均・中西裕樹・NPO法人摂河泉地域文化研究所編『飯盛山城と三好長慶』戎光祥出版、二〇一五）
天野忠幸『三好一族と織田信長「天下」をめぐる覇権戦争』（戎光祥出版、二〇一六）
天野忠幸「織田信長の上洛と三好氏の動向」（『日本歴史』八一四、二〇一六）
池和田有紀「戦国期の南都神楽――その費用と運営――」（『書陵部紀要』五四、二〇〇三）
今谷明『室町幕府解体過程の研究』（岩波書店、一九八五）
今谷明「松永久秀の虚像と実像」（同『天皇と天下人』新人物往来社、一九九三。初出は『別冊歴史読本』一九八二年一〇月号）
今谷明『戦国時代の貴族　『言継卿記』が描く京都』（講談社学術文庫、二〇〇二。初版はそしえてより『言継卿記――公家社会と町衆文化の接点――』として一九八〇年に刊行）
今谷明『京都・一五四七年――描かれた中世都市――』（平凡社、二〇〇三。初版は同社より一九八八年に刊行）

今谷明『戦国三好一族』(洋泉社、二〇〇七。初版は新人物往来社より一九八五年に刊行)
金松誠「松永久秀について」(大和中世考古学研究会・織豊期城郭研究会編『織豊系城郭の成立と大和』二〇〇六)
金松誠「戦国末期における大和国衆と中央権力――岡氏の動向を事例として――」(『ふたかみ』一〇、二〇〇一)
河内将芳「戦国時代の京都と法華信仰　松永久秀の母」(『法華』一〇〇巻七号、二〇一四)
神田裕理「公家の女性が支える天皇の血脈維持」(日本史史料研究会監修、神田裕理編『ここまでわかった戦国時代の天皇と公家衆たち　天皇制度は存亡の危機だったのか?』洋泉社、二〇一五)
柴裕之「戦国大名武田氏の遠江・三河侵攻再考」(『武田氏研究』三七、二〇〇七)
柴裕之「足利義昭政権と武田信玄　元亀騒乱の展開再考」(『日本歴史』八一七、二〇一六)
下高大輔「多聞城に関する基礎的整理――城郭史上における多聞城の位置を考える――」(大和中世考古学研究会・織豊期城郭研究会編『織豊系城郭の成立と大和』二〇〇六)
須藤茂樹「ミステリアスな山峡「犬墓」に残る戦国の梟雄松永久秀出生説」(『別冊歴史読本五八　日本史謎解き探訪　誰も知らないミステリー史跡』新人物往来社、二〇〇三)
勢多勝郭「筒井・松永争覇期における大和国在地武士の動向」(『奈良工業高等専門学校研究紀要』四〇、二〇〇四)
染谷光廣「信長の宿老林佐渡守と松永久秀の臣林若狭守」(『日本歴史』三六一、一九七八)
高田徹「松永久秀の居城――多聞・信貴山城の検討――」(大和中世考古学研究会・織豊期城郭研究会編『織豊系城郭の成立と大和』二〇〇六)
高橋成計「三好氏の丹波進攻と波多野与兵衛尉について」(『丹波』創刊号、一九九九)
高橋成計「若狭逸見氏の叛乱と内藤宗勝の動向について」(『丹波』二、二〇〇〇)
高橋成計「松永長頼の動向にみる三好氏の軍事行動(二)――内藤宗勝と称した時期を中心に」(『丹波』七、二〇〇五)
高橋遼「戦国期大和における松永久秀の正当化――興福寺との関係を中心に――」(『目白大学短期大学部研究紀要』五二、二〇一六年)
田中信司「松永久秀と京都政局」(『青山史学』二六、二〇〇八)

田中信司「御供衆としての松永久秀」（『日本歴史』七二九、二〇〇九）
田端泰子「戦国・織豊期の十市氏と十市後室の生活」（同『日本中世女性史論』塙書房、一九九四）
都守基一「永禄の規約をめぐる中世日蓮教団の動向」（『興風』一八、二〇〇六）
鶴崎裕雄「滝山千句と三好長慶」（『中世文学』三四、一九八九）
長江正一『三好長慶』（吉川弘文館、一九六八）
中川貴皓「木沢・松永権力の領域支配と大和信貴城」（『中世城郭研究』二五、二〇一一）
中川貴皓「松永久秀被官に関する一考察――山口秀勝を中心に――」（『奈良史学』三〇、二〇一三）
中川貴皓「多聞山普請について」（『戦国遺文三好氏編月報』二、二〇一四）
中西裕樹「松永久秀の出自と高槻」（『しろあとだより』五、高槻市立しろあと歴史館、二〇一二）
中西裕樹「松永久秀の出自――摂津国東五百住説から――」（『戦国遺文三好氏編月報』一、二〇一三）
西岡禎裕「大和国における松永久秀権力について」（『史文』一五、二〇一三）
藤井学「松永久秀の数奇・風雅」（『茶道雑誌』六二―五、一九九八）
藤井学『本能寺と信長』（思文閣出版、二〇〇三）
福島克彦「大和多聞城と松永・織豊権力」（『城郭研究室年報』一一、二〇〇二）
福島克彦「松永久秀と多聞山城」（城郭談話会編『筒井城総合調査報告書』二〇〇四）
福島克彦『戦争の日本史一一　畿内・近国の戦国合戦』（吉川弘文館、二〇〇九）
福島克彦「丹波内藤氏と内藤ジョアン」（中西裕樹編『高山右近』宮帯出版社、二〇一四）
松永英也「松永久秀家臣竹内秀勝について」（『戦国史研究』五一、二〇〇六）
松永英也「永禄五年の徳政令にみる松永久秀の大和国支配」（『戦国史研究』五四、二〇〇七）
松永英也「大和国支配期の松永久秀の相論裁許」（『戦国史研究』五九、二〇一〇）
村井祐樹「松永弾正再考」（『遥かなる中世』二一、二〇〇六）

安国陽子「戦国期大和の権力と在地構造」(『日本史研究』三四一、一九九一)
矢部良明『エピソードで綴る戦国武将茶の湯物語』(宮帯出版社、二〇一四)
山田康弘「将軍義輝殺害事件に関する一考察」(『戦国史研究』四三、二〇〇二)
米原正義『戦国武将と茶の湯』(吉川弘文館、二〇一四。初版は淡交社より一九八六年に刊行)

図録、史料集など

天野忠幸編『戦国遺文 三好氏編』一~三(東京堂出版、二〇一三~二〇一五)
高槻市立しろあと歴史館『三好長慶の時代──「織田信長 芥川入城」の以前以後──』(二〇〇七)
南丹市日吉町郷土資料館『丹波動乱──内藤宗勝とその時代──』(二〇〇五)

著者略歴

天野忠幸（あまの ただゆき）
一九七六年、兵庫県生まれ。大阪市立大学大学院文学研究科後期博士課程修了。博士（文学）。現在、天理大学文学部歴史文化学科准教授。著書に『増補版 戦国期三好政権の研究』（清文堂出版）、『三好長慶 諸人之を仰ぐこと北斗泰山』（ミネルヴァ書房）、『三好一族と織田信長「天下」をめぐる覇権戦争』（戎光祥出版）、編著に『戦国遺文 三好氏編』全三巻（東京堂出版）、共編に『三好長慶』（今谷明、宮帯出版社）、共著に『三好長慶 河内飯盛城より天下を制す』（高橋恵、風媒社）など。

中西裕樹（なかにし ゆうき）
一九七二年、大阪府生まれ。立命館大学文学部史学科日本史学専攻卒業。現在、高槻市教育委員会文化財課主幹兼しろあと歴史館事務長兼歴史民俗資料館長。著書に『大阪府中世城館事典』（戎光祥出版）、編著に『高山右近 キリシタン大名への新視点』（宮帯出版社）、共編著に『飯盛山城と三好長慶』（戎光祥出版）など。

高橋成計（たかはし しげかず）
一九五二年、徳島県生まれ。立正大学短期大学部社会科卒。現在、城郭研究家。共同監修の著書に『戦国・織豊期城郭論』（和泉書院）、『舞鶴の山城』（舞鶴山城研究会）など。

神田裕理（かんだ ゆり）
一九七〇年、東京都生まれ。日本女子大学大学院文学研究科史学専攻博士課程後期満期退学。元京都造形芸術大学非常勤講師。著書に『戦国・織豊期の朝廷と公家社会』（校倉書房）、『戦国・織豊期朝廷の政務運営と公武関係』（日本史史料研究会）、論文に「元亀年間の関白と将軍―元亀二年伊勢神宮禰宜職相論を中心に―」（『十六世紀史論叢』四号）、「戦国～織豊期の朝廷運営に見る武家権力者の対応―後宮女房の密通事件をめぐって―」（『研究論集 歴史と文化』創刊号）など。

田中信司（たなか　しんじ）

一九七九年、岐阜県生まれ。青山学院大学大学院文学研究科史学専攻博士後期課程修了。博士（歴史学）。現在、青山学院大学・埼玉工業大学非常勤講師。共著に『三好長慶』（宮帯出版社）、『中世人の軌跡を歩く』（高志書院）、論文に「中世後期道路網の復元」（『日本歴史』七六七）など。

田中慶治（たなか　けいじ）

一九六二年、和歌山県生まれ。奈良教育大学大学院教育学研究科社会科教育専攻歴史・地理専修修士課程修了。博士（文学・新潟大学）。現在、葛城市歴史博物館館長補佐。著書に『中世後期畿内近国の権力構造』（清文堂出版）、『葛城市歴史読本』（共著）、論文に「室町・戦国時代の大和武士」（『戦乱の世をゆく大和武士』）、「関ヶ原合戦後の「大坂城―五畿内外構え」体制と新庄陣屋・陣屋町」（『新庄藩主桑山一族の興隆』）など。

福島克彦（ふくしま　かつひこ）

一九六五年、兵庫県生まれ。立命館大学文学部史学科西洋史学専攻卒業。現在、大山崎町歴史資料館館長・学芸員。著書に『畿内・近国の戦国合戦』（吉川弘文館）、論文に「中世大山崎の都市空間と『保』」（仁木宏編『日本古代・中世都市論』吉川弘文館）、「伏見城の機能とその破却について」（『ヒストリア』二二二）、「中世都市木津の景観と『木津城』」（『地域史のなかの中世城郭』京都府埋蔵文化財研究会資料集）など。

長澤伸樹（ながさわ　のぶき）

一九八三年、山形県生まれ。東北学院大学大学院文学研究科アジア文化史専攻博士後期課程修了。現在、仙台市博物館嘱託。論文に「羽柴秀吉と淡河楽市」（『ヒストリア』第二三二号）、「楽市楽座令研究の軌跡と課題」（『都市文化研究』第一六号）、「「楽市」再考―中近世移行期における歴史的意義をめぐって―」（『市大日本史』一九）など。

中川貴皓（なかがわ たかあき）

一九八七年、愛知県生まれ。三重大学大学院人文社会科学研究科修士課程修了。現在、奈良大学大学院文学研究科博士後期課程・知立市教育委員会市史編さん嘱託員。共編著に『織豊系城郭とは何か―その成果と課題―』（サンライズ出版）、『図解近畿の城郭』Ⅱ・Ⅲ（戎光祥出版）、論文に「松永久秀被官に関する一考察―山口秀勝を中心に―」（『奈良史学』三〇）など。

藤本誉博（ふじもと たかひろ）

一九七五年、愛媛県生まれ。大阪市立大学大学院文学研究科後期博士課程単位取得退学。現在、一般財団法人今治文化振興会今治城学芸員。論文に「室町後期・戦国期の堺の都市構造―会合衆の再検討―」（『ヒストリア』二二〇）、「中世都市尼崎の空間構造」（尼崎市立地域研究史料館紀要『地域史研究』一一一）など。

神津朝夫（こうず あさお）

一九五三年、東京都生まれ。早稲田大学政経学部卒。アデナウアー財団奨学金を得てドイツ・マンハイム大学へ留学。帝塚山大学大学院人文科学研究科修了。博士（学術）。大学教員などを経て、現在は著述業。著書に『茶の湯の歴史』（角川選書）、『千利休の「わび」とはなにか』（角川ソフィア文庫）、『茶の湯と日本文化』（淡交社）など。

河内将芳（かわうち まさよし）

一九六三年、大阪府生まれ。京都大学大学院人間・環境学研究科博士課程修了。京都大学博士（人間・環境学）。現在、奈良大学文学部史学科教授。著書に『中世京都の民衆と社会』（思文閣出版）、『中世京都の都市と宗教』（思文閣出版）、『祇園祭の中世』（思文閣出版）、『祇園祭と戦国京都』（角川叢書）、『秀吉の大仏造立』（法蔵館）、『日蓮宗と戦国京都』（淡交社）、『落日の豊臣政権』（吉川弘文館）など。

長塚　孝（ながつか たかし）

一九五九年、東京都生まれ。駒澤大学大学院人文科学研究科博士課程満期退学。江東区教育委員会文化財係・同総務部区史編

纂室を経て、一九九四年馬事文化財団へ勤務。現在、馬の博物館学芸部長。古河公方をはじめとする関東・東海地方の政治史および中世の馬産と流通等について研究する。著書に『日本の古式競馬』（神奈川新聞社）など。

萩原大輔（はぎはら だいすけ）

一九八二年、滋賀県生まれ。京都大学大学院文学研究科博士課程修了。現在、富山市郷土博物館主任学芸員。著書に『武者の教え 戦国越中の覇者・佐々成政』（北日本新聞社）、主要論文に「大内氏の袖判下文と御家人制」（『古文書研究』六八号）、「足利義尹政権考」（『ヒストリア』二二九号）、「中世後期大内氏の在京雑掌」（『日本歴史』七八六号）など。

木下 聡（きのした さとし）

一九七六年、岐阜県生まれ。東京大学大学院人文社会系研究科博士課程修了。現在、東京大学大学院人文社会系研究科助教。著書に『中世武家官位の研究』（吉川弘文館）、編著に『全国官途状・加冠状・一字状目録』（日本史史料研究会）、『美濃斎藤氏』（岩田書院）、『管領斯波氏』『若狭武田氏』（戎光祥出版）など。

弓倉弘年（ゆみくら ひろとし）

一九五八年、和歌山県生まれ。國學院大學文学部史学科卒業。博士（文学、新潟大学）。現在、和歌山県立桐蔭高等学校教諭。著書に『中世後期畿内近国守護の研究』（清文堂出版）、共著に『中世終焉――秀吉の太田城水攻めを考える』（清文堂出版）、『和歌山県の歴史』（山川出版社）などがある。

森脇崇文（もりわき たかふみ）

一九八一年、岡山県生まれ。大阪大学大学院文学研究科博士後期課程修了。現在、徳島市立徳島城博物館学芸員。主要論文に「豊臣期大名権力の変革過程――備前宇喜多氏の事例から――」（『ヒストリア』二二五号）、「天正初期の備作地域情勢と毛利・織田氏」（『ヒストリア』二五四号）など。

松永久秀
――歪められた戦国の“梟雄”の実像――

2017年5月1日 第1刷発行

編　者 天野忠幸
発行者 宮下玄覇
発行所 株式会社宮帯出版社
京都本社 〒602-8488
京都市上京区真倉町739-1
営業 (075)441-7747 編集 (075)441-7722
東京支社 〒102-0085
東京都千代田区六番町9-2
電話 (03)3265-5999
http://www.miyaobi.com/publishing/
振替口座 00960-7-279886

印刷所 モリモト印刷株式会社
定価はカバーに表示してあります。落丁・乱丁本はお取替えいたします。
本書のコピー、スキャン、デジタル化等の無断複製は著作権法上での例外を除き禁じられています。本書を代行業者等の第三者に依頼してスキャンやデジタル化することは、たとえ個人や家庭内の利用でも著作権法違反です。

© Tadayuki Amano, etc., 2017 Printed in Japan ISBN978-4-8016-0057-7 C3021

宮帯出版社の本

三好長慶　室町幕府に代わる中央政権を目指した織田信長の先駆者

今谷 明・天野忠幸 監修　　菊判　並製　352頁（カラー口絵8頁）　定価 3,500円+税

松永久秀が仕えた三好長慶は、いち早く鉄砲を実践で用い、四国から畿内13カ国を支配した。その政治手腕と文化人としての側面を再評価する。長慶は大和一国を久秀に任せた。

高山右近　キリシタン大名への新視点

中西祐樹 編　　菊判　並製　332頁（カラー口絵16頁）　定価 3,500円+税

荒木村重、織田信長、豊臣秀吉、小西行長、前田利家に仕えながら、信仰を守り続けた知勇兼備の武将、高山右近の研究書、初の発刊！ 右近の父・友照が松永久秀に仕えた。

黒田官兵衛　豊臣秀吉の天下取りを支えた軍師

小和田哲男 監修　　菊判　並製　350頁（カラー口絵10頁）　定価 3,500円+税

秀吉の播磨平定、中国大返しに始まるその後の天下統一の戦いに大きな役割を果たした稀代の軍師。武将として、また文化人としての官兵衛を18人の各分野の権威が徹底研究！

徳川家康　その政治と文化・芸能

笠谷和比古 編　　菊判　並製　424頁（カラー口絵14頁）　定価 3,500円+税

織田信長が徳川家康に、常人が成しえぬ三悪事を成した男として久秀を紹介した逸話は有名。本書では、政治・文化・外交・芸能などの側面から、家康の新たな人物像を提示する。

顕如　信長も恐れた「本願寺」宗主の実像

金龍 静・木越祐馨 編　　菊判　並製　356頁（カラー口絵24頁）　定価 3,500円+税

松永久秀は信長の本願寺攻めに加わっていたが離反。信長包囲網の一員になったとされる。本書では様々な角度から、本願寺の最盛期を現出した顕如の苦悩に満ちた実像に迫る。

エピソードで綴《つづ》る 戦国武将 茶の湯物語

矢部良明 著　　四六判　並製　324頁（カラー口絵20頁）　定価 2,700円+税

戦国武将たちによる、「名物」を駆使し、「創意」に満ちた茶の湯とは。武家茶の湯の拠って立つ立脚点を解き明かす。

織田信長・豊臣秀吉の刀剣と甲冑

飯田意天（一雄） 著　　菊判　並製　364頁（カラー口絵92頁）　定価 3,800円+税

信長・秀吉の刀剣・甲冑・武具の集大成！ 天下人信長・秀吉が、戦装束や刀剣にいかなる美意識を込めたかを検証するとともに、桃山美術の精華を紹介。

大坂の陣　豊臣方人物事典

柏木輝久 著　北川 央 監修　　A5判　上製　箱入　792頁　定価 18,000円+税

大坂城五人衆をはじめ、豊臣恩顧の武将、無名の将兵や女性たちまで、大坂の陣で豊臣方についた1100余名を収録。出典をもれなく明示し、詳細な注記をつけた初の総覧、付録も充実！